中国社会科学院 学者文选

孙连成集

中国社会科学院科研局组织编选

中国社会科学出版社

图书在版编目(CIP)数据

孙连成集／中国社会科学院科研局组织编选. —北京：中国社会科学出版社，2012.12（2018.8 重印）
（中国社会科学院学者文选）
ISBN 978-7-5161-2044-6

Ⅰ.①孙… Ⅱ.①中… Ⅲ.①社会科学—文集 Ⅳ.①C53

中国版本图书馆 CIP 数据核字（2013）第 002224 号

出 版 人	赵剑英
责任编辑	田　文
责任校对	刘晓红
责任印制	戴　宽
出　　版	中国社会科学出版社
社　　址	北京鼓楼西大街甲 158 号
邮　　编	100720
网　　址	http：//www.csspw.cn
发 行 部	010-84083685
门 市 部	010-84029450
经　　销	新华书店及其他书店
印刷装订	北京市十月印刷有限公司
版　　次	2012 年 12 月第 1 版
印　　次	2018 年 8 月第 2 次印刷
开　　本	880×1230　1/32
印　　张	15.5
字　　数	386 千字
定　　价	89.00 元

凡购买中国社会科学出版社图书，如有质量问题请与本社营销中心联系调换
电话：010-84083683
版权所有　侵权必究

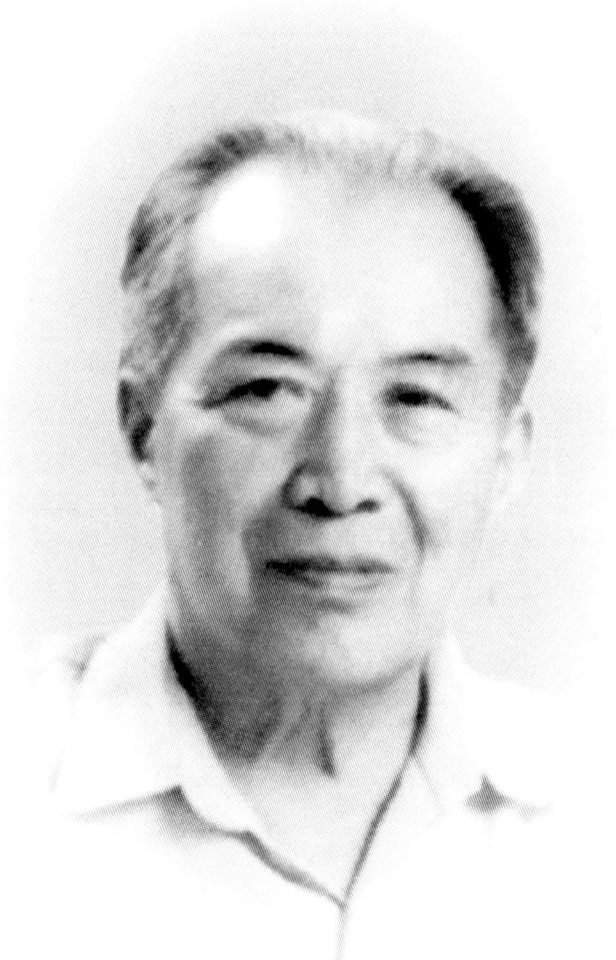

目　录

关于马克思主义几个问题 …………………………… （1）
马克思主义在中国的新发展
　　——十一届三中全会以来，我们党对马克思主义
　　理论的伟大贡献 ………………………………… （14）
建设有中国特色社会主义理论
　　是当代中国的马克思主义 ……………………… （40）
在改革开放和现代化建设中坚持和发展马克思主义 ……… （99）

坚持改革开放，建设具有中国特色的社会主义 …………… （141）
改革是建设有中国特色的社会主义的必由之路 ………… （168）
社会主义和对外开放 ……………………………… （173）
改革开放胆子要大一些，要勇于创新，敢于试验 ………… （180）

社会主义经济中的计划与市场 …………………… （203）
深化经济体制改革，发展社会主义的市场经济 ………… （215）
我国特色的按劳分配制度 ………………………… （241）
要敢于先富，但不忘共同富裕 ……………………… （270）

政治体制改革是关系到党和国家命运前途的大问题 ……（286）
我国政治体制改革的目标和基本原则 ……………………（308）
党政分开是政治体制改革的关键 …………………………（319）
肃清封建主义残余影响是一项长期任务 …………………（334）

马克思恩格斯关于农民问题的理论 ………………………（357）
马克思恩格斯论土地问题 …………………………………（378）
农民问题与我国农村改革 …………………………………（388）
要让农民休养生息 …………………………………………（435）
必须重视农民的物质利益 …………………………………（441）
要充分关心农民的物质利益 ………………………………（446）
把加强农业放在发展国民经济的首位 ……………………（457）
长途贩运是投机倒把吗？ …………………………………（467）
要允许农村的长途贩运 ……………………………………（474）

作者论著目录 ………………………………………………（478）
作者年表 ……………………………………………………（487）
后记 …………………………………………………………（488）

关于马克思主义几个问题

（1）没有革命的理论，就没有革命的行动。作为工人阶级的科学世界观和全人类精神文明的伟大成果的马克思主义，是人们观察事物、认识世界的锐利武器，是指导我们推动社会进步的指南，是共产党制定正确的路线、方针和政策的理论依据，是社会主义事业和党的指导思想的理论基础。社会主义革命和社会主义建设，是在马克思主义理论指导下，人民进行自觉的历史活动的结果。中国革命和社会主义建设事业的胜利，是马克思主义指导的结果，是马克思主义的伟大胜利。中国近现代历史证明，没有马克思主义就不可能有中国社会主义革命和社会主义建设的伟大成就。一句话，没有马克思主义就不可能有社会主义的中国，黑暗的旧中国就会仍然在艰难曲折的道路上探索。历史经验还证明，我们什么时候正确坚持马克思主义，革命和建设事业就得到发展，就取得胜利；反之，偏离了马克思主义，革命和建设事业就遭到挫折或失败。马克思主义永远是我们立国、治国、建国之本，永远是我们的根本指导思想。邓小平同志说：坚持不坚持马克思主义，"这是根本问题"①。因此，我们必须努力学习马克思

---

① 《邓小平文选》第 3 卷，人民出版社 1993 年第 1 版，第 299 页。

主义，掌握马克思主义，在行动上坚持、捍卫和发展马克思主义，反对一切假马克思主义和反马克思主义的言行。

（2）什么是马克思主义。马克思主义从广义上讲，是由马克思和恩格斯创立并由他们的继承者发展和完善了的观点和学说的科学理论体系；从狭义上讲，就是马克思和恩格斯所创立的科学理论体系。由于场合、条件、需要不同，马克思主义有时指前者，有时指后者。我认为，只要思想明确，从上述两方面去理解，都是可以的。

（3）坚持马克思主义，坚持什么。主要坚持马克思主义的立场、观点和方法。马克思主义从内容上讲，既包括他们具体的学说、原理和原则，也包括他们的立场、观点和方法。前者是不断受实践检验，并在实践中不断丰富和发展着的，后者是稳定的。我们坚持马克思主义，既包括前者，也包括后者。但主要是坚持马克思主义的立场、观点和方法。马克思主义的立场就是无产阶级的立场，为中国和世界绝大多数劳动人民谋福利，并以他们利益为最高准则；观点就是无产阶级的世界观、人生观和价值观；方法就是唯物辩证法和历史的辩证法。这是人们在认识世界和改造世界中永远适用的真理。马克思恩格斯曾经指出：他们创立的学说，"随时随地都要以当时的历史条件为转移"[①]。邓小平同志也说过：要坚持马克思主义，"但是，马克思主义必须是同中国实际相结合的马克思主义，社会主义必须是切合中国实际的有中国特色的社会主义。"[②] 毛泽东同志在民主革命时期批评党内"左"倾教条主义时也曾多次作过阐述。他说：不但应当了解马克思、恩格斯、列宁、斯大林他们研究广泛的真实生活和革

[①] 《马克思恩格斯选集》第 1 卷，人民出版社 1972 年第 1 版，第 228 页。
[②] 《邓小平文选》第 3 卷，人民出版社 1993 年第 1 版，第 63 页。

命经验所得出的关于一般规律的结论，而且应当学习他们观察问题和解决问题的立场和方法。""要有目的地去研究马克思列宁主义的理论，要使马克思列宁主义的理论和中国革命的实际运动结合起来，是为着解决中国革命的理论问题和策略问题而去从它找立场，找观点，找方法的。"①党内某些教条主义者，"只会片面地引用马克思、恩格斯、列宁、斯大林的个别词句，而不会运用他们的立场、观点和方法，来具体地研究中国的现状和中国的历史，具体地分析中国革命问题和解决中国革命问题。这种对待马克思列宁主义的态度是非常有害的"②。毛泽东同志还指出："现在我们党的中央做了决定，号召我们的同志学会应用马克思列宁主义的立场、观点和方法，认真地研究中国的历史，研究中国的经济、政治、军事和文化，对每一问题要根据详细的材料加以具体的分析，然后引出理论性的结论来。"③ 最近，江泽民同志号召全党深入学习邓小平建设有中国特色社会主义理论时也曾明确指出：深入学习邓小平建设有中国特色社会主义理论，最根本的是认真学习邓小平同志运用马克思主义的立场、观点和方法，研究新情况、解决新问题的科学态度和创造精神。重点学习邓小平同志坚持社会主义道路的坚定政治立场和实现共产主义崇高理想的使命感；学习邓小平同志解放思想、实事求是，以实践检验真理的唯一标准，大胆探索，勇于创新的科学态度；学习邓小平同志相信群众，尊重群众首创精神，坚持从群众中来，到群众中去的工作路线和工作方法，从而不断提高我们马克思主义的思想政治理论水平，加强工作中的原则性、系统

---

① 《毛泽东选集》第3卷，人民出版社1991年第2版，第801页。
② 同上书，第797页。
③ 同上书，第814—815页。

性、预见性和创造性。

（4）坚持马克思主义必须发展马克思主义。这是马克思主义科学性决定的。马克思列宁主义毛泽东思想和邓小平建设有中国特色社会主义的理论是永远生机勃勃并充满创造性地发展着。它绝不是一种孤立的、静止的、封闭的思想体系。它紧密联系实际，随着实践的发展以及各门具体科学的发展而不断向前发展。恩格斯说："我们的理论是发展的理论，而不是必须背得烂熟并机械地加以重复的教条。"① 斯大林曾说过："如果马克思主义不用无产阶级阶级斗争的新经验来丰富自己，如果不从马克思主义观点，不从马克思主义方法的角度来吸取这些经验，马克思主义这门科学能保持和发展吗？显然是不能的。""马克思主义要求在保持马克思主义观点、保持马克思主义方法的条件下，根据新的经验来改善和丰富旧公式。"② 毛泽东同志曾经指出：马克思、恩格斯、列宁的书，必须读，这是第一。但是任何国家的共产党人，任何国家的无产阶级的思想家，都要创造新的理论，写出新的著作，产生自己的理论家，来为当前的政治服务。任何国家、任何时候，单靠老东西是不行的，现在我们已经进入社会主义时代，出现了新的一系列的问题，如果不适应新的需要，写出新的著作，形成新的理论，也是不行的。他还指出：马克思主义一定要向前发展，要随着实践的发展而发展，不能停滞不前。停止了，老是那么一套，它就没有生命力。邓小平同志也曾说过："马克思主义必须发展。我们不把马克思主义当教条，而是把马克思主义同中国的具体实践相结合，提出自己的方针，所以才能取得胜利。过去我们以农村包围城市，取得了革命的胜利，这一

---

① 《马克思恩格斯选集》第4卷，人民出版社1972年第1版，第460页。
② 《斯大林全集》第9卷，人民出版社1954年第1版，第89页。

点在马克思列宁主义书本里是没有的。现在我们还是坚持马克思列宁主义、毛泽东思想。这里有继承的部分，有发展的部分，我们建设社会主义，准确地说，是建设有中国特色的社会主义，这样才是真正地坚持了马克思主义。我们历来主张世界各国共产党根据自己的特点去继承和发展马克思主义，离开自己国家的实际谈马克思主义，没有意义。"① 邓小平还说过："科学社会主义是在实际斗争中发展着，马列主义、毛泽东思想是在实际斗争中发展着。我们当然不会由科学的社会主义退回到空想的社会主义，也不会让马克思主义停留在几十年或一百多年前的个别论断的水平上。所以我反复说，解放思想，就是要运用马列主义、毛泽东思想的基本原理，研究新情况，解决新问题。"② 如果马克思主义不发展怎么会有列宁主义，怎么会有毛泽东思想，又怎么会有邓小平理论。正是他们，不唯上，不唯书，只唯实，破除迷信，解放思想，从本国实际出发，提出新的理论，来推动本国革命和建设事业的巨大发展；正是他们，使马克思主义继续成为无产阶级和进步人类争取美好未来的旗帜。

（5）只有发展马克思主义，才能真正坚持马克思主义。坚持马克思主义和发展马克思主义是统一的，它统一在社会实践中。把马克思主义基本原理与本国具体实际相结合，它既是坚持马克思主义的过程，也是发展马克思主义的过程，不发展马克思主义就不可能真正坚持马克思主义。无数历史证明，只有发展马克思主义，才能真正坚持马克思主义。坚持包含着发展，发展是坚持的继续。如果否认发展而片面地强调坚持，那就是无视生活实际的新变化，而只能是墨守成规，把马克思主义变成僵死的教

---

① 《邓小平文选》第 3 卷，人民出版社 1993 年第 1 版，第 191 页。
② 同上书，第 179 页。

条，就会阉割马克思主义活的灵魂。这本身就是完完全全地违背了马克思主义的原则，哪里还谈得上什么"坚持"。现在，大家都在讲"坚持"，其实是大不一样的。民主革命时期，王明叫嚷要"百分之百"坚持马克思主义，和毛泽东同志"从中国实际出发"、"理论联系实际"的坚持马克思主义，其结果是大不相同的。前者把中国革命引向绝路，后者使中国革命从胜利走向胜利，建立了中华人民共和国。党的十一届三中全会以来，邓小平同志"从中国实际出发"，"把马克思主义的普遍真理同我国的具体实际结合起来，走自己的道路，建设有中国特色的社会主义"来坚持马克思主义，与某些人不从当代中国和世界实际出发，整天大讲"坚持"马克思主义是不同的。这些人不讲我们党在新的历史时期丰富和发展马克思主义，不讲邓小平同志创立的建设有中国特色社会主义的理论是当代中国的马克思主义，不讲我国正处于社会主义初级阶段，不讲改革开放，重提毛泽东同志以阶级斗争为纲，怎能说都在坚持马克思主义呢？其实，真正坚持马克思主义的是毛泽东和邓小平。无数历史还证明，那些"坚持"叫得震天响，不提"发展"或否定"发展"的人，才是真正背离了马克思主义。邓小平同志说："马克思去世以后一百多年，究竟发生了什么变化，在变化的条件下，如何认识和发展马克思主义，没有搞清楚。绝不能要求马克思为解决他去世之后上百年、几百年所产生的问题提供现成答案。列宁同样也不能承担为他去世以后五十年、一百年所产生的问题提供现成答案的任务。真正的马克思列宁主义者必须根据现在的情况，认识、继承和发展马克思列宁主义。"[①] 他还说："世界形势日新月异，特别是现代科学技术发展很快。现在的一年抵得上过去古老社会的

---

① 《邓小平文选》第3卷，人民出版社1993年第1版，第291页。

几十年、上百年甚至更长的时间。不以新的思想、观点去继承、发展马克思主义，不是真正的马克思主义者。"① 列宁之所以是一个真正的伟大的马克思主义者，就在于他不是从书本里，而是从实际、逻辑、哲学思想、共产主义理想上找到革命道路，在一个落后的国家干成了十月社会主义革命。中国伟大的马克思列宁主义者毛泽东，并不是在马克思、列宁的书本里寻求在落后的中国夺取新民主主义革命胜利的途径。马克思能预料到在一个落后的俄国会实现十月革命吗？列宁能预料到中国会用农村包围城市夺取胜利吗？"革命是这样，建设也是这样。在革命成功后，各国必须根据自己的条件建设社会主义。固定的模式是没有的，也不可能有。墨守成规的观点只能导致落后，甚至失败。"②

（6）检验发展马克思主义的标准只能是以实践为标准，以生产力为标准。发展马克思主义，据我理解，给马克思主义增添一些具有普遍意义的新论点，当然是一种发展；把马克思主义普遍原理应用于本国或本地区的实践，提出一些切合实际的理论观点，解决了本国或本地区的革命和建设中的实际问题，这也算是一种发展，而且是更重要的发展。因为它拓宽了马克思主义普遍原理的应用范围，使理论的普遍性在新的实践中变成可以确认的经验；还有，把马克思主义普遍原理应用于本国实践中，形成一些新的理论观点，且具有某种程度的普遍意义，也算是一种发展。马克思主义诞生以来的100多年的发展，真正新添的可以和经典马克思主义所固有的普遍原理并驾齐驱的东西并不多，而大量的是第二、第三种情况，即把马克思主义普遍原理应用于本国实践，提出许多新的理论观点，解决了本国革命和建设中的问

---

① 《邓小平文选》第3卷，人民出版社1993年第1版，第291—292页。
② 同上书，第292页。

题，推动革命和建设事业的发展。因此，使马克思主义理论更加丰富多彩，发挥更大的威力，显示了马克思主义强大的生命力。那么，是不是提出所有新的观点，都算是对马克思主义理论的新发展呢？到底判断对马克思主义新发展的客观标准是什么？我认为，衡量是否发展了马克思主义，必须以实践为标准，而不能以任何别的东西为标准。实践是检验真理的唯一标准。我们今天对社会主义的认识必须面对现实，用实践去检验，而不能用马克思、恩格斯、列宁和毛泽东的言论或设想来作检验社会主义的标准。当代的社会主义实践，也就是改革开放和社会主义现代化建设的实践，它是对马克思主义科学社会主义的一些论点和设想的修正、丰富和发展。如果不看现实，不见实践，仅仅用马、恩、列说过一些什么话来判断我们是否在搞社会主义，我们的路线、方针和政策是否正确，这显然是不妥当的，这不是马克思主义的方法。如果真的那样做，还谈上什么发展马克思主义。如果真的那样做，马克思主义真的成了一成不变的"圣经"了。也正因为如此，马克思恩格斯的一些言论或设想，成为某些人责难我国改革开放，责难邓小平中国特色社会主义理论，责难党的基本路线的口实了。这不是马克思主义，是非马克思主义、假马克思主义或者是反马克思主义。这是当前很值得注意的一种思想动向。马克思主义的方法就是从实际出发，实事求是，用实践去检验真理和发展真理。所谓实践标准，在社会主义建设时期，归根到底就是以生产力为标准，看一个人或一个政党是否发展了马克思主义，就看他们提出的新的理论观点，在社会主义建设事业中是否促进了生产力的发展。如果促进了生产力的发展，那就是真的有所发展；反之，不管你吹得天花乱坠，也不算，甚至是歪曲和倒退。历史上这类事屡见不鲜。历史上的王明，就是一个典型，他"百分之百"的马克思主义，叫得震天响，实际上是一个假马克思主义。今天,我们确认邓小平建设有中国特色社会主义的理论是马克思主义在当代中国新发展,不是别的,而是因为党的十一届三中全会以来,以他为核心的中国共产党提出了一系列科学理论观点,构成了建设有中国特色社会主义基本理论和基本实践,初步回答了什么是社会主义,如何建设社会主义,以及我国社会主义建设的道路、阶段、任务、动力、条件、布局和国际环境等基本问题,规划了我们前进的科学轨道。十八年来的实践,我国经济发展取得了举世瞩目的成就,综合国力得到显著增强,人民生活有了很大改善,国家面貌发生深刻变化,社会主义中国显示出蓬勃的生机和活力,国际地位空前提高。所有这些,都大大加速了我国社会主义现代化的进程,促进了并且继续促进着我国社会生产力迅速的发展。这对于每一个不怀偏见而又对马克思主义发展史特别是马克思主义在中国的发展史有所了解的人来说,是无可非议的。

(7) 在当代中国,坚持马克思主义首先就是要坚持邓小平建设有中国特色社会主义的理论。这是因为,建设有中国特色社会主义的理论,是在和平与发展成为时代主题的历史条件下,在我国改革开放和社会主义现代化建设的实践过程中,在总结我国社会主义胜利和挫折的历史经验并借鉴其他国家社会主义兴衰成败历史经验的基础上,逐步形成和发展起来的。它是马克思列宁主义基本原理与当代中国实际和时代特征相结合的产物,是马克思列宁主义毛泽东思想的继承和发展,是全党全国人民集体智慧的结晶,是中国共产党和中国人民最可宝贵的精神财富。因为这个理论,是在无产阶级夺取政权、建立社会主义制度以后,第一次正确地回答什么是社会主义,如何建设社会主义,特别是比较系统地初步回答了中国这样的经济文化比较落后的国家如何建设社会主义,如何巩固和发展社会主义的一系列基本问题,用新的思想、观点,继承和发展了马克思主义。邓小平同志是伟大的马克思主义理论家,他所创立的理论,在马克思主义的发展史上具有重要意义,实现了科学社会主义理论到实践的第二次飞跃,使社会主义建设从空想到科学。我国改革开放以来的一切成就,都是在这一伟大理论的指引下取得的。实践证明,邓小平理论符合我国社会主义初级阶段的实际,具有强大生命力。要实现下一世纪的预定目标,就必须高举这一伟大理论的旗帜。邓小平理论在当代中国,是任何其他理论都无法替代的,它是中国共产党的指导思想,是中华民族的精神支柱,是当代中国的马克思主义。正如中央指出,学习马克思列宁主义毛泽东思想,中心内容是学习建设有中国特色社会主义理论。因此,我们坚持和捍卫马克思列宁主义毛泽东思想,首先就是要坚持捍卫邓小平建设有中国特色社会主义的理论。

(8)坚持和发展马克思主义必须反对两种错误倾向。首先要反对把马克思主义当作僵死的教条。有的人把马克思、恩格斯、列宁或者毛泽东说过的话不管实践证明如何,一切都要照办照搬;经典作家没有说过的话,但实践行得通的,他们就怀疑、抵制甚至反对。马克思和恩格斯曾经针对这种表面折服马克思主义真理,实际上是背离马克思主义的人说:我们的学说不是教条而是行动的指南。恩格斯曾辛辣讽刺了德国社会民主党内的"青年派":"所有这些先生们都在搞马克思主义……关于这种马克思主义,马克思曾经说过:'我只知道我自己不是马克思主义者',马克思大概会把海涅对自己的模仿者说的话转送给这些先生们:'我播下的是龙种,而收获的却是跳蚤'。"[①] 恩格斯在《反杜林论》中曾说过:将来有可能纠正我们错误的后代,会比

---

① 《马克思恩格斯选集》第 4 卷,人民出版社 1972 年第 1 版,第 476 页。

我们现在以极为蔑视的态度对待我们错误的前辈多得多。列宁也曾批判过这种错误倾向。他说:"我们决不把马克思的理论看做某种一成不变的和神圣不可侵犯的东西;恰恰相反,我们深信:它只是给一种科学奠定了基础,社会主义者如果不愿落后于实际生活,就应当在各方面把这门科学向前推进。"① 坚持和发展马克思主义还必须反对否定马克思主义的基本原则。社会主义国家的革命和建设中出现一些挫折、失误甚至和平演变,不是马克思主义不灵,而正是他们违背了马克思主义基本原则的必然恶果。这从反面说明,马克思主义基本原则是不能背离的,我们必须永远坚持下去,并在实践中不断丰富和发展。总之,我们必须在革命和实践中,时刻警惕和反对这两种错误倾向,把马克思主义理论发展推向前进。邓小平同志1992年视察南方讲话并为十四大通过的新党纲所肯定的,"全面落实党的基本路线,反对一切'左'的和右的错误倾向,要警惕右,但主要是防止'左'",仍具有重大的现实意义。

(9) 在改革开放和社会主义现代化建设的伟大历史时期,努力推进马克思主义在当代新的更大发展。马克思主义是在实践中不断发展的科学。马克思主义在当代需要更大的新发展,这是现时代的大趋势。世界在发生巨大变化,人类文明在突飞猛进,工人阶级和劳动人民的事业展现了新的前景。这一切都要求马克思主义者开拓新视野,发展新观念,进入新境界。进一步推动社会主义事业向前发展。总之,时代要求我们,在马克思主义指导下,冲破落后的传统观念和主观偏见的束缚,改变因循守旧、不接受新事物的精神状态。我们绝不能停留在对马克思主义的某些原则、某些本本的教条式理解上,或者停留在对社会主义的一些

---

① 《列宁选集》第1卷,人民出版社1972年第2版,第203页。

不科学的甚至扭曲的认识上,而必须用辩证唯物主义和历史唯物主义的世界观、方法论去分析和解决问题,使思想适应发展变化的新形势,把建设有中国特色社会主义的伟大实践推向前进。1986年9月,党中央指出:"马克思主义是在历史和科学的前进中不断丰富和发展的科学,它并没有结束真理,而是在实践中不断地开辟认识真理的道路。中国和世界已经和正在发生的巨大变化,一方面证明马克思主义的伟大生命力,一方面要求我们运用马克思主义的基本原则和基本方法,创造性地解决新问题。新时期我国马克思主义理论工作的任务,就是要从经济、政治、文化、社会各方面,研究社会主义现代化建设和全面改革的新情况、新经验、新问题,探索建设具有中国特色的社会主义的规律;同时要研究当代世界的新变化,研究当代各种思潮,批判地吸收和概括各门科学发展的最新成果。只有从实际出发,以实践作为检验真理的唯一标准,勇于突破那些已被实践证明是不正确的或不适合变化了的情况的判断和结论,而不是用僵化观念来裁判生活,马克思主义才能随着生活前进并指导生活前进。这既是坚持马克思主义,又是发展马克思主义,两者统一在革命和建设的实践之中。离开实践的观点,发展的观点,创造的观点,就谈不上坚持马克思主义。把马克思主义当作僵死的教条,是错误的;否定马克思主义的基本原则,认为马克思主义'过时'而盲目崇拜资产阶级某些哲学和社会学说,也是错误的。"[①]

邓小平建设有中国特色社会主义理论是一个完整的开放的科学体系。但它并没有结束真理,还有许多内容,要在新的实践中,研究新情况、解决新问题的过程中继续丰富、完善和发

---

① 《十二大以来重要文献选编》下,人民出版社1988年第1版,第1186—1187页。

展。对社会主义的认识,正如对其他事物认识一样,认识了它的今天,不等于说认识了它的明天,更不等于说认识了它的将来(后天)。对社会主义的认识是一个曲线,不是一次两次能够完成的,现在也不能说完成,随着社会主义实践的发展,我们的认识是在继续和深化。党的十三大报告指出:"社会主义初级阶段是很长的历史发展过程,我们对这个阶段的状况、矛盾、演变及其规律的认识,在许多方面还知之不多、知之不深"。党的十四大报告指出:"建设有中国特色社会主义的理论还有其他许多内容,还要在研究新情况、解决新问题的过程中,在实践检验中继续丰富、完善和发展。"1992年初,邓小平同志在视察南方的谈话中,在谈到建设有中国特色的社会主义时也曾指出:"恐怕再有三十年的时间,我们才会在各方面形成一整套更加成熟、更加定型的制度。在这个制度下的方针、政策,也将更加定型化。现在建设中国式的社会主义,经验一天比一天丰富。"① 总之,我们要在新的实践中,解放思想,敢于探索、善于探索,为不断丰富和发展建设有中国特色社会主义的伟大理论,为促进马克思主义在当代新的更大发展而努力!

(原载《邓小平理论研究》1997年第2期)

---

① 《邓小平文选》第3卷,人民出版社1993年第1版,第372页。

马克思主义在中国的新发展

——十一届三中全会以来，我们党对马克思主义理论的伟大贡献

把马克思主义的普遍真理与我国具体实际相结合，不但是中国共产党人的革命和建设事业不断取得胜利的根本保证，而且也是真正坚持和发展马克思主义的基本途径和必由之路。中国共产党成立七十年的历史事实证明，我们既坚持了马克思主义，同时又丰富和发展了马克思主义。在民主革命时期，以毛泽东为代表的中国共产党人，把马克思主义普遍真理与我国具体实际相结合，开辟了农村包围城市的革命道路，创立了新民主主义革命理论，使我国取得了新民主主义革命的伟大胜利，建立了中华人民共和国；在社会主义革命和社会主义建设时期，尤其是党的十一届三中全会以来，以邓小平为代表的中国共产党人，把马克思主义普遍真理与我国社会主义建设实际相结合，走自己的道路，建设有中国特色的社会主义，使中国社会主义现代化建设，在短短的十多年中取得了举世瞩目的伟大成就。中国特色的社会主义理论是指引我们继续前进的伟大旗帜。它是全党全国人民的智慧的结晶，特别凝聚了邓小平在新的历史条件下继承和发展马克思列宁主义、毛泽东思想的卓越贡献。以江泽民为代表的中国共产党第三代领导人，正沿着老一辈无产阶级革命家开创的建设有中国

特色的社会主义道路,继续探索前进!

一 中国社会主义建设经验的科学总结

走社会主义道路是我国历史发展的必然。只有社会主义才能救中国,只有社会主义才能发展中国。这是总结我国近现代一百多年的历史和新中国建立四十多年的历史发展和现实教训所作出的必然结论。

走社会主义道路是历史的必然。但究竟怎么走法.如何建设社会主义,是大有学问可作的。照抄马克思列宁主义关于建设社会主义的基本原则,或照搬外国经验、外国模式,行不行?历史已作出否定的结论。小平同志在总结国际共产主义运动经验和新中国成立后三十多年的经验教训后,明确指出:"我国的现代化建设,必须从中国的实际出发。无论是革命还是建设,都要注意学习外国和借鉴外国经验。但是照抄照搬外国经验、外国模式,从来不能得到成功。这方面我们有过不少教训。把马克思主义普遍真理同我国的具体实际结合起来,走自己的道路,建设有中国特色的社会主义,这就是我们总结长期历史经验得出的基本结论。"[①] 因此,把马克思主义普遍原理与我国实际相结合,努力探索建设有中国特色的社会主义是中国共产党的神圣职责。

早在1921年我们党成立伊始,就确定马克思主义为党的指导思想,并把马克思主义普遍原理与中国革命实践相结合。但由于我们党年幼,没有经验,在二十年代后期和三十年代前期,曾经连续出现三次"左"倾错误。这三次"左"倾错误的共同特点,

---

[①]《邓小平文选》(1975—1982年),人民出版社1983年第1版,第371—372页。

就是把马克思主义教条化,把外国经验绝对化、神圣化。离开中国的国情,他们抽象地谈论马克思主义,机械地照搬外国城市武装起义夺取政权的模式,结果使中国革命几经挫折,几乎陷于绝境。以毛泽东为代表的马克思主义者,从理论和实践上清算了马克思主义教条化和形式主义地照搬外国经验的错误倾向,坚持从中国的实际出发,创造性地运用马克思主义,使马克思主义中国化,形成了伟大的毛泽东思想,找到了由农村包围城市、武装夺取政权的正确道路,保证了我国民主革命的胜利。正如邓小平同志所说的,中国共产党人坚持马克思主义,并且按照毛泽东思想,把马克思主义同中国的实际结合起来,走自己的道路,采取农村包围城市的道路,把中国革命搞成功了。如果我们不是马克思主义者,或者不是把马克思主义同中国自己的实际相结合,走自己的道路,中国现在还是四分五裂,不但没有独立,也没有统一。①

新中国成立以来,我们党领导的社会主义革命和社会主义建设事业也经历了一个曲折的发展过程。新中国成立头七年,我们党和毛泽东同志把马克思主义关于过渡时期的理论同我国具体实践相结合,提出了逐步实现国家的社会主义工业化,并逐步实现国家对农业、对手工业和对资本主义工商业的社会主义改造的总路线,创造性地开辟了一条适合我国特点的社会主义改造的道路。在短短的几年时间内,在我国这样一个人口众多、经济文化落后的大国顺利地解决了建立社会主义制度的艰巨任务。这一历史性的胜利,再一次证明了马克思主义普遍真理同中国具体实践相结合、走自己的道路的伟大生命力。1956年我国社会主义改造基本完成以后,开始了全面的大规模的社会主义建设,摆在全党和全国人民面前的中心任务是探索一条适合我国国情的社会主

---

① 《建设有中国特色的社会主义》(增订本),人民出版社1987年版,第51—52页。

义建设道路。1956年4月,毛泽东同志发表了《论十大关系》的重要讲话,对我国建设社会主义的道路,进行了初步的探索。强调不要照搬外国的经验,而要从我们这个农业大国的实际出发,正确处理重工业和轻工业、农业的关系,沿海工业和内地工业的关系,经济建设和国防建设的关系,中央和地方的关系,汉族和少数民族的关系,自力更生和学习外国的关系,以及国家、生产单位和生产者个人的关系,等等。同年九月召开的党的"八大",正确分析了我国社会主义改造基本完成以后的政治经济形势,指出社会主义制度已在我国基本建立起来,国内的主要矛盾已经不再是无产阶级同资产阶级的矛盾,而是人民对经济文化迅速发展的需要同当前经济文化不能满足人民需要的状况之间的矛盾。1957年,毛泽东同志在《关于正确处理人民内部矛盾的问题》中又指出,我国革命时期大规模急风暴雨式的群众阶级斗争已基本结束,今后我们的任务已由解放生产力变成在新的生产关系下面保护和发展生产力,"团结全国各族人民进行一场新的战争——向自然开战","将我国建设成为一个具有现代工业、现代农业和现代科学文化的社会主义国家。"① 同时,毛泽东同志还探讨了中国工业化的道路。在这一段时间里,中央其他领导同志也对从我国实际出发进行社会主义建设,提出了许多可贵的意见。这都表明我们党力图把工作重点转到社会主义建设上来和探索一条适合我国国情的社会主义建设道路。但是,这些正确的思想和可贵的探索,没有能够在后来的实践中坚持下去。一段时间里,在"左"的思想指导下,曾经犯过一些错误,特别是出现过"文化大革命"那样的严重挫折,并持续十年之久,使党、国家和人民遭到建国以来最严重的挫折和损失。这些

---

① 《毛泽东选集》第5卷,人民出版社1977年第1版,第375、366页。

"左"的错误,就思想方法来说,都是以主观同客观相分裂、理论同实践相脱离为特征的,它脱离了中国的国情,违背了马克思主义的基本原理同中国的具体实践相结合的原则。

1978年12月召开的具有伟大历史意义的党的十一届三中全会,认真总结了历史经验,重新确立了党的实事求是的马克思主义思想路线,作出了把工作重点转移到社会主义现代化建设上来的战略决策,并开始全面纠正"文化大革命"中及其以前的"左"的错误。这就为探索具有中国特色的社会主义建设道路,提供了决定性的前提条件。1981年6月,党的十一届六中全会通过了《关于建国以来党的若干历史问题的决议》,系统地总结了建国以来社会主义建设两方面的经验,提出了适合我国国情的社会主义现代化建设道路的十条经验,这为"中国式"的社会主义道路勾画了一个轮廓。1982年9月,我们党召开第十二次全国代表大会。小平同志进一步概括为"建设有中国特色的社会主义"这一科学结论。十二大制定了全面建设社会主义的纲领,其主要内容和理论概括,彻底摆脱了苏联斯大林时期那种僵化模式,充分反映了我国探索现代化建设具有中国特色。十二大报告提出的党在新的历史时期的总路线和总任务,其特点就是从中国国情出发,规定了经济建设是中心,"现代化""高度文明"、"高度民主"三位一体,经济、政治、思想文化三大建设一起抓的思想,完整地反映了我国建设社会主义的总框架。在奋斗目标上,突出特点是搞工业、农业、国防和科学技术四个现代化。不同于过去苏联只提建设社会主义工业化。在实现四化的步骤上的特色是设想分三大步走。经济发展路子上的主要特色是抛弃过去传统的片面发展重工业,比例失调,高积累、低消费、低效益的模式,走比例协调,速度比较适当,经济效益比较好,人民可以得到更多实惠的新路子。在所有制结构上突出特色,是根据多层次生产力发展的实际状况，坚持公有制为主体的前提下，发展多种经济形式，以利生产力发展。在农业上最大特色是建立独具一格的中国农村合作经济体制，即实行以家庭联产承包责任制为基础的新体制。在工商业体制上的特色，是克服生产和经营决策过分集中的弊病，给工矿企业、商业企业更多的自主权，建立生产和经营责任制。在思想文化方面，建立高度社会主义精神文明，造就一代有理想、有道德、有文化、有纪律的新人。在政治建设方面，就是着力克服权力过分集中的弊病，加强社会主义民主建设。加强党的建设方面，既要坚持党的领导，又要改善党的领导，走出一条不搞运动来加强党的建设的道路。在处理对外关系上，是既坚持独立自主，又坚持对外开放。总之，十二大报告表明我们党对科学社会主义认识进一步深化，标志着建设有中国特色的社会主义理论和路线初步形成。

党的十二大以后，党领导全国人民继续探索建设有中国特色的社会主义道路，使之更加完善，更加发展。尤其是1987年10月，我们党召开了具有历史意义的第十三次代表大会。大会对十一届三中全会以来9年间我国人民在党的领导下丰富多彩的实践经验进行了创造性的理论概括。报告第一次系统地阐明了社会主义初级阶段的理论，并在此基础上制定了党的社会主义初级阶段的基本路线，依据这个理论和路线，提出了我国经济发展战略和经济体制改革、政治体制改革和在改革开放中加强党的建设的基本方针，回答和论证了建设有中国特色的社会主义一系列重大问题，十三大报告标志着建设有中国特色的社会主义理论和路线基本形成，也就是说，我们已经找到了建设有中国特色的社会主义道路。

十三大报告第一次提出和阐述了马克思主义与我国实践相结合过程中的两次历史性飞跃。实现两次历史性飞跃的共同特点是，都丰富和发展了马克思主义科学社会主义理论。在第一次飞跃中经过反复探索,在总结多次成功和失败经验的基础上,创立了新民主主义论,并以此制定了新民主主义革命的总路线,从而引导中国革命从胜利走向胜利;在第二次飞跃中也是经过反复探索,总结建国30多年来正反两方面经验的基础上,创立社会主义初级阶段论,并以此制定出"一个中心,两个基本点"的基本路线。十三届七中全会对建设有中国特色的社会主义的基本理论和基本实践提出了十二条,是对十三大以来的丰富实践的科学总结,是马克思主义新的丰富和发展。

二 马克思主义在中国的新发展

马克思主义在中国的新发展,是指党的十一届三中全会以来,中国共产党把马克思主义普遍原理与我国实践相结合,在走自己的道路,建设有中国特色的社会主义过程中,对马克思主义理论的发挥和发展。在这里,首先碰到的问题,对马克思主义发展的"发展"涵义是什么,检验"发展"的标准是什么?据我个人理解,给马克思主义增添一些具有普遍意义的新论点,算是一种发展;把马克思主义普遍原理应用于本国实践,提出一些切合实际的理论观点,解决了本国革命和建设中实际问题,这也算是一种发展,而且是更重要的发展。因为它拓宽了马克思主义普遍原理的应用范围,使理论的普遍性在新的实践中变成可以确证的经验。还有,把马克思主义普遍原理应用于本国实践中,形成一些新的理论观点,且具有某种程度的普遍意义,也算是一种发展。马克思主义诞生以来的一百多年发展,真正新增添的,可以和经典马克思主义所固有的普遍原理并驾齐驱的东西并不多,而大量的是第二、第三种情况,即把马克思主义普遍原理应用于本国实践,提出许多新的理论观点,解决了本国革命和建设中的问题，推动革命和建设事业的发展。因而，使马克思主义理论更加丰富多彩，发挥更大的威力，显示了马克思主义强大的生命力。

那么，是不是提出所有新观点，都算是对马克思主义理论的新发展呢？到底判断对马克思主义新发展的客观标准是什么？我认为，衡量是否发展了马克思主义，必须以实践为标准，而不能以任何别的东西为标准。实践是检验真理的唯一标准，所谓实践标准，在社会主义建设时期，归根到底就是以生产力为标准。看一个人或一个政党是否发展了马克思主义，就看他们提出的新的理论观点，在社会主义建设事业中是否促进了生产力的发展。如果促进了生产力的发展，那就是真的有所发展；反之，不管你吹得天花乱坠，也不算，甚至是歪曲和倒退。历史上这类事屡见不鲜。今天，我们确认十一届三中全会以来马克思主义在中国真有新的发展，也不是别的，而是因为十一届三中全会以来，中国共产党提出了一系列科学理论观点，构成了建设有中国特色的社会主义基本理论和基本实践，初步回答了我国社会主义建设的阶段、任务、动力、条件、布局和国际环境等基本问题，规划了我们前进的科学轨道，从而加速了我国社会主义现代化的进程，促进了并且继续促进着我国社会生产的发展。这对于每一个不怀偏见而又对马克思主义发展史特别是马克思主义在中国的发展史有所了解的人来说，是无可争议的。

十一届三中全会以来，马克思主义在中国的新发展，1987年10月召开的党的十三大报告，已作了初步总结。1990年12月，党的十三届七中全会对十三大以来的建设有中国特色的社会主义的基本理论和基本实践，作了进一步概括。应该说，这十二条①原则

---

① 参见《中共中央关于制定国民经济和社会发展十年规划和"八五"计划的建议》，人民出版社1991年版，第6—8页。

较十三大的总结,认识更加全面、系统和深刻。同时,也是对马克思主义理论的发挥和发展。

何以说"十二"条原则是对马克思主义理论新发展,如何理解它是马克思主义在中国的新发展?

首先,"有中国特色的社会主义"的命题本身就丰富和发展了社会主义多样性的理论。"有中国特色的社会主义"本身包括两方面,一方面,它是社会主义;另一方面,这个社会主义不是一般的抽象的社会主义,而是活生生的带有中国特色的。这也就是小平同志提出的,"把马克思主义普遍原理同我国的具体实际结合起来,走自己的道路。"社会主义理论的实际应用,"随时随地都要以当时的历史条件为转移。"① 这是马克思恩格斯早就提出的。但在他们的时代,社会主义作为一种制度毕竟还是没有变成现实。列宁领导的俄国建立了世界上第一个社会主义国家,他曾指出:"一切民族都将走到社会主义,这是不可避免的,但是一切民族的走法都不完全一样"。② "在东方那些人口无比众多、社会情况无比复杂的国家里,今后的革命无疑比俄国的革命带有更多的特色。"③ 但是,社会主义在苏联建立以后长时期内,却出现了认为社会主义只有一种模式,苏联模式是唯一标准模式的僵化认识。第二次世界大战后一系列社会主义国家出现,包括我们中国在内,基本上都是照搬苏联模式,照抄苏联的经验;有的国家开始探索把马克思主义普遍原理与本国实际相结合,走适合自己的建设道路,则被视为异端,遭到不公正的批判和否定。但是,各国历史条件不同。只要是真正把马克思主义普遍原理与

---

① 《马克思恩格斯选集》第 1 卷,人民出版社 1972 年第 1 版,第 228 页。
② 《列宁全集》第 23 卷,人民出版社 1958 年第 1 版,第 64—65 页。
③ 《列宁选集》第 4 卷,人民出版社 1972 年第 2 版,第 692 页。

本国具体实践相结合，或迟或早地必然会出现社会主义的多样性，也就是各具特色的社会主义。因此，"中国特色的社会主义"的提出，本身就丰富了马克思主义关于社会主义多样性的理论，而且必将鼓舞和推动各国人民在探索走适合本国实际的社会主义建设的道路上，具有更多的各自特色。

关于我国处于社会主义初级阶段的观点，更鲜明地反映我们党对社会主义发展阶段学说的伟大贡献。大家知道，马克思主义创始人对发达的资本主义国家无产阶级革命胜利后，社会发展阶段曾明确提出过共产主义两个阶段学说，即"共产主义第一阶段"和"共产主义高级阶段"，但他们没有也不可能提出"社会主义初级阶段"的概念。十月社会主义革命胜利后，列宁曾把"共产主义第一阶段"明确为"社会主义阶段"，并指出资本主义到共产主义必须经历从资本主义到社会主义过渡时期，社会主义和共产主义三个阶段。尽管列宁在分析社会主义社会形成和发展过程中，曾提出过"不发达社会主义"、"发达社会主义"、"完全的社会主义"、"完备的社会主义"等概念，来说明落后的俄国不可能立即建成发达的社会主义，而必须要经历一个从低级到高级的发展过程。但他仍然未提出和分析"社会主义初级阶段"。列宁逝世后，各国马克思主义政党及其领导人对社会主义发展阶段的认识和实践，尽管不尽相同，但共同特点都把社会主义阶段看成是一个短暂的阶段，对目前所处的社会主义发展阶段，普遍是脱离实际，估计偏高，都犯了一种"左"的错误。因而，影响社会生产力的发展和社会主义制度优越性的充分发挥。

在中国，十一届三中全会开辟了我国社会主义发展的新时期。这是我们党对我国还处在社会主义初级阶段这一基本国情认识由盲目转入自觉的时期。十一届三中全会以后不久，针对再次出现的冒进倾向,小平同志指出:底子薄、人口多,80%是农民,这个现实情况应该是我们制定建设蓝图的出发点。1979年9月,十一届四中全会通过的叶剑英《在庆祝中华人民共和国成立三十周年大会上的讲话》指出:"社会主义制度还处在幼年时期。我国封建社会的历史特别长,我们的社会主义社会不可避免地带有这种旧社会的许多痕迹"。我们的社会主义制度"还不成熟,不完善"。这些论断已包含着社会主义初级阶段的初步思想。1981年6月,党的十一届六中全会通过的《关于建国以来党的若干历史问题的决议》中,第一次明确提出"我们的社会主义制度还是处于初级的阶段"。接着1982年9月,我们党再一次把"我国的社会主义社会现在还处在初级发展阶段"的论断写进了党的十二大报告里。1986年9月,党的十二届六中全会通过的《关于社会主义精神文明建设指导方针的决议》,重申这一科学论断,并对社会主义初级阶段经济结构和精神文明特点作了分析后指出:"我国正处在社会主义初级阶段,不但必须实行按劳分配,发展社会主义的商品经济和竞争,而且在相当长的时期内,还要在以公有制为主体的前提下发展多种经济成份,在共同富裕的目标下鼓励一部分先富起来。在这样的历史条件下,全民范围的道德建设,就应当肯定由此而来的人们在分配方面的合理差别,同时鼓励人们发扬国家利益、集体利益、个人利益相结合的社会主义集体主义精神,发扬顾全大局、诚实守信、互助友爱和扶贫济困的精神。"1987年10月,党的十三大报告对我国正处于社会主义的初级阶段的含义、历史前提、基本特征、主要矛盾和主要任务、基本路线,等等,进行全面、系统、深刻的科学论述,它不仅表明我们对马克思主义关于社会主义阶段学说的重大发展,而且也是我党社会主义建设理论趋向成熟的标志。社会主义初级阶段的理论是我们党针对我国国情而提出来的,但它对经济文化落后的国家,社会主义革命胜利后进行社会主义建设仍有普遍意义的。

关于社会主义社会的根本任务是发展生产力,集中力量实现现代化的观点,首先,不仅恢复了马克思主义的一个基本观点,而且在恢复中有所发展。在马克思恩格斯那里,他们是从历史发展规律,从社会主义代替资本主义的规律、从消灭阶级和阶级差别实现共产主义的历史要求,提出了生产力的决定作用;列宁在无产阶级夺取政权以后,论述了提高劳动生产率对战胜资本主义的决定意义,要求把工作重点转到社会主义建设上来。但他们都没有把这个理论凝练成一个言简意赅的理论命题。把一个理论凝练成一个简要的理论命题,就会使这个理论观点表达得更加集中、更加鲜明,从而也就能够更加深入人心。这本身就是一种发展。其次,这个科学理论观点已经不仅仅是从历史唯物主义原理中推导出的科学结论,而是用社会主义社会70多年的历史发展的全部经验教训,尤其是新中国成立后三十多年的经验教训,加以论证了几乎成为可以触摸到的深刻真理。如果说,在马克思恩格斯那里,这个理论观点还是一个科学预见,在列宁那里还是一个以有限的实践经验刚刚加以阐明的科学结论,那么,现在则已经成为由丰富的实践经验从正反两方面作了充分论证和验证的颠扑不破的伟大真理。再次,这个科学理论观点不仅指明了社会主义的根本任务,而且指出实现这个任务的途径和目标,这对于经济文化落后的国家在当代条件下建设社会主义现代化具有特别重要的意义。按照马克思恩格斯的设想,社会主义革命将首先在文明国家即发达资本主义国家取得胜利,革命胜利后建立起来的社会主义,虽然也必须把发展生产力作为根本任务,但不发生现代化问题。因为在这些国家里就当时情况而言已经"现代化"了,发展生产力的任务可以在资本主义遗留下来的生产条件下实现。

后来，他们也曾设想过，在先进国家率先取得社会主义革命胜利的情况下，落后国家有可能走上社会主义道路。但是，他们除了说到先进国家应当帮助落后国家之外，并没有谈到这些国家走上社会主义道路后将如何建设社会主义。列宁在十月革命胜利后，直接面临着建设社会主义的任务，根据俄国的国情和当时科学技术水平，他提出了社会主义建设的公式，就是著名的"苏维埃政权加全国电气化"，这也就是现代化的意思。列宁的这个思想把马克思主义的社会主义建设理论结合实际加以具体化了。但是，列宁把俄国社会主义革命的胜利，看作是世界历史发展中的特殊现象，他没有想到在随后数十年中，落后国家先于发达国家走上社会主义道路，竟成了相当普遍的历史现象。正因为如此，在建设社会主义中，现代化问题，只是作为俄国问题提出来的，并没有作为落后国家建设社会主义的普遍任务加以强调，也没有形成相应的具有普遍性形式的理论命题。十一届三中全会以来，中国共产党对社会主义再认识的过程中，继承了毛泽东、周恩来在世的方针，一开始就把发展生产力和实现现代化联系在一起。从十一届三中全会起，经过十二大、到了十三大，都提出了"社会主义社会的根本任务是发展生产力，集中力量实现现代化"这个科学命题。毫无疑问，这个命题完全是根据我国国情，为了加快我国的社会主义建设。但是，这个科学命题本身却是以普遍性形式来表达的，这当然不是偶然的，其中显然包含有国际经验。正是在这个意义上，我们可以说，这个科学理论观点，不仅是马克思主义在中国的发展史上的一个创造，而且在整个马克思主义发展史上也占有一定的地位。这个科学观点对中国，乃至在经济文化落后的国家建设社会主义中将产生深远的指导意义。

关于社会主义经济是有计划商品经济的观点，更是对马克思主义商品经济理论一大发展。马克思恩格斯认为，社会主义革命在多数文明国家取得胜利后,全国一切生产资料直接归全社会占有,商品生产和商品流通将不复存在了。列宁斯大林在十月革命胜利前,也持有相同的观点。十月革命胜利后,苏联共产党开始按照没有商品、货币的设想来建设社会主义,经过几年的实践,这种办法行不通,特别是广大农民严重不满起来。列宁不愧为伟大的马克思主义者,他并未固守马恩原来的论述,而从苏联实际出发,实行战略转移。他第一次提出了"在从资本主义到社会主义的过渡的初期,立即消灭货币是不可能的。"[①] 在一个小农国家不能立即消灭商品生产,只有通过商业这条更加迂回的道路,才能过渡到社会主义。列宁提出了要利用商品货币关系发展生产力,巩固工农联盟,立即实行用粮食税代替余粮收集制的新经济政策。由于理论和政策的正确,苏维埃俄国得以恢复商品生产和商品交换,它的经济开始走上恢复和发展的道路。

列宁解决了过渡时期是否存在商品生产和商品交换问题。但是,社会主义制度建立以后是否还要保留商品生产和商品交换?价值规律是否还起作用?这个问题,列宁还没来得及解决就谢世了。在很长的时间内,苏联理论界相当多的人一直持否定的态度。直到1952年,斯大林在《苏联社会主义经济问题》一书中,对苏联社会主义建设实践作了总结和概括,在理论上才前进一步。斯大林认为,在社会主义制度下存在着生产资料两种公有制,必然存在商品生产和商品交换;社会主义的商品生产不是通常的商品生产,而是特种的商品生产,它和"货币经济"一起为共同发展和巩固社会主义生产事业服务;价值规律在流通领域里起调节作用,在生产领域内只起影响作用;消费品是商品,生产资料不是商品,等等。这些论述,比起否定商品经济无疑是一

---

① 《列宁选集》第3卷,人民出版社1972年第2版,第750页。

大进步，但是，斯大林这一理论是很不彻底的。他不承认生产资料也是商品，不承认价值规律在生产领域也起调节作用，尤其是没有把商品经济看作是社会主义经济所固有的东西，而仍然把商品经济看作是和社会主义经济不相容的东西，把社会主义看成带有商品经济外壳的产品经济，仍然没有摆脱商品经济和计划经济相对立的传统观念。斯大林这些观点，不仅在苏联，而且在许多社会主义国家都有深刻的影响。

新中国建立以后，我们在对商品经济理论的认识上，尽管在某些方面有所突破，但在总的框架上基本上是沿袭斯大林的观点。直到党的十一届三中全会以后，我们党认真总结新中国成立后30多年正反两方面经验和吸收我国经济学界有关科研成果，从我国处于社会主义初级阶段的实际出发，对马克思主义的社会主义商品经济理论作出了重大突破。1987年10月，党的十三大报告明确指出："社会主义经济是公有制基础上的有计划的商品经济。这是我们党对社会主义经济作出的科学概括，是马克思主义的重大发展，是我国经济体制改革的基本理论依据。"这一重大发展包括：第一，社会主义经济在公有制基础上的有计划的商品经济[①]，社会主义计划经济必须自觉依据和运用价值规律，从而摒弃了以往的把社会主义经济同商品经济、计划经济同价值规律相对立的传统观念；第二，商品经济的充分发展是社会主义经济发展不可逾越的阶段，是实现我国经济现代化的必要条件。只有充分发展商品经济，才能把经济真正搞活，促进企业提高效率、灵活经营，灵活地适应复杂多变的社会需要，这是单纯依靠行政手段和指令性计划所不能做到的。第三，社会主义的商品经

[①] 邓小平同志说：这些"新话"是"我们老祖宗没有讲过的话"，"是真正坚持社会主义"（参见《建设有中国特色的社会主义》增订本，人民出版社1987年版，第78页）。

济和价值规律同资本主义商品经济和价值规律是有区别的。但这种区别不在于商品经济是否存在和价值规律是否发挥作用，而在于所有制不同，在于剥削阶级是否存在，在于劳动人民是否当家做主，在于为什么样的生产目的服务，在于能否在全社会规模上自觉运用价值规律。第四，社会主义企业是相对独立的经济实体，是自主经营、自负盈亏的社会主义商品生产者和经营者，具有自我改造和自我发展的能力，是具有一定权利和义务的法人。所有企业之间交换的产品都是商品。第五，社会主义商品经济的发展离不开市场的发育和完善，利用市场调节决不等于搞资本主义。建立在公有制基础上的社会主义商品经济为在全社会自觉保持国民经济的协调发展提供了可能。我们的任务就是要善于运用计划调节和市场调节这两种形式和手段，把这种可能性变为现实。这就进一步否定了计划和市场不相容的观点。第六，必须把计划工作建立在商品交换和价值规律的基础上。以指令性为主的直接管理方式，不能适应社会主义商品经济的发展要求，不能把计划调节和计划经济与指令性计划等同起来。要逐步缩小指令性范围和逐步转向以间接管理为主。第七，计划和市场的作用范围都是覆盖全社会的，从而进一步否定计划与市场相对立的观点。第八，发展商品经济所必需的生产资料市场、金融市场、技术市场和劳务市场，以及债券、股票等等，都不是资本主义社会所特有的，而是伴随社会化大生产和商品经济发展必然出现的。资本主义可以利用为资本主义服务，社会主义也可以利用而且应当利用它来为自己服务。

关于改革和对外开放的观点。在马克思主义已有的文献中，社会主义社会需要不断改革，社会主义建设需要对外开放，这样的原则是有的。但是把改革、开放提到这样的高度，尤其是把它们同建设有中国特色的社会主义联系起来，正如小平同志所说，这在马克思主义经典著作里是没有的，完全是十一届三中全会以来中国共产党的创造，是中国共产党对马克思主义建设社会主义的理论的一个重大贡献。关于改革的理论，十一届三中全会以后，我们党首先对我们原来的经济、政治等各方面的体制进行分析，指出各种弊端的严重性，把改革的必要性和重大意义提到一个空前的高度，指出改革"是一场革命"，"不是对人的革命，而是对体制的革命。这场革命不搞……不只是四个现代化没有希望，甚至涉及亡党亡国的问题。可能要亡党亡国。"① 第二，提出要区分体制和制度的关系。我们建立的社会主义制度是好的，而体现这个制度的体制有各种弊端，要经常不断地改革，以推动制度的完善和促进社会生产力的发展。第三，改革是社会主义制度的自我完善和发展。通过改革，克服体制上的弊端，使社会主义经济、政治等方面的体制日益健全和成熟，从而达到社会主义制度的自我完善和发展。第四，改革是中国发展生产力和建设有中国特色的社会主义必由之路。第五，社会主义改革是全面的、整体的改革，不是某一方面、某一个领域的改革，是一个有机联系的整体。第六，改革必须坚持社会主义方向，要在党的领导下有计划有步骤地进行，既要坚定不移，又要细心谨慎等等，我们党都作了明确的阐述。

与改革相联系的对外开放，我们首先分析过去闭关锁国或半闭关锁国，给我国社会主义建设事业带来不利的影响，然后提出对外开放是我国坚定不移的战略方针，一项基本国策。第二，对外开放是全面性开放，主要是引进先进的科学技术、资金、科学管理、优秀文化成果等等，目的是作为我国发展社会主义事业的一种有益的补充。第三，兴办经济特区和开放沿海港口城市，吸

---

① 《邓小平文选》（1975—1982年），人民出版社1983年第1版，第352页。

引外资。外商来我国举办合资经营企业、合作经营企业和独资企业，作为我国社会主义经济的必要的有益的补充。第四，对外开放是有原则、有计划的，而且始终保持清醒的头脑，坚决抵制资本主义的腐朽思想的侵袭，打击经济犯罪活动。总之，实践证明，关起门来搞建设是不行，闭关自守是建不成社会主义现代化的。对外开放是实现社会主义现代化的重要条件。只有对外开放，才能比较顺利地进行四化建设和建立起有中国特色的社会主义。

关于坚持四项基本原则同坚持改革开放的总方针这两个基本点相互结合、缺一不可的观点。坚持社会主义道路、坚持人民民主专政、坚持共产党领导、坚持马克思列宁主义毛泽东思想，并不是崭新的东西，是我们党长期以来所一贯坚持的原则，但是，把这四项原则概括为我们在思想政治上必须坚持的"四项基本原则"，却是第一次，是小平同志在1979年3月30日一次会议讲话中明确提出来的。他说："我们要在中国实现四个现代化，必须在思想政治上坚持四项基本原则。这是实现四个现代化的根本前提。"第一次提出坚持四项基本原则，并把它作为立国、建国之本，这是我们党对马克思主义理论的一大贡献。第二，改革开放是我们党的路线在十一届三中全会以来的新发展。改革开放是党的新时期的总方针。改革开放是强国之路。正是这个总方针，才赋予四项基本原则以新的时代内容，使我们坚持四项基本原则的历史显示出重要的阶段性：在此之前，我们坚持四项基本原则是以对四项基本原则的传统理解为前提的，是在缺乏活力的旧的经济政治体制下坚持的；在此之后，我们坚持四项基本原则，则是以对四项基本原则的符合时代实际的创造性理解为前提的，是在逐步形成充满活力的新的经济政治体制的过程中坚持的。第三，坚持四项基本原则和坚持改革开放的总方针是党的社会主义初级阶段基本路线的主要内容。坚持两个基本点目的是为了发展生产力。在当代中国，只有坚持四项基本原则，才能保证生产力的发展；只有坚持改革开放，才能进一步解放仍然受到束缚的生产力，促进生产力迅速发展。为了迅速发展生产力，两个基本点必须同时坚持，缺一不可。两个基本点互相结合、互相贯通，两者统一于建设有中国特色的社会主义的实践。缺少了哪一个我们也建设不了有中国特色的社会主义。第四，坚持两个基本点是我们排除"左"右两种错误倾向的强大思想武器。坚持两个基本点，一方面批判来自"左"的僵化的方面对四项基本原则的曲解和对十一届三中全会以来改革开放的总方针的攻击；另一方面可以抵制和批判来自右的方面否定四项基本原则和歪曲改革开放的错误思潮。

关于用"一个国家、两种制度"来实现国家统一的观点。如何解决历史上遗留下来的香港、澳门和台湾地区和整个国家的统一，这是我国社会主义现代化建设进程中的一个特殊问题。虽然性质不完全相同，但共同特点都是中国的领土，都要实现祖国的统一。我们党从目前现实情况出发，提出了用"一国两制"的办法来解决，即香港、澳门和台湾都实行资本主义，维持他们目前的社会制度；大陆实行社会主义制度。一个国家，即中华人民共和国，香港、澳门和台湾是中华人民共和国的特别行政区。这种办法，易于为广大香港、澳门和台湾人民所接受。有利这些地区经济稳定发展，有利亚洲和世界和平。香港、澳门问题的圆满解决，赢得世界上高度赞誉。按照这个科学的构想，台湾问题也一定能圆满解决。这是国际共产主义运动中的伟大创举，是创造性地发展马克思主义，为马克思主义理论宝库作出了新的伟大贡献。第一，是和平共处原则的灵活运用和发展。和平共处原则是十月革命胜利后，社会主义和资本主义两种制度并存局面下，列宁提出的处理不同社会制度国家关系的一项基本原则。五十年代初，我们党将列宁的和平共处原则具体化为五项原则，即互相尊重主权和领土完整、互不侵犯、互不干涉内政、平等互利、和平共处，而且确认这五项原则不仅适用于不同社会制度国家，而且也适用于社会制度相同的国家。否则，将会发生冲突，乃至战争。然而，和平共处原则能否适用于处理一个国家之内不同制度的地区之间的关系呢？"一国两制"的构想的提出，实际上对此已经作了回答。邓小平说，和平共处原则用之于解决一个国家内部的问题，恐怕也是一个好办法。根据中国自己的实践，我们提出"一个国家，两种制度"的办法来解决中国的统一问题，这也是一种和平共处。我们解决香港问题，允许香港保留资本主义制度，50年不变。解决台湾问题也是这个原则。大陆10亿人口坚定不移搞社会主义，台湾可以搞它的资本主义，北京不派人到台湾去。这不也是和平共处吗？和平共处原则不仅在处理国际关系问题上，而且在一个国家处理自己内政问题上，也是一个好办法。第二，是统一战线理论的运用发展。"一国两制"的提出，使新时期爱国统一战线在性质、对象和任务等方面出现了许多新特点，在内容上进一步的深化和具体化了。在性质上，爱国、民族统一成为统一战线的旗帜，只要尊重中华民族，拥护祖国的统一，都可成为统一战线的成员。因此，爱国主义性质比以往任何时期都更加突出。在范围上更加扩大了。它既包括大陆的全体工人、农民和其他劳动者、爱国者，也包括香港、澳门、台湾和海外侨胞在内的全体拥护祖国统一的爱国者，也就是说，包容了一切有爱国心的炎黄子孙。"一国两制"提供了用和平的新方式，来实现祖国统一、振兴中华的伟大目标。第三，是国家学说的运用和发展。按照传统的国家学说，国家是一个阶级对另一个阶级的统治工具，强调单一的国家结构，忽视国家组织、管理经济和文化的职能,忽视国家具有阶级斗争"调停人"和"缓和冲突"的作用。"一国两制"恢复和发展了马克思主义国家学说。实现"一国两制"以后,我们国家的社会主义性质没有变,但在一国之内某些地区,如台湾、香港等,仍然保持旧的国家机器,乃至台湾还可以保留军队。一国之内,两种性质不同的社会政治制度长期并存。这就是从我国实际出发,把高度的原则性和灵活性相结合,把整个国家和民族统一起来。它使行政区除分为普通行政区、民族区域自治区、直辖市三种外,增添特别行政区。这种特别行政区享有高度的自治权。从经济制度来说,传统的观点是,社会主义国家只允许巩固和发展公有制,资本主义经济作为一种制度则必须彻底消灭。近些年来,在我国社会主义实践中,实行以公有制为主体,同时发展多种经济成分。"一国两制"则以国家立法形式,确认资本主义作为一种社会经济制度可以在统一的中华人民共和国的特别行政区长期存在和发展。这样做,无损于我们国家人民民主专政的社会主义性质,相反,通过和平竞赛,更能推动我们社会主义国家制度和经济制度的完善和发展。

中国共产党在十一届三中全会以来,对马克思主义理论发挥和发展的"十二条"原则中另外四条,在这里,我们不必一一赘述,但这四条也是实实在在的丰富和发展了马克思主义;缺少这四条,上述八条也难以构成中国特色的社会主义基本理论与基本实践。

三 共同努力,推进马克思主义在现时代新的更大发展

十一届三中全会以来,马克思主义在中国新的发展都是围绕一个核心,即建设有中国特色的社会主义。也就是说,它阐明了建设有中国特色的社会主义基本理论和基本实践。毫无疑问,这

是马克思主义在当代实践中真正具有独创意义的发展。十一届三中全会以来,马克思主义在中国所以能获得如此巨大的发展,最根本原因是我们党恢复和发展了马克思主义思想路线,坚持实事求是,一切从实际出发,用实践作为检验真理唯一的标准,对马克思主义、对社会主义、对资本主义,进行再认识的必然结果。马克思主义需要有新的大发展,这是现时代的大趋势。建设有中国特色的社会主义的基本理论,将随着我国社会主义建设事业的发展,获得进一步丰富和发展。为了推进马克思主义在中国的新发展,首先,要努力学习和掌握马克思主义,这是坚持和发展马克思主义的基础。马克思主义理论是一门博大精深的科学体系,马克思主义所揭示的世界和人类社会发展的普遍规律及其基本理论,被一百多年来的实践反复证明是正确的。马克思主义过去、现在、将来,永远是我们党的指导思想的理论基础。因此,我们必须加强学习、努力掌握和坚持马克思主义,推进中国社会主义现代化建设事业前进。有少数坚持资产阶级自由化的人,他们根本没有读过几本马列著作,却在那里大叫什么马克思主义理论"已经过时了"、"不适合中国国情"啦,以此妄图来反对马克思主义;还有少数人也根本没读过几本马列著作,单纯凭"经验"出发,对十一届三中全会以来党对马克思主义新发展,不感兴趣,甚至对党的改革开放的总方针,评头品足,说三道四;上述两种人除了政治目的不同外,共同特点是缺乏对马克思主义学习、了解和掌握,对马克思主义理论幼稚和无知。对于八十年代一大批陆续走上领导岗位、九十年代继续有一大批走上领导岗位,接过第一、二代老同志的班的广大中青年干部,党的事业要求他们加强学习和掌握马克思主义基本理论,努力提高马克思主义理论素养,这是党的各级领导权牢牢掌握在马克思主义者手中的关键。没有认真的学习,坚持和发展就无从谈起;没有认真的学习，天天空喊坚持和发展，也无济于事。只有认真学习，才能把坚持和发展马克思主义推向一个新阶段。

第二，坚持实事求是，一切从实际出发。解放思想，实事求是的马克思主义思想路线，也是我们党的思想路线。列宁、毛泽东和邓小平，他们对马克思主义之所以能够创新和发展，重要的一个原因就是他们对马克思主义有一个正确的实事求是的科学态度。他们解放思想，首先对马克思主义不迷信、不教条、不僵化，而是用发展的观点、分析的态度，既坚持了马克思主义又发展了马克思主义，正确地处理坚持和发展两者之间的关系。马克思主义是工人阶级的科学世界观和全人类精神文明的伟大成果。它不是僵化的教条，而是在历史和科学的前进中不断丰富和发展的科学，它并没有结束真理，而是在实践中不断开辟认识真理的道路。没有正确的思想路线，就不会有列宁主义，也不会有毛泽东思想。小平同志所以能够创立有中国特色的社会主义理论，最根本的思想路线，就是实事求是，一切从中国实际出发，而不是从马克思主义书本出发，不从外国模式出发。但他掌握了马克思主义的最基本的一条原理，就是实事求是。用这条最基本的原理研究中国的过去与现在，研究当代世界与中国，研究历史经验教训与现在的新鲜经验，才能对马克思主义有新的发展。邓小平同志从中国实际出发，认清中国的实际是什么，需要用什么方针政策解决中国的社会主义建设问题，不论是马克思说过的还是没有说过的，书本上有的还是没有的，什么办法能够解决中国的社会主义建设问题，就用什么方法。这种从下往上看社会主义的思想方法，改变过去那种从上往下看的思想方法。那种方法就是一种僵化的方法，即领袖怎么说就怎么办，没有说过的就不能办，社会主义就只能僵化的一个模式，不可能有大的发展。从中国的实际出发，在中国这样的国家，怎样建设社会主义，是在马克思主义经典著作中找不到现成的答案的。只能是走自己特色道路，由自己去创造。要创造首先就要搞清当代中国社会主义建设的实际是什么。认识中国国情是不容易的，几经磨难，以邓小平同志为首的党中央，对我国国情才作出了科学的概括，这就是社会主义初级阶段理论。这个理论是整个具有中国特色的社会主义理论的基础。

第三，解放思想，坚持实践是检验真理的唯一标准。解放思想是有中国特色的社会主义理论创立的前提，没有思想解放，就不可能有中国特色的社会主义理论。正因为我们解放思想，坚持实践是检验真理的标准，十多年来，理论上大大地突破原来的观念，推进了社会主义全面建设。我们突破了社会主义只有一个模式的旧观念，树立建设有中国特色的社会主义新观念；突破了历史发展阶段超前的旧观念，确定了社会主义初级阶段新观念；突破了一切"以阶级斗争为纲"的旧观念，确立了社会主义的根本任务就是发展生产力的新观念；突破了社会主义所有制只有一种公有制的旧观念，确定了以公有制为主体，多种经济形式并存的新观念；突破了社会主义与商品经济、计划经济与市场调节互相排斥的旧观念，确定了社会主义经济是有计划的商品经济、计划与市场内在统一的新观念；突破了把民主仅仅看作一种手段的旧观念，确定了民主是一种国家制度的新观念；突破了党政一体化、政企一体化的旧观念，确立了党政分开、政企分开的新观念，等等。这些观念构成了中国特色的社会主义理论体系。总之，只有从实际出发，以实践作为检验真理唯一标准，勇于突破那些已被实践证明是不正确的或不适合变化了的情况的判断和结论，而不是用僵化观念来裁判生活，马克思主义才能随着生活前进并指导生活前进。这既是坚持马克思主义，又是发展马克思主义，两者统一在革命和建设的实践中。离开实践的观点，发展的观点，创造的观点，就谈不上坚持马克思主义。把马克思主义当作僵死的教条，是错误的；否定马克思主义的基本原则，认为马克思主义"过时"而盲目崇拜资产阶级某些哲学和社会学说，也是错误的。

第四，坚持"双百"方针，发展马克思主义社会科学和繁荣文学艺术。十一届三中全会以来，马克思主义在中国获得很大的发展，一个重要原因是我们党在理论工作中提倡和强调探索创新的精神，比较认真地贯彻了"双百"方针。社会主义在实践中，现代化建设和全面改革是极其复杂的创新事业，没有也不可能有现成的答案，理论上和工作上的不同意见是经常发生的。在坚持四项基本原则的前提下，必须坚持执行"百花齐放、百家争鸣"的方针，支持和鼓励以科学研究为基础的大胆探索和自由争论，使马克思主义理论研究大大活跃起来，使各项决策建立在更加民主和科学的基础之上。社会主义初级阶段是很长的历史发展过程。我们对这个阶段的状况、矛盾、演变及其规律的认识，在许多方面还知之不多，知之不深。我们的许多方针、政策和理论还有待于完善，要随着实践的发展，不断经受检验，得到补充、修正和提高。我们既不能把书本上的个别论断当作束缚自己手脚的教条，也不把实践中已见成效的东西看成完美无缺的模式。必须在实际工作中鼓励探索和开拓，在理论研究上坚持"百花齐放、百家争鸣"。生活、实践的观点，是认识论的第一的和基本的观点。没有探索，没有创新，没有不同试验的比较和不同意见的讨论，我们的事业就没有生气。努力发扬马克思主义的科学精神和创造活力，振奋起全民族探索创新的勇气，是我们的理论和事业不断发展的希望所在。

总之，全国哲学社会科学工作者，在坚持四项基本原则的前提下，团结起来为完成新时期理论工作者的战斗任务和促进马克思主义在中国更大的发展，共同努力奋斗！

（本文是为中国社会科学院纪念中国共产党成立70周年学术讨论会提供的论文。收入中国社会科学出版社1991年12月出版的《中国共产党与中国社会科学——中国社会科学院纪念中国共产党成立70周年论文集》一书中）

建设有中国特色社会主义理论是当代中国的马克思主义

邓小平社会主义,即建设有中国特色社会主义的理论,是我们党和邓小平同志把马克思主义基本原则与我国的社会主义建设实践相结合的最新成果,是当代中国的马克思主义,是保证我们党立于不败之地的思想理论法宝,是指引我们实现新的历史任务的强大思想武器。中国特色社会主义的理论,鲜明准确地论述了它在马克思主义发展中的地位,科学地概括了这一理论与马克思主义的关系。中国特色社会主义的理论,正如党的十四大报告指出:"第一次比较系统地初步回答了中国这样的经济文化比较落后的国家如何建设社会主义,如何巩固和发展社会主义的一系列基本问题。它用新的思想、观点,继承和发展了马克思主义","是当代中国的马克思主义"。

一 马克思主义是科学,必须用科学的态度对待马克思主义

在人类历史上,马克思主义这一无产阶级的思想体系是最完整最进步最革命的科学。它诞生100多年来,正以排山倒海之势,雷霆万钧之力,磅礴于全世界,使世界形势发生了翻天覆地

的变化。无数历史事实证明，马克思主义是革命人民认识世界、改造世界的强大思想武器，一旦为群众所掌握，就成为巨大的推动历史前进的力量。无数历史事实还证明，凡是坚持马克思主义基本原理，而又与本国革命实践相结合的，革命就胜利，社会发展就快；反之，革命就受挫折，社会就会停滞或倒退。目前，马克思主义正以新的战斗的姿态，提高到现代水平，为研究新情况、解决新问题提供了新的指导原则。马克思主义所以具有如此巨大威力，就正因为它本身是科学。正如邓小平同志指出："马克思主义的真理颠扑不破"①，因为马克思主义是科学。

马克思主义是由马克思和恩格斯创立并由他们的后继者们发展和完善了的观点和学说的科学理论体系。这是一种科学的世界观，是革命的无产阶级的思想体系，是我们革命和建设事业取得胜利的科学。马克思主义以极其彻底而严整的特点，成为指导我们思想的理论基础。

马克思主义之所以是科学，因为它是无产阶级革命运动实践经验的总结，并经实践所证明的。列宁指出："马克思和恩格斯的主要功绩，就是引导社会主义同工人运动相结合起来：他们创立的革命理论，阐明了这种结合的必要性，指出了社会主义者的任务就是组织无产阶级的阶级斗争。"② 毛泽东同志也曾指出："人们能够对于社会历史的发展作全面的历史的了解，把对于社会的认识变成了科学，这只是到了伴随巨大生产力——大工业而出现近代无产阶级的时候，这就是马克思主义的科学。"③ 他还指出："由于实践，由于长期斗争的经验，经过马克思、恩格斯用科学的

---

① 《邓小平文选》第 3 卷，人民出版社 1993 年第 1 版，第 382 页。
② 《列宁全集》第 4 卷，人民出版社 1984 年第 2 版，第 213 页。
③ 《毛泽东选集》第 1 卷，人民出版社 1991 年第 2 版，第 283—284 页。

方法把这种种经验总结起来,产生了马克思主义的理论。"①

马克思主义之所以是科学,因为它是世界文明的结晶。马克思和恩格斯批判、吸收和改造了 2000 多年来人类思想和文化发展中一切有价值的东西,特别是批判、吸收了德国的古典哲学、英国的古典政治经济学和法国的空想社会主义,创立了马克思主义。列宁说:马克思主义这一革命无产阶级的思想体系赢得了世界历史性的意义,是因为它并没有抛弃资产阶级时代最宝贵的成就,相反地却吸收和改造了 2000 多年来人类思想和文化发展中一切有价值的东西。又说:马克思依靠了人类在资本主义制度下所获得的那些知识的坚固基础,马克思研究了人类社会发展的规律,了解到资本主义的发展必然会走向共产主义,更主要的是他完全依据对资本主义社会所作的最确切、最缜密和最深刻的研究,借助于充分领会以往的科学所提供的全部知识而证实了这个结论。这个结论是那些被资产阶级狭隘性所限制或被资产阶级偏见束缚住的人所不能得出的结论。马克思主义的来源是极其丰富的。它包括几千年来人类思想文化的一切科学成果。它既包括社会科学,也包括自然科学。在社会科学中,既包括其主要来源哲学、政治经济学和空想社会主义,也包括社会学、历史学,等等。马克思曾经说过,法国复辟时期的历史学派也是他的思想来源。列宁说"在马克思主义里绝没有与'宗派主义'相似的东西,它绝不是离开世界文明发展大道而产生的固步自封、僵化不变的学说。"② 当然,马克思和恩格斯在创立马克思主义学说中,并不是简单地吸收前人的优秀成果,而是经过彻底批判,排其糟粕,吸其精华,从根本上加以改造,创立了经实践检验过的,在

---

① 《毛泽东选集》第 1 卷,人民出版社 1991 年第 2 版,第 288 页。
② 《列宁选集》第 2 卷,人民出版社 1972 年第 2 版,第 441 页。

性质上和过去一切学说完全不同的、严整的科学学说——马克思主义。马克思主义科学地回答了人类先进思想已经提出的但不能解决的种种问题，从而使马克思主义成为名副其实的真正科学。马克思主义的产生是人类思想科学领域中的一个伟大的革命。

马克思主义所以是科学，还在于它是发展的科学。马克思主义是科学，而不是一成不变的，故步自封的教条。它的普遍原则是永远适用的，放之四海皆准的，但是它又是随着社会发展而不断发展的。因此，马克思主义是永远充满青春活力，万古长青的科学。恩格斯说："我们的理论是发展的理论，而不是必须背得烂熟并机械地加以重复的教条。"① 斯大林也曾说过："如果马克思主义不用无产阶级阶级斗争的新经验来丰富自己，如果它不从马克思主义观点，不从马克思主义方法的角度来吸取这些经验，马克思主义这门科学能保持和发展吗？显然是不能的。""马克思主义要求在保持马克思主义观点、保持马克思主义方法的条件下根据新的经验来改善和丰富旧公式"②。

马克思主义是科学。因此，我们必须用科学态度对待马克思主义。这种科学态度就是实事求是。从根本上说就是坚持辩证唯物主义和历史唯物主义的态度。这种科学态度是无产阶级的阶级性和客观性的统一，革命精神和求实精神的统一，理论和实践的统一。这种统一的两个方面，不是偶然地而是内在地、有机地结合起来的，缺少哪一个方面都不行。缺少一个方面，就不成其为马克思主义的科学态度。

马克思主义是无产阶级的革命理论，具有鲜明的阶级性。它公开申明站在无产阶级的立场，为无产阶级的利益服务。同时，

---

① 《马克思恩格斯选集》第4卷，人民出版社1972年第1版，第460页。
② 《斯大林全集》第9卷，人民出版社1954年第1版，第89页。

马克思主义又是科学，它符合于客观实际，具有客观性。无产阶级是人类历史上最先进最有前途的阶级，它的阶级利益同社会发展的客观规律是一致的，因而只有它敢于而且能够充分地揭示社会历史的客观真理。对于无产阶级来说，越是正确地认识客观世界，掌握客观真理，就越符合它的阶级利益。资产阶级则不然，它的狭隘的阶级私利和当代社会发展的客观趋势相违背，这就决定了它害怕揭示客观真理，必然要回避和掩盖客观真理。当然，这并不排除资产阶级在某些局部问题上和一定范围内能够取得符合客观规律的认识。由于具体历史条件和认识能力的限制，无产阶级在认识客观世界的过程中也会发生曲折和失误，认识的道路并不是笔直的。无产阶级只有始终坚持自己的阶级立场，严格按照从实际出发、理论联系实际的原则对客观事物进行探索，在改造客观世界的同时，努力改造主观世界，努力锻炼和提高自己的认识能力，才能获得真理，才能在斗争中取得成功。

无产阶级的阶级性和客观性的统一，必然表现为革命精神和求实精神的统一。为了推翻资本主义，实现社会主义和共产主义，无产阶级要有坚定的革命信念和坚强的革命意志。这种革命精神十分宝贵，对于完成革命任务起着重要作用。但是，它不是凭空产生的。社会主义、共产主义的远大目标以及为达到这个目标而产生的革命任务，是由社会发展的客观条件和客观规律所决定的。无产阶级的革命信念和革命意志，正是建立在对这种革命的远大目标和具体任务的科学了解的基础上。就是说，这种革命的主观精神必须同革命运动的客观进程相一致，它才能转化为推动历史前进的巨大的物质力量。而这种一致，也就是无产阶级的革命精神和求实精神的内在结合。

无产阶级的求实精神，不是屈服于现实，不是为现实的落后而辩护，同现实的腐朽力量妥协。如果那样，就成了机会主义。

无产阶级的求实精神应当是对客观现实进行全面的正确的估计，既看到不利条件，又看到有利条件；既看到腐朽的落后的力量，又看到新生的健康的力量，并且找出克服不利的、落后的方面，发展有利的健康的方面的道路和方法，把革命引向胜利。如果离开这种求实精神，不顾客观实际，超越客观条件，无视客观真理，单凭主观意愿去规定革命的目标，那就要陷入盲动主义、冒险主义的泥坑。实现这种目标的信念越强烈，意志越坚决，在实际行动中遭受的失败就会越大。因此，必须把认识和实践结合起来。

要坚持无产阶级的阶级性和客观性的统一，革命精神和求实精神的统一，就必须坚持理论和实践的统一。无产阶级把马克思主义理论当作自己解放的精神武器。有没有这个精神武器，关系到无产阶级革命事业的成败。有了它，无产阶级才能在革命斗争中由盲目变为自觉，由被动转入主动，由失败走向胜利。这个理论之所以有如此巨大的力量，不是因为别的，只是因为它是从实践中来，受实践的检验，为实践所证明，同实践保持统一的关系。马克思主义是研究人类社会历史和研究当代阶级斗争所形成的革命科学的理论。我们在革命斗争中运用这个理论的时候，又必须把它同当时当地的实际情况结合起来。这种结合的过程，也就是通过实践证实和发展马克思主义真理的过程，其中包括用新的实践经验丰富某些旧的原理，使之更加完善、更加精确，也包括用新的原理取代为实践证明不再适用了的个别旧的原理。如果不是这样，而是把马克思主义理论同现实生活隔绝，同革命实践脱离，使它停止在思想理论的范围内，那就会把它变成空谈，变成僵死的教条，科学的理论就会变成非科学的东西。斯大林说："如果科学和实践、和经验断绝了关系，那它还算是什么科学呢？……科学所以叫作科学，正是因为它不承认偶像，不怕推翻过时的旧事物,很仔细地倾听经验和实践的呼声。否则,我们就根本不会有科学"①。毛泽东同志说:"我们除了科学以外,什么都不要相信,就是说,不要迷信。中国人也好,外国人也好,死人也好,活人也好,对的就是对的,不对的就是不对的,不然就叫做迷信。要破除迷信。不论古代的也好,现代的也好,正确的就信,不正确的就不信,不仅不信而且还要批评。这才是科学的态度。"② 毛泽东同志在领导我国革命的过程中,始终坚持理论和实践的具体的历史的统一,反对割裂这种统一的"左"的或右的错误思想。在伟大的延安整风运动中,毛泽东同志反复告诫全党同志要理论联系实际,严厉批评了把马克思主义理论教条化、宗教化、神圣化的错误倾向。他说:"马克思列宁主义是从客观实际产生出来又在客观实际中获得了证明的最正确最科学最革命的真理;但是许多学习马克思列宁主义的人却把它看成是死的教条,这样就阻碍了理论的发展,害了自己,也害了同志。""直到现在,还有不少的人,把马克思列宁主义书本上的某些个别字句看作现成的灵丹圣药,似乎只要得了它,就可以不费气力地包医百病。这是一种幼稚者的蒙昧,我们对这些人应该作启蒙运动。那些将马克思列宁主义当宗教教条看待的人,就是这种蒙昧无知的人。对于这种人,应该老实地对他说,你的教条一点什么用处也没有。"③ 邓小平同志在党的十二大开幕词中,强调指出:"把马克思主义的普遍真理同我国的具体实际结合起来,走自己的道路,建设有中国特色的社会主义,这就是我们总结长期历史经验得出的基本结论。"④ 因此,离开了理论和实践统一的

---

① 《斯大林选集》下卷,人民出版社 1979 年第 1 版,第 384 页。
② 《毛泽东著作选读》下册,人民出版社 1986 年第 1 版,第 713 页。
③ 《毛泽东选集》第 3 卷,人民出版社 1991 年第 2 版,第 817、820 页。
④ 《邓小平文选》第 3 卷,人民出版社 1993 年第 1 版,第 3 页。

这个原则，那就是从根本上背离了马克思主义，也就会使马克思主义从科学走上非科学的邪路上去。总之，毛泽东和邓小平同志用自己的言论和行动，为我们树立了坚持理论和实践的统一，坚持用科学态度对待马克思主义的光辉榜样。毛泽东思想和邓小平同志建设有中国特色社会主义的理论，就是马克思列宁主义的普遍真理同中国革命和现代化建设的具体实践相结合的产物。如果离开了理论和实践统一这个原则，那就是从根本上离开了马列主义、毛泽东思想和邓小平建设有中国特色社会主义的理论，就会使我们走到邪路上去。

二 坚持和发展马克思主义统一在革命和建设的实践中

没有革命的理论，就不会有革命的运动。作为工人阶级的科学世界观和全人类精神文明的伟大成果的马克思主义，是观察事物、认识世界的锐利武器，是指导我们推动社会进步的指南，是共产党制定正确的路线、方针和政策的理论依据，是社会主义事业和党的指导思想的理论基础。社会主义革命和社会主义建设，只能是在马克思主义政党指导下的和人民进行自觉的历史活动的结果。中国革命和建设的胜利，是马克思主义指导的结果，是马克思主义的伟大胜利。中国近现代历史证明，没有马克思主义就不可能有中国社会主义革命和社会主义建设的伟大成就。一句话，没有马克思主义就不可能有社会主义的中国，黑暗的旧中国就会仍然在艰难曲折的道路上探索。历史的经验还证明，我们什么时候坚持马克思主义，革命和建设事业就得到发展，取得胜利；反之，偏离了马克思主义，革命和建设事业就遭到挫折或失败。马克思主义永远是我们立国、治国、建国之本，永远是我们的根本指导思想。邓小平同志指出：坚持不坚持马克思主义，

"这是个根本问题"。① 因此，必须努力学习马克思主义，掌握马克思主义，在行动上坚持和捍卫马克思主义。

坚持马克思主义，就是坚持经过实践检验证明是正确的马克思主义普遍原理。也就是说，坚持马克思主义"基本原则"、"普遍原则"或"普遍真理"。例如，关于思维和存在的关系，亦即精神和物质的理论。存在是第一性的，是决定思维的；思维可以反作用于存在，促进或延缓物质世界的发展进程。但是，在思维和存在的关系上，归根到底，存在始终是起主要的决定性的作用，而绝对不能相反。关于生产力和生产关系，经济基础和上层建筑的理论。这是思维和存在关系在历史领域、社会科学领域的运动。我们坚持彻底的唯物史观，就要承认和坚持生产力是决定生产关系、经济基础决定上层建筑，同时还要承认和坚持生产关系和上层建筑也有反作用。但是归根到底，起决定作用的是生产力和经济基础，而不是生产关系和上层建筑。关于资本主义必然为社会主义所代替的理论。马克思的剩余价值学说的发现，是马克思将辩证唯物论运用到资本主义社会的研究的必然结果。这一学说揭露了资本主义的剥削实质和资本主义的基本矛盾。这是资本主义本身无法克服的固有的矛盾，只有推翻资本主义制度，建立社会主义制度才能解决。这是历史的必然。关于无产阶级的历史使命的理论。无产阶级是新的生产力代表者，人类历史上最先进的阶级，资本主义的掘墓人。无产阶级的历史使命是推翻资本主义制度，最终建立"各尽所能，按需分配"的自由劳动者联合体的共产主义。为了完成这一伟大历史使命，无产阶级必须组织和团结起来，建立起自己的战斗的革命组织——无产阶级政党即共产党，团结那些先进的和优秀的能够引导劳动人民为共产

---

① 《邓小平文选》第3卷，人民出版社1993年第1版，第299页。

主义事业的胜利而奋斗的力量。关于阶级斗争和社会革命的理论。代表旧的生产关系的反动阶级是不会自动退出历史舞台的,无产阶级只有通过阶级斗争和社会革命,才能完成自己伟大的历史使命。至于阶级斗争和社会革命采取什么形式,它将随时间、地点、条件而转移,马克思主义并没有也不可能提供一劳永逸、一成不变的答案。从世界无产阶级革命和我国革命的历史来看,武装斗争和无产阶级专政是取得社会主义胜利的重要保证。只有这样的马克思主义普遍原则,才能成为我们指导思想的理论基础,才能保持我们前进的正确方向,才是使我们不断认识真理和有效改造客观世界的理论武器。毛泽东同志曾经指出,马克思主义的基本原理应该接受,不接受是没有道理的,也是不行的。

坚持马克思主义还必须发展马克思主义。这是由马克思主义科学性决定的。马克思列宁主义毛泽东思想和邓小平建设有中国特色社会主义的理论是永远生机勃勃并充满创造性地发展着。它绝不是一种孤立的、静止的、封闭的思想体系。它紧密联系着实际,随着实践的发展以及各门具体科学的发展而不断向前发展。毛泽东同志曾经指出:"马克思、恩格斯、列宁的书,必须读,这是第一。但是任何国家的共产党人,任何国家的无产阶级的思想界,都要创造新的理论,写出新的著作,产生自己的理论家,来为当前的政治服务。任何国家、任何时候,单靠老东西是不行的。……现在我们已经进入社会主义时代,出现了新的一系列的问题,如果不适应新的需要,写出新的著作,形成新的理论,也是不行的。"[①] 他还指出过:"马克思主义一定要向前发展,要随着实践的发展而发展,不能停滞不前。停止了,老是那么一套,

---

[①] 转引自龚育之、逄先知、石仲泉著《毛泽东的读书生活》,生活·读书·新知三联书店1996年版,第35—36页。

它就没有生命力了。"① 邓小平同志也曾说过:"马克思主义必须发展。我们不把马克思主义当作教条,而是把马克思主义同中国的具体实践相结合,提出自己的方针,所以才能取得胜利。过去我们以农村包围城市,取得了革命的胜利,这一点在马克思列宁主义书本里是没有的。现在我们还是坚持马克思列宁主义、毛泽东思想。这里有继承的部分,有发展的部分。我们建设社会主义,准确地说是建设有中国特色的社会主义,这样才是真正地坚持了马克思主义。我们历来主张世界各国共产党根据自己的特点去继承和发展马克思主义,离开自己国家的实际谈马克思主义,没有意义。"② 邓小平还说过:"科学社会主义是在实际斗争中发展着,马列主义、毛泽东思想是在实际斗争中发展着。我们当然不会由科学的社会主义退回到空想的社会主义,也不会让马克思主义停留在几十年或一百多年前的个别论断的水平上。所以我们反复说,解放思想,就是要运用马列主义、毛泽东思想的基本原理,研究新情况,解决新问题。"③ 如果马克思主义不发展怎么会有列宁主义,怎么会有毛泽东思想,又怎么会有邓小平建设有中国特色社会主义的理论。正是他们,不唯上,不唯书,只唯实,破除迷信,解放思想,从本国实际出发,提出新理论,来推动本国革命和建设事业的巨大发展;正是他们,使马克思主义继续成为无产阶级和进步人类争取美好未来的旗帜。

坚持马克思主义和发展马克思主义是统一的,它统一在社会实践中。把马克思主义基本原理与本国具体实际相结合,它既是坚持马克思主义的过程,也是发展马克思主义的过程,不发展马

---

① 《在中国共产党全国宣传工作会议上的讲话》,1957 年 3 月 12 日。
② 《邓小平文选》第 3 卷,人民出版社 1993 年第 1 版,第 191 页。
③ 《邓小平文选》第 2 卷,人民出版社 1994 年第 2 版,第 179 页。

克思主义就不可能真正坚持马克思主义。无数历史证明，只有发展马克思主义，才能真正坚持马克思主义。坚持包含着发展，发展是坚持的继续。如果否认发展而片面地强调"坚持"，那就是无视生活实际的新变化，而只能是墨守成规，把马克思主义变成僵死的教条，就会阉割马克思主义活的灵魂。这本身就是完全违背了马克思主义的原则，哪里还谈得上什么"坚持"。无数历史还证明，那些"坚持"叫得震天响，不提"发展"或否定"发展"的人，才是真正背离马克思主义。正如列宁指出："遵循着马克思的理论的道路前进，我们将愈来愈接近客观真理（但决不会穷尽它）；而遵循着任何其他的道路前进，除了混乱和谬误之外，我们什么也得不到。"① 邓小平同志指出："马克思去世以后一百多年，究竟发生了什么变化，在变化的条件下，如何认识和发展马克思主义，没有搞清楚。绝不能要求马克思为解决他去世之后上百年、几百年所产生的问题提供现成答案。列宁同样也不能承担为他去世以后五十年、一百年所产生的问题提供现成答案的任务。真正的马克思列宁主义者必须根据现在的情况，认识、继承和发展马克思列宁主义。"邓小平同志还指出："世界形势日新月异，特别是现代科学技术发展很快。现在的一年抵得上过去古老社会几十年、上百年甚至更长的时间。不以新的思想、观点去继承、发展马克思主义，不是真正的马克思主义者。""列宁之所以是一个真正的伟大的马克思主义者，就在于他不是从书本里，而是从实际、逻辑、哲学思想、共产主义理想上找到革命道路，在一个落后的国家干成了十月社会主义革命。中国伟大的马克思列宁主义者毛泽东，并不是在马克思、列宁的书本里寻求在落后的中国夺取新民主主义革命胜利的途径。马克

---

① 《列宁选集》第2卷，人民出版社1972年第2版，第143页。

思能预料到在一个落后的俄国会实现十月革命吗？列宁能预料到中国会用农村包围城市夺取胜利吗？""革命是这样，建设也是这样。在革命成功后，各国必须根据自己的条件建设社会主义。固定的模式是没有的，也不可能有。墨守成规的观点只能导致落后，甚至失败。"①

坚持和发展马克思主义必须反对两种错误倾向。首先要反对把马克思主义当作僵死的教条。有的人把马克思说过的话不管实践证明如何，一切都要照办照做；马克思没有说过的话，但实践行得通的，他们就怀疑、抵制甚至反对。马克思和恩格斯曾经针对这种表面折服马克思主义真理，实际上是背离马克思主义的人说：我们的学说不是教条而是行动的指南。恩格斯曾辛辣讽刺了德国社会民主党内的"青年派"："所有这些先生们都在搞马克思主义……关于这种马克思主义，马克思曾经说过：'我只知道我自己不是马克思主义者。'马克思大概会把海涅对自己的模仿者说的话转送给这些先生们：'我播下的是龙种，而收获的却是跳蚤'。"②恩格斯在《反杜林论》中说过：将来有可能纠正我们错误的后代，会比我们现在以极为蔑视的态度对待我们错误的前辈多得多。列宁也曾批判过这种错误倾向。他说："我们决不把马克思的理论看做某种一成不变的和神圣不可侵犯的东西；恰恰相反，我们深信：它只是给一种科学奠定了基础，社会主义者如果不愿落后于实际生活，就应当在各方面把这门科学向前推进。"③坚持和发展马克思主义还必须反对否定马克思主义的基本原则。社会主义国家革命和建设中的一些挫折、失误甚至和平

---

① 《邓小平文选》第 3 卷，人民出版社 1993 年第 1 版，第 291—292 页。
② 《马克思恩格斯选集》第 4 卷，人民出版社 1972 年第 1 版，第 476 页。
③ 《列宁选集》第 1 卷，人民出版社 1972 年第 2 版，第 203 页。

演变，不是马克思主义不灵，而正是他们违背了马克思主义基本原则的必然结果。这从反面说明，马克思主义基本原则是不能背离的，我们必须永远地坚持下去，并在实践中不断丰富和发展。邓小平说："我们坚信马克思主义，但马克思主义必须与中国实际相结合。只有结合中国实际的马克思主义，才是我们所需要的真正的马克思主义。"① 总之，我们必须在革命和建设实践中，既要坚持马克思主义，又要不断丰富和发展马克思主义。在马克思主义指导下，冲破落后的传统观念和主观偏见的束缚，改变因循守旧、不接受新事物的精神状态。我们决不能停留在对马克思主义的某些原则、某些本本的教条式理解上，或者停留在对社会主义的一些不科学的甚至扭曲的认识上，或者停留在那些超越社会主义初级阶段的不正确的思想上，而必须用辩证唯物主义和历史唯物主义的世界观、方法论去分析和解决问题，使思想适应发展变化的新形势，把建设有中国特色社会主义的伟大实践推向前进。1986年9月，党中央指出："马克思主义是在历史和科学的前进中不断丰富和发展的科学，它并没有结束真理，而是在实践中不断地开辟认识真理的道路。中国和世界已经和正在发生的巨大变化，一方面证明马克思主义的伟大生命力，一方面要求我们应用马克思主义的基本原则和基本方法，创造性地解决新问题。新时期我国马克思主义理论工作的任务，就是要从经济、政治、文化、社会各方面，研究社会主义现代化建设和全面改革的新情况、新经验、新问题，探索建设具有中国特色的社会主义的规律；同时要研究当代世界的新变化，研究当代各种思潮，批判地吸取和概括各门科学发展的最新成果。只有从实际出发，以实践作为检验真理的唯一标准，勇于突破那些已被实践证明是不正确

---

① 《邓小平文选》第3卷，人民出版社1993年第1版，第213页。

的或不适合变化了的情况的判断和结论,而不是用僵化观念来裁判生活,马克思主义才能随着生活前进并指导生活前进。这既是坚持马克思主义,又是发展马克思主义,两者统一在革命和建设的实践之中。离开实践的观点,发展的观点,创造的观点,就谈不上坚持马克思主义。把马克思主义当作僵死的教条,是错误的;否定马克思主义的基本原则,认为马克思主义'过时',而盲目崇拜资产阶级某些哲学和社会学说,也是错误的。"①

三 建设有中国特色社会主义的理论是马克思主义基本原理与当代中国实践相结合以及对时代特征进行科学分析的最新成果

把马克思主义普遍真理同各国具体实践结合起来,是马克思主义的一贯要求。马克思、恩格斯早在1872年《共产党宣言》德文版序言中指出:实际运用他们所创立的科学社会主义学说时,"随时随地都要以当时的历史条件为转移"②。列宁更加明确地指出:"一切民族都将走向社会主义,这是不可避免的,但是一切民族的走法却不会完全一样,在民主的这种或那种形式上,在无产阶级专政的这种或那种形态上,在社会生活各方面的社会主义改造的速度上,每个民族都会有自己的特点。"③ 无论是搞革命还是搞建设都必须坚持马克思主义普遍真理同各国的具体实际相结合,这是普遍性与特殊性、共性与个性、统一与多样性之间的一种辩证关系,是历史发展的辩证法,但是,把马克思主义

---

① 《十二大以来重要文献选编》下,人民出版社1988年第1版,第1186—1187页。
② 《马克思恩格斯选集》第1卷,人民出版社1972年第1版,第228页。
③ 《列宁全集》第28卷,人民出版社1990年第2版,第163页。

普遍真理同本国具体实际相结合又是一项十分艰巨的任务。毛泽东同志从中国实际出发，找到了中国革命自己的道路，取得了中国革命胜利。邓小平同志领导中国社会主义现代化建设和改革开放，开始找到了中国自己的建设道路。这条道路就是建设有中国特色的社会主义。邓小平同志说："我们多次重申，要坚持马克思主义，坚持走社会主义道路。但是，马克思主义必须是同中国实际相结合的马克思主义，社会主义必须是切合中国实际的有中国特色的社会主义。"①

"建设有中国特色社会主义"作为一个科学命题，是邓小平同志在党的十二大开幕词中最先提出的。这个总结长期历史经验得出的基本结论来之不易，它经历了一个长期探索，逐步发展、不断深化、日趋成熟的过程。

1956年我国生产资料私有制的社会主义改造基本完成以后，开始了全面的大规模的社会主义建设，摆在全党和全国人民面前的中心任务是探索一条适合我国国情的社会主义建设道路。同年4月，毛泽东发表了《论十大关系》的重要讲话，对我国建设社会主义的道路进行了初步的探讨，强调不要照搬外国的经验，而要从我们这个农业大国的实际出发，正确处理重工业和轻工业、农业的关系，沿海工业和内地工业的关系，经济建设和国防建设的关系，中央和地方的关系，汉族和少数民族的关系，自力更生和学习外国的关系以及国家、生产单位和生产者个人的关系等。1956年9月召开的党的"八大"，正确分析了我国社会主义改造基本完成以后的政治经济形势，指出社会主义制度已在我国基本上建立起来，国内的主要矛盾已经不再是无产阶级同资产阶级的矛盾，而是人民对经济文化迅速发展的需要同当前经济文化不能

---

① 《邓小平文选》第3卷，人民出版社1993年第1版，第63页。

满足人民需要的状况之间的矛盾。1957年,毛泽东在《关于正确处理人民内部矛盾的问题》中又指出,我国"革命时期的大规模的急风暴雨式的群众阶级斗争基本结束",今后我们的任务已由解放生产力变成在新的生产关系下面保护和发展生产力,"团结全国各族人民进行一场新的战争——向自然界开战","将我国建设成为一个具有现代工业、现代农业和现代科学文化的社会主义国家"①。同时,毛泽东还探讨了中国工业化的道路。在这一段时期里,中央其他领导同志也对从我国实际出发进行社会主义建设,提出了许多可贵的意见。例如,刘少奇提出许多生产资料可以作为商品的观点;周恩来提出知识分子是工人阶级的一部分和科学技术在我国现代化建设中具有关键性作用的观点;陈云提出计划指标必须切合实际,建设规模必须同国力相适应的观点;邓小平提出整顿工业企业,实行职工代表大会制等观点;朱德提出要注意发展手工业和农业多种经营的观点;邓子恢提出在农业中要实行生产责任制的观点,等等。这些都表明我们党力图把工作着重点转到社会主义建设上来和探索一条适合我国国情的社会主义建设道路。但是,这种正确的思想和可贵的探索,没有能够在后来的实践中坚持下去。1957年对极少数资产阶级右派分子向党和社会主义的猖狂进攻进行反击是必要的,但由于对当时阶级斗争形势作了不适当的估计,使反右派斗争严重地扩大化了。同年10月召开的党的八届三中全会上,毛泽东改变了党的"八大"对我国社会主要矛盾的分析,提出无产阶级和资产阶级的矛盾仍然是我国主要矛盾的观点。1958年在经济建设上夸大主观意志的作用,急于求成,轻率地发动了"大跃进"运动;

---

① 《毛泽东著作选读》下册,人民出版社1986年第1版,第769、770、760页。

在生产关系上错误地追求"一大二公",不断提高公有化程度。在我国农村高级生产合作社建立不久,就轻率地发动了农村人民公社化运动。于是,以高指标、瞎指挥、浮夸风和"共产风"为主要标志的"左"倾错误严重地泛滥开来,致使我国国民经济发生了严重困难。1959年毛泽东又错误地发动了"反右倾"斗争,把阶级斗争扩大到党内生活中来。1962年八届十中全会上,毛泽东进一步断言在整个社会主义历史阶段资产阶级都将存在和企图复辟,并成为党内产生修正主义的根源,提出阶级斗争要"年年讲、月月讲、天天讲",也就是"以阶级斗争为纲"。上述"左"倾观点和实践活动,导致"文化大革命"的发生,并持续10年之久,使党、国家和人民遭到建国以来最严重的挫折和损失。这些"左"的错误,总的说来都是以主观同客观相分裂、理论同实践相脱离为特征的,它脱离了中国的国情,违背了马克思主义的基本原理同中国的具体实际相结合的原则。尽管以毛泽东同志为代表的中国共产党第一代领导集体在探索的道路上取得许多积极成果,但从根本上来说,他们没有解决像在我们这样经济文化落后的大国如何建设社会主义,如何巩固和发展社会主义制度等一些根本性问题,也就是说,没有找到一条适合中国国情的社会主义建设的新路子。走自己的路,建设中国特色社会主义这一重大的时代课题历史地落到了以邓小平同志为核心的第二代领导集体身上。

1978年12月召开的具有重大历史意义的党的十一届三中全会,认真总结了历史经验,重新确立了党实事求是的马克思主义思想路线,果断地停止使用"以阶级斗争为纲"这个不适用于社会主义社会的口号,作出了把工作重点转移到社会主义现代化建设上来的战略决策,并开始全面纠正"文化大革命"中及其以前的"左"的错误。这就为探索具有中国特色的社会主义建设道路，提供了决定性的前提条件。1979年3月，邓小平在一篇重要讲话中明确指出："过去搞民主革命，要适合中国情况，走毛泽东同志开辟的农村包围城市的道路。现在搞建设，也要适合中国情况，走出一条中国式的现代化道路。"① 这就为探索具有中国特色的社会主义建设道路指明了方向。1981年6月，党的十一届六中全会通过了《关于建国以来党的若干历史问题的决议》，系统地总结了建国以来社会主义建设正反两方面的经验，初步提出了适合我国国情的社会主义现代化建设道路的10条经验。具体要点是：第一，在社会主义改造基本完成以后，我国所要解决的主要矛盾是人民日益增长的物质文化需要同落后的社会生产之间的矛盾。党和国家工作的重点必须转移到以经济建设为中心的社会主义现代化建设上来，大大发展社会生产力，并在这个基础上逐步改善人民的物质文化生活。第二，社会主义经济建设必须从我国国情出发，有步骤分阶段地实现现代化的目标，既反对急于求成，也反对消极情绪。第三，国营经济和集体经济是我国基本的经济形式。一定范围的劳动者个体经济是公有制经济的必要补充。必须在公有制基础上实行计划经济，同时发挥市场调节的辅助作用。第四，在剥削阶级作为阶级消灭以后，阶级斗争已经不是主要矛盾。由于国内的因素和国际的影响，阶级斗争还将在一定范围内长期存在，在某种条件下还有可能激化。第五，逐步建设高度民主的社会主义政治制度，巩固人民民主专政，完善社会主义法制。第六，社会主义必须有高度的精神文明，努力提高教育科学文化在现代化建设中的地位和作用。第七，改善和发展社会主义民族关系，加强民族团结。第八，必须加强现代化的国防建设。第九，在对外关系上坚持和平共处五项

---

① 《邓小平文选》第2卷，人民出版社1994年第2版，第163页。

原则，坚持反对帝国主义和霸权主义，积极发展同世界各国的关系和经济文化往来。第十，必须把我们党建设成为具有健全的民主集中制的党，党的各级组织必须在宪法和法律的范围内活动。这就为"中国式"的社会主义道路勾画了一个轮廓。

1982年9月，我们党召开第十二次全国代表大会，邓小平进一步概括为"建设有中国特色的社会主义"这一科学结论。党的十二大制定了全面建设社会主义的纲领，其主要内容和理论概括，彻底摆脱了苏联斯大林时期那种僵化模式，充分反映了我国探索现代化建设具有中国特色。党的十二大报告提出的党在新的历史时期的总路线和总任务，其特点就是从中国国情出发，规定了经济建设是中心，"现代化"、"高度文明"、"高度民主"三位一体，经济、政治、思想文化三大建设一起抓的思想，完整地反映了我国建设社会主义的总框架。在奋斗目标上，突出特色是搞工业、农业、国防和科学技术四个现代化。不同于过去苏联只提建设社会主义工业化。在实现四化的步骤上的特色是设想分两步走。经济发展路子上的主要特色，是抛弃过去传统的片面发展重工业，比例失调，高积累、低消费、低效益的模式，走比例协调，速度比较适当，经济效益比较好，人民可以得到更多实惠的新路子。在所有制结构上的突出特色，是根据多层次生产力发展的实际状况，坚持公有制为主体的前提下，发展多种经济形式，以利于生产力发展。在农业上最大特色是建立独具一格的中国农村合作经济体制，即实行以家庭联产承包责任制为基础的新体制。在工商业体制上的特色，是克服生产和经营决策上过分集中的弊病，给工矿企业、商业企业更多的自主权，建立生产和经营责任制。在思想文化方面，建立高度社会主义精神文明，造就一代有理想、有道德、有文化、有纪律的新人。在政治建设方面，就是着力克服权力过分集中的弊病，加强社会主义民主建设。加强党的建设方面,既要坚持党的领导,又要改善党的领导,不搞运动而加强党的建设。在处理对外关系上,既坚持独立自主,又坚持对外开放。总之,党的十二大报告表明我们党对科学社会主义的认识进一步深化,标志着建设有中国特色的社会主义理论和路线初步形成。

党的十二大以后,党领导全国人民继续探索建设有中国特色的社会主义道路,使之更加完善,更加发展。1984年10月召开了党的十二届三中全会,通过了《关于经济体制改革的决定》,第一次科学地阐明了中国社会的经济性质以及一系列社会主义经济的重大原则问题,形成了以城市为重点的全面经济体制改革的纲领;突破了把计划经济与商品经济对立起来的传统观念,第一次明确提出,社会主义计划经济必须自觉依据和运用价值规律,社会主义经济是在公有制基础上的有计划的商品经济。这是马克思主义发展史上崭新的理论,是建设有中国特色的社会主义的一个重大理论突破。在党的十二届三中全会以后,随着形势的发展和经济建设与改革开放的需要,党把建设社会主义精神文明问题进一步提上议事日程。1986年9月召开了党的十二届六中全会,通过了《关于社会主义精神文明建设指导方针的决议》,第一次把我国社会主义现代化建设总体布局概括为"一个中心"和"三个坚定不移";解决了在现代化建设和改革、开放、搞活的新形势下,加强精神文明建设的战略地位、根本任务和基本指导方针等新问题,在理想、道德、纪律建设等方面丰富了社会主义精神文明建设的内容,发展了建设有中国特色的社会主义理论。

1987年10月,我们党召开了具有历史意义的第十三次全国代表大会,报告对党的十一届三中全会以来9年间我国人民在党的领导下丰富多彩的实践经验进行了创造性的理论概括,对于建设有中国特色的社会主义理论最终形成具有决定意义。第一,第一次系统地阐明了社会主义初级阶段的理论。大会报告首先肯定社会主义初级阶段的含义是：一方面我国社会已经是社会主义社会，必须坚持而不能背离社会主义；另一方面是我国的社会主义还处于初级阶段，必须从这个实际出发，而不能超越这个阶段。其次肯定社会主义初级阶段是特指我国在生产力落后、商品经济不发达条件下建设社会主义必然要经历的特定阶段。再次，至少需要上百年时间，社会主义现代化基本实现前都属于初级阶段。第二，在此基础上制定了党在社会主义初级阶段"一个中心，两个基本点"的基本路线。依据这个理论和路线，提出了我国经济发展战略和经济体制改革、政治体制改革和在改革开放中加强党的建设的基本方针。第三，报告明确提出"生产力标准"是检验我们党的路线、政策及其实践是否正确的根本标准，破除离开生产力来抽象谈论社会主义的历史唯心主义观念，从而也进一步明确检验建设有中国特色的社会主义理论的标准。第四，大会报告还概括了我们党在十一届三中全会以来，在对社会主义再认识过程中，在哲学、政治经济学和科学社会主义等方面，发挥和发展了的12条理论观点，具体包括：关于解放思想，实事求是，以实践作为检验真理的唯一标准的观点；关于建设社会主义必须根据本国国情，走自己的路的观点；关于在经济文化落后的条件下，建设社会主义必须有一个很长的初级阶段的观点；关于社会主义社会的根本任务是发展生产力，集中力量实现现代化的观点；关于社会主义经济是有计划商品经济的观点；关于改革是社会主义社会发展的重要动力，对外开放是实现社会主义现代化的必要条件的观点；关于社会主义民主政治和社会主义精神文明是社会主义重要特征的观点；关于坚持四项基本原则同坚持改革开放的总方针这两个基本点是相互结合、缺一不可的观点；关于用"一个国家，两种制度"来实现国家统一的观点；关于执政党党风关系到党的生死存亡的观点；关于按照独立自主、完全平等、互相尊重、互不干涉内部事务的原则，发展同外国共产党和其他政党的关系的观点；关于和平与发展是当代世界的主题的观点等等，回答和论证了建设有中国特色的社会主义一系列重大问题。这些观点构成建设有中国特色的社会主义理论的轮廓，初步回答了我国社会主义建设的阶段、任务、动力、条件、布局和国际环境等问题，规划了我们前进的科学轨道。党的十三大标志着建设有中国特色社会主义理论基本形成。

实践在发展，认识在深化。党的十三大以后，我们党从不同角度对建设有中国特色社会主义理论进行的新概括，使对这个理论的认识走向深化。1990年12月党的十三届七中全会通过的《中共中央关于制定国民经济和社会发展十年规划和"八五"计划的建议》，论述了"全党对建设有中国特色社会主义的基本理论和基本实践"的共同认识，也讲了12条。1991年7月1日江泽民同志在庆祝中国共产党成立70周年大会上的讲话，在上述两个12条的基础上又参照毛泽东同志在《新民主主义论》中论述新民主主义的政治、经济和文化的写法，分别论述了建设有中国特色社会主义的经济、政治和文化三个方面的内容。这是概括建设有中国特色社会主义理论体系的又一次尝试。这两次都是着重从政策规定和实际工作方面加以概括的。它总结了党的十三大以后的新经验，具有鲜明的实践性。

1992年初邓小平同志视察南方发表的重要谈话，进一步总结了党的十一届三中全会以来党的基本实践和基本经验，回答了多年来经常困扰和束缚我们思想的许多重大认识问题，同时也提出了一些重大的理论问题和政策问题。南方谈话不仅标志邓小平同志的思想升华到了一个新的高度，也使全党对建设有中国特色社会主义理论的认识上了一个新台阶，对于党的十四大报告进一步总结建设有中国特色社会主义理论的主要内容，并进行新的概括起了巨大的特殊作用。

1992年10月，中国共产党第十四次代表大会在已有概括的基础上，进一步总结了14年来的丰富实践经验，特别是根据小平同志视察南方时的谈话，对建设有中国特色社会主义理论的主要内容，进行了最新、最全面系统的阐述：（1）在社会主义的发展道路问题上，强调走自己的路，不把书本当教条，不照搬外国模式，以马克思主义为指导，以实践作为检验真理的唯一标准，解放思想，实事求是，尊重群众的首创精神，建设有中国特色的社会主义。（2）在社会主义的发展阶段问题上，作出了我国还处在社会主义初级阶段的科学论断，强调这是一个至少上百年的很长的历史阶段，制定一切方针政策都必须以这个基本国情为依据，不能脱离实际，超越阶段。（3）在社会主义的根本任务问题上，指出社会主义的本质是解放生产力，发展生产力，消灭剥削，消除两极分化，最终达到共同富裕。强调现阶段我国社会的主要矛盾是人民日益增长的物质文化需要同落后的社会生产之间的矛盾，必须把发展生产力摆在首要位置，以经济建设为中心，推动社会全面进步。判断各方面工作的是非得失，归根到底，要以是否有利于发展社会主义社会的生产力，是否有利于增强社会主义国家的综合国力，是否有利于提高人民的生活水平为标准。科学技术是第一生产力，经济建设必须依靠科技进步和劳动者素质的提高。（4）在社会主义的发展动力问题上，强调改革也是一场革命，也是解放生产力，是中国现代化的必由之路，僵化停滞是没有出路的。经济体制改革的目标，是在坚持公有制和按劳分配为主体，其他经济成分和分配方式为补充的基础上，建立和完善社会主义市场经济体制。政治体制改革的目标，是以完善人民代表大会制度、共产党领导的多党合作和政治协商制度为主要内容,发展社会主义民主政治。同经济、政治的改革和发展相适应,以"有理想、有道德、有文化、有纪律"为目标,建设社会主义精神文明。(5)在社会主义建设的外部条件问题上,指出和平与发展是当代世界两大主题。必须坚持独立自主的和平外交政策,为我国现代化建设争取有利的国际环境。强调实行对外开放是改革和建设必不可少的,应当吸收和利用世界各国包括资本主义发达国家所创造的一切先进文明成果来发展社会主义,封闭只能导致落后。(6)在社会主义建设的政治保证问题上,强调坚持社会主义道路,坚持人民民主专政,坚持中国共产党的领导,坚持马克思列宁主义毛泽东思想。这四项基本原则是立国之本,是改革开放和现代化建设健康发展的保证,又从改革开放和现代化建设中获得新的时代内容。(7)在社会主义建设的战略步骤问题上,提出基本实现现代化分三步走。在现代化建设的长过程中要抓住时机,争取出现若干个发展速度比较快、效益又比较好的阶段,每隔几年上一个台阶。贫穷不是社会主义,同步富裕又是不可能的,必须允许和鼓励一部分地区一部分人先富起来,以带动越来越多的地区和人们逐步达到共同富裕。(8)在社会主义的领导力量和依靠力量问题上,强调作为工人阶级先锋队的共产党是社会主义事业的领导核心,党必须适应改革开放和现代化建设的需要,不断改善和加强对各方面工作的领导,改善和加强自身建设。执政党的党风,党同人民群众的联系,是关系党生死存亡的问题。必须依靠广大工人、农民、知识分子,必须依靠各族人民的团结,必须依靠全体社会主义劳动者、拥护社会主义的爱国者和拥护祖国统一的爱国者的最广泛的统一战线。党领导的人民军队是社会主义祖国的保卫者和建设社会主义的重要力量。(9)在祖国统一的问题上,提出"一个国家、两种制度"的创造性构想。在一个中国的前提下,国家的主体坚持社会主义制度,香港、澳门、台湾保持原有的资本主义制度长期不变,按照这个原则来推进祖国和平统一大业的完成。

对建设有中国特色社会主义理论作出了新的概括,标志着中国共产党创立的建设有中国特色的社会主义理论更加成熟、更加系统,已经形成了一套完整的科学理论体系,使全党对社会主义的认识又达到了一个新的高度。

邓小平同志作为我国社会主义现代化建设和改革开放的总设计师,为建设有中国特色社会主义理论的创立作出了历史性的重大贡献。如同新民主主义革命的伟大理论和伟大实践同毛泽东同志的名字紧紧连在一起一样,建设有中国特色社会主义的伟大理论和伟大实践是同邓小平同志的名字紧紧连在一起的。我们完全可以这样说,没有邓小平同志开辟社会主义建设新道路的巨大政治勇气,就没有建设有中国特色社会主义的伟大理论和伟大实践。回顾16年来的战斗历程,我们更加深切地体会到,邓小平同志是我国改革开放和现代化建设的总设计师,是建设有中国特色社会主义理论这一当代中国马克思主义的创立者。在改革开放和社会主义现代化建设的历史新时期,作为我们党的第二代领导集体的核心,他的最突出的贡献就在于,不仅领导我们的党和国家从"文化大革命"造成的深重灾难中走了出来,而且还以对当代中国和世界的深刻了解,为党和国家重新走在时代潮流前面,为中华民族以更强大的力量自立于世界民族之林,规划了崭新的和切合实际的宏伟蓝图。他立足中国大地而又面向世界,正视国情现实而又放眼未来,在研究新情况、解决新问题的过程中,高瞻远瞩地构思和设计了有中国特色社会主义的一整套发展战略。他在领导我国人民进行改革开放和社会主义现代化建设的伟大实践中,进行艰辛的锲而不舍的理论探索,使马克思主义理论在当代中国进入新境界,达到了新高度。同时,邓小平还精辟地分析了和平发展成为时代主题的新形势，阐明了争取较长时间和平环境进行国内建设的必要性和可能性，指出了当今世界是开放的世界，任何国家的发展都离不开世界这个时代的趋势，研究了世界许多国家搞社会主义的经验教训。这就为我们党一心一意搞社会主义现代化建设，实行对外开放以借鉴和吸收人类社会创造的一切文明成果，奠定了科学的基础，也为我们党在复杂变幻的国际局势中冷静沉着、抓住机遇、发展自己，提供了明确的指针。正如党的十四大报告指出："邓小平同志是我国社会主义改革开放和现代化建设的总设计师。他尊重实践，尊重群众，时刻关注最广大人民的利益和愿望，善于概括群众的经验和创造，敏锐地把握时代发展的脉搏和契机，既继承前人又突破陈规，表现出了开辟社会主义建设新道路的巨大政治勇气和开拓马克思主义新境界的巨大理论勇气，对建设有中国特色社会主义理论的创立做出了历史性的重大贡献。"①

四　建设有中国特色社会主义的理论是马克思主义在当代中国新的发展

马克思主义既是时代的产物，并随着时代的发展而发展，又是时代的旗帜，时代的指南。马克思和恩格斯生活在自由资本主义的时代，这一时代提出的重大课题是：什么是资本主义，如何看待资本主义制度，资本主义发展向何处去？马克思和恩格斯奋斗了一生，在从事革命实践的同时，进行了艰苦的理论创造，写了《共产党宣言》和《资本论》等一系列著作，创立了唯物史

---

① 《中国共产党第十四次全国代表大会文件汇编》，人民出版社1992年第1版，第16页。

观和剩余价值学说。马克思、恩格斯揭示了人类社会发展的一般规律，即生产力和生产关系的矛盾、经济基础和上层建筑的矛盾运动的规律，并运用这个科学的历史观和方法论研究资本主义制度的本质特征，研究资本主义雇佣劳动剥削的秘密，创立了剩余价值理论。从而资本主义制度的本质和资本主义向何处去的问题就迎刃而解了。所以，从科学社会主义学说的发展史上讲，马克思和恩格斯一生的最伟大贡献就是提出了资本主义必然灭亡和社会主义必然胜利的伟大科学的理论，使社会主义从空想到科学。

列宁生活在19世纪末和20世纪初，资本主义发展到帝国主义阶段，它标志着资本主义矛盾的进一步尖锐化，因此，这个时代提出的重大课题，是资本主义必然灭亡和社会主义必然胜利的客观规律是怎样实现的？其进程是什么？列宁以巨大的理论勇气，正确运用马克思主义的基本原理与帝国主义时代的实际相结合，依据帝国主义经济、政治发展的不平衡规律，创造性地提出了社会主义革命可首先在一个或几个比较落后的国家取得胜利的理论，即"一国胜利论"。列宁以无产阶级革命家的伟大气魄，用"一国胜利论"代替了马克思、恩格斯的"同时胜利论"，这是一个划时代的理论贡献。在这一理论指导下，取得了俄国十月社会主义革命的伟大胜利。中国革命的胜利是毛泽东同志成功地运用马克思主义基本原理与中国半殖民地半封建社会的实际相结合，创造性地提出了新民主主义的理论，开辟了农村包围城市，最后夺取全国政权的中国革命道路。领导中国人民取得了民主革命的伟大胜利，并胜利地向社会主义转变。

第二次世界大战以后的几十年来，一系列国家取得了无产阶级夺取政权的胜利，社会主义制度在这些国家建立起来，世界形势发生了重大变化，时代在这个阶段提出的新课题，就是究竟什么是社会主义？如何建设和巩固社会主义？尤其是世界上第一个社会主义国家苏联解体和东欧的剧变后，使这个时代课题更具有尖锐性，迫切需要各国共产党人给予科学的回答。究竟什么是社会主义和如何建设、巩固社会主义的问题，马克思、恩格斯、列宁、毛泽东虽然提出不少科学的预见，但都没有也不可能给予具体的回答。邓小平同志总结了国际共产主义运动和我国社会主义的历史经验，提出了建设有中国特色社会主义的理论，第一次系统地回答了这个时代的新课题，比如关于社会主义本质问题，关于社会主义发展的阶段问题，关于社会主义市场经济问题，关于社会主义经济体制改革和政治体制改革的问题，关于和平与发展是当今时代的主题的问题，关于"一国两制"问题，等等，都是在原有的马克思主义经典著作中找不到的。邓小平的理论解决了当代社会主义一系列基本问题，顺利地引导中国走有自己特色的社会主义道路，因而是当代中国的马克思主义。正如党的十四大报告指出："我们党所以能够取得这样的胜利，根本原因是在十四年的伟大实践中，坚持把马克思主义基本原理同中国具体实际相结合，逐步形成和发展了建设有中国特色社会主义的理论。从《共产党宣言》发表以来一百几十年间，俄国十月革命、中国革命和其他一些国家革命的胜利，证明无产阶级领导人民夺取政权是能够成功的。至于如何建设社会主义，也取得了巨大成就和宝贵经验，但是总的来说还需要很好地探索。近几年国际上发生的急剧变化，使这个问题更加引人深思。中国共产党历来坚持独立自主地进行革命和建设，历来认为中国社会主义的命运归根到底取决于我们自己，取决于党的理论和路线，取决于党同人民的团结奋斗。十四年来，社会主义在中国的新局面和新成就，更使我们从历史的比较和国际的观察中认识到，我们党建设有中国特色社会主义的理论是正确的，是符合最广大人民的利益和要求的。这个理论，第一次比较系统地初步回答了中国这样的经济文化比较落后的国家如何建设社会主义、如何巩固和发展社会主义的一系列基本问题,用新的思想、观点,继承和发展了马克思主义"、"是当代中国的马克思主义"①。

我们说,建设有中国特色社会主义的理论是马克思主义在中国的新发展,是当代中国的马克思主义,在这里,首先碰到的问题,对马克思主义发展的"发展"涵义是什么?检验"发展"的标准是什么?据我们理解,给马克思主义增添一些具有普遍意义的新论点,算是一种发展;把马克思主义普遍原理应用于本国实践,提出一些切合实际的理论观点,解决了本国革命和建设中的实际问题,这也算是一种发展,而且是更重要的发展。因为它拓宽了马克思主义普遍原理的应用范围,使理论的普遍性在新的实践中变成可以确证的经验。还有,把马克思主义普遍原理应用于本国实践中,形成一些新的理论观点,且具有某种程度的普遍意义,也算是一种发展。马克思主义诞生以来的100多年的发展,真正新增添的,可以和经典马克思主义所固有的普遍原理并驾齐驱的东西并不多,而大量的是第二、第三种情况,即把马克思主义普遍原理应用于本国实践,提出许多新的理论观点,解决了本国革命和建设中的问题,推动革命和建设事业的发展。因而,使马克思主义理论更加丰富多彩,发挥更大的威力,显示了马克思主义强大的生命力。

那么,是不是提出所有新的观点,都算是对马克思主义理论的新发展呢?到底判断对马克思主义新发展的客观标准是什么?我们认为,衡量是否发展了马克思主义,必须以实践为标准,而不能以任何别的东西为标准。实践是检验真理的唯一标准。所谓

---

① 《中国共产党第十四次全国代表大会文件汇编》,人民出版社1992年第1版,第11—12、46页(着重点系引者加的)。

实践标准，在社会主义建设时期，归根到底就是以生产力为标准。看一个人或一个政党是否发展了马克思主义，就看他们提出的新的理论观点，在社会主义建设事业中是否促进了生产力的发展。如果促进了生产力的发展，那就是真的有所发展；反之，不管你吹得天花乱坠，也不算，甚至是歪曲和倒退。历史上这类事屡见不鲜。今天，我们确认邓小平建设有中国特色社会主义的理论是马克思主义在当代中国真的有新发展，也不是别的，而是因为党的十一届三中全会以来，以他为核心的中国共产党提出了一系列科学理论观点，构成了建设有中国特色的社会主义基本理论和基本实践，初步回答了什么是社会主义，如何建设社会主义，以及我国社会主义建设的道路、阶段、任务、动力、条件、布局和国际环境等基本问题，规划了我们前进的科学轨道，从而加速了我国社会主义现代化的进程，促进了并且继续促进着我国社会生产的发展。这对于每一个不怀偏见而又对马克思主义发展史特别是马克思主义在中国的发展有所了解的人来说，是无可非议的。

（1）"有中国特色的社会主义"的科学论断丰富和发展了社会主义多样性的理论。"有中国特色的社会主义"本身包括两方面：一方面，它是社会主义；另一方面，这个社会主义不是一般的抽象的社会主义，而是活生生的带有中国特色的。这也就是邓小平提出的："把马克思主义普遍原理同我国的具体实际结合起来，走自己的路。"社会主义理论的实际应用，随时随地都要以当时的历史条件为转移。这是马克思、恩格斯早就提出的。但在他们的时代，社会主义作为一种制度毕竟还是没有变成现实。列宁领导的俄国建立了世界上第一个社会主义国家，他曾指出：一切民族都将走到社会主义，这是不可避免的，但是一切民族的走法都不完全一样。在东方那些人口无比众多、社会情况无比复杂的国家里，今后的革命无疑比俄国的革命带有更多的特色。但是，社会主义在苏联建立以后长时期内，却出现了认为社会主义只有一种模式，苏联模式是唯一标准模式的僵化认识。第二次世界大战后一系列社会主义国家出现，包括我们中国在内，基本上都是照搬苏联模式，照抄苏联的经验；有的国家开始探索把马克思主义普遍原理与本国实际相结合，走适合自己的建设道路，则被视为异端，遭到不公正的批判和否定。但是，各国历史条件不同，只要是真正把马克思主义普遍原理与本国具体实践相结合，或迟或早地必然会出现社会主义的多样化，也就是各具特色的社会主义。因此，"中国特色的社会主义"的提出，本身就丰富了马克思主义关于社会主义多样性理论，而且必将鼓舞和推动各国人民探索走适合本国实际的社会主义的道路，具有更多的各自特色。邓小平同志指出："在革命成功后，各国必须根据自己的条件建设社会主义。固定的模式是没有的，也不可能有。墨守成规的观点只能导致落后，甚至失败。"[①] 又说："别人的经验可以参考，但是不能照搬。过去我们中国照搬别人的，吃了很大苦头。中国只能搞中国的社会主义。"[②] "在中国建设社会主义这样的事，马克思的本本上找不出来，列宁的本本上也找不出来，每个国家都有自己的情况，各自的经历也不同，所以要独立思考"[③]，走自己的道路。

（2）社会主义本质的理论，丰富和发展了马克思主义是社会主义的学说。社会主义本质的问题，既决定着社会主义的基本特征，又决定着社会主义道路的方向以及具体的行动方针和政

[①] 《邓小平文选》第3卷，人民出版社1993年第1版，第292页。
[②] 同上书，第265页。
[③] 同上书，第260页。

策，因而历来是社会主义建设能否顺利地向前发展的首要问题。对此，马克思主义经典作家在阐述社会主义基本特征的过程中，从他们所设想的社会主义是建立在生产力得到高度发展的资本主义基础上这一前提出发，认为社会主义是一个集体的，以共同占有生产资料为基础的社会。而在社会主义实践中，由于片面理解经典作家的观点，以致出现了一种脱离生产力状况，抽象地从生产关系和政治制度上界定社会主义本质的倾向，甚至把一些束缚生产力发展的东西也当作"社会主义原则"来固守。这方面的教训是深刻的。在进行社会主义建设的实践中，首先必须搞清什么是社会主义的问题。这是邓小平同志的一贯主张。特别是在1992年年初的南方视察谈话中，他明确指出："社会主义的本质，是解放生产力，发展生产力，消灭剥削，消除两极分化，最终达到共同富裕。"① 这个论断，是邓小平同志在回答"什么是社会主义"问题上一贯思想的发展，是建设有中国特色社会主义理论的重要内容。邓小平同志关于社会主义本质的概括，是全面并正确坚持了马克思主义的科学社会主义学说而得出的结论。他认为，抓住解放和发展生产力来界定社会主义本质，并把它作为建设有中国特色社会主义的基本出发点，这就抓住了社会主义最根本的方面。他说："什么叫社会主义，什么叫马克思主义？我们过去对这个问题的认识不是完全清醒的。马克思主义最注重发展生产力。我们讲社会主义是共产主义的初级阶段，共产主义的高级阶段要实行各尽所能，按需分配，这就要生产高度发展，社会物质财富极大丰富。所以社会主义阶段的最根本任务就是发展生产力，社会主义的优越性归根到底体现在它的生产力比资本主义发展得更快一些、更高一些。如果说我们建国以后有缺点，

---

① 《邓小平文选》第3卷，人民出版社1993年第1版，第373页。

那就是对发展生产力有某种忽略。"① 社会主义要消灭贫穷。贫穷不是社会主义，更不是共产主义。社会主义的优越性就是要逐步发展生产力，逐步改善人民的物质、文化生活。不发展生产力，不提高人民的生活水平，不能说是符合社会主义要求的。毛泽东同志"一个重大的缺点，就是忽视发展社会生产力"②。这里，邓小平同志紧紧围绕生产力的发展来界定社会主义本质，这是科学的。第一，它突破了以往仅从生产关系、上层建筑的角度认识社会主义本质特征的思维定式，确立了从生产力和生产关系的结合上认识社会主义本质的新思维，这就把社会主义本质特征的认识完全建立在历史唯物主义的科学基础之上。历史唯物主义告诉我们，生产力是推动社会发展的最终决定力量。研究和把握任何一种社会形态的本质特征及其变迁和政治变革的终极原因时，不应当在人们的头脑里，在人们对永恒的真理和定义的日益增进的认识中去寻找，而应当在生产方式和交换方式的变更中去寻找，不应在有关的时代哲学中去寻找，而应当在有关的时代的经济学中去寻找。但是，在很长一段时间里人们对社会主义本质特征的认识，都是从生产关系、上层建筑的角度展开的，而没有着眼于如何解放和发展社会生产力。这就造成了生产力和生产关系、经济基础和上层建筑关系的颠倒，出现了为了坚持生产关系和上层建筑原则而不惜牺牲生产力发展的怪事。小平同志有关社会主义本质的论述，把解放和发展生产力放在首位，把生产力和生产关系结合起来，纠正了以往仅从生产关系、上层建筑认识社会主义本质特征的偏误；剔除了附加于社会主义的诸多非本质的或曲解的内容，从而说明社会主义本质特征的内涵真正建立在历

---

① 《邓小平文选》第3卷，人民出版社1993年第1版，第63—64页。
② 同上书，第116页。

史唯物主义的理论基础之上。这种新思维要求我们必须把解放和发展生产力作为整个社会主义历史阶段的根本任务,始终把握住经济建设这个中心不放,专心致志地、聚精会神地、一天也不耽误地抓紧社会主义现代化建设。第二,突破了以往仅把革命视为解放生产力的局限性,确立了通过改革也是解放和发展生产力,在动态过程中发展完善社会主义的新思维,这就把社会主义本质特征的认识建立在辩证唯物主义的科学基础之上。传统的社会主义认为,无产阶级夺取政权并基本建立起社会主义制度以后,生产关系已经适合生产力,上层建筑已经适应经济基础。这种思维定式严重束缚了人们的思想。不敢对传统的社会主义理论有所突破,不敢对苏联的僵化模式进行改革,一切从本本出发,不敢越雷池一步,满以为这样才是坚持了社会主义。这种把社会主义基本特征当成僵化凝固、永远不变的模式的思维方式,从根本上违背了辩证唯物主义的基本原理。马克思主义认为,任何事物都是不断发展变化的,不存在固定不变的东西。社会主义也是如此。邓小平同志倡导的改革,就是从我国现实体制严重阻碍生产力发展出发,提出改革也是解放生产力的观点,突破了仅把革命当成解放生产力的片面认识,既承认革命是解放生产力,又强调改革也是解放生产力,确立了从解放和发展生产力出发,以最终实现共同富裕为目标的,不断变革、完善、发展的社会主义新模式。第三,确立了"消灭剥削、消除两极分化,最终达到共同富裕"的新思维,这就既与"同步富裕"的传统社会主义划清了界限,又与以剥削和两极分化为特征的资本主义划清了界限。传统的社会主义把消灭资本主义剥削、消除两极分化理解为消除分配差别,不顾生产力发展的不平衡性和三大差别还很突出的现实,力图采取限制一部分地区、一部分人先富裕起来的强制手段,达到"同步富裕"的目的。结果造成了事实上的"平均主义"、"大锅饭"，严重挫伤了人民群众的积极性和创造性。邓小平同志的新思维与传统社会主义"同步富裕"思维定式划清了界线。"同步富裕"与"最终达到共同富裕"的根本区别就在于，前者始终带有"均贫富"的空想色彩，后者则是指的最终目标。要消灭剥削、消除两极分化，最终实现共同富裕，只有最大限度地解放和发展社会生产力才能实现。如果时时处处只强调"同步富裕"，就失去了按劳分配的动力机制，不仅不可能达到"同步富裕"，反而只能导致普遍贫穷，最终葬送社会主义。小平同志提出的"最终达到共同富裕"，体现了社会主义生产的根本目标。总之，邓小平同志的社会主义本质论，既坚持了马克思主义生产力第一的观点，又坚持了公有制和共同富裕这一社会主义的根本原则，因而这是对社会主义本质所作的全面、具体、准确地说明，是极富有创新和时代感的。

（3）社会主义初级阶段的理论，丰富和发展了马克思主义关于社会主义社会阶段的理论。大家知道，马克思主义创始人对发达的资本主义国家无产阶级革命胜利后社会发展阶段，曾明确提出过共产主义两个阶段学说，即"共产主义第一阶段"和"共产主义高级阶段"，但他们没有也不可能提出"社会主义初级阶段"的概念。十月社会主义革命胜利后，列宁曾把"共产主义第一阶段"明确为"社会主义阶段"，并指出资本主义到共产主义必须经历从资本主义到社会主义过渡时期、社会主义和共产主义三个阶段。尽管列宁在分析社会主义社会形成和发展过程中，曾提出过"不发达社会主义"、"发达社会主义"、"完全的社会主义"、"完备的社会主义"等概念，来说明落后的俄国不可能立即建成发达的社会主义，而必须要经历一个从低级到高级的发展过程。但他仍然未提出和分析"社会主义初级阶段"。列宁逝世后，各国马克思主义政党及其领导人对社会主义发展阶段的认识和实践，尽管不尽相同，但共同特点都把社会主义阶段看成是一个短暂的阶段，对目前所处的社会主义发展阶段，普遍是脱离实际，估计偏高，都犯了一种超越现实的错误。因而，影响社会生产力的发展和社会主义制度优越性的充分发挥。在中国，党的十一届三中全会开辟了我国社会主义发展的时期。这是我们党对我国还处在社会主义初级阶段这一基本国情认识由盲目转入自觉的时期。党的十一届三中全会以后不久，针对再次出现的冒进倾向，邓小平同志指出：底子薄，人口多，80%是农民，这个现实情况应该是我们制定建设蓝图的出发点。1981年6月，党的十一届六中全会通过的《关于建国以来党的若干历史问题的决议》中，第一次明确提出"我们的社会主义制度还是处于初级阶段"。接着1982年9月，我们党再一次把"我国的社会主义社会现在还处在初级发展阶段"的论断写进了党的十二大报告里。1986年9月，党的十二届六中全会通过的《关于社会主义精神文明建设指导方针的决议》，重申这一科学论断，并对社会主义初级阶段经济结构和精神文明特点作了分析后指出："我国正处在社会主义初级阶段，不但必须实行按劳分配，发展社会主义的商品经济和竞争，而且在相当长的时期内，还要在公有制为主体的前提下发展多种经济成份，在共同富裕的目标下鼓励一部分人先富起来。在这样的历史条件下，全民范围的道德建设，就应当肯定由此而来的人们在分配方面的合理差别，同时鼓励人们发扬国家利益、集体利益、个人利益相结合的社会主义集体主义精神，发扬顾全大局、诚实守信、互相友爱和扶贫济困的精神。"1987年10月，党的十三大报告进一步肯定生产力是划分社会主义发展阶段的首要标志，对我国正处于社会主义的初级阶段的含义、历史前提、基本特征、主要矛盾和主要任务、基本路线等等，进行全面、系统、深刻的科学论述，它不仅表明我们对马克思主义关于社会主义阶段学说的重大发展,而且也是我党社会主义建设理论趋向成熟的标志。1992年10月,党的十四大报告明确肯定:党的十三大主要历史功绩,是比较系统地论述了我国社会主义初级阶段的理论,明确概括和全面阐发了党的"一个中心,两个基本点"的基本路线。再次强调:我国正处在社会主义初级阶段,这是一个至少上百年的很长的历史阶段,制定一切方针政策都必须以这一基本国情为依据,不能脱离实际,超越阶段。明确我国处于社会主义初级阶段,是制定党的路线、方针、政策的依据,是观察问题做好工作的根本立足点,这既可以防止历史上发生过的经济建设方面的急性病,也可以防止那些否定社会主义前途的悲观论者。同时,立足于社会主义初级阶段的实际,才可能对中国社会主义道路和社会主义发展规律性进行科学探索。社会主义初级阶段的理论是我们党针对我国国情而提出的,但它对经济文化落后的国家,社会主义革命胜利后进行社会主义建设仍具有普遍意义。

(4)建立社会主义市场经济体制,是对马克思主义经济理论重大发展。马克思、恩格斯认为,社会主义革命在多数文明国家取得胜利后,全国一切生产资料直接归全社会占有,商品生产和商品流通将不复存在了。列宁解决了过渡时期是否存在商品生产和商品交换问题。但是,社会主义制度建立以后是否还要保留商品生产和商品交换?价值规律是否还起作用?这个问题,列宁还没来得及解决就谢世了。在很长时间内,苏联理论界相当多的人一直持否定的态度。直到1952年,斯大林在《苏联社会主义经济问题》一书中,对苏联社会主义建设实践作了总结和概括,在理论上才前进一步。但是,斯大林这一理论是很不彻底的。他不承认生产资料也是商品,不承认价值规律在生产领域也起调节作用,尤其是没有把商品经济看作是社会主义经济所固有的东西，而仍然把商品经济看作是和社会主义经济不相容的东西，把社会主义看成带有商品经济外壳的产品经济，仍然没有摆脱商品经济和计划经济相对立的传统观念。斯大林这些观点，不仅在苏联，而且在许多社会主义国家都有深刻的影响。新中国建立以后，我们在对商品经济理论的认识上，尽管在某些方面有所突破，但在总的框架上基本上是沿用斯大林的观点。直到党的十一届三中全会以后，我们党认真总结新中国成立后30多年正反两方面经验和吸收我国经济学界有关科研成果，从我国处于社会主义初级阶段的实际出发，对马克思主义的社会主义商品经济理论作出了重大突破。1987年10月，党的十三大报告明确指出："社会主义经济是公有制基础上的有计划的商品经济。这是我们党对社会主义经济作出的科学概括，是马克思主义的重大发展，是我国经济体制改革的基本理论依据。"这一重大发展包括：第一，社会主义经济是在公有制基础上的有计划的商品经济，社会主义计划经济必须自觉依据和运用价值规律，从而摒弃了以往的把社会主义经济同商品经济、计划经济同价值规律相对立的传统观念。第二，商品经济的充分发展是社会主义经济发展不可逾越的阶段，是实现我国经济现代化的必要条件。只有充分发展商品经济，才能把经济真正搞活，促进企业提高效率、灵活经营，灵活地适应复杂多变的社会需要。这是单纯依靠行政手段和指令性计划不能做到的。第三，社会主义的商品经济和价值规律同资本主义商品经济和价值规律是有区别的。但这种区别不在于商品经济是否存在和价值规律是否发挥作用，而在于所有制不同，在于剥削阶级是否存在，在于劳动人民是否当家做主，在于为什么样的生产目的服务，在于能否在全社会规模上自觉运用价值规律。第四，社会主义企业是相对独立的经济实体，是自主经营、自负盈亏的社会主义商品生产者和经营者，具有自我改造和自我发展的能力，是具有一定权利和义务的法人。所有企业之间交换的产品都是商品。第五，社会主义商品经济的发展离不开市场的发育和完善，利用市场调节绝不等于搞资本主义。建立在公有制基础上的社会主义商品经济为在全社会自觉保持国民经济的协调发展提供了可能。我们的任务就是要善于运用计划调节和市场调节这两种形式和手段，把这种可能性变为现实。这就进一步否定了计划和市场不相容的观点。第六，必须把计划工作建立在商品交换和价值规律的基础上。以指令性为主的直接管理方式，不能适应社会主义商品经济的发展要求，不能把计划调节和计划经济和指令性计划等同起来。要逐步缩小指令性范围和逐步转向以间接管理为主。第七，计划和市场的作用范围都是覆盖全社会的，从而进一步否定计划与市场相对立的观点。第八，发展商品经济所必需的生产资料市场、金融市场、技术市场和劳务市场，以及债券、股票等等，都不是资本主义社会所特有的，而是伴随社会化大生产和商品经济发展必然出现的。资本主义可以利用为资本主义服务，社会主义也可以利用而且应当利用它来为自己服务。邓小平曾高度评价这是"马克思主义基本原理和中国社会主义实践相结合的政治经济学"，说它"解释了什么是社会主义，有些是我们老祖宗没有说过的话，有些新话"。"我们用自己的实践回答了新情况下出现的一些新问题"，"是真正坚持社会主义"。①

1992年初，邓小平在南方视察谈话中，他根据10多年来中国经济体制改革的实践，概括出一个全新的马克思主义见解，即计划多一点还是市场多一点，不是社会主义与资本主义的本质区别。计划经济不等于社会主义，市场经济不等于资本主义；资本主义也有计划，社会主义也有市场，计划和市场都是经济手段。

---

① 《邓小平文选》第3卷，人民出版社1993年第1版，第83、91页。

这些精辟论断，从根本上解除了多年来的传统观念：市场经济是资本主义特有的，计划经济是社会主义经济的基本特征的思想束缚，使我们在计划与市场关系上的认识有了新的重大突破。10多年我国改革开放的实践表明，凡是市场作用发挥比较充分的地方，经济活力就比较强，发展态势也比较好。我国经济要优化结构，提高效益，加快发展，参与国际竞争，就必须继续强化市场机制的作用。实践的发展和认识的深化，中共十四大报告第一次明确提出，我国经济体制改革的目标是建立社会主义市场经济体制，以利于进一步解放和发展生产力。具体包括：第一，社会主义市场经济体制的含义，就是要使市场在社会主义国家宏观调控下，对资源配置起基础性作用，使经济活动遵循价值规律的要求，适应供求关系的变化；通过价格杠杆和竞争机制的功能，把资源配置到效益较好的环节中去，并给企业以压力和动力，实现优胜劣汰；运用市场对各种经济信号反应比较灵敏的优点促进生产和需要的及时协调。第二，社会主义市场经济体制是同社会主义基本制度结合在一起的，在所有制结构上，以公有制为主体，其他经济成分为补充，多种经济成分长期共同发展；在分配制度上，以按劳分配为主体，其他分配方式为补充，兼顾效率与公平，逐步实现共同富裕；在宏观调控上，把人民的当前利益与长远利益、局部利益与整体利益结合起来，更好地发挥计划和市场两种手段的长处。第三，也要看到市场有其自身的弱点和消极方面，必须加强和改善国家对经济的宏观调控。要大力发展全国统一市场，进一步扩大市场的作用，并依据客观规律的要求，运用好经济政策、经济法规、计划指导和必要的行政管理，引导市场健康地发展。第四，建立和完善社会主义市场经济体制是一个长期发展的过程，是一项艰巨复杂的社会系统工程，总之，我们相信，社会主义条件下的市场经济，应当也完全可能比资本主义条件下的市场经济运转得更好。对市场经济理论的认识是我们党对70多年社会主义实践的科学总结和开创性的突破,是马克思主义经济理论重大发展。它将冲破一切僵化经济模式,使整个社会生机勃勃,极大推动社会生产力的发展。

(5)"改革也是解放生产力"的思想,丰富和发展了马克思主义关于社会发展动力的理论。革命是解放生产力,这是马克思主义经典作家阐明的社会基本矛盾运动推动社会发展理论的一个基本观点。生产力与生产关系,经济基础与上层建筑的矛盾运动,是人类社会不断前进的根本动力,也是科学社会主义理论的出发点。马克思主义认为,社会的物质生产力发展到一定阶段,便同它们现存的生产关系发生矛盾,于是这种生产关系便成了生产力发展的桎梏,那时社会革命的时代就到来了。在剥削阶级社会里,只有通过暴力的方式,用新的生产关系取代旧的生产关系才能使生产力获得解放。所以说,革命就是解放生产力。革命胜利后的社会主义国家如何进行社会主义现代化建设,通过什么方式解决社会矛盾,推动生产力发展,这是马克思主义发展史上的一个新课题。不仅马列主义书本里没有,就是毛泽东的著作中也没有完全解决。以往的观点一般都认为社会主义制度建立以后,解放生产力的任务就基本完成。这时候,社会生产力就会自然而然地迅速发展起来。毛泽东在我国社会主义改造任务完成以后曾指出:"我们根本任务已经由解放生产力变为在新的生产关系下面保护和发展生产力。"[①]但我国社会主义建设的实践反复证明,在建立了适应生产力发展要求的社会主义基本经济制度以后,我国的政治经济体制还有不完全适应生产力发展甚至束缚生产力发展的环节和方面,仍然还存在着解放生产力的问题。以邓小平为

---

① 《毛泽东著作选读》下册,人民出版社1986年第1版,第771—772页。

代表的中国共产党人,总结我国社会主义建设的经验和教训,以非凡的胆略和大无畏的求实精神,提出了"革命是解放生产力,改革也是解放生产力"、"改革是中国第二次革命"的思想。邓小平指出:"社会主义基本制度确立以后,还要从根本上改变束缚生产力发展的经济体制,建立起充满生机和活力的社会主义经济体制,促进生产力的发展,这是改革,所以改革也是解放生产力。过去,只讲在社会主义条件下发展生产力,没有讲还要通过改革解放生产力,不完全。应该把解放生产力和发展生产力两个讲全了。"① 改革是社会主义历史条件下一次新的革命。这场革命不是要改变我们社会主义制度的性质,而是社会主义制度的自我完善和发展。正如邓小平所说:"改革是对体制的一场革命。"1992年春,邓小平又进一步指出,不坚持社会主义,不改革开放,不发展经济,不改善人民生活,只能是死路一条。所以,从这个意义上说,改革是一场革命,"改革也是解放生产力"。②

"改革也是解放生产力"的思想丰富和发展了马克思主义关于社会发展动力的理论:第一,它以承认我国现行体制和生产力发展要求不完全相适应这个事实为前提,突破了人们对社会主义脱离实际的理想化和超越阶段的认识。第二,它要求变革不适应生产力发展的经济体制。解放生产力,不是采取阶级斗争和大规模群众政治运动的形式,而是在党的领导下,通过有秩序有步骤的改革来进行,进一步消除了把阶级斗争当成是社会主义发展动力的理论影响。第三,"改革也是解放生产力"是在"革命是解放生产力"思想基础上的深化和丰富。明确把革命、改革、解放生产力这三者联系起来分析解决社会主义现阶段的社会矛盾。

---

① 《邓小平文选》第3卷,人民出版社1993年第1版,第370页。
② 同上。

可见,"改革也是解放生产力"的思想是对我国改革开放以来的实践经验的科学总结,这是邓小平对科学社会主义和唯物史观的巨大发展,具有开拓性的理论意义和战略性的实践意义。

(6)发展社会主义民主,努力建设和完善中国特色的民主政治,丰富和发展马克思主义社会主义民主学说。社会主义民主问题在马克思主义经典作家有过不少精辟独到的论述,但是,由于缺乏实践经验,我们对民主建设的重要性的认识,在很长时期内一直只停留在一般的理论原则上,而没有加以特别的重视,对社会主义民主的理解也不全面,更未解决如何去建设的问题。几十年来,我们在社会主义民主建设方面取得了一些成就,但是,总的说来,在我国以至整个国际共产主义运动中,社会主义民主建设的问题还没有得到根本的解决,至今仍然是社会主义建设中最严峻的问题之一。党的十一届三中全会以来,我们党总结了历史的经验教训,把建设高度的社会主义民主作为社会主义现代化建设的伟大目标之一,在理论上解决了一系列长期没有得到解决的问题,从而把我们对社会主义民主的认识提到了一个新的高度。第一,民主问题关系到社会主义的兴衰成败的大问题。"没有民主就没有社会主义,就没有社会主义的现代化。"[1] 这是邓小平同志在党的十一届三中全会以后的科学论断。可以说是我们党对民主建设主要经验的总概括。今天,列宁"没有民主就没有社会主义"这一科学论断,对于我们来说,已经不再是对原来的科学社会主义基本原理的认识和推断,而是从我们党和国家在社会主义革命和建设的丰富经验中总结出来的,也是全国人民付出了高昂代价而从血的教训中深深地感受到的。它已成为今天我们建设社会主义民主的最重要的思想财富。"没有民主就没有

---

[1]《邓小平文选》第2卷,人民出版社1994年第2版,第168页。

社会主义"这一科学论断说明，民主问题关系到社会主义的兴衰成败。第二，社会主义民主起着维护社会主义成果并使我们的社会主义事业始终沿着正确方向发展的保证作用。"文化大革命"的历史说明，民主的这种保证作用是何等重要。社会主义民主遭受挫折，社会主义成果就会遭到破坏，社会主义建设就失去正确方向。要保证社会主义沿着正确方向发展，就要充分发扬社会主义民主。保证人民按照民主集中制的原则管理国家、管理经济、文化事业和一切社会生活，行使选举、监督国家工作人员的权利，保证人民享有法律规定的其他各项民主权利，包括言论、通信、出版、集会、结社、游行、示威的自由，享有参加劳动、受教育的权利和义务，进行科学研究、发明创造、文艺创作及其他文化活动的权利和自由。在发展人民民主的同时，当然不能忽视对少数敌人的专政。但是，真正要能对敌对分子实行有效的专政，也必须发扬社会主义民主，使人民对国家的安危和社会主义事业有高度的主人翁的责任感。没有这一条，单靠专政机关，专政的力量是有限的。第三，社会主义民主是推动社会主义现代化建设蓬勃发展的智慧和力量的源泉。在社会主义初级阶段，我们要集中力量进行现代化建设，发展生产力，逐步摆脱贫穷落后，这是一项艰巨而伟大的事业，需要发挥全体人民的智慧和力量才能做好。只有发扬社会主义民主，才能激发亿万人民的高昂的劳动热情和首创精神，从而才能使社会主义建设事业蓬勃发展。同时，大批优秀人才的成长，也只有在民主的环境和气氛中才有可能。第四，高度的社会主义民主是社会主义现代化建设的伟大目的之一。社会主义民主建设在社会主义现代化建设总体布局中的战略地位问题，党的十二大指出，新时期的总任务是"把我国建设成为高度文明、高度民主的社会主义国家"。经过多年的实践，党的十三和十四大在表述我们党建设有中国特色的社会主义的基本路线时再次重申:"为把我国建设成为富强、民主、文明的社会主义现代化国家而奋斗。"把民主建设作为社会主义建设的"根本目标和根本任务之一",置于社会主义建设总体布局的战略地位。这是过去从未有过的。应该说,这是我们历史经验的总结,也是理论上的发展。实践已经反复证明,没有民主建设的同步发展,无论是经济建设,还是精神文明建设,都是不能成功的。第五,科学区分政治基本制度与政治体制的关系,明确提出必须进行政治体制改革。社会主义制度建立之后,社会主义国家在政治实践中仍会产生破坏民主的现象,这是一个历史事实。这个事实说明社会主义国家虽然建立了最高类型的民主制度,即社会主义的民主制度,但并不等于在政治实践中民主问题就已经解决了。社会主义民主制度是社会主义的基本政治制度,这种基本政治制度必须有相应的具体制度,即政治体制来体现。基本政治制度在革命胜利以后是可以立即建立起来的,但是体现基本政治制度的具体制度的建立和完善却需要经历较长的时间,而且需要随着历史条件的变化而不断进行改革。在这个过程中,就有可能出现具体制度和基本制度相脱节,甚至相矛盾的情形。社会主义国家在政治实践中出现的种种弊端,包括像斯大林、毛泽东晚年发生的那种错误,就是由此而来的。1980年8月18日,邓小平同志在总结毛泽东晚年的教训时指出:"不是说个人没有责任,而是说领导制度、组织制度问题更带有根本性、全局性、稳定性和长期性。这种制度问题,关系到党和国家是否改变颜色,必须引起全党的高度重视。"[①] 邓小平同志关于制度问题的精辟论述,已成为我国政治体制改革的理论依据。从体制上来寻找产生弊端的原因,并着眼于体制改革来防止弊端的产生,保

[①] 《邓小平文选》第2卷,人民出版社1994年第2版,第333页。

证社会主义民主建设的发展,这是党的十一届三中全会以来我们党在民主问题上一个突出的贡献。第六,社会主义民主应当从政治生活不断扩展到经济生活、文化生活和社会生活的各个方面。1982年党的十二大报告中提出,要把社会主义民主"扩展到政治生活、经济生活、文化生活和社会生活的各个方面。发展各个企业、事业单位的民主管理,发展基层社会生活的群众自治"。这就明确了社会主义民主不仅兼含政治民主、经济民主和社会民主等内容,而且民主建设的范围包括民主制度的完善和民主生活的充实。这是理论认识上的一个发展。第七,社会主义民主必须制度化、法律化。社会主义民主与社会主义法制是密不可分的,社会主义民主是社会主义法律的前提和基础,社会主义法制是社会主义民主的体现和根本保障。社会主义民主,无论是其内容和形式,只有形成制度,上升为法律,才会被社会所承认和尊重,我们建设高度民主的目标,才能扎扎实实地实现。社会主义民主制度化、法律化的程度,这是衡量社会主义民主发展和成熟的尺度。没有制度化、法律化的民主,是没有保障、没有权威的民主,这种民主很容易转化为不民主,甚至反民主,这也是历史经验已经证明了的。

(7) 社会主义精神文明建设丰富和发展科学社会主义建设的理论。马克思主义经典作家对物质和精神两者之间的关系,都有过许多论述,但都没有明确提出过"社会主义精神文明"的概念。我们党在十一届三中全会以后,首先明确划分了"物质文明"和"精神文明"这两个概念,并提出社会主义精神文明是社会主义的重要特征。1979年9月29日党的十一届四中全会上所通过的叶剑英同志在庆祝国庆30周年大会上讲话中即明确指出:"我们要在建设高度物质文明的同时,提高全民族的教育科学文化水平和健康水平,树立崇高的革命理想和革命道德风尚，发展高尚的丰富多彩的文化生活，建设高度的社会主义精神文明。"同年10月30日，邓小平同志在文艺工作者第四次代表大会上的祝词中也提出："我们要在建设高度物质文明的同时，提高全民族的科学文化水平，发展高尚的丰富多彩的文化生活，建设高度的社会主义精神文明。"1982年9月，在党的十二大报告中，系统地论述了马克思主义关于物质文明和精神文明的基本概念，阐明了社会主义精神文明建设的重大意义和基本内容，并且正式提出了"社会主义精神文明是社会主义的重要特征，是社会主义制度优越性的重要表现"的科学论断。这一论断，在马克思主义的发展史上，具有创新的内容和重大的意义。在此之前，在马克思主义文献中，都没有明确地把人类文明区分为物质文明和精神文明这样两个方面，也没有用精神文明这样简洁的概念来概括诸如教育、科学、文化、思想、理想、道德、纪律等文明现象。而且，在过去的论述中，都只是从精神对物质的反作用的角度来说明问题，把社会主义建设主要看作是经济建设，其任务就是要在物质技术方面，"赶上和超过世界先进水平"，并没有把精神文明作为我们的奋斗目标来加以建设，因此，也不可能把社会主义精神文明提到社会主义特征的高度。党的十二大报告指出："过去在讲到社会主义特征的时候，人们往往强调剥削制度的消灭和生产资料的公有，按劳分配，国民经济有计划按比例的发展，以及工人阶级和劳动人民的政权。人们还强调，高度发达的生产力和比资本主义更高的劳动生产率，作为社会主义发展的必然要求和最终结果，也是它的特征。这些无疑都是正确的，但是还不足以完全包括社会主义的特征。社会主义必须有一个特征，就是以共产主义思想为核心的社会主义精神文明。没有这种精神文明，就不可能建设社会主义。"我们党在十一届三中全会以来，在总结历史经验的基础上，明确划分了物质文明和精神文明这两个概念,并且把社会主义精神文明看作是社会主义的一个重要特征和优越性的重要表现,从而强调在建设物质文明的同时,必须努力建设社会主义精神文明,这就使我们掌握了两个文明建设之间的关系,使社会主义现代化建设的目标和任务也更加明确,这是党的十一届三中全会以来我们党对马克思主义作出的重要贡献。其次,社会主义精神文明建设是关系社会主义兴衰成败的大事。由于社会主义精神文明是社会主义的重要特征和社会主义优越性的重要表现,理所当然,它在社会主义现代化建设中具有十分重要的地位。党的十二大报告中指出:没有社会主义精神文明,就不可能建设社会主义,"我们在建设高度物质文明的同时,一定要努力建设高度的社会主义精神文明"。并明确指出:"这是建设社会主义的一个战略方针问题。社会主义的历史经验和我国当前的现实情况都告诉我们,是否坚持这样的方针,将关系到社会主义的兴衰和成败。"① 社会主义精神文明建设所涉及的问题,不是一个局部的或少数人的问题,而是关系到社会主义建设战略目标的全局性的问题。对此,1986年党的十二届六中全会作出的《中共中央关于社会主义精神文明建设指导方针的决议》作了充分阐述,指出:"我国社会主义现代化建设的总体布局是:以经济建设为中心,坚定不移地进行经济体制改革,坚定不移地进行政治体制改革,坚定不移地加强精神文明建设,并且使这几个方面互相配合,互相促进。全党同志必须从这个总体布局的高度,正确认识社会主义精神文明建设的战略地位。"并指出:"在社会主义时期,物质文明为精神文明的发展提供物质条件和实践经验,精神文明又为物质文明的发展提供精

---

① 《中国共产党第十二次全国代表大会文件汇编》,人民出版社1982年第1版,第33页。

神动力和智力支持,为它的正确发展方向提供有力的思想保证。社会主义精神文明建设,是关系社会主义兴衰成败的大事。"再次,社会主义精神文明建设的根本任务就是适应社会主义现代化建设的需要,培养有思想、有道德、有文化、有纪律的社会主义公民,提高整个中华民族的思想道德素质和科学文化素质。邓小平同志指出:"建设社会主义的精神文明,最根本的是要使广大人民有共产主义的理想,有道德,有文化,守纪律。"①

(8) 用"一个国家、两种制度"构想实现国家统一,丰富和发展马克思主义国家学说。如何解决历史上遗留下来的香港、澳门和台湾地区和整个国家的统一,这是我国社会主义现代化建设进程中的一个特殊问题。虽然性质不完全相同,但共同特点都是中国的领土,都要实现祖国的统一。我们党从目前现实情况出发,提出了用"一国两制"的办法来解决,即香港、澳门和台湾都实行资本主义,维持他们目前的社会制度;大陆实行社会主义制度。一个国家即中华人民共和国,香港、澳门和台湾是中华人民共和国的特别行政区。这种办法,易于为广大人民所接受。有利于这些地区经济稳定发展,有利于亚洲和世界和平,有利于我们的改革开放和现代化建设。香港、澳门问题的圆满解决,赢得世界上高度赞誉。按照这个科学的构想,台湾问题也一定能圆满解决。这是国际共产主义运动中的伟大创举,是创造性地发展马克思主义,为马克思主义国家学说作出的新的伟大贡献:第一,是和平共处原则的灵活运用和发展。和平共处原则是十月革命胜利后,社会主义和资本主义两种制度并存局面下,列宁提出的处理不同社会制度国家关系的一项基本原则。然而,和平共处原则能否适用于处理一个国家之内不同制度的地区之间的关系

---

① 《邓小平文选》第 3 卷,人民出版社 1993 年第 1 版,第 28 页。

呢?"一国两制"的构想的提出,实际上对此已经作了回答。邓小平说:"和平共处的原则用之于解决一个国家内部的某些问题,恐怕也是一个好办法。根据中国自己的实践,我们提出'一个国家,两种制度'的办法来解决中国的统一问题,这也是一种和平共处。我们解决香港问题,允许香港保留资本主义制度,五十年不变。解决台湾问题也是这个原则。""10亿人口的大陆坚定不移搞社会主义,台湾可以搞它的资本主义,北京不派人到台湾去。这不也是和平共处吗?所以,和平共处的原则不仅在处理国际关系问题上,而且在一个国家处理自己内政问题上,也是一个好办法。"① 第二,是统一战线理论的运用发展。"一国两制"提出,使新时期爱国统一战线在性质、对象和任务等方面出现了许多新特点,在内容上进一步的深化和具体化了。在性质上,爱国、民族统一成为统一战线的旗帜,只要尊重中华民族,拥护祖国统一,都可成为统一战线的成员。因此,爱国主义性质比以往任何时期都更加突出,在范围上更加扩大了。它既包括大陆的全体工人、农民和其他劳动者、爱国者,也包括香港、澳门、台湾和海外侨胞在内的全体拥护祖国统一的爱国者,也就是说,包容了一切有爱国心的炎黄子孙。"一国两制"提供了用和平的新方式,来实现祖国统一,振兴中华的伟大目标。第三,是国家学说的运用和发展。按照传统的国家学说,国家是一个阶级对另一个阶级的统治工具,强调单一的国家结构,忽视国家组成、管理经济和文化的职能,忽视国家具有阶级斗争"调停人"和"缓和冲突"的作用。"一国两制"恢复和发展了马克思主义国家学说。实现"一国两制"以后,我们国家的社会主义性质没有变,但在一国之内某些地区,如台湾、香港等,仍然保持旧

---

① 《邓小平文选》第3卷,人民出版社1993年第1版,第96—97页。

的国家机器，乃至台湾还可以保留军队。一国之内，两种性质不同的社会政治制度长期并存。这就是从我国实际出发，把高度的原则性和灵活性相结合，把整个国家和民族统一起来。它使行政区除分为普通行政区、民族区域自治区、直辖市 3 种外，增添特别行政区。这种特别行政区享有高度的自治权。从经济制度来说，传统的观点是，社会主义国家只允许巩固和发展公有制，资本主义经济作为一种制度则必须彻底消灭。近些年来，在我国社会主义实践中，实行以公有制为主体，同时发展多种经济成分。"一国两制"则以国家立法形式，确认资本主义作为一种社会经济制度可以在统一的中华人民共和国的特别行政区长期存在和发展。这样做，无损于我们国家人民民主专政的社会主义性质。相反，通过和平竞赛，更能推动我们社会主义国家制度和经济制度的完善和发展。

建设有中国特色社会主义的理论是当代中国的马克思主义，是我们党尤其是邓小平同志全面继承、捍卫和发展马克思列宁主义、毛泽东思想，是马克思主义发展的一个新阶段。以上 8 个方面，远非是对马克思列宁主义、毛泽东思想的丰富和发展的全部。还有：关于干部队伍的革命化、年轻化、知识化、专业化，尊重知识、尊重人才的论述；关于废除党和国家领导人职务终身制的论述；关于我军建设指导思想的战略转移以及新时期军队建设的论述；关于国际战略格局和建立国际经济政治新秩序的论述；关于加强党的建设，反对腐败、防止和平演变的论述；关于社会主义建设时期要警惕右的东西，但主要是防止"左"的东西影响，不论右和"左"，都会葬送社会主义的思想；关于抓住机遇，加强发展，力争我国经济每隔几年上一个新台阶的思想；关于坚持两手抓、两手都要硬的思想；关于培养接班人，保证我们国家长治久安的思想，等等。都是我们党和邓小平同志对马克思列宁主义、毛泽东思想的丰富和发展。我们必须永远坚持、捍卫和发展马克思列宁主义、毛泽东思想和邓小平建设有中国特色社会主义的理论,把社会主义和共产主义事业进行到底。

五 深入研究建设有中国特色社会主义的理论,努力推进马克思主义在当代新的更大发展

理论思维的成熟是党成熟的一个重要标志。改革开放16年来,我们党在理论上取得的最大收获,就是在马克思主义基本原理与中国实际相结合过程中创立了建设有中国特色社会主义的理论。这一理论,第一次比较系统地初步回答了中国这样的经济文化比较落后的国家如何建设社会主义,如何巩固和发展社会主义的一系列基本问题,用新的思想、观点,继承、丰富和发展了毛泽东思想,是马克思主义同中国实际相结合的最新成果,是在马克思主义发展史上的重大突破,是当代中国的马克思主义。毛泽东同志曾经指出:"主义譬如一面旗子。"中国共产党成立之初,就郑重地把马克思列宁主义写在自己的旗帜上。经过延安整风和党的七大,又郑重地把马克思列宁主义与中国革命的实践之统一的思想——毛泽东思想写到自己的旗帜上。从党的十一届三中全会开始,经过党的十二大、十三大到十四大,我们党又郑重地把马克思主义普遍原理与当代中国社会主义建设实践相结合的邓小平建设有中国特色社会主义的理论写到了自己的旗帜上。这是我们党付出了巨大代价获得的极为珍贵的精神财富,是我们党和人民进行新的历史创造的科学总结,是我们发展社会主义事业的伟大旗帜,是我们民族振兴和发展的强大精神支柱。在当代中国,有了这面旗帜,有了这个精神支柱,一个有5000万党员的大党才会有更加坚强的战斗力,一个有12亿人口的大国才会有更加

强大的凝聚力。16年来，正是由于我们高举起这面旗帜，依靠这个精神支柱，我们的党、我们的国家才得以克服困难、排除干扰，稳步走上了社会主义现代化建设的正确轨道，取得了举世瞩目的伟大成就。历史和现实的经验一再表明，坚持邓小平同志建设有中国特色社会主义的理论，就是真正坚持和发展马克思列宁主义、毛泽东思想。只要我们按照这个理论指引的方向、道路和"三步走"的发展战略干下去，一直干到下世纪中叶，达到世界中等发达国家水平，一个富强、民主、文明的社会主义现代化中国就一定能够巍然屹立于世界的东方。

建设有中国特色社会主义的理论是一个完整的科学体系，但它并没有结束真理。它将随着我国改革开放的深入和社会主义现代化建设的发展，而不断受到检验、修正和丰富发展。任何停止或凝固的观点都是错误的。同时，中国特色社会主义理论内容丰富、博大精深，都需要我们继续深入学习研究，努力推进马克思主义在当代新的更大的发展。

（1）研究邓小平建设有中国特色社会主义的理论，要认真学习和掌握马克思列宁主义毛泽东思想。这是坚持邓小平建设有中国特色社会主义的理论的基础。邓小平的理论是马克思列宁主义毛泽东思想在当代中国的继承和发展，是活的马克思列宁主义和毛泽东思想，是当代中国的马克思主义。只有认真学习和掌握马列主义毛泽东思想，才能深刻理解邓小平建设有中国特色社会主义的理论的时代意义。学习马克思列宁主义、毛泽东思想，要特别强调认真学习邓小平的著作，全面领会邓小平思想精神实质。要反对"左"和右的错误倾向，重点要反对有些人单纯凭"经验"出发，对党的十一届三中全会以来党对马克思主义新发展，不感兴趣，甚至对党的改革开放的总方针，评头论足，说三道四；他们空喊坚持马克思主义，实际上他们所要坚持的是传统的马克思主义,是被歪曲了的马克思主义。党的十四大报告强调指出:"学习马列主义毛泽东思想,中心内容是学习建设有中国特色社会主义的理论。党员领导干部首先是高级干部要带头学好用好。要认真学习邓小平同志的战略思想和理论观点,认真学习他运用马克思主义立场、观点和方法,研究新情况、解决新问题的科学态度和创造精神。"只有认真学好马列著作和邓小平的著作,才能真正理解邓小平建设有中国特色社会主义的理论是马列主义毛泽东思想的新发展,才能搞好我们的各项工作,加速我国社会主义现代化建设。

(2) 研究邓小平建设有中国特色社会主义的理论,必须坚持一般与个别相结合、动态与静态相结合的科学方法。"建设有中国特色的社会主义",这是邓小平在1982年9月党的十二大开幕词中最早提出的一个科学命题。这个命题包括三层意思:第一是"建设"。它表明建设有中国特色的社会主义是一个长期实践过程,是个动态过程。所以,提出"建设",既反映了新的历史时期工作重点,又表明这是今后长期主要的战略任务。第二是"中国特色"。中国特色,就是具有中国民族特点的社会主义。第三就是"社会主义"。这里不仅仅包括社会主义制度和社会主义道路,而且包括整个社会主义社会形态。除了包括经济、政治、文化制度外,还包括社会主义人际关系、社会生活秩序、道德风尚、生活方式等等。因此,研究建设有中国特色的社会主义必须包括这三位一体的内容。这个科学命题体现了马克思主义、科学社会主义与中国具体实际相结合,体现共性与个性相结合,动态与静态相结合。我们研究,既要坚持共性,又要坚持个性;既要坚持动态,又要坚持静态。没有静态,就看不出中国社会主义的特色;没有动态,就容易把过程中显示的特色凝固化。"中国特色",在整个建设过程中,随着情况变化,有的不再显示为特色，有的还是特色，但内容可能更丰富、更充实。总之，既不凝固化，又不能不看特色，应把两者统一起来。

这里，重要的是如何用科学的态度看待马克思主义。恩格斯、列宁、毛泽东和邓小平对马克思主义之所以能够突破、创新和发展，重要的一个原因，就是他们对马克思主义有一个正确的实事求是的科学态度。他们解放思想，首先对马克思主义不迷信、不教条、不僵化，而是用发展的观点、分析的态度，既坚持马克思主义又发展马克思主义，正确地处理坚持与发展这两者之间的关系。马克思主义是工人阶级的科学世界观和人类精神文明的伟大成果，它不是僵化的教条，而是在历史和科学的前进中不断丰富和发展的科学，它并没有结束真理，而是在实践中不断开辟认识真理的道路。邓小平提出的中国特色的社会主义，就是马克思主义基本原理同中国现代化相结合的产物，是扎根于当代中国的科学社会主义，是当代的中国马克思主义。它是不唯书不唯上而唯实的马克思主义的体现。邓小平用我国现代化建设的新鲜的经验、理论来补充、丰富和发展马克思主义，并指导我国社会主义现代化建设前进。

（3）研究邓小平建设有中国特色社会主义的理论，必须实事求是，一切从实际出发。解放思想，实事求是的马克思主义思想路线，也是我们党的思想路线。邓小平所以能够创立有中国特色的社会主义理论，最基本的思想方法就是实事求是，一切从中国的实际出发，而不从马克思主义书本出发，不从外国的模式出发。但他掌握马克思主义的最基本的一条原理，就是实事求是。用这条最基本的原理，研究中国的过去与现在，研究当代世界与中国，研究历史经验教训与现实的新鲜经验，才能对马克思主义有新的突破。邓小平就是从中国实际出发，认清中国的实际是什么，需要用什么方针政策解决中国的社会主义建设问题，不论是马克思说过的还是没有说过的，书本上有的还是没有的，什么办法能够解决中国的社会主义建设问题，就用什么办法。这种从下往上看社会主义的思想方法，改变了过去那种从上往下看的思想方法。那种方法是一种僵化的方法，即领袖怎么说就怎么办，没有说过的就不能办。用那种思想方法，社会主义就只能有僵化的一个模式，不可能有大的发展。从中国的实际出发，在中国这样的国家，怎样建设社会主义，是在马克思主义经典著作中找不到现成的答案的。只能走具有自己特色的道路，由自己去创造。要创造首先就要搞清当代中国社会主义建设的实际是什么。但认识中国国情是不容易的，几经磨难，以邓小平为首的党中央，对我国国情才作出了科学的概括，这就是我国现在正处于社会主义初级阶段。社会主义初级阶段理论是整个具有中国特色的社会主义理论的基础，认识它是我党认识上的第二次飞跃。

（4）研究邓小平建设有中国特色社会主义的理论，必须进一步解放思想，坚持实践是检验真理的唯一标准。解放思想是有中国特色的社会主义理论创立的前提，没有思想解放，就不可能有中国特色的社会主义理论。为什么呢？大家知道，我国当时虽然早已进入社会主义阶段，阶级关系发生了重大的变化，但由于毛泽东把马克思主义揭示的人类社会普遍规律归结为阶级斗争理论，社会上一切矛盾都归结为阶级矛盾，因此搞了"以阶级斗争为纲"，导致了10年内乱，导致了工作上严重失误。在极"左"错误发展的同时，个人崇拜、教条主义也盛行起来，最后达到狂热的地步。神化和理论化了的极"左"思潮，像一个巨大的魔影，笼罩着、统治着人们的思维。粉碎"四人帮"之后，人们强烈要求纠正以前极"左"的错误，而当时主持中央工作的领导人又提出"两个凡是"（即凡是毛主席的决策，我们都坚决拥护；凡是毛主席的指示，我们都要始终不渝地遵循），压制了人们的思想。邓小平首先起来批判"两个凡是"的错误，提出要完整准确地理解毛泽东思想体系，指出毛泽东思想的精髓是"实事求是"。这样就为真理标准讨论提供了锐利的思想武器，扫除了思想障碍。在这种情况下，真理标准讨论开展了，并且很快推向全国。这种讨论，大大地解放了人们的思想，为党的十一届三中全会作了充分的思想准备。正因为我们坚持实践是检验真理、发展真理的唯一标准，我们党才勇敢地抛弃那些对马克思主义的某些原则，某些本本的教条式理解，抛弃那些对社会主义不科学的甚至扭曲的认识，抛弃那些超越社会主义初级阶段的不正确思想，坚决反对那些根本反对否定马克思主义的错误观点，坚持用辩证唯物主义和历史唯物主义的世界观、方法论去分析和解决问题。正因为我们解放思想，坚持实践是检验真理的唯一标准，16年来理论上大大地突破了原来的观念，推进了社会主义全面建设。我们突破了社会主义只有一个模式的旧观念，树立了建设有中国特色的社会主义新观念；突破了历史发展阶段超前的旧观念，确定了社会主义初级阶段新观念；突破了一切"以阶级斗争为纲"的旧观念，确立了社会主义的根本任务就是解放和发展生产力的新观念；突破了社会主义所有制只有一种公有制的旧观念，确立了以公有制为主体，多种经济形式并存的新观念；突破了社会主义与商品经济、计划经济与市场经济互相排斥的旧观念，确立了建立社会主义市场经济新体制，计划和市场都是经济手段，计划与市场内在统一的新观念；突破了把民主仅仅看作一种手段的旧观念，确立了民主是一种国家制度的新观念；突破了党政一体化、政企一体化的旧观念，确立了党政分开、政企分开的新观念，等等。这些新观念构成了建设有中国特色的社会主义理论体系。解放思想，实事求是是统一的。只有解放思想，才能达到实事求是；只有实事求是，才能真正地解放思想。

人们的认识要随着历史的前进、时代的发展、实践的深化不断提高。所以，任何时候都要坚持解放思想、实事求是的思想路线。解放思想和以马克思主义作指导也是统一的。解放思想不是不要马克思主义作指导；恰恰相反，它是在马克思主义指导下进行的，也只有在马克思主义指导下，解放思想才有方向，才能获得巨大生命力。只有在思想不断解放的条件下，马克思主义才能获得更大的发展，更强大的生命力，马克思主义才能成为工人阶级和劳动人民高举的伟大旗帜。

邓小平建设有中国特色社会主义的理论是一个完整的开放体系，它将随着实践的发展而不断地丰富和发展。党的十三大报告指出："社会主义初级阶段是很长的历史发展过程，我们对这个阶段的状况、矛盾、演变及其规律的认识，在许多方面还知之不多，知之不深。"党的十四大报告指出："建设有中国特色社会主义的理论还有其他许多内容，还要在研究新情况、解决新问题的过程中，在实践检验中继续丰富、完善和发展。"1992年初，邓小平同志在视察南方的谈话中，在谈到建设有中国特色的社会主义时也曾指出："恐怕再有三十年的时间，我们才会在各方面形成一整套更加成熟、更加定型的制度。在这个制度下的方针、政策，也将更加定型化。现在建设中国式的社会主义，经验一天比一天丰富。"① 总之，我们要在实践中，解放思想，敢于探索、善于探索，为不断丰富和发展建设有中国特色社会主义的伟大理论，为促进马克思主义在当代新的更大发展而努力！

（本文载入《马克思主义与邓小平社会主义》一书
《总论》部分，河南人民出版社1996年6月出版）

---

① 《邓小平文选》第3卷，人民出版社1993年第1版，第372页。

在改革开放和现代化建设中坚持和发展马克思主义

伟大的实践需要伟大的理论。中国 12 亿人民正在进行的社会主义现代化建设和改革开放的伟大事业,是在马克思列宁主义毛泽东思想指导下进行的。如此丰富生动的伟大实践,为我们进行创造性的理论概括提供了取之不竭的源泉,使马克思主义赋予新的时代内容,成为马克思主义发展新的历史飞跃——创立了建设有中国特色社会主义的理论。这一伟大理论使我们找到了一条建设有中国特色社会主义的道路,开辟了社会主义建设的新阶段。正因为如此,我们将在伟大的实践中永远坚持和发展马克思主义,按照既定的"三步走"发展战略,朝着宏伟的目标奋勇前进!

一 中国特色社会主义的理论是改革开放和现代化建设时代的马克思主义

马克思主义是时代的产物、时代的旗帜,但又随着时代的发展而不断发展的。时代性是马克思主义的主要特征。忘记了这一点,就会把马克思主义看作一种一成不变的、僵死的教条。历史经验表明，每当时代发生重大变化的时候，马克思主义者总是随着时代的变化，把马克思主义发展推向一个新阶段。历史经验还表明，也总有一部分人思想僵化，跟不上形势发展而犯有这样那样的错误，阻碍时代的发展，成为历史前进的绊脚石而被历史所淘汰。

所谓马克思主义的时代性，就是说，社会发展不同时期，社会主要矛盾变了，因而解决主要矛盾的主要任务也变了。正确认识不同时期的主要矛盾和解决主要矛盾的主要任务，这成为马克思主义者的重要任务。同时，也标志着马克思主义的丰富和新的发展。马克思主义经典作家在这方面有很多科学的论述。马克思和恩格斯早就指出：《共产党宣言》中所发挥的一般原理和实际运用，"随时随地都要以当时的历史条件为转移"。① 恩格斯还指出："我们的理论是发展的理论，而不是必须背得烂熟并机械地加以重复的教条。"② 这些都充分肯定了他们的学说是有时代性的。列宁在批判普列汉诺夫教条主义引述马克思主义原理来解决俄国革命问题时说："只有不可救药的书呆子才会单单引证马克思关于另一历史时代的某一论述来解决当前发生的独特而复杂的问题。"③ 列宁还指出："马克思和恩格斯总是说，'我们的学说不是教条，而是行动的指南'，他们公正地讥笑了只会背诵和简单重复'公式'的人们，因为公式至多只能指出一般的任务，而这些任务随着历史过程中每个特殊阶段的具体的经济和政治环境必然有所改变。""现在必须弄清一个不容置辩的真理，就是马克思主义者必须考虑生动的实际生活，必须考虑现实的确切事

---

① 《马克思恩格斯选集》第 1 卷，人民出版社 1972 年第 1 版，第 228 页。
② 《马克思恩格斯选集》第 4 卷，人民出版社 1972 年第 1 版，第 460 页。
③ 《列宁选集》第 1 卷，人民出版社 1972 年第 2 版，第 159 页。

实，而不应当抱住昨天的理论不放，因为这种理论和任何理论一样，至多只能指出基本的和一般的东西，只能大体上概括实际生活中的复杂情况。"① 列宁这些论述对马克思主义的时代性问题作了极其清晰的解释，即马克思主义的理论、公式至多能指出一般任务，指出基本的和一般的东西，可是这些东西在不同的发展阶段上，不同的经济和政治环境中，其具体的表现和体现是各不相同的。斯大林曾正确地指出："马克思主义这一科学是不能停滞不前的，——它是在发展着和完备着。马克思主义在自己的发展中不能不以新的经验、新的知识丰富起来，——因此，它的个别公式和结论不能不随着时间的推移而改变，不能不被适应于新的历史任务的新公式和新结论所代替。马克思主义不承认绝对适应于一切时代和时期的不变的结论和公式。马克思主义是一切教条主义的敌人。"② 毛泽东和邓小平更是强调马克思主义的时代性，强调马克思主义普遍原理必须与各国具体实践相结合，强调既要坚持马克思主义，更要发展马克思主义。邓小平同志指出："我们的革命导师马克思、列宁、毛泽东同志历来重视具体的历史条件，重视从研究历史和现状中找出规律性的东西来指导革命。那种否定新的历史条件的观点，就是割断历史，脱离实际，搞形而上学，就是违反辩证法。"③ "马克思去世以后一百多年，究竟发生了什么变化，在变化的条件下，如何认识和发展马克思主义，没有搞清楚。绝不能要求马克思为解决他去世之后上百年、几百年所产生的问题提供现成答案。列宁同样也不能承担为他去世以后五十年、一百年所产生的问题提供现成答案的任务。

---

① 《列宁选集》第3卷，人民出版社1972年第2版，第24、26页。
② 《斯大林选集》下卷，人民出版社1979年第1版，第538页。
③ 《邓小平文选》第2卷，人民出版社1994年第2版，第121页。

真正的马克思列宁主义者也必须根据现在的情况,认识、继承和发展马克思列宁主义。"邓小平还指出:"世界形势日新月异,特别是现代科学技术发展很快。现在的一年抵得上过去古老社会几十年、上百年甚至更长的时间。不以新的思想、观点去继承、发展马克思主义,不是真正的马克思主义者。""墨守成规的观点只能导致落后,甚至失败。"①

由以上论述可见,马克思主义在不同的发展阶段,不同的时代,由于具体的历史条件不同,具体的经济和政治环境的变化,以及与此相联系的一定任务的改变,这些基本原则或普遍真理的表现和体现,是各不相同的。因此,我们在运用马克思主义普遍原理时,首先要看现实的历史条件,政治、经济条件,也就是说,必须与各国具体实践相结合,在结合中,用新的思想、观点去坚持、丰富和发展马克思主义。

与时代相联系的,马克思主义发展究竟经历哪几个阶段?目前正处在什么阶段?这是本文需要进一步探讨的问题。我们认为,马克思主义经历三个时期,即:马克思主义形成时期,无产阶级社会主义革命时期,社会主义现代化建设和改革开放时期。而目前正处在改革开放和社会主义现代化建设时期。

马克思主义产生于 19 世纪 40 年代,是资本主义矛盾激化和工人运动发展的产物。19 世纪 40 年代,在资产阶级政治统治建立以后,资本主义经济获得了迅速发展,飞快增长的大工业逐渐取代了工场手工业。同时使资产阶级和无产阶级成为主要矛盾。资本主义生产高度发展,使资本主义生产方式内在矛盾,即社会化生产与资本主义占有制之间固有矛盾日益激化。经济危机的频繁冲击,无产阶级与资产阶级的矛盾激化,从 19 世纪 30 年代到

---

① 《邓小平文选》第 3 卷,人民出版社 1993 年第 1 版,第 291—292 页。

40年代初,英、法、德等国无产阶级爆发了几次大规模的革命运动。无产阶级有组织地反对资产阶级的斗争,亟须科学的革命理论去指导。马克思主义就是适应无产阶级革命斗争的需要而产生的。马克思和恩格斯就是生活在这个自由资本主义的时代,他们奋斗一生,在从事革命实践的同时,进行了艰苦的理论创造,写了《共产党宣言》、《资本论》和《反杜林论》等一系列著作,创立了唯物史观和剩余价值学说。马克思、恩格斯揭示了人类社会发展的一般规律,即生产力与生产关系的矛盾、经济基础与上层建筑的矛盾运动的规律,并运用这个科学的历史观和方法论,研究资本主义制度本质特征,资本主义剥削雇佣劳动的秘密,从而揭示资本主义制度本质、资本主义向何处去,怎么去等重大问题。所以,从科学社会主义学说的发展史来说,马克思、恩格斯一生的最伟大贡献,就是在自由资本主义建立以后提出了资本主义必然灭亡和社会主义必然胜利的伟大科学理论,使社会主义从空想变为科学。

19世纪末和20世纪初,资本主义世界由自由竞争发展到垄断阶段,社会经济、政治发生了很多新的变化。如何看待这些新变化,如何用新的思想、观点来解释,这是摆在当时马克思主义者面前的一个重要任务。列宁就是生活在这个时代。这个时代提出的重大课题,是资本主义必然灭亡和社会主义必然胜利的客观规律是怎样实现的?其进程是什么?列宁以巨大的理论勇气,正确运用马克思主义的基本原理与当代资本主义的实际相结合,依据经济、政治发展的不平衡规律,创造性地提出了社会主义革命可以首先在一个或几个比较落后的国家取得胜利的理论,即"一国胜利论"。列宁以无产阶级革命家的伟大气魄,用"一国胜利论"代替了马克思、恩格斯的"同时胜利论",这是一个划时代的理论贡献。在这一理论指导下,列宁领导俄国无产阶级和劳动人民，坚决彻底地推翻沙皇反动统治，取得了俄国十月社会主义革命的伟大胜利。中国革命的胜利是毛泽东同志在这个时代成功地运用马克思主义基本原理与中国半殖民地半封建社会的实际相结合，创造性地提出了新民主主义的理论，开辟了农村包围城市，最后夺取全国政权的中国革命道路。领导中国人民取得了民主革命的伟大胜利，并胜利地向社会主义转变，建立了社会主义制度。与此同时，欧洲和亚洲一系列国家发生社会主义革命，取得了胜利并建立了社会主义制度。因此，这个时代主要矛盾是资本主义生产关系与生产力的矛盾进一步尖锐，表现在阶级上，即无产阶级与资产阶级之间矛盾加剧，推翻旧制度、建立新的社会主义制度是这个时代的主要任务。

社会主义革命在一系列国家取得胜利并建立了社会主义制度之后，这时候社会主要矛盾不再是阶级斗争，而是人民日益增长的物质文化需要同落后的社会生产之间的矛盾。党和国家工作的重点必须转移到以经济建设为中心的社会主义现代化建设上来，大大发展社会生产力，并在这个基础上逐步改善人民的物质文化生活。与此同时，为了进一步解放和发展生产力，保证社会主义现代化建设顺利进行，对已经建立起来的经济体制和政治体制，需要不断的改革，促进社会主义制度的完善与发展，促进社会生产力更快发展。时代变了，任务变了，可是，我们的思想仍然停留在社会主义革命时期，大搞阶级斗争为纲，致使社会生产力遭到巨大破坏，使我国国民经济一度濒于崩溃的边缘，科学技术与世界先进水平的差距越拉越大。邓小平同志一针见血地指出："他们真是要搞社会主义，反对资本主义复辟吗？不，完全相反，正是在他们势力最猖狂的一些地方，社会主义遭到严重的破坏。'四人帮'的所作所为，从反面使我们更加深刻地认识到，在无产阶级专政的条件下，不搞现代化，科学技术水平不提高，社会生产力不发达，国家的实力得不到加强，人民的物质文化生活得不到改善，那么，我们的社会主义政治制度和经济制度就不能充分巩固，我们国家的安全就没有可靠的保障。我们的农业、工业、国防和科学技术越是现代化，我们同破坏社会主义的势力作斗争就越加有力量，我们的社会主义制度就越加得到人民的拥护。把我们的国家建设成为社会主义的现代化强国，才能更有效地巩固社会主义制度，对付外国侵略者的侵略和颠覆，也才能比较有保证地逐步创造物质条件，向共产主义的伟大理想前进。"①我们党指出："我们过去所犯的错误，归根到底，就是没有坚定不移地实现这个战略转移，而到了'文化大革命'期间，竟提出了反对所谓'唯生产力论'这样一种根本违反历史唯物主义的荒谬观点。"②

社会主义现代化建设时代，毫无疑问要把发展生产力作为头等任务提出来，为什么又要把改革开放提到与现代化建设的并列的地位呢？因为在这个时代，只有改革开放，才能继续解放和发展生产力，才能建设具有中国特色的社会主义，巩固和发展社会主义制度。首先，社会主义制度本身有一个不断完善和发展的过程。无产阶级夺取政权以后，建立了社会主义经济制度和政治制度，适应了生产力和经济基础的要求。但是，刚建立起的经济制度和政治制度不可能完美无缺，而是要经历一个从不成熟到比较成熟、从不完善到比较完善的长期发展过程。而这种长期发展过程，根据实践经验的启示，是要通过一系列符合实际、相互衔接的改革来逐步实现的。只有通过改革，才能及时正确地解决具体经济、政治文化管理制度上存在的问题和矛盾，改革那些不符合

---

① 《邓小平文选》第2卷，人民出版社1994年第2版，第86页。
② 《三中全会以来重要文献选编》下，人民出版社1982年第1版，第840页。

发展要求的管理形式、管理方法，才能使它们不断地适应和促进社会生产力以及其他事业的发展。早在1890年恩格斯就曾指出："所谓'社会主义社会'不是一种一成不变的东西，而应当和任何其他社会制度一样，把它看成是经常变化和改革的社会。"①粉碎"四人帮"以后，邓小平同志吸取国际共产主义运动和我国的经验教训，在此基础上，运用马克思主义改革的理论，以极大的无产阶级胆略，明确提出了改革"是一场革命"，但"不是对人的革命，而是对体制的革命。这场革命不搞……不只是四个现代化没有希望，甚至于要涉及到亡党亡国的问题，可能要亡党亡国"②。1992年初，邓小平同志再次告诫人们："不坚持社会主义，不改革开放，不发展经济，不改善人民生活，只能是死路一条。"③

其次，社会主义原有经济制度、政治制度等各个领域里，确实存在种种弊端，而且由于思想上长期忽视，这种弊病发展到相当严重的程度。必须通过长期改革来加以克服。经济体制方面主要弊端是：政企职责不分，条块分割，国家对企业统得过多过死，忽视商品生产、价值规律和市场的作用，分配中平均主义严重。这就造成了企业缺乏应有的自主权，企业吃国家的"大锅饭"，职工吃企业的"大锅饭"的局面，严重压抑了企业和广大职工群众的积极性、主动性、创造性，使本来应该生机盎然的社会主义经济在很大程度上失去了活力。政治体制方面的主要弊端，正如邓小平同志所指出那样："从党和国家的领导制度、干部制度方面来说，主要的弊端就是官僚主义现象，权力过分集中

---

① 《马克思恩格斯全集》第37卷，人民出版社1971年第1版，第443页。
② 《邓小平文选》第2卷，人民出版社1994年第2版，第397页。
③ 《邓小平文选》第3卷，人民出版社1993年第1版，第370页。

的现象，家长制现象，干部领导职务终身制现象和形形色色的特权现象。"① 这些弊病在社会主义各国都不同程度的存在。总之，如果不坚决改革现行制度中的弊端，过去出现过的一些严重问题今后就有可能重新出现。只有对这些弊端进行有计划、有步骤而又坚决彻底地改革，人民才会信任我们党的领导，才会信任社会主义，我们的事业才有无限的希望。

对外开放是改革一个重要方面或重要内容。社会主义制度就其本质来说是更加开放的，它更应该吸收人类一切文明成果，包括吸收资本主义一切优秀成果，来发展自己、壮大自己，才能彻底战胜资本主义。这在理论上是毫无疑问的。可是，长期以来，我们在认识上和实践上有很大片面性。因而，也影响社会主义制度优越性的发挥，影响社会生产力的发展。因此，必须大胆地改革开放，大胆地吸收和借鉴人类社会创造的一切文明成果，吸收和借鉴当今世界各国包括资本主义发达国家的一切反映现代化生产规律的先进经营方式、管理方法，为我所用，加快发展社会主义现代化事业。

社会主义的改革开放是一个很长的历史时期，它是党的基本路线一个重要方面，与社会主义现代化建设一样，大体需要上百年时间。因此，改革开放和社会主义现代化建设，构成一个整个历史时代。

在这个历史时期，在和平和发展成为时代主题的历史条件下，邓小平同志以无产阶级革命家的伟大气魄，表现出了开辟社会主义建设新道路的巨大政治勇气和开拓马克思主义新境界的巨大理论勇气，认真总结我国改革开放和社会主义现代化建设的实践经验，总结社会主义胜利和挫折的历史经验并借鉴其他国家社会主

---

① 《邓小平文选》第2卷，人民出版社1994年第2版，第327页。

义兴衰成败的历史经验,把马克思列宁主义基本原理同当代中国实际和时代特征相结合,创造性地提出了建设有中国特色社会主义的伟大理论。这个理论第一次比较系统地初步回答了像中国这样经济文化比较落后的国家如何建设社会主义,如何巩固和发展社会主义的一系列基本问题,用新的思想、观点,继承和发展马克思主义。这是当代中国的马克思主义。它实现了马克思主义社会主义建设从空想到科学,使马克思主义发展进入新阶段。建设有中国特色社会主义的理论和路线、方针、政策,开创了社会主义事业发展的新时期,是引导我国社会主义事业不断前进的指针。

二 改革开放和现代化建设使四项基本原则获得新的时代内容

改革开放和现代化建设使四项基本原则获得新的时代内容,使马列主义、毛泽东思想获得巨大发展。这是我们党多次肯定的重要思想。1987年10月,党的十三大报告指出:"四项基本原则,是我们的立国之本。坚持改革开放的总方针,是十一届三中全会以来党的路线的新发展,它赋予四项基本原则以新的时代内容。"[①] 1992年10月,党的十四大报告再次重申:"四项基本原则是立国之本,是改革开放和现代化建设健康发展的保证,又从改革开放和现代化建设中获得新的时代内容。"[②] 在新的历史时期中,为什么坚持四项基本原则,如何理解四项基本原则,同时,为什么又要坚持改革开放的总方针? 改革开放和现代化建设又怎么赋予四项基本原则以新的时代内容?

[①] 《中国共产党第十三次代表大会文件汇编》,人民出版社1987年第1版,第13页。

[②] 《中国共产党第十四次代表大会文件汇编》,人民出版社1992年第1版,第14页。

1. 必须正确理解"四项基本原则"。坚持社会主义道路、坚持人民民主专政、坚持共产党的领导、坚持马列主义毛泽东思想的四项基本原则并不是什么新的东西,是我们党长期以来一贯坚持的基本原则,但是,把它概括为我们在思想政治上必须坚持的"四项基本原则",却是第一次,是邓小平同志。早在1979年3月30日党的理论工作务虚会上的讲话中,邓小平同志根据当时思想政治战线的形势,根据中国实现四个现代化所必须的思想政治前提,明确地指出:"中央认为,我们要在中国实现四个现代化,必须在思想政治上坚持四项基本原则。这是实现四个现代化的根本前提。"① 四项基本原则是:"第一,必须坚持社会主义道路;第二,必须坚持无产阶级专政;第三,必须坚持共产党的领导;第四,必须坚持马克思列宁主义、毛泽东思想。"为了实现四个现代化,我们必须坚持这四项基本原则。"如果动摇了这四项基本原则中的任何一项,那就动摇了整个社会主义事业,整个现代化建设事业。"② 因此,在这个根本问题上,容不得半点含糊,丝毫动摇。究竟如何理解"四项基本原则"呢?

第一,四项基本原则都属于马克思主义理论体系中具有普遍意义的一般原理,必须坚定不移地遵循。马克思主义自从诞生以来,就一直认为无产阶级要取得解放,必须在本阶级的先进政党的领导下,在马克思主义的指导下,通过社会主义革命建立无产阶级专政和社会主义制度,然后走向共产主义。这属于马克思主义普遍原理,任何一个国家与无产阶级政党都必须遵循这一普遍规律。

第二,四项基本原则必须与各国具体实践相结合。这是马克

---

① 《邓小平文选》第2卷,人民出版社1994年第2版,第164页。
② 同上书,第173页。

思主义一条基本原则。四项基本原则必须与不同历史时期和不同国家的革命和建设实践相结合，实现具体化、本国化和当代化，获得时代特色和民族特色。否则，它将变成空洞的口号或僵死的教条，甚至被随意歪曲。国际共产主义运动的历史经验充分证明，只有坚持四项基本原则，同时又随着时代的前进和所面临的主要任务的变化不断赋予四项基本原则以新的时代内容，社会主义事业才能顺利前进。马克思主义才能永远成为指导我们思想的理论基础，成为无产阶级和进步人类争取美好未来的旗帜。

第三，四项基本原则首先要求坚持社会主义。用社会主义制度代替资本主义制度，是社会化大生产发展的必然要求，是解放生产力、发展生产力的客观需要，是历史发展的必由之路。同时，社会主义又是迄今为止最符合绝大多数人的利益的一种发展社会生产力的方式，是实现全人类解放的必经阶段。只有经过社会主义达到共产主义，才能实现一切社会成员的自由全面的发展。邓小平同志指出："四项基本原则首先要求坚持社会主义，难道我们能够不坚持社会主义吗？不坚持社会主义，还有什么安定团结，还有什么社会主义的四个现代化？"[①] 邓小平进一步驳斥社会上有少数人散布的所谓社会主义不如资本主义的言论。他说，首先，只有社会主义才能救中国，这是中国人民从五四运动到现在60年来切身体验中得出的不可动摇的历史结论。中国离开社会主义就必然退回到半封建半殖民地。中国绝大多数人决不允许历史倒退。其次，社会主义的中国在经济、技术、文化等方面现在还不如发达的资本主义国家，这是事实。但这不是社会主义制度造成的，从根本上说，是解放以前的历史造成的，是帝国主义和封建主义造成的。社会主义革命已经使我国大大缩短了同

---

① 《邓小平文选》第2卷，人民出版社1994年第2版，第256页。

发达资本主义国家在经济发展方面的差距。我们尽管犯过一些错误，但我们还是在30年间取得了旧中国几百年几千年所没有取得过的进步。我们的经济建设曾有过较快的发展速度。现在我们总结了经验，纠正了错误，毫无疑问将来会比任何资本主义国家发展得都快，并且比较稳定而持久。至于国民生产总值按人口平均数赶上和超过发达的资本主义国家，那当然要相当长的时间。

再次，社会主义制度和资本主义制度哪个好？当然是社会主义制度好。社会主义国家所以在某些情况下也犯严重错误，甚至出现过严重曲折，固然有主观的原因，根本上还是旧社会长期历史遗留的影响造成的，这种影响不可能在一个早上就用扫帚扫光。有长期封建历史的资本主义国家如英、法、德、日、意的发展，也有过重大的曲折和反复（英、法出现过反革命复辟，德、日、意出现过法西斯统治）。但是，我们依靠社会主义制度，使国家很快走上了安定团结、健康发展的道路。社会主义经济是以公有制为基础的，生产是为了最大限度地满足人民的物质、文化需要，而不是为了剥削。由于社会主义制度的这些特点，我国人民能有共同的政治经济社会理想，共同的道德标准，以上这些，资本主义社会永远不可能有。资本主义无论如何不能摆脱百万富翁的超级利润，不能摆脱剥削和掠夺，不能摆脱经济危机，不能形成共同的理想和道德，不能避免各种极端严重的犯罪、堕落、绝望。资本主义已经有了几百年历史，各国人民在资本主义制度下所发展的科学和技术，所积累的各种有益的知识和经验，都是我们必须继承和学习的。我们要有计划、有选择地引进资本主义国家的先进技术和其他对我们有益的东西，但是我们绝不学习和引进资本主义制度，绝不学习和引进各种丑恶颓废的东西。如果发达的资本主义国家摆脱了资本主义制度，它们的经济文化肯定还会有更大的进步。所以资本主义国家中一切要求进步的政治力量也在努力研究和宣传社会主义,努力为消灭资本主义社会的各种不公道、不合理现象直至实现社会主义革命而斗争。我们要向人民特别是青年介绍资本主义国家中进步和有益的东西,批判资本主义国家中反动和腐朽的东西。①

第四,坚持四项基本原则的核心是坚持共产党的领导。因为这四项基本原则都要靠执政的共产党来坚持,靠党领导人民来坚持。邓小平同志说:"四个坚持的核心,是坚持党的领导。我们这个党是马列主义、毛泽东思想的党,是领导社会主义事业、领导无产阶级专政的核心力量,是无产阶级的、有社会主义和共产主义觉悟的、有革命纪律的先进队伍。我们党同广大群众的联系,对中国社会主义事业的领导,是六十年的斗争历史形成的。党离不开人民,人民也离不开党,这不是任何力量所能够改变的。"② 接着,邓小平进一步驳斥社会上有少数人否认共产党的领导时说,自有国际共产主义运动以来,就证明了没有无产阶级的政党就不可能有国际共产主义运动。自从十月革命以来,更证明了没有共产党的领导就不可能有社会主义革命,不可能有无产阶级专政,不可能有社会主义建设。列宁说:"无产阶级专政是对旧社会的势力和传统进行的顽强斗争,流血的和不流血的,暴力的和和平的,军事的和经济的,教育的和行政的斗争。……没有铁一般的和在斗争中锻炼出来的党,没有为本阶级全体忠实的人所信赖的党,没有善于考察群众情绪和影响群众情绪的党,要顺利地进行这种斗争是不可能的。"③ 列宁所说的这个真理,现在仍然有效。在中国,在五四运动以来的60年中,除了中国共

---

① 参见《邓小平文选》第2卷,人民出版社1994年第2版,第166—168页。
② 《邓小平文选》第2卷,人民出版社1994年第2版,第266页。
③ 《列宁选集》第4卷,人民出版社1972年第2版,第200页。

产党，根本不存在另外一个像列宁所说的联系广大劳动群众的党。没有中国共产党，就没有社会主义的新中国。粉碎"四人帮"以后特别是党的三中全会以后党的威信在全国人民中所以普遍提高，正是因为全国人民把他们对于前途的一切希望寄托在党的领导上。事实上，离开了中国共产党的领导，谁来组织社会主义的经济、政治、军事和文化？谁来组织中国的四个现代化？党的领导当然不会没有错误，而党如何才能密切联系群众，实施正确的和有效的领导，也还是一个必须认真考虑和努力解决的问题，但是这绝不能成为要求削弱和取消党的领导的理由。我们党经历过多次错误，但我们每一次都依靠党而不是离开党纠正了自己的错误。今天的党中央坚持发扬党的民主和人民民主，并且坚决改正过去所犯的错误。在这样的情况下，竟然要求削弱甚至取消党的领导，更是广大群众所不能容许的。这事实上只能导致无政府主义，导致社会主义事业的瓦解和覆灭。①

2. "四项基本原则"新的时代内容。坚持四项基本原则，还要有改革开放，这是因为我们坚持四项基本原则，并不是为坚持而坚持，而是要为了进一步解放和发展生产力，满足全国人民日益增长的物质、文化需要。建国以后，我们如果不坚持四项基本原则，不搞社会主义，我们至今仍将处于半殖民地半封建的旧中国遗留下来的烂摊子之中，全国人民既不能摆脱剥削，也不能摆脱贫困。正因为我们坚持了四项基本原则，搞了社会主义，我国的生产力比旧中国有了一个巨大的发展，我们今天才有进行社会主义现代化建设的比较强大的物质基础。但是，党的十一届三中全会以前20年的实践又表明，由于我们对四项基本原则的理解滞留在传统范围中的时间太长，没有随着社会主义实践的发展

---

① 参见《邓小平文选》第 2 卷，人民出版社 1994 年第 2 版，第 169—171 页。

而发展，我们的社会生产力未能达到本来应该达到的速度和水平，致使社会主义的优越性未能充分发挥出来。党的十一届三中全会以后，我们总结了历史经验，分析了世界形势，逐渐认识到四项基本原则是可以而且必须发展的，原有的经济、政治体制是可以而且必须改革的，否则，我国的生产力将不可能继续发展，更不可能迅速发展。正是基于这种认识，从党的十一届三中全会开始，我们党就把改革开放纳入自己的路线之中。经过党的十二大、十三大，到党的十四大，我们越来越清楚地看到，改革开放正如小平同志早就指出的那样，是"一个大政策"，是一个决定社会主义现代化建设成败的大政策，因而把它提到"总方针"的高度，把它和坚持四项基本原则相并列，定为我们必须坚持的"两个基本点"之一。把它提到"总方针"的高度，把它作为"两个基本点"之一，目的就是进一步解放和发展生产力，建设有中国特色的社会主义。单有四项基本原则，还不足以迅速发展生产力，还必须有改革开放的总方针，才能迅速解放和发展生产力。

改革开放的总方针的提出和实践，不仅使我国的生产力得到前所未有的发展，而且使四项基本原则获得了新的面貌，注入了新的时代内容。事实上，如果我们对四项基本原则没有新的理解，仍然停留在过去对马克思主义的某些原则、某些本本的教条式理解上，或者停留在过去对社会主义的一些不科学的甚至完全扭曲了的认识上，或者停留在改革开放前那些超越社会主义初级阶段的不正确的思想和政策上，而不是用马克思主义的立场、观点、方法分析变化了的客观实际，也就是说，如果四项基本原则没有得到新的发展，改革开放的总方针是不可能得到贯彻执行的，甚至怀疑和否定改革开放，认为搞改革开放就会走资本主义道路，仍用过去那种"阶级斗争为纲"的思想来影响以至冲击经济建设为中心。那么，改革开放和现代化建设究竟赋予了四项基本原则以哪些新的时代内容呢？

第一，我们来看坚持社会主义道路。按照传统的理解，坚持社会主义道路，就是坚持生产资料公有制，不允许其他经济成分存在和发展。而公有制只有两种形式：全民所有制和集体所有制。集体所有制应该尽快地向全民所有制过渡，至于生产力水平如何，则可以不管不顾。在分配上，只允许一种分配方式即按劳分配的存在和发展，不允许其他分配方式的存在和发展。在计划体制上，就是集中统一的指令性计划，没有指导性计划，更没有市场调节。在经营管理上，国营企业只能由国家直接经营管理，集体企业只能由集体经营管理，无所谓所有权和经营权分离的问题。至于社会化大生产和市场经济所要求的其他种种条件，也一概不容许存在。如果违背了这些规定，那就被认为背离社会主义。如此这般社会主义道路的结果，生产力发展迟缓，人民生活无多大改善，社会主义的吸引力越来越小。因此，要真正坚持社会主义道路：（1）最根本的问题就是"要弄清什么叫社会主义和共产主义，怎样搞社会主义"①。要弄清楚当代的社会主义处于什么发展阶段，才能把社会主义重新置于现实的基础上，恢复它的科学性。历史已经表明，本世纪初和中叶，已经建立起来的社会主义国家，原来都不是生产力高度发达的资本主义。这些国家一般经济、文化上都比较落后，但社会矛盾特别尖锐，革命条件成熟，无产阶级和劳动人民在无产阶级政党领导下起来推翻旧制度，建立新制度。因此，我们不能照搬马克思根据资本主义社会的发展规律对未来新社会所作的科学预见。只能从现时代实际出发，确定社会主义社会发展阶段。我们党在十一届三中全会以

---

① 《邓小平文选》第3卷，人民出版社1993年第1版，第223页。

后，端正思想路线，解放思想，从我国社会实际出发，确定我国现在正处于社会主义初级阶段。党的十三大进一步对社会主义初级阶段的历史前提、含义、期限、主要矛盾、主要任务和基本路线作了全面系统的阐述。这就给我们搞清楚了现阶段应该坚持什么样的社会主义，以及怎样才能真正坚持社会主义道路的问题。(2) 弄清楚社会主义本质究竟是什么。传统的社会主义认为，社会主义就是公有制、按劳分配和计划经济，他们忽略社会主义的根本任务就是解放和发展生产力，他们混同了共同富裕与同步富裕的界限。其实，同步富裕是不可能的。共同富裕是一个终极的目标，是一个长期、逐步实现的过程。邓小平同志作了明确而肯定的回答。他说："社会主义的本质，是解放生产力，发展生产力，消灭剥削，消除两极分化，最终达到共同富裕。"又说："计划多一点还是市场多一点，不是社会主义与资本主义的本质区别。计划经济不等于社会主义，资本主义也有计划；市场经济不等于资本主义，社会主义也有市场。计划和市场都是经济手段。"[①] (3) 改革是巩固和发展社会主义的直接动力。随着社会主义制度的建立，阶级斗争已不是社会的主要矛盾，社会主义社会的发展主要是通过改革不适应生产力发展的生产关系和上层建筑，改变一切不适应的管理方式、活动方式和思想方式而实现的。纠正了把阶级斗争当成推动社会主义发展的主要动力的错误观点。邓小平同志指出："如果现在再不实行改革，我们的现代化事业和社会主义事业就会被葬送。"[②] 改革"是一种带革命意义的改革"[③]，"改革是中国发展生产力的必由之路"[④]，改革是

---

① 《邓小平文选》第3卷，人民出版社1993年第1版，第373页。
② 《邓小平文选》第2卷，人民出版社1994年第2版，第150页。
③ 《邓小平文选》第3卷，人民出版社1993年第1版，第78页。
④ 同上书，第136页。

巩固和发展社会主义的动力，科学回答了时代提出的新课题。（4）必须大胆学习借鉴资本主义国家一切有用的东西。两种社会制度长期竞争共存局面的形成，使学习资本主义国家的长处成为坚持社会主义道路的重要条件。人类文明的发展是一个不断积累的过程，它是人类的共同财富。任何一个阶级都可以充分利用。资本主义发达国家先进入工业社会，它在吸收人类文明成果基础上，在经济文化发展和社会管理等方面积累了丰富的经验，其中有许多是符合客观规律和社会化大生产的，在任何社会制度下都是适用的。社会主义要战胜资本主义，必须向资本主义学习，把它一切有用的东西统统学过来，为我所用。邓小平同志指出："社会主义要赢得与资本主义相比较的优势，就必须大胆吸收和借鉴人类社会创造的一切文明成果，吸收和借鉴当今世界各国包括资本主义发达国家的一切反映现代社会化生产规律的先进经营方式、管理方法。"[①]（5）坚持适合社会主义初级阶段生产力实际发展水平的具体形式。党的十一届三中全会以后，由于端正了思想路线，改变了过去那种脱离实际抽象地看待社会主义的思想方法。面对我国生产力水平低而且十分不平衡的状况，我们坚决纠正了在所有制问题上离开生产力状况抽象地认为越"大"、越"公"、越"纯"越先进的错误观念。这种观念不是用是否适应生产力发展要求作为标准来评价生产关系是否先进，而是形式主义地用所有制的名称或核算规模大小以及经营范围大小作标准。我们开始压缩全民所有制的投资、放慢发展速度，在政策上加快轻工业发展，支持集体所有制发展，鼓励个体、私营经济发展，对外开放，吸引外资，发展国家资本主义，逐步形成实行在公有制为主体的情况下，个体经济、私营经济、外资经济为

[①]《邓小平文选》第3卷，人民出版社1993年第1版，第373页。

补充的多种经济成分并存,共同发展的所有制结构。由于以公有制为主体的多种所有制并存,在分配方式上只能实行以按劳分配为主体的、其他分配形式为补充的多种分配形式并存的制度。在理论上确认社会主义经济还是商品经济,社会主义与市场经济不存在根本矛盾,计划和市场都是经济手段,因此,社会主义经济体制改革是要建立社会主义市场经济体制,充分发挥社会主义国家宏观调控作用和企业微观作用,以进一步解放和发展生产力。

党的十一届三中全会到现在,共 16 年时间,我们从国情出发,进行社会主义建设,取得了良好的效果。和党的三中全会前 20 年相比,形成鲜明的对照,一个是停滞不前,一个是经济繁荣,社会生产大发展。1979 年前 20 年搞的社会主义,优越性没有显示出来。这 16 年,我国人民通过切身利益感到社会主义有生命力,有优越性。正如党的十四大报告指出:"十一届三中全会以来,在邓小平同志建设有中国特色社会主义理论的指导下,我们党和人民锐意改革,努力奋斗,整个国家焕发出了勃勃生机,中华大地发生了历史性的伟大变化。社会生产力获得新的解放。安定团结的政治局面不断巩固。十一亿人民的温饱问题基本解决,正在向小康迈进。我国经济建设上了一个大台阶,人民生活上了一个大台阶,综合国力上了一个大台阶。在世界风云急剧变幻的情况下,中国的社会主义制度经受住严峻的考验,显示了强大的生命力。"全党全国人民公认的事实是:这 16 年是真正集中力量进行社会主义现代化建设的 16 年,是人民生活水平提高最快的 16 年,开创了历史的新局面,取得举世瞩目的成就,党赢得了广大人民群众的拥护。为什么前 20 年成绩不明显,而这 16 年成绩显著?问题主要在于我们改变了对社会主义的传统的僵化的看法,现在,我们真正坚持了社会主义道路。我们尊重了实践的呼声,尊重了客观规律,而其中最重要的一条规律,就是生产关系一定要适应生产力。社会主义的生产关系究竟怎样才算是先进的,一定要由生产力的状况来决定,而不能根据书本和外国的经验,更不能随心所欲。

第二,坚持人民民主专政。人民民主专政,是在我国具体历史条件下,对马克思主义无产阶级专政学说的创造性地运用和发展,是具有中国特色的无产阶级专政。人民民主专政从政治上保持了我国社会主义的发展方向,对我们国家的安定和社会主义建设的进展起了重要的作用。但是在党的十一届三中全会以前,我们对人民民主专政的理解,以及由此而形成的政治体制有很大的缺点和弊端。"文化大革命"的发生,把这种弊端彻底暴露出来了,它表现在:一方面权力结构不合理,在党和国家政权关系上,权力过分集中在党的组织手里。在国家政权内部关系上,行政机关实际上不向权力机关负责,权力机关实际上无权;在中央与地方关系上,权力过分集中于中央,地方缺少必要的自主权;在政府机关与经济组织关系上,所有的经济组织隶属于各级政府机关;在党内关系上,党的各级组织权力集中于第一书记、中央权力集中在党的领袖个人,这种权力结构,使党员无法过问党的工作,人民群众很难参与国家政治生活。另一方面,权力缺乏民主制约。由于政治权力结构不合理,权力机构之间没有相互监督和制约,社会主义民主没有制度化、法律化。而所有这一切,曾经被视为天经地义,坚持人民民主专政,必须坚持这套体制,否则就被认为大逆不道。结果,在我们的政治生活中不断地发生问题,直到发生"文化大革命"。

党的十一届三中全会以后,随着经济体制改革的开展,我们党开始深入研究政治体制的问题。1980年8月,中央政治局召开了扩大会议,邓小平在会上作了题为《党和国家领导制度的改革》的讲话。这篇讲话,是我们党决心进行政治体制改革的宣言,是指导我国进行政治体制改革的纲领性文献。在这篇讲话中,邓小平提出了权力不宜过分集中,党政要分开,不能以党代政,对政治体制改革提出了很多宝贵的意见。他指出:肃清封建主义残余影响,重点是切实改革并完善党和国家的制度,从制度上保证党和国家政治生活的民主化、经济管理的民主化、整个社会生活的民主化,促进现代化建设事业的顺利发展。1981年6月27日,中国共产党中央委员会《关于建国以来党的若干历史问题的决议》,深刻总结了发生"文化大革命"的沉痛教训,提出了努力推进社会主义民主化的进程,加强法制建设,合理调整权力结构,改善党政关系,发扬党内民主和人民民主。经过几年来政治体制改革的实践和相应的经验总结,今天我们对人民民主专政,无论在理论认识上,还是在具体体制的改革和建设上,都比过去大不相同了。党的十三大、十四大关于政治体制改革的理论和决定要采取的一系列改革措施表明,我们对人民民主专政已经注入了许多新内容。其中有许多内容在过去看来都是与人民民主专政的政治制度不相容的。而今天,在我们看来,如果不实行这些改革,我们的人民民主专政的政治制度将不能担当起自己的历史任务。这是多大的差别啊!具体地讲,人民民主专政应该包括下列新的内容:(1)以经济建设为中心,进一步解放和发展社会生产力。人民民主专政的职能主要有两个方面:一是主要是镇压国内反动阶级、反动派和反抗社会主义革命的剥削者,那些社会主义建设的破坏者,主要解决敌我之间的矛盾,同时对外防御外部敌人的颠覆活动和可能的侵略;二是发展生产力、搞经济建设。这两点职能在不同时期重点是不同的。在革命时期,国内主要职能是镇压、专政;经济建设也要搞,但在一定时期要服从于革命任务。在社会主义基本制度建立以后,主要职能是搞经济建设,发展社会生产力。当然,这个时期专政不能削弱,但主要任务变化了。我们过去的错误，是没有看到主要任务变化了，仍然强调以阶级斗争为纲。三中全会以后，我们党确立以经济建设为中心，坚持四项基本原则，坚持改革开放，发展社会主义市场经济，这是坚持和发展人民民主专政的唯一正确可行的道路。（2）加强社会主义精神文明建设。单有物质文明建设，而没有精神文明建设，是不可能建设既符合科学社会主义原理，又具有中国特色的社会主义。从一定意义上说，新时期的精神文明建设比物质文明建设更艰巨，这只有人民民主专政新型的国家才能担任这个重任。因此建设社会主义精神文明是人民民主专政新时期的重要任务。（3）发扬社会主义民主。民主与专政是人民民主专政的根本职能。民主与专政作为人民民主专政所包含的两方面的政治职能，它们的关系是辩证统一的。民主与专政有着原则区别，即两者的对象、范围和方面是截然不同的，如果忽视这一点，就会混淆甚至颠倒两类不同性质的矛盾，损害人民民主专政；另一方面，民主与专政又是紧密相连的，即它们不仅是同一问题的两方面，而且两者之间互为前提，相互保证、相辅相成。长期以来，我们在政治斗争中或人们的认识上，只讲专政不讲民主，或以专政否定民主的错误，造成极坏的影响。在新的历史时期中，邓小平同志多次指出：没有民主，就没有社会主义，就没有社会主义现代化。因此，随着社会主义的发展，必须进一步发扬和扩大社会主义民主，并通过改革，从制度加以保障。（4）打击敌人、惩罚犯罪，保护人民。新的历史时期中，社会主要矛盾不再是阶级斗争，但阶级、阶级斗争在一定范围还存在，在某种条件下，还可能激化。因此，绝不可麻痹大意。专政职能不能削弱，专政职能要继续，打击敌人、惩罚各种犯罪分子，保护人民，保卫社会主义制度，促进社会主义现代化建设事业顺利发展。（5）加强和完善社会主义法制建设。从某种意义上讲，市场经济就是法制经济。人民民主专政要完成它的历史使命，必须有健全的社会主义法制作有力保障。党的十一届三中全会以后，我们党系统地总结了建国以来民主政治建设的经验和教训，把"继续发展社会主义民主，健全社会主义法制"结合在一起，将其确定为"三中全会以来中央坚定不移的基本方针"，提出"今后也决不允许有任何动摇"。① 邓小平同志一再强调："要制定一系列的法律、法令和条例，使民主制度化、法律化。"② 党的十四大报告明确指出："没有民主和法制就没有社会主义，就没有社会主义的现代化。"③ 积极推进政治体制改革，使社会主义民主和法制建设有一个较大的发展，以巩固和发展稳定的社会政治环境，保障经济建设和改革开放的顺利进行。

　　第三，坚持中国共产党的领导。坚持四项基本原则的核心是坚持党的领导。但是在怎样坚持党的领导的问题上，党的十一届三中全会前后，同样发生了极大的变化，而最根本的变化是发生在"一元化"领导的问题上。革命战争时期，中心任务比较单一，由党委实行"一元化"的领导是必要的，在实践中也取得了很好的效果。建国后，我党成为执政党，形势和任务发生了根本变化，但党的领导体制未能相应地进行转变。1956年在党的第八次代表大会上，提出改善党的领导问题。但是，由于"左"的思想冲击，不仅没有改善党的领导，反而把已经不适应经济建设需要的组织体制和工作作风推到了极端，由"一元化"、"书记挂帅"，发展到"工农商学兵、东西南北中，党是领导一切的"。在这种思想指导下，把国家的权力集中在党组织那里，变

---

① 《邓小平文选》第2卷，人民出版社1994年第2版，第359页。
② 同上。
③ 《中国共产党第十四次全国代表大会文件汇编》，人民出版社1992年第1版，第33页。

成了以党代政，由党直接治国，全国上下都是党委决定，各方去办。党组织权力化之后，各级党委大权独揽，小事包办，全社会的事情都是党组织说了算。这样的体制极不利于社会主义经济建设，不利于社会主义民主和法制建设，不利于党自身的建设。可是在相当长的时期内，我们都认为坚持党的领导，就是要坚持这种"一元化"的领导，否则，就是企图摆脱甚至反对党的领导。

党的十一届三中全会以后，随着改革开放政策的实行，这种"一元化"领导体制的弊端暴露得越来越明显，因而迫使我们重新审视一番。于是，我们终于认识到，这种体制既不符合马克思主义关于党的领导的概念，也不符合社会主义建设时期党的领导的任务。坚持党的领导，必须有一个新的认识和新的体制。（1）坚持党的领导就必须集中主要精力领导经济建设，而不是主要搞阶级斗争，搞政治运动。中国共产党党章明确指出：中国共产党工作的重点，是领导全国各族人民进行社会主义现代化经济建设。应当大力发展社会生产力，并且按照生产力的实际水平和发展要求，逐步完善社会主义的生产关系。应当在生产发展和社会财富增长的基础上，逐步提高城乡人民的物质文化生活水平。（2）党的领导方式和方法必须要有极大的改变。党是一种政治组织，而不是权力组织，也不是行政组织和经济组织。如果说在革命战争年代，党不得不同时担当起这些组织的职能还有它正当的历史缘由的话，那么，建国以后，这样做完全没有道理了。党的领导是政治领导，政治原则、政治方向、重大决策的领导和向国家政权机关推荐重要干部。党对国家事务实行政治领导的主要方式是：使党的主张经过法定程序变成国家意志，通过党组织的活动和党员的模范作用带动广大人民群众，实现党的路线、方针、政策，而不是去包办国家机关的工作，直接去发号施令。党和国家政权机关的性质不同，职能不同，组织形式和工作方式不同。应该改革党的领导制度，划清党组织和国家政权的职能，理顺党组织与人民代表大会、政府、司法机关、群众团体、企事业单位和其他各种社会组织之间的关系，做到各司其职，并逐步走向制度化。过去那种所谓"一元化"的领导，使党组织权力化、行政化，既削弱了党对国家和社会生活的领导，也削弱了党的自身建设。马克思主义认为：无产阶级政党是全体劳动人民实现自己利益的工具。在它执政之后，它和人民群众的关系仍必须遵循两个准则：一是党组织、党员无论何时何地必须倾听人民的呼声、忠实地代表人民的利益，维护人民的利益并为人民的利益而努力奋斗，不允许党组织和党员置群众利益于不顾，更不准许损害群众利益。二是党组织、党员没有超乎人民群众之上的权力。党的路线和方针，只能靠号召、吸引、用党员的模范行动去引导群众予以实现，而无权强迫群众做这做那。无产阶级政党执政之后，能否遵循这两条准则，是一个严峻的考验。党领导无产阶级和劳动人民夺取政权以后，党的领导的任务就是有计划有步骤地组织和支持全体劳动人民，通过不同的形式参与管理国家。在这个过程中，党的一切活动要在宪法和法律的范围之内。人民当家做主，必须以法治国。党领导人民制定了宪法和法律，党员必须模范地遵守。从党政不分到党政分开，是我们党的领导制度的一项重大改革。过去，党政不分实际上降低了党的领导地位，削弱了党的领导作用。党政分开才能更好地实现党的领导作用，提高党的领导水平；党政不分使党顾不上抓自身建设，党政分开才能保证做到"党要管党"；党政不分使党处于行政工作第一线，容易成为矛盾的一个方面甚至处于矛盾的焦点上，党政分开才能使党驾驭矛盾，总揽全局，真正发挥协调各方面的作用；党政不分使党处在直接执行者的地位，党政分开才能使党组织较好地行使监督职能，有效防止和克服官僚主义。（3）必须改善党的领导，加强党的建设。这是坚持党的领导的前提。邓小平同志说:"为了坚持党的领导,必须努力改善党的领导。""不好好研究这个问题,不解决这个问题,坚持不了党的领导,提高不了党的威信。"① 这方面内容很多。首先,必须加强党的自身建设,解决党内存在的思想不纯、作风不纯、组织不纯的问题。当前要特别注重消除党内腐败现象,真正做到为政清廉、办事公正,尤其党内高级干部,要以党员标准严格要求自己,做到言行一致,要求别人做到的自己应率先带头做到。反对以权谋私等各种腐败现象。在加快改革开放和现代化建设的关键时期,尤其需要全党同志在基本路线的基础上加强团结。每个党员特别是领导干部,都要自觉地同中央保持一致。不管地位多高,功劳多大,绝不允许有任何破坏和分裂党的行为存在,绝不允许反对和攻击党的基本路线。党的组织,要认真实行民主集中制,充分发扬党内民主,树立互相信任、互相支持、互相谅解和批评与自我批评的良好风气。维护党的团结,严肃党的纪律,增强全局观念,使全党在行动上做到步调一致、令行禁止。其次,必须根据客观实际的变化和发展而改变领导方式和工作方式,随时调整和完善党的方针政策。再次,必须用建设有中国特色社会主义的理论武装全党。邓小平建设有中国特色社会主义的理论是马克思主义同中国实际相结合的最新成果,是当代中国的马克思主义,是指引我们实现新的历史任务的强大思想武器。因此,必须认真学习邓小平同志的战略思想和理论观点,学习他运用马克思主义立场、观点和方法研究新情况、解决新问题的科学态度和创造精神。通过学习,使广大党员干部坚定社会主义、共产主义信念,不断提高政治素质和解决实际问题的能力,使精神力量变为加快改革开放和现代化

---

① 《邓小平文选》第 2 卷,人民出版社 1994 年第 2 版,第 268、271 页。

建设的巨大物质力量。最后，必须坚定地走群众路线，努力保持和发展党同群众的密切联系。对比现在和过去，我们对坚持党的领导的认识和实践，不难看出，改革开放这个总方针和现代化建设，使我们在这个重大原则问题上已经有多大进步。

第四，坚持马克思列宁主义、毛泽东思想。党的十一届三中全会以前，我们对坚持马克思主义，在许多方面作了教条式的理解，把个别论断当作基本原理，又把基本原理当作凝固不变的，甚至把附加到马克思主义名下的错误观点当作真理来坚持，结果在实践中引起了许多不良的严重的后果。党的十一届三中全会以后，在改革开放的过程中，我们遵循实事求是的思想路线，纠正了一系列错误观点，发挥和发展了一系列科学理论观点，把我们对坚持马克思主义的理解和实践，大大地提高了一步。而最值得我们拿来和党的十一届三中全会以前相比较的，还在于我们对马克思主义本身的看法。我们认为，必须完整地、准确地理解和掌握马克思列宁主义、毛泽东思想；马克思列宁主义、毛泽东思想是由基本原理组成的科学体系；马克思主义必须接受实践检验，是在实践中不断发展的科学，坚持马克思主义必须发展马克思主义；坚持马克思主义必须同实践结合起来而且在"结合"上下功夫；马克思主义需要新的大发展，这是现时代的大趋势，马克思主义者必须开拓新视野、发展新观念、进入新境界，等等。遵循这些原则，党的十一届三中全会以来，我们在改革开放的伟大实践中，使马克思列宁主义、毛泽东思想获得新的大发展，特别是对马克思主义关于社会主义的理论有了较新的认识和巨大的发展。中国共产党以邓小平同志为核心的第二代中央领导集体，把马克思主义普遍真理同我国具体实际结合起来，走自己的道路，创立了建设有中国特色社会主义理论，对社会主义的发展道路、社会主义的发展阶段、社会主义的根本任务、社会主义的发展动力、社会主义建设的外部条件、社会主义建设的政治保证、社会主义建设的战略步骤、社会主义的领导力量和依靠力量、祖国统一等一系列带有根本性的问题，作出了明确阐述和初步形成一个完整体系。这是马克思主义同当代中国实际相结合的最新成果，是当代最新的马克思主义，是科学社会主义在我国新的发展。这个伟大理论是继马克思列宁主义解决无产阶级夺取政权之后，如何建设社会主义、如何巩固和发展社会主义、防止资本主义复辟的又一次重大的理论和实践的飞跃。正如党的十四大报告所指出：从《共产党宣言》发表以来 100 多年间，俄国十月革命，中国革命和其他一些国家革命的胜利，证明无产阶级领导人民夺取政权是能够成功的。至于如何建设社会主义，也取得了巨大成就和宝贵经验，但是总的来说是需要很好地探索。近几年国际上发生的急剧变化，使这个问题更加引人深思。中国共产党历来坚持独立自主地进行革命和建设，历来认为中国社会主义的命运归根到底取决于我们自己，取决于党的理论和路线，取决于党同人民的团结奋斗。16 年来，社会主义在中国的新局面和新成就，更使我们从历史的比较和国际的观察中认识到，我们党建设有中国特色社会主义的理论是正确的，是符合最广大人民的利益和要求的。这个理论，第一次比较系统地初步回答了中国这样的经济文化比较落后的国家如何建设社会主义，如何巩固和发展社会主义的一系列基本问题，用新的思想、观点、继承和发展了马克思主义。总之，马克思列宁主义、毛泽东思想在当代改革大潮下和现代化建设伟大实践中，必须坚持，更要随着实践不断发展而有新的发展。只有这样，马克思主义伟大理论在建设中国特色的社会主义伟大事业中，才能发挥更大的指导作用。

三 排除干扰,繁荣社会科学,为马克思主义在中国开花、结果而努力

马克思主义是科学,是颠扑不破的真理。从马克思主义发展史来看,真正坚持马克思主义是很不容易的,发展马克思主义就更加困难。马克思主义每前进一步都是在同各种错误思潮斗争中发展起来的。正像列宁所说:"这一学说在其生命的途程中每走一步都得经过战斗。"[①] 毛泽东也曾说过:"马克思主义也是在斗争中发展起来的。"又说:"马克思主义必须在斗争中才能发展,不但过去是这样,现在是这样,将来也必然还是这样。""这种斗争永远不会完结。这是真理发展的规律,当然也是马克思主义发展的规律。"[②] 因为正确的东西总是在同错误的东西作斗争的过程中发展起来的。真的、善的、美的东西总是在同假的、恶的、丑的东西相比较而存在,相斗争而发展的。当某一些错误的东西被人类普遍地抛弃,某一种真理被人类普遍地接受的时候,更加新的真理又在同新的错误意见作斗争。正因为有鉴别、有比较、有斗争,真理才能发展。马克思主义就是这样在斗争中发展起来的。

在马克思、恩格斯时代,马克思、恩格斯开始批判了工人运动中影响较大的魏特林平均共产主义,德国的"真正的社会主义";在第一国际时期批判了蒲鲁东主义、工联主义、拉萨尔主义和巴枯宁主义。他们在同这些错误思潮的斗争中坚持和发展了马克思主义。1875 年马克思正为肃清德国党内拉萨尔主义的思

[①] 《列宁全集》第 17 卷,人民出版社 1988 年第 2 版,第 11 页。
[②] 《关于正确处理人民内部矛盾的问题》,1957 年 2 月 27 日。

想影响，写了《哥达纲领批判》，提出了资本主义和共产主义之间的过渡时期的理论、共产主义社会两个发展阶段的理论，为科学社会主义增添了新的重要内容。1876—1878年，恩格斯为击退杜林向马克思主义的进攻，写了《反杜林论》一书，第一次全面系统地论述了马克思主义的三个组成部分，使马克思主义成为一个完整的理论体系。恩格斯晚年在同德国"青年派"把唯物史观庸俗化的倾向斗争中，精辟地分析了经济基础与上层建筑的辩证关系，着重阐明了上层建筑对经济基础的反作用，进一步发展了历史唯物主义。19世纪末20世纪初，以列宁和卢森堡为代表的马克思主义者同第二国际以伯恩施坦为代表的机会主义进行坚决地斗争，捍卫了马克思主义。同时列宁把马克思主义同俄国革命的具体实践相结合，创造性地发展了马克思主义。他根据资本主义发展到垄断阶段政治经济发展不平衡的规律，提出了社会主义革命可以首先在一国或数国取得胜利的理论，从而发展了马克思恩格斯关于无产阶级革命和无产阶级专政的理论。列宁总结了俄国党内斗争的经验和其他国家革命运动经验，创立了关于建立无产阶级政党的学说。他领导俄国无产阶级和劳动人民取得了十月革命的伟大胜利，建立了世界上第一个社会主义国家，使社会主义从理论变为现实。他总结了苏维埃俄国的实践经验，提出了社会主义建设的基本原则，使马克思主义发展进入了列宁主义新阶段。

从本世纪20年代以来，以毛泽东同志为代表的中国共产党人，坚持马克思主义普遍原理与中国实践相结合，探索中国革命的道路。他排除党内"左"右的错误干扰，特别是自称"百分之百"马克思主义的王明"左"的错误路线干扰。他们胡说毛泽东从中国实际出发、坚持和运用马克思主义是"山沟里的马列主义"、"民族主义"，自己坚持照搬马克思列宁主义、照搬苏联经验，结果把中国革命几乎引向绝路。1935年遵义会议结束了王明"左"的路线统治，确立以毛泽东为代表的正确路线。又经过10年在思想上政治上肃清"左"的影响，直到1945年党的"七大"，才正式确立"毛泽东思想"作为党的指导思想，使马列主义在中国发展出现一个新飞跃，从而使中国革命取得伟大胜利。1956年以后，由于种种原因，我们党犯了"左"的错误，特别是在"文化大革命"中，把马克思列宁主义、毛泽东思想搞得面目全非，把我国社会主义建设搞得一塌糊涂。直到党的十一届三中全会以后，由于我们党恢复了解放思想、实事求是的马克思主义思想路线，才真正恢复了马克思主义原理，我们才真正坚持了马克思列宁主义、毛泽东思想。以邓小平为代表的党中央，把马克思主义普遍原理与中国实际相结合，不断排除各种错误干扰，走自己的道路，创立了建设有中国特色社会主义的伟大理论，第一次真正解决了中国建设社会主义，巩固和发展社会主义的基本问题，继承和发展了马克思主义，使马克思主义发生新的飞跃，从而引导中国社会主义事业不断前进。

从上述马克思主义的历史发展来看，我们可以清楚地得出如下认识：（1）马克思主义是在同各种错误斗争中发展起来的。过去是、现在是、将来也会是。没有斗争，马克思主义发展就会停止。（2）我们坚持的马克思主义是经过实践检验过证明是正确的原理和原则。否则，不管是哪本书上写的、哪个权威说的，都不算。我们只能"不唯上，不唯书，只唯实"。（3）坚持马克思主义是坚持马克思主义的"立场、观点、方法"，尤其是它的思想方法，是人们在认识世界和改造世界中永远适用的真理。（4）在当代中国坚持和发展马克思主义就是在改革开放和现代化建设中坚持和发展。离开这个伟大的实践活动，所谓"坚持"和"发展"，都不过是一句空话。在当代中国，坚持和发展马克思主义就是坚持和发展建设有中国特色社会主义的理论，因为它是当代中国的马克思主义，是经过16年来的伟大实践证明是唯一正确的理论，是我们党新时期的指导思想。（5）坚持和发展马克思主义，当然我们希望每个人都来坚持和发展，但实际上做不到。坚持和发展马克思主义主要是靠我们党，尤其是党的中央。因为它是我国各族人民的领导核心。

建设有中国特色社会主义的伟大理论的创立、完善和发展，是我们党同各种错误思想斗争的产物。那么，现在怎样才能坚持和完善中国特色社会主义的理论，我们认为，仍然要同各种错误思想进行不调和的斗争。这是我们党早已明确的。党的十三大报告指出："排除僵化和自由化这两种错误思想的干扰和影响，将贯穿社会主义初级阶段的全过程。由于'左'积习很深，由于改革开放的阻力主要来自这种积习，所以从总体上说，克服僵化思想是相当长时期的主要任务。"党的十四大报告也明确指出："在把握'一个中心，两个基本点'的问题上，在党内特别是领导干部中要警惕右，但主要是防止'左'。右的表现主要是否定四项基本原则，搞资产阶级自由化，甚至制造政治动乱。'左'的表现主要是否定改革开放，认为和平演变的主要危险来自经济领域，甚至用'阶级斗争为纲'的思想影响来冲击经济建设这个中心。右可以葬送社会主义，'左'也可以葬送社会主义。"党的十四大通过的新党章也明确指出："全面落实党的基本路线，反对一切'左'的和右的错误倾向，要警惕右，但主要是防止'左'。"我们认为，党的十三大、党的十四大的分析是完全符合我国当前实际的。问题是为什么"要警惕右，但主要是防止'左'"，这是因为：

第一，"左"的思想根深蒂固。早在第二国际时期，"青年派"空喊革命口号，反对进行议会斗争，主张搞冒险。当时，恩格斯就曾尖锐地指出:"左"的错误有可能"把一个甚至最强大的、拥有数百万成员的党,在所有敌视它的人们完全合情合理的哈哈大笑中毁灭掉,"① 第三国际成立后,共产主义运动内部出现了把马克思主义绝对化、把俄国经验神圣化的错误倾向,给各国革命实践造成了巨大的灾难。惨痛之深,危险之烈,更令人惊目。在我们党的历史上,民主革命时期,连续三次"左"倾错误,一次比一次严重,一次比一次"左"得出奇,曾把中国革命逼到绝路。只是在以毛泽东同志为代表的中国共产党人,纠正了"左"的错误之后,才使中国革命出现转机,并使中国从胜利引向新的胜利,建立了中华人民共和国。进入社会主义建设时期以后,特别从1957年开始,"左"的阴影一直笼罩着全党,长达20年之久,特别是"文化大革命"全面爆发并持续10年之久,把整个国民经济推向崩溃的边缘,给社会主义事业造成不可弥补的损失。历史的经验值得注意。"左"的思想长期存在且根深蒂固,是有深远的社会根源和阶级根源的。马克思、恩格斯之后的社会主义革命,都不是在发达的资本主义国家发生的,而是在经济不发达的国家取得社会主义革命胜利的,特别是像我们国家原来是一个半殖民地半封建社会,商品经济很不发达,农民和自然经济占统治地位。在这种社会经济条件下,农民这个小资产阶级是处于受压迫受剥削地位,他们不愿长期处于这种境地,他们想推翻旧制度,想尽快摆脱自己的贫穷地位;革起命来又往往不顾主客观条件,妄想一口吃个胖子,一天把革命搞成功。他们在组织上搞宗派主义,对不同意自己意见的同志,无限上纲,无情打击,组织上进行排挤。这些小资产阶级革命分子加入革命队伍,不学习马克思列宁主义,不思改造,必然是党内产生

---

① 《马克思恩格斯选集》第4卷,人民出版社1972年第1版,第269页。

"左"的社会根源和阶级根源。

第二,改革开放要探索和开辟新的道路,突破束缚生产力发展的旧体制和旧观念,阻力主要来自"左"。由于我们过去长期"左"的错误建立起来的社会主义制度及其相适应的体制往往是脱离国情和超越社会发展阶段的,因而社会主义制度优越性没能充分发挥,阻碍生产力的发展。这样的体制不改不行,不改就没有出路,甚至有亡党亡国的危险。16年改革开放取得巨大成果,主要都是在与"左"的思想影响和僵化观念斗争中取得的。党的十一届三中全会,党作出实行改革开放的伟大决策,首先就是要清除"左"的影响。我们党领导和组织了关于实践是检验真理唯一标准的大讨论,冲破长期个人崇拜和"两个凡是"错误方针的束缚,重新确立了解放思想、实事求是的马克思主义思想路线。这成为后来一切发展的先导。党的三中全会毅然抛弃"以阶级斗争为纲"这个不适用于社会主义社会的"左"的错误方针,把党和国家的工作重点转移到经济建设上来,并作出了实行改革开放的伟大决策。这个决策的实质,就是要打破僵化封闭,对一切阻碍生产力发展的体制进行革命性的变革,对一切阻碍我们同世界文明成果沟通的关隘进行彻底拆除。这样,经过思想路线和政治路线的拨乱反正,实际上是首先排除"左"的干扰,开创改革开放的新路子。我国的改革开放每前进一步,就意味着首先要排除"左"的干扰和影响。从农村改革来说,自农业合作化以来,农民群众和基层干部多次要求包产到户,均被当作"走资本主义道路"而遭批判和取缔。党的十一届三中全会以后,安徽等省农民群众率先实行包产到户,被"左"的思想束缚的人认为这是"分田单干"、"辛辛苦苦三十年,一夜回到解放前"。党中央总结群众的实践经验,废除人民公社制度,实行家庭联产承包责任制,8亿农民获得了对土地的经营自主权,解决了我国社会主义农村一个大的制度问题，从而促进农村经济全面振兴和发展。城市经济体制改革也是如此。首先要冲破那种认为商品经济同公有制不能兼容、市场力量任何加强都意味着资产阶级力量的加强、搞市场经济就是搞资本主义等阻碍经济体制改革全面展开的僵化观念。党的十二届三中全会通过的"关于经济体制改革的决定"、党的十三大报告和十四大报告，都一次次冲击这种"左"的僵化的观点，使我国改革一步步引向深入。"左"的思想根深蒂固，不是经过一两次批判就能销声匿迹的，反对"左"的倾向贯穿改革开放全过程和整个社会主义初级阶段，正如党的十四大报告指出："改革开放要探索和开辟新的道路，突破束缚生产力发展的体制和观念，阻力主要来自'左'"。因为："左"的或思想僵化的人，他们在社会主义发展道路问题上，固守马克思主义经典作家的个别结论，将基本制度和具体体制混为一谈，把在特定历史条件下形成的社会主义模式看作是社会主义本身；思想僵化，迷信盛行，反对从本国实际出发选择新的建设模式，诬说"中国特色的社会主义"是"中国特色的资本主义"；在社会主义的发展阶段问题上，陷入空想，急于超越，排除在社会主义初级阶段是必然的、合理的东西；在社会主义的根本任务问题上，把发展生产力放在次要地位，而把脱离甚至阻碍生产力发展的所谓"上层建筑革命"、"意识形态革命"放在中心的位置，用政治冲击一切、代替一切；在社会主义的发展动力问题上，否认改革是社会主义发展的直接动力，而把阶级斗争看作是统帅一切的根本动力，把自上而下的行政命令当作推动社会前进的唯一手段，用姓"社"姓"资"的抽象原则作为判断一切是非的标准；在社会主义建设的外部条件问题上，反对学习、借鉴、利用资本主义条件下所创造的一切先进文明成果来发展自己，把对外开放看作是引进资本主义制度；在社会主义政治保证问题上,看不到四项基本原则所包含的新的时代内容,坚持社会主义成了坚持某种社会主义模式,坚持人民民主专政成了只要专政不要民主,坚持党的领导而拒绝改善党的领导,在坚持马克思主义的口号下把马克思主义变为僵化不变的教条;在社会主义建设的战略步骤问题上,反对先富带后富,认为绑在一起受穷才是社会主义,认为一部分人或一部分地区先富裕起来是两极分化;在建设速度上,搞急于求成,或求稳怕乱;在社会主义的领导力量和依靠力量问题上,把知识分子看作是有"和平演变"危险的异己力量,要搞什么"重新组织阶级队伍",以人划线,以事划线,把革命同志当敌人对待。如此等等。可以设想,在这一系列根本问题上,如果不同"左"的错误作斗争,或听任"左"的顽强表现,那就不可能有改革开放的总方针和党的基本路线。因此,改革开放所要解决的主要矛盾,决定了它所遇到的阻力,主要来自"左"的倾向。因此,主要是防止"左"就必然是今后一个长期性的基本方针。

第三,长期对"左"的错误认识上片面性和处理方式不当的流毒深远。我们常听说,"左"是认识问题,是想革命和要革命的,右是立场问题,是不革命或反革命的。因此,在处理方式上必然是截然不同的。搞"左"的人往往可以升官晋级;搞右的人轻者降官降级,重则开除党籍,甚至坐班房、杀头。历史上的教训不是这样吗?因为认识上片面、处理方式上不当,给人造成"左"比右好;宁"左"勿右成了某些人的信条,客观上助长"左"的错误一犯再犯,以至长期得不到克服。"左"和右,实质上都是一样,没有谁好谁坏之分。他们都不是马克思主义,都与马克思主义相违背。"左"和右的结果,由于他们都不是站在无产阶级立场上,都不是坚持马克思主义,对革命和建设事业造成危害也别无二致。从我们中国革命的历史来看,"左"给革命造成的危害更大。大家还没忘记王明"左"倾机会主义路线，几乎使中国革命事业陷入绝境；大家也还没有忘记，1958年以后"左"倾思想抬头，尤其是"文化大革命"，几乎把整个国民经济推向崩溃的边缘。历史和现实都无法说明"左"比右好。在当前，"左"的主要表现是反对改革开放，反对党的基本路线，"也可以葬送社会主义"。难道还能说是想革命和要革命吗？如果说是"革命"，他们是"革"谁家的命还不是很清楚了吗？历史和现实还告诉我们，对右的批判和处理我们是那样严肃认真，现在对"左"的批判和处理，也应同样采取严肃认真的态度，绝不能手软，绝不能半途而废，更不许纵容其存在和发展。总之，在认识和处理上，切切不可重蹈历史旧迹，让少数搞"左"的人得到半点私利。否则，"左"的错误还会一犯再犯，可能还会愈演愈烈。真的要"葬送社会主义"，"和平演变"就成为不可避免了。

坚持和发展马克思主义，必须坚定不移地排除各种干扰，尤其是"左"的干扰。当然，有各种错误思想的人，绝大多数是属于认识问题，通过学习、教育、讨论和社会实践，是可以转变过来的，会更加自觉地投入改革开放和建设社会主义伟大事业中去。至于极少数屡教不改、顽固不化的人，要改也很难。但他们也无关大局。只要他们不公开反对党的基本路线，不反对建设有中国特色社会主义的理论，不搞非法组织、派别活动，仍可以做一个公民，发挥他们的专长，为人民为社会主义服务。

坚持和发展马克思主义，还必须贯彻"百花齐放、百家争鸣"的方针。"双百"方针是促进艺术发展和科学进步的方针，是促进我国的社会主义文化繁荣的方针，也是促进马克思主义发展的根本方针。党的十一届三中全会以来，马克思主义在中国获得很大的发展，一个重要原因是我们党在理论工作中提倡和强调探索创新的精神，比较认真地贯彻了"双百"方针。社会主义在实践中，现代化建设和全面改革是极其复杂的创新事业，没有也不可能有现成的答案，理论上和工作上的不同意见是经常发生的，必须坚持执行"百花齐放，百家争鸣"的方针，支持和鼓励以科学研究为基础的大胆探索和自由争论，使马克思主义理论研究大大活跃起来，使各项决策建立在更加民主和科学的基础之上。正如党的十三大报告指出的："社会主义初级阶段是很长的历史发展过程，我们对这个阶段的状况、矛盾、演变及其规律的认识，在许多方面还知之不多，知之不深，我们的许多方针、政策和理论还有待于完善，要随着实践的发展，不断经受检验，得到补充、修正和提高，我们既不能把书本上的个别论断当作束缚自己手脚的教条，也不要把实践中已见成效的东西看成完美无缺的模式，必须在实际工作中鼓励探索和开拓，在理论研究上坚持'百花齐放，百家争鸣'。生活、实践的观点，是认识论的第一的和基本的观点，没有探索，没有创新，没有不同试验的比较和不同意见的讨论，我们的事业就没有生气。努力发扬马克思主义的科学精神和创造活力，振奋起全民族探索创新的勇气，是我们的理论和事业不断发展的希望所在。"党的三中全会以来，我们绝大多数同志是拥护党的十一届三中全会以来的路线的，是坚持马克思主义和赞成改革开放的；坚持极"左"，固守僵化观念的人和否定马克思主义搞资产阶级自由化的人，都是极少数。但在我们党内，认识上的偏差是经常发生的。因此，我们不要把思想一时跟不上改革开放步伐的说成僵化，也不要把思想解放中讲了点过头话说成是搞资产阶级自由化，还要区分学术行为和政治行为。绝大部分同志是属于认识问题，尤其是理论界，唯一办法是通过"百家争鸣"来取得统一。争鸣就是学术不同观点、看法的讨论或批评。当然这种讨论和批评，正如毛泽东同志早就提出的，是应该充分说理的，而且是允许反批评的，在讨论或争鸣中，我们一定要形成一种正常的气氛，包括讨论方式、作风，也包括使用的文字和语言，一定不要制造紧张空气，在讨论中绝不要感情用事，更不要随便给人家下政治结论，如果有不同意见，应该采取商榷的态度、商榷的方式、商榷的语言。尖酸刻薄、冷嘲热讽这类方式和语言，在讨论中、文章中都要避免。应该完全是同志式的、平等的、商量的态度，也就是谦虚的态度。邓小平同志曾经指出："我们在强调开展积极的思想斗争的时候，仍然要注意防止'左'的错误，过去那种简单片面、粗暴过火的所谓批判，以及残酷斗争、无情打击的处理方法，决不能重复。无论是开会发言、写文章，都要进行充分的说理和实事求是的科学分析。参加讨论和批评的人，首先要对讨论和批评的问题研究清楚，绝不能以偏概全，草木皆兵，不能以势压人，强词夺理。对有错误的同志，要采取与人为善的态度，给他们时间认真考虑，让他们进行合情合理、澄清论点和事实的答辩，尤其要欢迎和鼓励他们进行诚恳的自我批评，有了这种自我批评就好，不要揪住不放。批评或自我批评都要站在马克思主义立场上，不能站在'左'的立场上。对于思想理论方面'左'的错误观点，仍然需要继续进行批评和纠正"① 只有这样，才能把一切可以团结的理论工作者团结起来，完成新时期理论工作者的战斗任务和促进马克思主义在中国更大的发展。

马克思主义诞生在19世纪40年代的英国，20世纪初至50

---

① 《邓小平文选》第3卷，人民出版社1993年第1版，第47页。

年代在一系列国家开花结果，社会主义从理想变为现实。20世纪80年代末和90年代初，这朵鲜花由于种种原因在一些国家凋谢了。这是人类一大悲剧。但也是件好事。人们可以从中吸取宝贵的经验和教训，更好地推进我们的事业。这些国家复辟倒退，并不证明马克思主义的失败，恰恰相反，是他们背弃了马克思主义，违反了马克思主义。从反面也说明，马克思主义是不能违背的。中国共产党从1921年成立起，始终高举马克思主义这面大旗。把马克思主义与中国革命和建设实践相结合，经历了70多年的历史，有两次大的飞跃。一次是在新民主主义革命时期，中国共产党以毛泽东为代表经过反复探索，在总结成功和失败经验的基础上，找到了中国特色的革命道路，把革命引向胜利。另一次是在党的十一届三中全会以后，以邓小平为代表的中国共产党人在总结建国30多年来正反两方面经验的基础上，在研究国际经验和世界形势的基础上，开创了一条建设有中国特色的社会主义的道路，开辟了我国社会主义建设的新阶段。这是马克思主义在中国的伟大发展。马克思主义这朵鲜花在中国960多万平方公里的大地上茁壮成长，而且结出丰硕果实。这是马克思主义在中国的伟大胜利，也是人类的希望。那种认为"马克思主义不灵"了，"社会主义失败"了，是毫无根据的。正如邓小平同志所说："我坚信，世界上赞成马克思主义的人会多起来，因为马克思主义是科学。它运用历史唯物主义揭示了人类社会发展的规律。封建社会代替奴隶社会，资本主义代替封建主义，社会主义经过一个长过程发展后必然代替资本主义。这是社会历史发展不可逆转的总趋势，但道路是曲折的。资本主义代替封建主义的几百年间，发生过多少次王朝复辟？所以，从一定意义上说，某种暂时复辟也是难以完全避免的规律性现象。一些国家出现严重曲折，社会主义好像被削弱了，但人民经受锻炼，从中吸取教训，将促使社会主义向着更加健康的方向发展。因此，不要惊慌失措，不要认为马克思主义就消失了，没用了，失败了。哪有这回事！"① 中国是拥有 12 亿人口的大国，中国共产党是拥有 5000 万党员的大党，"只要中国不垮，世界上就有五分之一的人口在坚持社会主义"，"只要中国社会主义不倒，社会主义在世界将始终站得住"② 中国共产党和中国人民，在邓小平建设有中国特色社会主义的伟大理论指引下，经过几十年的努力，将在 21 世纪中叶达到中等发达国家水平，那时候，我们综合国力将达到世界前列，这不但是给占世界总人口 3/4 的第三世界走出了一条路，更重要的是向人类表明：社会主义是人类必由之路。用事实理直气壮地说：社会主义比资本主义更加优越。只有那个时候，我们才可以说，中国对世界社会主义事业和人类进步事业作出了更大的贡献。

（本文原载《马克思主义与邓小平社会主义》一书第 12 章，河南人民出版社 1996 年 6 月出版）

---

① 《邓小平文选》第 3 卷，人民出版社 1993 年第 1 版，第 382—383 页。
② 同上书，第 320—321、346 页。

坚持改革开放，建设具有中国特色的社会主义

我国建设社会主义究竟走什么道路呢？新中国成立后30多年的历史教训说明，照搬照抄外国的模式是不成功的。我们党坚持和依据马克思主义普遍真理，总结国际共产主义运动和我国建设社会主义的经验教训，在新的历史条件下，不断实践和反复探索，逐步明确一条在改革和开放中，建设具有中国特色的社会主义的正确道路。邓小平同志科学地指出："把马克思主义普遍真理同我国的具体实际结合起来，走自己的道路，建设有中国特色的社会主义。这就是我们总结长期历史经验得出的基本结论。"中国特色的社会主义是我们党在新的历史时期对马克思主义科学社会主义理论的伟大贡献。

一　建设具有中国特色的社会主义是马克思主义普遍真理同我国的具体实践相结合的产物

中国特色的社会主义是马克思主义科学社会主义普遍真理同我国具体实际相结合的产物。马克思主义普遍真理是建设有中国特色的社会主义的科学依据。科学社会主义是马克思主义的重要

组成部分。马克思和恩格斯批判地继承了空想社会主义，把社会主义由空想变成科学。科学社会主义是马克思主义的核心，它是无产阶级革命和社会主义建设的学说。马克思和恩格斯运用辩证唯物主义和历史唯物主义，通过对资本主义社会的科学分析，揭示了资本主义的发展，为社会主义准备了物质前提，同时为它自己准备了掘墓人——无产阶级。无产阶级的伟大的历史使命，就是推翻资产阶级的统治，建立社会主义，实现共产主义，彻底解放全人类。还揭示了未来的社会主义和共产主义社会的一些特征。

马克思和恩格斯开始研究社会主义理论，是以发达的资本主义英国为出发点，探索了无产阶级社会主义革命和建设的道路。马克思和恩格斯在其《共产主义原理》、《共产党宣言》、《资本论》和《哥达纲领批判》等著作中，对未来新社会的特征作了不少经典性的描绘，其特征可以概括为如下几点：

——消灭了生产资料私人占有，整个生产资料及劳动产品归公有，即"全社会占有"；

——不存在商品、货币；

——社会生产实行有计划按比例的发展；

——个人消费品实行按劳分配的原则；

——人民成为社会主人，整个社会生产是为满足人民的需要；

——在政治上要有一个过渡时期，即无产阶级专政时期。

上面，是马克思针对发达的资本主义国家无产阶级革命成功后的一些设想。

随着社会的发展和无产阶级革命的深入，马克思和恩格斯（尤其是恩格斯）在他们后期，逐步注意到大量存在小农的国家（如德国、俄国等）和被压迫民族（如波兰、爱尔兰、匈牙利等国家)。随着资本主义在世界范围内的扩张,越来越多的国家和民族被卷入资本主义世界经济的浪涛中,不发达国家和民族的觉醒,反抗资本主义的压迫统治的斗争日益展开,促使马克思和恩格斯关心落后的国家和民族的命运,思考和探索不发达国家的革命道路,对未来新社会的特征,作了一些新的补充。

第一,小农占优势的国家和不发达的国家可以不必经过资本主义发展阶段进入社会主义。

第二,不发达国家社会主义革命胜利后,社会所有制结构,就不是单一的全社会占有制,而是两种公有制并存的局面。

马克思和恩格斯对发达的资本主义国家和不发达的资本主义国家未来社会上述原则性的探索,是一切国家建设社会主义社会必须遵循的基本原则,这些国家要建立社会主义制度,都必须朝着这个方向努力。离开这些基本原则,就不成为社会主义。但是,马克思主义的普遍真理必须与各国的具体实践相结合,这是马克思主义的一个基本原则。马克思恩格斯多次强调他们的学说不是教条,而是行动指南。他们一再告诫我们:"我们的理论是发展的理论,而不是必须背得烂熟并机械地加以重复的教条。"① 恩格斯还指出:"社会主义自从成为科学以来,就要求人们把它当做科学看待,就是说,要求人们去研究它。"② 就未来的共产主义社会的建设及其应当具有的各种特征来说,恩格斯说,他和马克思"没有提出任何一劳永逸的现成方案"③。恩格斯指出,对于社会主义原理的实际运用,"随时随地都要以当时的历史条件为转移"④。列宁曾经指出:"一切民族都将走到社会主义,这

---

① 《马克思恩格斯选集》第4卷,人民出版社1972年第1版,第460页。
② 同上书,第2卷,第301页。
③ 《马克思恩格斯全集》第36卷,人民出版社1975年第1版,第419页。
④ 同上书,第228页。

是不可避免的,但是一切民族的走法却不完全一样。在民主的这种或那种形式上,在无产阶级专政的这种或那种类型上,在社会生活各方面的社会主义改造的速度上,每个民族都会有自己的特点"①。列宁还指出:马克思主义的理论"所提供的只是一般的指导原理,而这些原理的应用具体地说,在英国不同于法国,在法国不同于德国,在德国又不同于俄国"②。列宁这些论述为后来各国社会主义建设实践所证明。

中国共产党从成立第一天起,就提出要把马克思主义普遍真理与中国的具体实践相结合,走自己的道路。我国是一个受到长期封建桎梏并已沦为半殖民地半封建的落后的东方大国,这种特殊的国情决定了我们在运用马克思主义对落后国家的社会主义革命和建设的科学论断时,不能不走一条独特的、既不同于西欧发达国家,又不同于俄国的革命道路和建设道路。

在我国漫长的民主革命中,我们党由于年幼没有经验,曾经犯过把马克思主义教条化,把外国经验神圣化的错误,照搬苏联城市武装暴动夺取政权的经验,没有使中国革命取得胜利,而且付出了极其高昂的代价。以毛泽东为代表的中国共产党人,批判了右和"左"的机会主义错误,在中国这块土壤上进行长期的探索和实践之后,终于找出一条中国式的独具特色的革命道路。这条道路就是以工农联盟为基础,以土地革命为主要内容,以武装斗争为主要形式,以根据地为依托,以农村包围城市的逐步夺取全国政权的道路。历史已经证明,这是一条正确的、胜利的道路。这条道路既是马克思主义在中国的胜利,也是马克思主义在中国的发展。

---

① 《列宁全集》第 23 卷,人民出版社 1958 年第 1 版,第 64—65 页。
② 《列宁选集》第 1 卷,人民出版社 1972 年第 2 版,第 203 页。

在夺取全国政权以后，我们又面临着一个如何改造生产资料资本主义私有制和大量的小生产私有制的巨大历史课题。这个问题，马克思主义理论中有过论述，外国也有这方面经验，但国情不同，就不能照抄乱搬。

1952年，党中央和毛泽东同志根据马克思主义普遍真理和我国国情，提出了过渡时期总路线，就是：要在一个相当长的时期内，逐步实现国家的社会主义工业化，并逐步实现国家对农业、手工业和对资本主义工商业的社会主义改造。这条总路线反映了我国历史的必然。在过渡时期中，我们党创造地开辟了一条适合中国特点的社会主义改造的道路。对于资本主义工商业，我们创造了委托加工、计划订货、统购包销、委托经销代销、公私合营、全行业公私合营等一系列从低级到高级的国家资本主义的过渡形式。最后实现了马克思和列宁曾经设想过的对资产阶级的和平赎买。对个体农业，我们遵循自愿互利、典型示范和国家帮助的原则，创造了从临时互助组和常年互助组，发展到半社会主义性质的初级农业生产合作社，再发展到社会主义性质的高级农业生产合作社的过渡形式。对于个体手工业的改造，也采取了类似的方法。在改造过程中，国家资本主义经济和合作经济表现了明显的优越性。到1958年，全国绝大部分地区基本上完成了对生产资料私有制的社会主义改造。这完全是中国共产党人把马克思列宁主义普遍真理同我国具体实践相结合的产物，这种对生产资料私有制的改造，是完全具有中国特色的，是世界社会主义历史上的伟大创举。

在我国基本上实现了对生产资料私有制的社会主义改造以后，这个原来经济文化十分落后的东方大国如何建设社会主义，这在马克思主义经典著作里论述不多，而苏联等国模式又不完全适合我国的情况，我国的马克思主义者必须独立地走出一条建设社会主义的新道路,这是比民主革命,比社会主义改造更为困难、更为复杂的历史性课题。我们党探索一条适合中国情况的社会主义建设道路,在长期反复实践,并经历艰难曲折,付出很高代价之后,才逐步获得符合中国实际的规律性认识,找到一条建设有中国特色的社会主义道路。正如邓小平同志在党的十二大开幕词中指出的那样:"我们的现代化建设,必须从中国的实际出发,无论是革命还是建设,都要注意学习和借鉴外国经验。但是,照抄照搬别国经验、别国模式,从来不能得到成功。这方面我们有过不少教训。把马克思主义的普遍真理同我国的具体实际结合起来,走自己的道路,建设有中国特色的社会主义,这就是我们总结长期历史经验得出的基本结论。"①

二 建设具有中国特色的社会主义,必须进行全面改革

建设具有中国特色的社会主义,必须进行全面改革。改革是建设具有中国特色的社会主义的前提,改革的根本目的就是为了建设中国特色的社会主义。最近,邓小平同志指出:"建设具有中国特色的社会主义,必须实行改革。"②

首先,社会主义制度本身有一个不断完善和发展的过程。无产阶级夺取政权以后,建立了社会主义经济制度和政治制度,适应了生产力和经济基础的要求。但是,刚建立起的经济制度和政治制度不可能完美无缺,而是要经历一个从不成熟到比较成熟、从不完善到比较完善的长期发展过程。而这种长期发展过程,根

---

① 《邓小平文选》(1975—1982 年),人民出版社 1983 年第 1 版,第 371—372 页。
② 《人民日报》1986 年 4 月 5 日。

据实践经验的启示，是要通过一系列符合实际、相互衔接的改革来逐步实现的。只有通过改革，才能及时正确地解决具体经济、政治文化管理制度上存在的问题和矛盾，改革那些不符合发展的要求的管理形式、管理方法，才能使它们不断地适应和促进社会生产力以及其他事业的发展。早在1890年恩格斯就曾指出："所谓'社会主义社会'不是一种一成不变的东西，而应当和其他社会制度一样，把它看作是经常变化和改革的社会"①。由于历史条件的限制，马克思恩格斯还不能具体预见到在哪些方面必须改革，更不可能预见这些改革的方式和步骤。十年革命以后，列宁虽然提出了改革的一系列理论，认为无产阶级建立了自己的政权以后，随之而来的便是"下定决心"改革和完善自己的国家机关，甚至"全部工作都应该是为了改善机构"②。"如果不进行有系统的和顽强的斗争来改善国家机关，那我们一定会在社会主义的基础还没有建成以前灭亡"③。社会主义制度确定后，斯大林并没有遵照列宁的指示，进行及时的改革，以致机构臃肿，党政不分，权力过分集中，产生官僚主义和阶级斗争扩大化，使世界上第一个社会主义国家蒙受了严重损失。

我国在社会主义制度建立之后，也曾经相当重视改革。1957年，毛泽东同志说："在社会主义社会中，基本的矛盾仍然是生产关系与生产力之间的矛盾，上层建筑和经济基础之间的矛盾"④。又说："社会主义生产关系已经建立起来，它是和生产力的发展相适应的；但是，它又还很不完善，这些不完善的方面和生产力发展又是相矛盾的。除了生产关系和生产力发展的这种又

---

① 《马克思恩格斯全集》第37卷，人民出版社1971年第1版，第443页。
② 《列宁全集》第36卷，人民出版社1959年第1版，第619页。
③ 《列宁全集》第32卷，人民出版社1958年第1版，第311页。
④ 《毛泽东选集》第5卷，人民出版社1977年第1版，第373页。

相适应又相矛盾的情况外，还有上层建筑和经济基础的又相适应又相矛盾的情况"①。并提出改革"国家制度中某些环节上缺陷"的任务。他指出："资产阶级的意识形态的存在，国家机构中某些官僚主义作风的存在，国家制度中某些环节上缺陷的存在，又是和社会主义的经济基础相矛盾的。我们今后必须按照具体的情况，继续解决上述的各种矛盾"②。刘少奇同志指出："社会主义制度不是一成不变的东西，有领导地改变旧秩序，建立新秩序，就是充分发展和发挥社会主义制度的优越性。"③ 周恩来同志把改革看作是社会主义"川流不息，万志长新的辩证法的过程"，否则，就不能同经济基础相适应，就不能为经济基础服务，甚至起阻碍经济发展的作用。

然而，我们党的上述改革的思想，由于种种复杂原因，没有正确地持续地坚持下去。

粉碎"四人帮"以后，邓小平同志吸取国际共产主义运动和我国的经验教训，在此基础上，运用马克思主义改革的理论，以极大的无产阶级胆略，明确提出了改革"是一场革命"，但"不是对人的革命，而是对体制的革命。这场革命不搞，……不只是四个现代化没有希望，甚至于要涉及亡党亡国的问题，可能要亡党亡国"④。

第二，社会主义原有经济制度、政治制度、思想文化领域里，确实存在种种弊端，需要通过改革来加以克服。

从经济制度上来说，我国建立了社会主义全民所有制和劳动群众集体所有制是完全正确的，是生产力发展的必然结果。但由

---

① 《毛泽东选集》第 5 卷，人民出版社 1977 年第 1 版，第 374 页。
② 同上。
③ 《马克思列宁主义在中国的胜利》，人民出版社 1959 年第 1 版，第 22 页。
④ 《邓小平文选》（1975—1982 年），人民出版社 1983 年第 1 版，第 352 页。

于对我国生产力状况认识不清,在对农业手工业资本主义工商业的社会主义改造后期,速度快了些,工作粗糙了些,后来,甚至把集体经济、农民自留地,一律当"资本主义尾巴"割掉。在所有制结构方面不能适应我国生产力水平低和又不平衡的状况。在经济体制上形成一种同社会生产力发展要求不相适应的模式。这种模式的主要弊病是:政企职责不分,条块分割,国家对企业统得过多过死,忽视商品生产、价值规律和市场的作用,分配中平均主义严重。这就造成了企业缺乏应有的自主权,企业吃国家的"大锅饭",职工吃企业的"大锅饭"的局面,严重压抑了企业和广大职工群众的积极性、主动性、创造性,使本来应该生机盎然的社会主义经济在很大程度上失去了活力。

政治制度方面,我们的党是无产阶级政党,我们的国家是人民民主专政的社会主义国家,都是按照民主集中制的原则组织起来的。总的来说,我们的国家政治制度同社会主义经济基础是基本相适应的。但是,在领导制度和干部制度方面,还存在不少缺陷和弊病。正如邓小平同志所指出那样:"从党和国家的领导制度、干部制度方面来说,主要的弊端就是官僚主义现象,权力过分集中的现象,家长制现象,干部领导职务终身制现象和形形色色的特权现象"①。

总之,如果不坚决改革现行制度中的弊端,过去出现过的一些严重问题今后就有可能重新出现。只有对这些弊端进行有计划、有步骤而又坚决彻底的改革,人民才会信任我们党的领导,才会信任社会主义,我们的事业才有无限的希望。

在思想文化领域里,要进一步肃清封建主义和资产阶级思想的影响。这方面的影响不可低估,在我们日常经济生活、政治生

---

① 《邓小平文选》(1975—1982 年),人民出版社 1983 年第 1 版,第 287 页。

活、文化生活等方面，大量的存在；在近年来的对外开放中，外国资产阶腐朽思想作风，生活方式的影响和崇洋媚外的现象，已经出现，今后还会增多。

所有这些，都影响和阻碍着建设有中国特色的社会主义，因此，必须改革，用改革来促进生产，促进社会主义四化建设。邓小平同志早在党的十一届三中全会前夕，就明确指出："现在，我们的经济管理工作，机构臃肿，层次重叠，手续繁杂，效率极低。政治上空谈往往淹没一切。这并不是哪一些同志的责任，责任在于我们过去没有及时提出改革。但是如果现在再不实行改革，我们的现代化事业和社会主义事业就会被葬送"①。

第三，改革是建设具有中国特色的社会主义的基础和条件。邓小平同志指出："改革的根本目的，就是取得一个长期稳定发展的基础和条件。"② "第一个翻番的实现靠对外开放和对内搞活，靠农村改革的成功。第二个翻番要靠城市改革的成功。现在进行的城市体制改革实际上是全面的体制改革，还包括教育、科学等。" "发展要有后劲，后劲要从改革中来。"③ 邓小平同志还特别指出："实现这两个目标的手段是我们现在正在进行的经济体制改革。"如果改革成功了，我们在经济工作中就可以如毛主席在战争时期说过的那样，做到"放下包袱，轻装前进。"④

第四，全面改革的实践证明，充满生机和活力的中国特色的社会主义正在形成。我国经济体制改革，首先从农村进行。长期使我们焦虑的农业生产所以能够在短期内蓬勃发展起来，显示出社会主义农业的强大生命力，根本原因就在于大胆冲破"左"

---

① 《邓小平文选》（1975—1982 年），人民出版社 1983 年第 1 版，第 140 页。
② 《人民日报》1986 年 4 月 20 日、5 月 11 日。
③ 同上。
④ 《人民日报》1986 年 5 月 21 日。

的思想束缚，全面推行联产承包责任制，发挥了八亿农民的巨大的社会主义积极性。目前农村的改革还在继续发展，农村经济开始向专业化、商品化、现代化转变，这种形势迫切要求疏通城乡流通渠道，为日益增多的农副产品开拓市场，同时满足农民对工业品、科学技术和文化教育的不断增长的需要。农村改革的经验、农村经济发展对城市的要求，为以城市为重点的整个经济体制改革提供了极为有利的条件。

我们党十一届三中全会提出改革的要求，推动了农村改革，而且取得非常大的成绩；十二届三中全会通过了《中共中央关于经济体制改革的决定》制定了全面改革的蓝图，必能加快改革的步伐，推动以城市为重点的整个经济体制改革。

城市经济体制改革，是我们党按照把马克思主义基本原理同中国实际相结合的原则，按照正确对待外国经验的原则，进一步解放思想，走自己的路，建立起具有中国特色的充满生机和活力的社会主义经济体制，促进社会生产力的发展。

党和国家领导制度的改革已经取得很大成绩，目前，政治体制改革正在深入进行。

通过了新宪法，使它更加完备、周密、准确，能够切实保证人民真正享有管理国家各级组织和各项企业事业的权力，享有充分的公民权利，使各民族真正实行民族区域自治，改善各级人民代表大会制度等等。关于不允许权力过分集中的原则，也将在宪法中体现出来。

废除干部领导职务终身制，建立干部退休离休制度。促进了建立一支革命化、年轻化、知识化、专业化的干部队伍。

各企业事业单位普遍成立职工代表大会或职工代表会议，它有权对本单位的重大问题进行讨论，作出决定，有权向上级建议罢免本单位的不称职的行政领导人员，并且逐步实行选举适当范围的领导人。

各级党委要真正实行集体领导和个人分工负责相结合的制度。严格实行少数服从多数,反对第一书记一人说了算。集体通过的事情,分头去办,各负其责,决不能互相推诿。失职者要追究责任。

政治改革、经济体制改革和其他方面改革,历史经验证明,政治改革是前提,是其他改革的基础;离开了政治改革,其他改革不仅难以进行,而且必然失败。邓小平同志说:"我们所有的改革最终能不能成功,还是决定于政治体制改革,因为事情要人来做,你提倡放权,他那里收权,你有什么办法?还有其他方面的问题。政治体制改革同经济体制改革应该相互依赖、相互配合,只搞经济体制改革,不搞政治体制改革,经济体制改革也搞不通,因为首先遇到人的障碍。"最近,他又指出:"经济体制改革向前走一步之后,就会感到政治体制改革的必要性。不搞政治体制改革,就会阻碍生产力的发展,阻碍四个现代化的成功。"[①]

社会主义社会的改革也是一场革命。但这种革命同社会主义改造前的革命完全不一样,它不是"一个阶级推翻另一个阶级"的政治革命,不是要从根本上打碎现在的社会制度,也不是通过急风暴雨的群众运动和激烈的社会震荡来进行的革命,而是在社会主义自身基础上的自我改造、自我完善。这种自我改造、自我完善,是在党和国家的领导下,在马克思列宁主义、毛泽东思想的指引下,依靠社会主义制度本身的力量,依靠亿万人民群众的实践自觉地进行的,通过改革,要使社会主义的基本制度日益巩固和发展,使它的各项具体制度日益健全和成熟起来,推动社会生产力顺利向前发展。

[①] 《人民日报》1986年9月4日。

三 实行对外开放,是建设具有中国特色的社会主义的战略方针

任何一个国家的革命和建设事业,要想取得胜利,都必须从本国实际出发,依靠人民群众的智慧和艰苦努力,而不能照搬照抄别国的经验和现有的书本结论,或者依赖外来力量。独立自主,自力更生,是我们党一贯坚持的原则。但是,独立自主并不是盲目排外,自力更生更不是闭关自守。我们坚持自力更生,同时也主张对外开放,主张进一步扩大对外经济技术交流,对外开放,进一步扩大对外经济技术交流,是我国坚定不移的战略方针,一项长期的基本国策。因为关起门来搞建设是不能成功的。不采取这一方针、国策,就不能迅速改变我国经济技术落后的状况,把我国建设成为世界上先进的社会主义现代化强国。邓小平同志指出:现在的世界是开放的世界。中国在历史上落后,就是因为闭关自守。建国以后,人家封锁我们,在某种程度上我们也还是闭关自守,这给我们带来了一些困难,还有一些"左"的政策,给我们带来一些灾难,特别是"文化大革命"。总之,三十几年的经验是,关起门来搞建设是不行的,发展不起来。搞建设关起门不行。又说:经验证明,关起门来搞建设是不能成功的,中国的发展离不开世界。在坚持自力更生的同时,还需要对外开放。吸收外国资金和技术来帮助我们发展。党的十二大报告指出:"实行对外开放,按照平等互利的原则扩大对外经济技术交流是我们坚定不移的战略方针。"[①]。总之,对外开放是我们

[①] 《中国共产党第十二次全国代表大会文件汇编》,人民出版社1982年第1版,第26页。

一项长期的基本国策，是加快社会主义现代化建设，建设具有中国特色的社会主义的一项重要战略措施。最近，邓小平同志又特别指出："如果没有开放，本世纪的中国经济发展目标达不到，下一个世纪目标更达不到。"①"为了实现在本世纪内的发展目标以及在下个世纪的更大目标，中国必须坚持对外开放政策。"②

在现代社会化大生产条件下，任何一个国家，不论社会制度如何，都不能在与世隔绝的情况下发展自己的经济。早在一百多年前，马克思和恩格斯就曾指出：随着资本主义的产生和发展，导致世界市场的形成，这就使一切国家的生产和消费都成了世界性的了。"过去那种地方的和民族的自给自足和闭关自守状态，被各民族的各方面的互相往来和各方面的互相依赖所代替了"③。马克思还指出：由于机器和蒸汽的应用，分工的规模已使脱离了本国基地的大工业完全依赖于世界市场、国际交换和国际分工。1921年4月，列宁在总结十月革命胜利以来的社会主义建设经验时指出："社会主义共和国不同世界发生联系是不能生存下去的，在目前情况下应该把自己的生存同资本主义的关系联系起来"④。资本主义生产技术发展到现代的水平，世界上哪一个国家都很难有发展本国经济所需要的全部资源、资金，掌握世界所有的先进科学技术。任何一个国家都必须与其他国家互通有无。以美国为例，它可以说是当今世界上最发达的资本主义国家。它得天独厚，地域辽阔，资源丰富，但也有许多重要资源是没有的，或者满足不了需要，需要从国外进口或大量进口。还有许多

---

① 《人民日报》1986年9月17日、11月15日。
② 同上。
③ 《马克思恩格斯选集》第1卷，人民出版社1972年第1版，第255页。
④ 《列宁全集》第32卷，人民出版社1958年第1版，第303页。

国家和地区,例如日本、新加坡和香港等,都把对外经济关系放在生死攸关的地位。

回顾国际经济的发展,实行对外开放,扩大对外经济贸易和经济技术交流,是各国现代化的一个重要原则。美国是后起的资本主义国家,产业革命比英国晚半个世纪。在上世纪40年代经济上还远远落后于英国,后来它实行对外开放,从欧洲引进冶金、电力、石油、化工、飞机及汽车制造等方面的先进技术,有力地促进了美国经济迅速地发展,很快赶上和超过英国。现在美国的科学技术在世界上尽管是第一流的,经济上也是最发达的,是最大的技术出口国,但仍然很注意向外国学习,而且不惜重金收买和招揽各国科学家,每年以巨资从国外引进先进技术。日本、西德都是如此。日本在战后50年代至70年代经济之所以能迅速增长,大量引进先进技术是一个重要原因。据有关材料提供,日本在1955—1970年的15年间,引进了半个世纪以来全世界几乎全部先进技术,花费58亿美元。现在虽然是大量技术出口,但技术进口额几倍于技术出口,仍然是技术进口国家。西德工业在第二次世界大战中几乎全部遭到破坏,但战后经济迅速得到恢复和发展,一个重要原因就是大规模地引进先进技术,1950—1970年的20年间,西德工业增长4.3倍,对外贸易增长11倍,而技术和专利的进口却增长57倍。

再说苏联,十月革命胜利后,在资本主义包围条件下进行社会主义建设,不得不强调依靠自己的努力,但从指导思想上,列宁是很重视对外经济技术交流,利用资本主义先进技术、资金、科学管理等来加速社会主义建设。1918年4月,列宁在全俄中央执行委员会议上,就驳斥过那种认为"不向资产阶级学也可以建成社会主义"的观点。他说:"我认为,这是中非居民的心理,我们不能设想,除了以庞大的资本主义文化所获得的一切经验为基础的社会主义以外，还有别的什么社会主义"①。列宁提出一个著名的公式："苏维埃政权+普鲁士的铁路秩序+美国的技术和托拉斯组织+美国的国民教育等等等等++=总和=社会主义"②。当时苏联与外国公司签订的租让合同达210多个，甚至同美、英、日签订了为期20多年到30多年的锰矿、金矿、石油开采协定，还聘请了一大批外国技术人员，有的甚至在中央工业部门任职。列宁逝世后，斯大林也曾把列宁关于利用外国资本的思想同资本主义面临世界经济危机新情况结合起来，接受外国贷款，引进先进技术。据有关资料介绍，到1931年底，苏联接受外国贷款达14亿卢布；到1932年底，苏联聘请的外国专家技术工人达两万多人。1944年，苏联三分之二的大企业是利用美国的"技术援助"建成的，其余三分之一是由德、法、英、意、日的帮助建成的。

总之，实行对外开放，扩大对外经济技术交流，是社会化大生产的内在要求，是加快各国经济现代化的一个重要途径。

我国在进行社会主义现代化建设过程中，为什么也要实行对外开放政策呢？除了上面所述的一些共同原因之外，还由我国的国情决定。

谁都知道，我国原来是一个半殖民地半封建社会，经济十分落后，可说是"一穷二白"。建国30多年来，我们的经济建设取得了辉煌的成就，这是谁也否定不了的。1984年，全国工农业总产值超过一万亿元，按可比口径计算，比1949年增长了200多倍，粮食产量由1949年的2200亿斤，增长到8000亿斤，钢产量由15万吨增长到4200万吨以上，棉布产量由18亿米增

---

① 《列宁全集》第27卷，人民出版社1958年第1版，第285页。
② 《列宁全集》第34卷，人民出版社1985年第2版，第520页。

长到150多亿米，上天入地的东西，我们都有了，我们的国防力量有了很大的加强，文教科技事业也有很大的发展。总之，起了翻天覆地的变化。但是，我们也应老老实实地承认，在当今世界上，我国的经济状况还处于很落后的状况。从人均国民生产总值来看，我们还不到400美元，而美国是10000美元左右，西德、法国、日本是5000、6000美元，新加坡、香港是3000到4000美元。1979年有个比较材料表明，在世界上一百五六十个国家和地区中，我国人均国民生产总值排在第126位。应该承认，我们还是很穷的国家。即使本世纪末实现了翻两番，达到了"小康水平"，那时也不过是800美元到1000美元，也还是比较落后的。当然那时候，从国家总体实力来说，我们是比较强大了。

从技术水平上看，我们同发达国家的差距也相当大，一般地说要落后二三十年。我们一些大型骨干企业，基本上还是四五十年代技术，产品在国际市场上，大部分属于中低档货，进不了超级市场，竞争力很差。

在当今世界各国经济发展大竞争、大较量的情况下，在世界新的技术革命正在蓬勃兴起的形势下，我国经济发展再也不能闭关自守，慢慢腾腾地搞建设、落后就意味着挨打。经济上不去，实力不雄厚，在国际上的发言权总是不那么大，也不能更好地同第三世界人民一道开展反帝反霸斗争、促进人类进步事业。经济发展慢，人民生活提高不快，也不利于完成祖国统一的大业，历史经验证明，关起门来搞建设是不会成功的。必须实行对外开放，利用国际上的资金、技术来加速我国社会主义现代化的进程。我们要把发展经济的视野从本国的范围扩展到全世界，利用国内的和国外的两种资源，打开国内和国际两个市场，学会组织国内建设和开展对外经济活动两套本领，博采天下之长，为我所用。例如，建设资金不足是我们建设中的一个突出问题，明明摆着许多建设项目要上,许多事要办,如能源、交通建设都应上得更快一些,文化、教育、科研等智力投资都应该多一些,但财力有限,力不从心,长期下去,经济发展就会缺乏后劲,人才不足也将更加突出。而当今世界上,大约有 8000 亿美元的游资和银行存款在那里寻找出路,我们完全可以利用来加速我们建设的步伐。

再如,技术落后是我国建设中又一难题。世界上已经兴起了一个以信息技术、生物工程、新能源、新材料为主要内容的新的技术革命,我们要把握这个机遇,积极吸收利用国外的先进科学技术成果,急起直追,迎头赶上,不能一切都由自己从头摸起,慢慢爬行。在当代,往往拿到一种新技术,可以一下子把技术水平提高 10 年、20 年。因此,我们非下决心走这条路不可。

我们不仅经济技术落后,而且如何管理现代化大生产也缺乏经验,资本主义世界在其几百年的发展中,对于如何管理和组织社会化大生产,积累了一整套的经验。我们也可以加以借鉴,吸取其精华,去其糟粕,学会在社会主义条件下搞好社会化大生产。邓小平同志说:"技术问题是科学,生产管理是科学,在任何社会,对任何国家都是有用的。我们学习先进的技术、先进的科学、先进的管理来为社会主义服务,而这些东西本身并没有阶级性"[1]。国外科学管理经验与资本主义所有制结合起来,是为资产阶级服务的;同社会主义制度结合起来则是为社会主义服务。

实行对外开放,发展国际经济技术交流,首先是可以充分发挥自己的优势。因为每一个国家都有自己的优势,也有自己的劣势,生产自己的优势商品去交换自己劣势的商品,这是由价值规律决定的。实现现代化需要各种各样的资源和先进技术,由于各

---

[1] 《邓小平文选》(1975—1982 年),人民出版社 1983 年第 1 版,第 310 页。

国拥有的资源和技术各不相同,生产同一产品所需要的活劳动和物化劳动也有很大的差别,通过国际经济技术交流,能扬长避短,发挥各自优势,取得最好的经济效益。像美国这样一个资本主义世界经济最发达、技术最先进的国家,仍然十分注意国际分工和协作。如美国生产的大型波音747客机,是由六个国家1500家大企业和1500家中小企业参加协作生产的。美国福特汽车公司生产的"护卫牌"汽车,是在西班牙、意大利、英国、日本和巴西生产零件,在美国、英国装配汽车。

其次是可以赢得时间。利用外资,引进先进技术和人才,引进信息,可以争得时间,在比较高的水平上起步,同时可以节约人力物力。据有关资料统计,日本从1950—1970年的20年间,引进和推行技术专利的费用约为60亿美元,如果靠自己研究发明这些专利,科研、试验、设计等所需的直接和间接费用就得1800亿—2000亿美元,为引进和推行费用的30倍,而且还要很长时间。

总之,对外开放,进一步加强对外经济技术交流是我国一项基本国策,是长期不变的。邓小平同志从我国历史经验以及发展战略目标出发,明确地指出:我们的政策是不会变的,要变的话,只会变得更好。对外开放政策只会变得更加开放,路子不会越走越窄,只会越走越宽。路子走窄的苦头,我们是吃得太多了。如果我们走回头路,会回到哪里?只能回到落后、贫困的状态。他还指出:对内经济搞活,对外经济开放,这不是短期的政策。是个长期的政策,最少50年到70年不会变,为什么呢?因为我们第一步是实现翻两番,需要20年,还有第二步,需要30年到50年,恐怕是要50年,接近发达国家的水平,两步加起来,正好50年至70年,到那时,更不会改变了,即使是变,也只能变得更加开放。否则,我们自己的人民也不会同意。最近,邓小平同志还特别强调："中国执行对外开放政策不会改变的，是谁也变不了的。因为中国现行政策得到人民的拥护，人民得到了益处。"①

当然，我们对外开放同资本主义国家开放的目的显然是不同的。我们对外开放的目的是为了增加自力更生的能力，促进民族经济发展，加速建设具有中国特色的社会主义。我们党在十二大报告中明确指出："我们对外开放是增强自力更生的能力，促进民族经济的发展，而决不能损害民族经济。"② 最近，邓小平同志特别强调：我们实行开放政策，吸收资本主义社会的一些有益的东西，是作为发展社会主义生产力的一个补充。

四　在改革、开放中，建设具有中国特色的社会主义

改革、开放、搞活，建设具有中国特色的社会主义，是我们党十一届三中全会以来把马克思主义普遍真理与我国具体实践相结合，逐步形成的一条马克思主义路线。经过八年的实践，证明是完全符合中国国情的，是得到广大人民群众拥护的。我国经济迅速恢复和发展，人民生活得到较大的提高和改善，社会秩序安定团结，市场繁荣，文化科学也有较大的发展，出现了历史上从未有过的空前繁荣的局面。在这八年摸索实践中，建设社会主义的中国特色，已经显示和正在显示出来。在经济上，我们党摒弃以阶级斗争为纲，把党和国家的工作重点转移到社会主义现代化建设上来，把发展生产力作为社会主义阶段的根本任务；自觉运

---

① 《人民日报》1986 年 9 月 28 日。
② 《中国共产党第十二次全国代表大会文件汇编》，人民出版社 1982 年第 1 版，第 27 页。

用价值规律,大力发展社会主义商品经济,确认商品经济的充分发展,是社会经济发展的不可逾越的阶段;坚持在以公有制为主体的前提下,充分发展多种经济成分;建立多种经济责任制,反对平均主义,认真贯彻按劳分配原则,同时允许和鼓励一部分地区、一部分企业和一部分人依靠勤奋劳动先富裕起来,带动大家走共同富裕的道路。在政治上,努力建立高度的社会主义民主政治,努力建设高度的社会主义精神文明;实行民族区域自治,加强民族团结;进一步扩大爱国统一战线,调动一切积极因素;实行"一国两制",争取完成祖国统一大业;实行独立自主的和平外交政策,坚决反对帝国主义、霸权主义,和第三世界各国人民一起,反对侵略战争,维护世界和平,等等。

　　在建设具有中国特色的社会主义过程中,有人担心,现在改革了,发展多种经济成分,会不会使我国经济退回到建国初期那种社会主义公有制尚未占绝对优势的过渡时期?会不会动摇社会主义经济制度?回答是否定的。因为现在的个体经济和国家资本主义,不是过渡时期的独立的经济形式,而是在公有制占主导地位的前提下,是社会主义经济的附属或补充经济形式。第二,发展非社会主义经济成分必然会有自发性和盲目性,但国家可以通过行政管理、计划指导,对它的盲目性和自发性加以限制。第三,这些非社会主义经济成分在我国整个经济中所占比重很小。如个体经济,1983年所有个体经济的工业产值只占全国工业总产值的0.1%;个体经济的商业,只占社会商品零售总额的6.5%。因此,它的发展不会对我国整个经济制度产生多大的影响。还有,个体经济所需的原料和货源大多是从社会主义经济中取得的,它受到社会主义经济的制约。总之,这些非社会主义经济成分是社会主义经济的必要补充。它的存在和发展只会有利于社会主义经济的发展。《中共中央关于经济体制改革的决定》指出：" 全民所有制经济是我国社会主义经济的主导力量，对于保证社会主义方向和整个经济的稳定发展起着决定性的作用，但是全民所有制经济的巩固和发展决不应以限制和排斥其他经济形式和经营方式的发展为条件。集体经济是社会主义经济的重要组成部分。许多领域的生产建设事业都可以放手依靠集体来兴办。我国现在的个体经济是和社会主义公有制相联系的，不同于和资本主义私有制相联系的个体经济，它对于发展社会生产、方便人民生活，扩大劳动就业具有不可代替的作用，是社会主义经济必要的有益的补充，是从属社会主义经济的。当前要注意为城市和乡镇集体经济和个体经济的发展扫除障碍，创造条件，并给予法律保护。特别是在以劳务为主和适宜分散经营的经济活动中，个体经济应该大力发展"。《决定》还指出："要在自愿互利的基础上广泛发展全民、集体、个体经济相互之间灵活多样的合作经营和经济联合，有些小型全民所有制企业还可以租给或包给集体或劳动者个人经营。坚持多种经济形式和经营方式的共同发展。是我们长期的方针，是社会主义前进的需要，决不是退到建国初期那种社会主义公有制尚未在城乡占绝对优势的新民主主义经济，决不会动摇而只会有利于巩固和发展我国社会主义经济制度"。

还有人会问，对内开放，发展中外合资企业，允许外国商人开办独资企业会不会导致资本主义？回答也是否定的。根本的一点，我们是一个独立自主的社会主义国家，我们实行对外开放，发展中外合资企业，目的是加快社会主义建设，增强我们自力更生的能力，完全不同于旧中国丧失国家主权，完全依附外国资本。现在，我们门开多大、对谁开，搞什么，完全由我们自己决定。外国资本家与我们合资，是完全平等的，要遵守我国的法律、法规，不得损害中国的社会公共利益。由于我们社会制度本质的决定，这个比重不会很大，到1985年底，全国累计批准设立中外合资经营企业2300多家，中外合作经营企业3700多家，外资企业120家①。这些中外合资企业和外商独资企业在我国经济中的比重，只占百分之零点几，就是再发展增加几倍、十几倍，仍然是很小的比重，也没有什么可怕，绝不会导致资本主义，而只会有利于促进我国的社会主义现代化建设，是社会主义经济的必要的有益的补充。邓小平同志明确指出：现在任何国家要发达起来，闭关自守都不可能。我们吃过这个苦头，我们老祖宗吃过这个苦头。如果从明朝中叶算起，到鸦片战争，有三百多年的闭关自守。如果从康熙算起，也有近二百年的闭关自守。把中国搞得贫穷落后，愚昧无知。我们建国以来，第一个五年计划也是对外开放，只不过是对苏联东欧开放，以后关起门来，没有什么发展。当然没有什么发展还有其它因素，有我们的错误，不开放不行。开放伤害不了我们。我们的同志就怕引来坏的东西，最担心是会不会变成资本主义。恐怕我们有些老同志有这个担心，搞一辈子社会主义、共产主义，忽然钻出个资本主义来；这个受不了，怕。影响不了的，影响不了的。会带来一些消极因素，要意识到这些东西，但不难克服。你不开放，再来个闭关自守，五十年要接近经济发达国家水平，肯定不可能。到那时，国民生产总值人均达到几千美元，我们也不会产生新资产阶级。基本的东西归国家所有，归公有。国家富强了，人民的物质、文化生活水平提高了，而且不断增长，这有什么坏处！在本世纪内的十六年，无论怎样开放，公有制经济始终还是占主体。同外国人合资合营，也有一半是社会主义的。合资经营的实际收益，大半是我们拿过来。不要怕，得益处的大头是国家，是人民，不会是

---

① 郑拓彬：《关于〈中华人民共和国外资企业法（草案）〉的说明》，1986年4月18日《工人日报》。

资本主义。消极影响肯定会有,那是有办法的。

还有人说,我们是社会主义经济,为什么要学习资本主义的企业管理?我们现在不但科学技术落后,而且管理也落后。实现四个现代化,管理也应现代化。拿工业现代化来说吧,它既包括生产技术的现代化,也包括经营管理现代化。没有驾驭先进生产技术的管理体制,就谈不上工业现代化。即使引进了先进的技术设备,也不能发挥作用,甚至白白浪费时间、人力和资金。我们要从那种不计经济效益、不讲工作效率、小生产方式甚至封建衙门式的管理方法,转变到符合社会化大生产要求的科学管理的轨道上来。而资本主义生产发展几百年,它的经营管理一方面反映资本家残酷剥削工人的一面,另一方面也反映社会化大生产要求的科学的管理的一面。当资本主义制度消灭以后,经济管理反映剥削一面当然也就消灭了,而反映社会化大生产的一套科学制度我们也可以不要吗?显然不能。列宁指出,如果我们不从资产阶级那里学习管理,如果不在资产阶级积累了几百年的管理经验的基础上去发展和提高,一切从头摸索,我们就会空耗时间和精力,不可能比较快地建设社会主义。"只有利用资本主义为反对我们而创造的一切,才能建成社会主义"[①]。我们不能设想,除了以庞大的资本主义文化所获得的一切经验为基础的社会主义以外,还有别的什么社会主义。这里,列宁强调不仅要向资产阶级学习技术,而且要学习管理。他还说:"管理的本领不会从天上掉下来,不会莫名其妙地就有了,不会因为这个阶级是先进阶级于是一下子就有了管理的本领。我们看看这个例子:资产阶级刚胜利时,它是用另一个阶级,即封建阶级出身的人作管理工作的,否则它就无人可用。要清醒地观察事物;资产阶级曾利用先

---

① 《列宁全集》第28卷,人民出版社1956年第1版,第381页。

前那个阶级的人才。而我们现在也就有同样的任务,要善于吸取、掌握、利用先前的阶级的知识和素养,为本阶级的胜利而运用这一切"①。毛泽东同志也曾指出:"我们去学习资本主义国家的先进的科学技术和企业管理方法中合乎科学的方面。工业发达的国家的企业,用人少,效率高,会做生意,这些都应当有原则地好好学过来,以利于改进我们工作"②。因此,我们进行社会主义经济建设,应该积极地学习世界各工业先进国家企业管理的经验,把学习国外的管理方法同引进国外的先进生产技术放在同等的地位。在学习中,必须解放思想,从我国实际出发,有分析、有比较、有选择地学习和吸取,建立起具有中国特色的经济管理制度,为我国四化建设服务。如果不这样做,即使有了先进的技术设备,管理不能及时跟上,也不能充分发挥这些先进技术装备的作用,影响四化建设的进程。

总之,引进技术、引进资金、引进人才、引进适用的管理经验,不是搞"全盘西化",而是为了加速社会主义现代化建设,坚持对外开放的基本国策。

在贯彻执行改革、开放、搞活,建设具有中国特色的社会主义这一基本国策过程中,要继续清除"左"和右的两种错误倾向。有"左"的思想的人认为,一切自力更生就是爱国主义,对外开放就是卖国主义,"引进外资"就是复辟资本主义,企求建立一切都靠自己的"万事不求人"的经济体系;有右的思想的人认为,外国一切都好,"外国人光头也比中国电灯亮",要引进外国的一切东西,"全盘西化"等等,崇洋媚外。这两种思想倾向都是极端错误的。我们要本着实事求是的原则,在执行这

---

① 《列宁全集》第30卷,人民出版社1957年第1版,第418页。
② 《毛泽东选集》第5卷,人民出版社1977年第1版,第287页。

一基本国策过程中,有"左"反"左",有右反右。但是,决不能以右反"左",也不能以"左"反右。反"左"的时候,不能动摇四项基本原则;反右的时候,不能否定改革、开放、搞活。总之,我们绝不能走回头路,再搞"左"的那一套,也绝不能照搬资本主义那一套。在两条战线斗争中,逐步建立起具有中国特色的社会主义。

改革、开放、搞活是密切联系的,只有改革、开放,才能搞活,我们对外要开放,国内各地区之间更要相互开放,经济比较发达地区和比较不发达地区,沿海、内地和边疆,城市和农村,以及各行各业之间,都要打破封锁,打开门户,按照扬长避短、形式多样、互利互惠、共同开发的原则,大力促进横向经济联系,促进资金、设备、技术和人才合理交流,发展各种经济技术合作,联合举办各种经济事业。促进经济结构和地区布局的合理化,加速我国现代化建设的进程。

改革、开放、搞活,建设有中国特色的社会主义是在我们党领导下,有计划、有步骤地进行的。邓小平同志多次指出:必须坚持四项基本原则。四项基本原则和改革、开放、搞活,建设具有中国特色的社会主义是个整体,相互是密切联系的,缺一不可。任何背离这四项基本原则都是错误的。这一点,每一个人都必须清醒地认识和牢固地坚持。

改革、开放、搞活,建设具有中国特色的社会主义,是一次伟大的革命,从另一个意义上来说,我们所做的事情是一个试验。对我们来说,都是新事物。没有前人的经验,全靠我们自己摸索。我们党要求,"走一步,看一步,决心要大,但步子要稳"。同时,我们党也清醒地看到,在前进的道路上,出现一些差错也是难免的。我们的办法就是不断总结经验,有错误就赶快改,小错误不要变成大错误。正如邓小平同志所说,在马克思主义的经典著作里没有这个东西,也没有前人的经验,完全靠我们自己摸索,"出现一些差错是难免的,有了错,我们就努力去改,但改革的道路是坚定不移的。"① 我们相信,在中国共产党正确领导下,依靠全国人民的共同努力,艰苦奋斗,勤俭建国,勤俭办一切事业。在前进的道路上,一定能够排除一切障碍,在改革、开放中,坚持四项基本原则,一个崭新的具有中国特色的社会主义,一定会在不远的将来,屹立在亚洲的东方大地上。

(原载《马克思主义研究》1987 年第 2 期)

---

① 《人民日报》1986 年 4 月 10 日。

改革是建设有中国特色的
社会主义的必由之路

我国究竟应该怎样建设社会主义？建国三十多年的历史教训说明，照搬照抄外国的模式是不能成功的。我们党坚持和依据马克思主义普遍真理，总结了国际共产主义运动和我国建设社会主义的经验教训，在新的历史条件下不断实践和反复探索，终于找到了一条在坚持四项基本原则、坚持改革和开放中建设具有中国特色的社会主义的正确道路。

改革是建设有中国特色的社会主义的必由之路。不对现存的那些不适合我国国情、不符合现阶段社会主义发展要求的旧体制进行全面的、深入的改革，就不可能建成具有中国特色的社会主义。最近，邓小平同志特别指出："建设具有中国特色的社会主义，必须实行改革。"但是一个时期以来，国内外有一种误解，似乎我们在政治思想领域中开展坚持四项基本原则的教育，党内反对资产阶级自由化的斗争，是冲着改革来的。尽管党中央领导同志一再重申：改革不变、开放不变、搞活不变，但这种误解并没有完全消除。这种误解之所以发生，一个重要原因就是不了解改革在建设有中国特色的社会主义这个伟大事业中的重要意义，这种"不了解"都会导致把坚持社会主义和坚持改革对立起来。

改革是社会主义制度的自我改造、自我完善。不改革，就不能充分发挥出社会主义制度固有的优越性。无产阶级夺取政权以后，建立了社会主义经济制度和政治制度，适应了生产力和经济基础的要求。但是，刚建立起的经济制度和政治制度不可能是完美无缺的，而是要经历一个从不成熟到比较成熟、从不完善到比较完善的长期发展过程。这个长期发展过程，则是要通过一系列符合实际、相互衔接的改革来逐步实现的。只有通过改革，才能及时地正确地解决经济、政治、文化管理制度上存在的具体问题和矛盾，改革那些不符合发展要求的管理形式、管理方法，才能使它们不断地适应和促进社会生产力以及其他事业的发展。早在1890年恩格斯就曾指出："所谓'社会主义社会'不是一种一成不变的东西，而应当和任何其他社会制度一样，把它看成是经常变化和改革的社会。"[①]

粉碎"四人帮"以后，我们党吸取国际共产主义运动和我国的经验教训，运用马克思主义的理论，把改革的必要性和重大意义提到了一个空前的高度。邓小平同志指出，"改革是社会主义制度的自我完善；在一定的范围内也发生了某种程度的革命性变革。""除了走改革的道路，中国没有别的道路，因为只有改革才能导致中国的发达。"我们正在和将要进行的各项改革，目的是要克服妨碍社会生产力发展的原有体制中的弊端和缺陷，还要形成适合我国国情的新的经济体制，建设具有中国特色的社会主义。这种改革也是一场革命，但它当然不是社会制度的根本改变，不是要动摇、背离社会主义制度，而是在社会主义自身基础上的自我改进、自我完善。

[①]《马克思恩格斯全集》第37卷，人民出版社1971年第1版，第443页。

社会主义原有的经济制度、政治制度和思想文化领域里，确实存在种种弊端，这些弊端都影响和阻碍着建设有中国特色的社会主义。因此，必须改革，用改革来促进生产，促进社会主义建设。只有对这些弊端进行有计划、有步骤而又坚决彻底的改革，人民才会更加信任我们党的领导，才会更加信任社会主义，我们的事业才有无限的希望。

坚持社会主义不能和坚持改革对立起来。什么叫坚持社会主义？在我国今天的条件下，就是坚持把科学社会主义的基本原理创造性地应用于我国的社会主义现代化建设的实际。而创造性地应用，最重要的就是要对过去那种脱离中国国情的体制进行全面的改革，使之更加符合我国社会主义的基本制度，更加符合我国现阶段社会主义发展的要求，更加符合我国国情。《中共中央关于经济体制改革的决定》明确指出：改革"是坚持社会主义道路、实现社会主义现代化的重要保证"，所以，坚持改革本身就是坚持社会主义的题中应有之义。

正因为如此，我们就特别要注意改革必须走社会主义道路。近几年来，邓小平同志一再强调这个问题的重要意义。他指出：坚持社会主义对中国十分重要，"坚持走从新民主主义到社会主义的道路，才使中国的革命取得了胜利"。"建国以后，如果我们不搞社会主义，而走资本主义道路，中国的混乱状态就不能结束，通货膨胀、物价极不稳定、到处贫困落后的状态就不能改变。"他特别指出："在改革中坚持社会主义方向，这是一个很重要的问题。我们要实现工业、农业、国防和科技现代化，但在四个现代化前面有'社会主义'四个字，叫'社会主义四个现代化'。我们现在讲的对内搞活经济、对外开放是在坚持社会主义原则下开展的。"我们必须清醒地认识到这一点。

因此，不能抽象地看待坚持社会主义的原则，也不能抽象地看待改革。我们要在改革中坚持社会主义,在社会主义的轨道上实行改革。无论是在改革中忘记社会主义方向,还是把坚持社会主义和坚持改革对立起来,把改革看作是社会主义以外的东西,或者离开社会主义方向谈改革,这都不是马克思主义的观点,也不符合十一届三中全会以来的路线。社会主义和改革不是外在的板块式的结合,而是一个实体,一个过程,这就是我们正在从事的建设具有中国特色的社会主义的伟大事业。不坚持社会主义的基本原理和基本制度,就不能建设社会主义,所谓中国特色也就全然没有意义;不实行改革,就谈不上中国特色,所谓社会主义就只能是回到原来的僵化的、没有活力的旧体制上去,国民经济必然不能迅速发展,人民生活不能逐步提高,民主法制不能日益完善。在这种情况下,所谓坚持社会主义,就会成为空谈。

当前,我们正在政治思想领域中大力进行坚持四项基本原则的教育和反对资产阶级自由化的斗争。在这个过程中,我们一定要自觉地把坚持社会主义和坚持改革统一起来。为了全面贯彻十一届三中全会以来的路线,为了坚定不移地坚持改革,必须继续发扬探索、创新精神。要正确对待探索、创新中可能出现的某些失误。改革是一项极其艰巨复杂的、没有任何现成模式的社会系统工程,不探索是不行的,探索中一点不出现失误也是不可能的。邓小平同志最近指出,改革这件事并不容易,没有前人的经验,全靠自己去摸索。改革中出现一些差错是难免的。我们要继续进行改革,还会出现差错。有了错误,我们就努力去改,但改革的道路是坚定不移的。邓小平同志特别指出:"中国的体制改革不容易,积习太深,旧的习惯势力大得很,公开反对改革的人不多,但是遇到实际就会涉及一些人的利益,这时赞成改革的人也会成为改革的障碍。"总之,为了建设具有中国特色的社会主义，我们必须坚定不移地排除一切障碍，把改革深入持久地进行下去。

（原载《人民日报》1987年4月27日，收入1987年7月人民日报出版社出版的《掌握两个基本点》一书中）

社会主义和对外开放

一 对外开放是我国一项基本国策

对外开放是党的十一届三中全会以来一项既定的基本国策。这项政策的制定和贯彻是以正确的理论原则和丰富的实践经验为依据的。

我们的社会主义,无论是作为学说,还是作为制度,本质上都是开放的。所谓开放,就是从历史上和同时代的人类文明中吸取优秀成果来充实和丰富自己,而不是把自己看作是一个自满自足的自我封闭的体系。

社会主义作为学说,即科学社会主义,它的创立就是吸取19世纪人类的优秀文明成果为前提的。列宁曾经指出:"社会主义是无产阶级阶级斗争的思想体系,它服从思想体系发生、发展和巩固的一般条件,就是说,社会主义以人类知识的一切材料为基础,以科学的高度发展为先决条件,要求科学地对待等等,等等。"[①] 科学社会主义的创立已有一百多年了。在这一个多世纪

---

① 《列宁全集》第6卷,人民出版社1959年第1版,第139页。

中,科学社会主义有了巨大的发展。这除了总结国际共产主义运动自身的实践经验而外,一个重要原因,就是自觉地吸取了这个时期人类思想在各个领域中所创造的新成果。如果它是自我封闭的,既不顾世界历史的发展变化,也不顾科学的长足进展,那它就决不会有今天这样的面貌,就决不能成为无产阶级和进步人类争取美好未来的旗帜。

社会主义作为制度,是从资本主义发展过来的一种崭新的社会制度。这种制度的发展,同样只能在开放中实现。十月革命胜利后,列宁曾经尖锐地批判了那种认为"不向资产阶级学习也可以建成社会主义"的糊涂观念。他说:"我们不能设想,除了以庞大的资本主义文化所获得的一切经验为基础的社会主义以外,还有别的什么社会主义。"① 列宁根据当时的历史条件,甚至设想了这样一个公式:苏维埃政权＋普鲁士的铁路秩序＋美国的技术和托拉斯组织＋美国的国民教育等等等等＋＋＝总和＝社会主义。列宁为什么会有这种设想呢?一个新制度要全面地超过并最终战胜旧制度,就必须把旧制度尚存的可以利用的活力吸收过来,把它放在新的基础上,加以进一步的发展。否则,旧制度尚存的那点活力就有可能成为新制度的不完善性的对照物,甚至在一个时期内成为窒息和打击新制度的力量。只有把它吸收过来,才能推动社会前进。

一百多年来世界历史的跳跃发展,使得社会主义首先在经济比较落后的国家取得了胜利。这就使得这些国家更有必要实行对外开放,充分吸收资本主义一切优秀成果来建设和发展社会主义。这一点已为我国三十多年的历史经验所证明。前三十年,我们基本上处于闭关或半闭关状态。闭关的结果,我国经济发展不

---

① 《列宁全集》第27卷,人民出版社1958年第1版,第285页。

快,社会主义制度优越性没有得到充分发挥。党的十一届三中全会以来,我们党纠正了"左"的指导思想,端正了思想政治路线,确立了在自力更生的基础上实行对外开放的方针。当然,客观上世界形势也已经不同于五六十年代。这几年我们实行对外开放政策,效果就和前三十年大不一样,这是有目共睹的。有了这个对比,我们对开放这项基本国策的认识就更加具体、更加深刻了。邓小平同志对这方面的论述,集中体现了我们党和人民的新认识。他说:"现在的世界是开放的世界。中国在历史上落后,就是因为闭关自守。建国以后,人家封锁我们,在某种程度上我们也还是闭关自守,这给我们带来了一些困难。还有一些'左'的政策,给我们带来了一些灾难,特别是'文化大革命'。总之,三十几年的经验是,关起门来搞建设是不行的,发展不起来。""搞建设关起门不行"。又说:"经验证明,关起门来搞建设是不能成功的,中国的发展离不开世界。""在坚持自力更生的同时,还需要对外开放,吸收外国的资金和技术来帮助我们发展。"总之,对外开放是我们一项长期的基本国策,是加快社会主义现代化建设的一项重要战略措施。最近,邓小平同志又特别指出如果没有开放,本世纪的中国经济发展目标达不到,下一个世纪目标更达不到。为了实现在本世纪内的发展目标以及在下个世纪的更大目标,中国必须坚持对外开放政策。

二 建设有中国特色的社会主义必须实行对外开放

建设有中国特色的社会主义,就是把马克思主义的普遍真理同我国的具体实际结合起来,走自己的道路。我们需要实行对外开放,除了上述普遍的和历史的原因而外,主要是由我国国情决定的。

谁都知道，我国原来是一个半殖民地半封建社会，经济十分落后。新中国成立以来，特别是党的十一届三中全会以来，我们在社会主义建设中取得了巨大的成绩，国家的状况起了天翻地覆的变化。但是，我们也应当老老实实地承认，在当今世界上，我国的经济还处于很落后的状况。即使本世纪末实现了翻两番，达到了"小康水平"，也还是比较落后的。当然，那时候从国家总体实力来说，我们是比较强大了。

从技术水平上看，我们同发达国家的差距也相当大，一般地说要落后二三十年。我们一些大型骨干企业，基本上还是四五十年代的技术，大部分产品在国际市场上属于中低档货，竞争力很差。

在当今世界各国经济发展大竞争、大较量的情况下，在世界新的技术革命正在蓬勃兴起的形势下，我们更要急起直追，加快建设进度，缩短在经济上同世界先进水平的差距，赶上世界潮流，这就要改革，就要开放。只有开放才能利用国际上的资金和技术来加速我国社会主义现代化的进程。我们要把发展经济的视野从本国的范围扩展到全世界，利用国内和国外的两种资源，打开国内和国际两个市场，学会组织国内建设和开展对外经济活动两套本领，博采天下之长，为我所用。

我们不仅经济技术落后，而且缺乏管理现代化大生产的经验。资本主义世界在其几百年的发展中，积累了很多管理和组织社会化大生产的经验，不开放，就无从借鉴。邓小平同志说："技术问题是科学，生产管理是科学，在任何社会，对任何国家都是有用的。我们学习先进的技术、先进的科学、先进的管理来为社会主义服务，而这些东西本身并没有阶级性。"

实行对外开放，发展国际经济技术交流，首先可以充分发挥自己的优势。每一个国家都有自己的优势和劣势。生产自己的优势商品去交换自己的劣势商品,这是由价值规律决定的。实现社会主义现代化,需要各种各样的资源和先进技术,由于各国拥有的资源和技术各不相同,生产同一产品所需要的活劳动和物化劳动也有很大差别。通过国际经济技术交流,可以扬长避短,发挥各自的优势,取得最好的经济效益。其次是可以赢得时间。利用外资,引进先进技术和人才,引进信息,可以争得时间,在比较高的水平上起步,并且可以节约人力物力。

总之,对外开放为建设有中国特色的社会主义所必需,作为一项基本国策,必须长时期地坚定不移地贯彻下去。邓小平同志反复指出:"我们的政策是不会变的。要变的话,只会变得更好。对外开放政策只会变得更加开放。路子不会越走越窄,只会越走越宽。路子走窄的苦头,我们是吃得太多了。如果我们走回头路,会回到哪里?只能回到落后、贫困的状态。"对内经济搞活,对外经济开放,这不是短期的政策。是个长期的政策,最少五十年到七十年不会变,为什么呢?因为我们第一步是实现翻两番,需要二十年,还有第二步,需要三十年到五十年。恐怕是要五十年,接近发达国家的水平,两步加起来,正好五十年至七十年,到那时,更不会改变了,即使是变,也只能变得更加开放。否则,我们自己的人民也不会同意。最近,邓小平同志还特别强调:"中国执行的开放政策是正确的,得到了很大的好处。如果说有什么不足之处,就是开放得还不够。我们要继续开放,更加开放。"

三 排除各种干扰,坚定不移地执行对外开放政策

对外开放作为我国一项基本国策,经过八年的实践,取得了辉煌的成就。我们要在进一步的实践中,不断提高认识,排除干

扰，使对外开放得以在社会主义道路上顺利进行，有力地推动两个文明的建设。

首先，我们必须记住，我们对外开放的目的是为了增强自力更生的能力，促进民族经济发展，加速建设具有中国特色的社会主义。党的十二大报告中明确指出："扩大对外经济技术交流目的是增强自力更生的能力，促进民族经济的发展，而决不能损害民族经济。"最近，邓小平同志特别强调：我们实行开放政策，吸收资本主义社会的一些有益的东西，是作为发展社会生产力的一个补充，"我们执行对外开放政策，学习外国的技术，利用外资，这只是社会主义建设的一个补充，而不能离开社会主义道路。"

第二，我们要有原则、有计划地实行开放。我们是一个独立自主的社会主义国家，我们实行对外开放，同旧中国那种丧失国家主权、依附外国资本的状况是完全不同的。现在，我们门开多大，对谁开，搞什么，完全由我们自己决定。外国资本家与我们合资或者在我国单独投资，不但是完全平等的，而且必须遵守我国的法律、法规，不得损害中国的社会公共利益。我们必须在开放中坚持独立自主的原则，把开放纳入两个文明建设的总体规划，使开放既服从于社会主义建设的整个蓝图，又服务于社会主义建设的整个蓝图。

第三，我们应该始终保持清醒的头脑，坚决抵制资本主义腐朽思想的侵袭，打击经济犯罪活动。我们对外开放，吸收外国先进科学技术和经验，目的是建设社会主义的物质文明和精神文明，绝不能因为引进外国的科学技术就盲目地宣扬资本主义的社会制度、生活方式和意识形态。当然，实行对外开放，就要和资本主义国家打交道，资本主义的腐朽思想和生活方式不免要对我们有所影响。如果我们丧失警惕，我们的社会主义事业就会受到损害。对这种消极作用，我们党始终是很清醒地有正确的估计。邓小平同志指出：对外开放当然"会带来一些问题，但带来的消极因素比起我们能借此加速发展的积极效果，毕竟要小得多。危险有一点，不大。"对这些消极影响，我们要采取坚决反对和抵制的态度。我们既要坚定不移地对外实行开放政策，在平等互利的基础上积极扩大对外交流。同时，又要保持清醒的头脑，坚决抵制外来腐朽思想的侵蚀，决不允许资产阶级腐朽的生活方式在我国泛滥。

总之，我们实行对外开放，不能离开社会主义道路；恰恰相反，正是为了加强和发展社会主义。对外开放，是坚持社会主义的应有之义，因而，决不能把二者对立起来。我们要建设有中国特色的社会主义，必须把二者统一起来。关起门来谈坚持社会主义，只能把社会主义拉回到过去那种闭关锁国的、僵化的、没有生命力的旧体制上去；离开社会主义谈对外开放，那就会为"全盘西化"开辟道路。我们必须在建设有中国特色的社会主义过程中，正确地、坚定不移地执行对外开放政策。

(原载《人民日报》1987年5月11日，收入1987年7月人民日报出版社出版的《掌握两个基本点》一书中)

改革开放胆子要大一些,要勇于创新,敢于试验

社会主义的改革开放是前无古人的伟大事业。打开改革开放的新局面需要人们高瞻远瞩的宏大气魄,去敢闯敢干敢试验的结果;深化改革开放更需要人们敢闯敢干敢试验的革命精神。纵观人类的发展史,任何一件新生事物的产生以及人们对它的认识,无一不是人们思想解放,敢闯敢干敢试验的结果。最近,邓小平同志以无产阶级革命家的伟大勇气,高瞻远瞩地指出:改革开放胆子要大一些,敢于试验,不能像小脚女人一样。看准了的,就要大胆地试验,大胆地闯。这不仅对我国当前深化改革开放有指导意义,而且对我国整个社会主义现代化建设事业,都具有重大和深远的意义。

一 改革开放是一项前无古人的伟大事业,必须大胆突破,敢于试验

马克思发现了唯物史观和剩余价值学说,使社会主义从空想变为科学。他揭示了资本主义必然灭亡,社会主义必然胜利。对未来社会的基本特征,马克思、恩格斯曾作了一些科学的描述。

这是我们今天搞社会主义的重要指导思想。至于社会主义是否需要改革，如何改革，马克思恩格斯由于历史条件的限制，除了恩格斯1890年留给我们的："所谓'社会主义社会'不是一种一成不变的东西，而应当和其他社会制度一样，把它看作是经常变化和改革的社会"①外，没有给我们留下更多的论述。因为，马克思恩格斯一贯反对对未来社会作出什么规定，以免束缚未来革命家的手脚。十月社会主义革命以后，列宁除了对社会主义基本制度作了许多科学论述外，还对苏联党和国家领导制度问题作过一些分析，特别是到了晚年，列宁痛切地感到党和国家的具体制度中存有许多弊端，并设想了一些改革的措施，如，改组工农检察院，就是这种措施之一。但是，由于列宁过早谢世，这些问题没有来得及解决，甚至可以说还没有真正提到布尔什维克党的议事日程上来。斯大林领导时期，列宁晚年提出的党和国家制度中的那些弊端不仅没有解决，反而发展得更加严重了，结果造成了很大悲剧，极大地影响苏联社会主义制度优越性的发挥。不仅如此，在斯大林时期，基本制度和体制之间的区别也被有意无意地抹杀了，似乎苏联建立的那套政治、经济体制，就是社会主义的基本制度，这就从根本上取消了改革的任务。

我国革命胜利初期，基本上照搬苏联的一套制度。苏联政治、经济体制中的一些问题，在我国也基本存在。1956年，生产资料私人所有制社会主义改造基本完成以后，我们党发现并准备解决政治经济体制中的一些问题。1957年，毛泽东同志说："在社会主义社会中，基本矛盾仍然是生产关系与生产力之间的矛盾，上层建筑和经济基础之间的矛盾。"又说："社会主义生产关系已经建立起来，它是和生产力的发展相适应的；但是，它又

---

① 《马克思恩格斯全集》第37卷，人民出版社1971年第1版，第443页。

还很不完善，这些不完善的方面和生产力的发展又是相矛盾的。除了生产关系和生产力发展的这种又相适应又相矛盾的情况以外，还有上层建筑和经济基础的又相适应又相矛盾的情况"，并提出了改革"国家制度中某些环节上缺陷"的任务。① 然而这些改革的思想，由于种种复杂原因，没有得到贯彻。1976年粉碎"四人帮"以后，邓小平同志深刻地总结了国际共产主义运动和我们自己的经验教训，运用马克思主义改革的理论，以极大的无产阶级革命家的胆略，把改革的必要性和重大意义提到了一个空前的高度，指出改革"是一场革命"，"不是对人的革命，而是对体制的革命。这场革命不搞……不只是四个现代化没有希望，甚至要涉及亡党亡国的问题。可能要亡党亡国"。② 不仅如此，邓小平同志还指明只有进行改革才能迅速发展生产力。他说："改革是中国发展生产力的必由之路"，"为了发展生产力，必须对我国的经济体制进行改革"，"我们要发展生产力，对经济体制改革是必由之路。"③

社会主义改革开放是前无古人的一项伟大事业，没有现成经验可供借鉴。如何办？共产党人，只能靠我们解放思想，实事求是，一切从实际出发，大胆探索，敢于实践和试验，在探索中前进。没有一点勇气是不行的。"不入虎穴，焉得虎子"。邓小平同志指出：改革开放，"这是一个新事物，没有国际经验可以借鉴，一切都是根据我国的实际情况来进行。"④ 又说：我们搞四化、改革开放，"是前人没有做过的。因为中国有自己的特点，所以我们只能按照中国的实际办事"，"搞好改革完全是一件新的

---

① 《毛泽东选集》第5卷，人民出版社1977年第1版，第373—374页。
② 《建设有中国特色的社会主义》（增订本），人民出版社1987年版，第116页。
③ 同上书，第117页。
④ 同上书，第42页。

事情，难免会犯错误，但我们不怕，不能因噎废食，不能停步不前。胆子还是要大，没有胆量是搞不成四个现代化。但处理具体事情要谨慎小心，及时总结经验。小错误难免，避免犯大错误。"① 在我国社会主义现代化建设和改革开放的关键时期，最近，邓小平同志又坚定明确地指出：改革开放胆子要大些，敢于试验。看准了的，就大胆地试，大胆地闯。深圳的重要经验就是敢闯。没有一点"冒"的精神，没有一股气呀、劲呀，就走不出一条好路，走不出一条新路，就干不出新的事业。这为我们深化改革开放、继续前进排除了思想上的障碍。

二 十一届三中全会以来，改革开放所取得的伟大成就，都是解放思想，敢于试验的结果

我们的改革开放是在马克思主义改革理论指导下进行的。但重在实践，重在试验。在实践和试验中不断探索和总结经验，推动改革开放的深化和理论的发展，而不是停留在争论上。正如邓小平同志最近指出那样：我们的改革开放一开始，就是有不同意见的。说来说去，就是怕资本主义东西多了，走了资本主义道路。邓小平还说：不搞争论，是我的一个发明。不争论，是为了争取时间干，一争论就复杂了。把时间都争掉了，什么也干不成。不争论，大胆地试，大胆地闯。我们的改革就是允许看。允许看，比强制好得多。我们推行三中全会路线、方针、政策，不搞强迫，不搞运动，愿意干就干，干多少是多少，这样慢慢就跟上来。农村改革是如此，城市改革是如此，经济特区也是如此。

我国的改革，首先是从农村开始。由于受极"左"思潮的

---

① 《建设有中国特色的社会主义》（增订本），人民出版社1987年版，第29页。

影响，农村形成的"三级所有，队为基础"的人民公社体制，长期被认为是天经地义的社会主义。把农业生产责任制、农民社员的自留地、农村集市贸易，等等，都看成是资本主义，加以批判和取缔。事实上，"三级所有"的人民公社体制是不符合我国当前农村实际，是阻碍农业生产力的发展的。这是我国农业经济长期落后的一个重要原因。十一届三中全会以后，广大农村干部和农民，在邓小平"解放思想、实事求是"的指引下，大胆探索，创造出各种形式的责任制，而且迅速地发展起来。当时安徽、四川两省领导思想解放，敢于打破框框，支持群众的创造，联产承包责任制发展更为迅速。安徽的肥西县搞了包产到户，凤阳县搞了大包干。这种形式的责任制使农民得到更充分的自主权和更多的实惠，因而具有更大的吸引力。与此同时，非难责难也很强烈，全国议论纷纷，有的认为包产到户就是分田单干，而分田单干就是搞资本主义。正在这个关键时刻，1980年5月，邓小平同志同中央负责工作人员作了《关于农村政策问题》的谈话，他满腔热情地肯定了肥西和凤阳农民的伟大创举，支持推广联产承包责任制。他说："农村政策放宽以后，一些适宜搞包产到户的地方搞了包产到户，效果很好，变化很快。安徽肥西县绝大多数生产队搞了包产到户，增产幅度很大。'凤阳花鼓'中唱的那个凤阳县，绝大多数生产队搞了大包干，也是一年翻身，改变面貌。有些同志担心，这样会不会影响集体经济。我看这种担心是不必要的。我们总的方向是发展集体经济。实行包产到户的地方，经济的主体现在还是生产队。"邓小平同志还指出："总的说来，现在农村工作中心问题还是思想不够解放。""仍然是按老框框办事，思想很不解放。"[①] 邓小平同志这篇讲话有力推进农

[①] 《邓小平文选》（1975—1982年），人民出版社1983年第1版，第275—276页。

村改革的顺利发展。到 1980 年底，全国实行包产到户和包干到户的生产队，从年初仅占生产队总数的 1.1% 上升到 14.9%。到 1982 年 6 月，全国实行农户家庭承包的生产队已占 86.7%。在这个过程中，人们的认识也是不断地深化。1982 年下半年，中共中央制定了《当前农业经济政策若干问题》。文件明确指出，这种联产承包制是社会主义集体所有制经济中"分散经营和统一经营相结合的经营方式"，"在这种经营方式下，分户承包的家庭只不过是合作经济中的一个经营层次，是一种新型的家庭经济。它和过去小私有的个体经济有着本质的区别，不应混同"；文件还指出，联产承包制"既可适应当前手工劳动为主的状况和农业生产的特点，又能适应现代化进程中生产力发展的需要"，从而改变过去对"双包"的种种责难。1983 年初，实行"双包"制的生产队进一步发展到占生产队总数的 93%，其中绝大部分是包干到户。正如邓小平同志指出：农村改革，搞农村家庭联产承包，废除农村人民公社制度，开始的时候只有 1/3 的省干起来，第二年超过 2/3，第三年才差不多全部跟上，这是就全国范围的。开始搞并不踊跃呀，好多人在看。我们的政策允许看。不争论，大胆地试，大胆地闯。实行以"双包"为主要形式的家庭经营，克服了集体经济长期存在的生产上"大呼隆"和分配上的"大锅饭"的弊端，解决了我国社会主义农业长期以来没有解决的根本问题。这是具有深远历史意义的改革。1983 年，中国共产党对农村的联产承包责任制给予了高度的评价。认为它是"在党的领导下我国农民的伟大创造，是马克思主义农业合作化理论在我国实践中的新发展。"① 1991 年 11 月，中共中央进一步指出：农村普遍实行了以家庭联产承包为主的责任制，

---

① 《人民日报》1983 年 4 月 10 日。

逐步建立起统分结合的双层经营体制，有利于集体统一经营的优越性和农产承包经营的积极性都得到发挥。这种双层经营体制，在统分结合的具体形式和内容上有很大的灵活性，可以容纳不同水平的生产力，具有广泛的适应性和旺盛的生命力。这是我国农民在党的领导下的伟大创造，是集体经济的自我完善和发展，绝不是解决温饱问题的权宜之计，一定要长期坚持，不能有任何的犹豫和动摇。① 农村的改革和发展，有力地支持了城市的改革和国民经济的发展，促进了社会的安定团结。

农村改革成功是敢闯、敢试的结果，开办经济特区同样是敢闯、敢试的革命精神大发扬。

兴办经济特区和经济开放区是我国实行对外开放的一个重大步骤。兴办经济特区是邓小平同志首创、中央和全国人大常委会决定的。1979年4月，邓小平同志对广东省委负责同志说，可以划出一块地方，叫做特区，陕甘宁就是特区嘛，中央没有钱，要你们自己搞，杀出一条血路来。1979年7月，中央和国务院决定，在深圳、珠海、汕头、厦门四个市划出部分地区试办特区，作为吸收外资的一种特别方式，当时叫"出口特区"，1980年5月，中央和国务院正式定名为"经济特区"。在党中央和国务院直接领导和关怀下，特区建设得到了健康的发展。为了进一步扩大对外开放，加速我国经济发展，中央和国务院于1984年4月作出进一步开放天津、上海、大连、秦皇岛、烟台、青岛、连云港、南通、宁波、温州、福州、广州、湛江、北海等14个沿海港口城市和海南岛的决定；1985年2月，党中央、国务院决定将珠江三角洲、长江三角洲、闽南三角地带，辟为沿海经济开放区。1988年春，国务院又决定适当扩大沿海经济开放区的

---

① 《人民日报》1991年12月26日。

范围，以此作为特区、开放城市的腹地和依托。1990年，又作出了开发和开放上海浦东新区的决定。实践是检验真理的唯一标准，多年的经济特区和开放沿海城市的实践证明，中央上述决策是完全正确的。1985年1月24—27日，邓小平同志对深圳、珠海、厦门三个特区实地考察时，高兴地题了词："深圳的发展和经验证明，我们建立经济特区是正确的"，"珠海经济特区好"，"把经济特区办得更快些更好些"。[①]

我国兴办的深圳等经济特区，不是政治特区，也不像将来台湾、香港、澳门那样一国两制下特别行政区。经济特区是在中国共产党领导下的、中华人民共和国完全行使主权的行政区域。特区政权同样是人民民主专政的政权，同样要坚持四项基本原则，建设社会主义精神文明。它的"特"就"特"在实行特殊的经济政策和特殊的经济管理体制上。我们深圳等经济特区，开创十年来，已经产生明显的积极作用。

首先，发挥邻近港澳的优势，运用特殊的优惠政策，更好地吸收外资，引进技术，扩大对外贸易，发展经济。同时由于经济发展，人民生活大大改善，边境社会秩序空前安定。第二，经济特区与外商的接触和交往比较频繁，可以通过对外经济活动，获得国际经济信息，培养和锻炼各种专门人才。第三，可以为我国经济体制改革摸索经验。深圳在前几年的改革中进行了不少有益的探索。如在建筑施工管理上，采取设计优先、工程招标、施工承包的办法，就很有效。这方面的经验，已在全国建筑行业推广。深圳在劳动人事制度上也进行了改革，实行劳动用工合同制、工资浮动制，领导干部选聘制，也取得了较好的效果，内地

[①] 《建设有中国特色的社会主义》（增订本），人民出版社1987年版，第40页题注。

不少行业也在推广。第四，兴办经济特区，对于促进祖国统一的事业，也将产生积极的影响。总之，兴办经济特区对引进外资，引进技术和科学管理，培养人才，加速我国社会主义现代化建设都起到了积极作用。邓小平同志在总结经济特区的作用时，给予很高的评价。他说："特区是个窗口，是技术窗口，管理的窗口，知识的窗口，也是对外政策的窗口。从特区可以引进技术，获得知识，学到管理。"又说："特区将成为开放的基地，不仅在经济方面、培养人才方面得到好处，而且扩大我国对外影响"，对精神文明建设也起到很好的作用。邓小平同志还说："听说深圳治安比过去好了，跑到香港去的人开始回来，原因之一是就业多，收入增加了，物质条件也好多了，说明精神文明是从物质文明来的。"① 实践证明，党中央、国务院关于建立经济特区、开放沿海城市和沿海经济开放区的决策是完全正确的。这种开放格局，使我国沿海从南到北形成了一个开放地带。10年来，这些地区充分利用开放和改革的有利条件，加快了现代化建设步伐，发展是比较快的。其中，经济特区的发展速度更快。1989年，深圳、珠海、汕头、厦门4个特区的工业产值达214.4亿元，比建特区前的1979年增长17.8倍。经济特区已成为技术的窗口、管理的窗口、知识的窗口和对外政策的窗口。经济特区和沿海开放城市的建立和发展，带动了内地的繁荣，使我国整个对外开放工作取得了可喜的进展，取得了显著成就。一是发展了对外贸易。对外贸易是发展对外经济技术合作的经济基础。1990年我国进出口贸易总额已达1154亿美元，比1978年增长5.6倍。1979—1990年的进出口总额，比改革开放前的29年进出口总额增长3.7倍。二是利用外资和引进先进技术发展迅速，对于

---

① 《建设有中国特色的社会主义》（增订本），人民出版社1987年版，第25页。

增强我国自力更生能力、调整和优化产业结构、促进国民经济的持续稳定发展起了积极作用。三是对外承包工程和开展国际劳务合作方面取得了可喜的成绩。我国现已组建了数十家从事国际经济合作业务的公司,开展对外承包工程与劳务合作。四是积极进行对外文化交流。10多年来,世界各国和地区来我国从事各种文化体育交流和商业活动以及旅游、参观、考察、访问者超过2亿人次,与此同时,我国也派出了10多万名学生赴国外留学或进修,派出了大批学者、专家、政府人员、企业家以及文化体育团体赴外国参观、访问、实习、演出、比赛。这些国际交流活动,极大地开拓了我国人民的视野,学习了别国的长处,培养了人才,促进了我国经济、文化的发展。[①] 1990年11月,江泽民同志在庆祝深圳经济特区建立十周年招待会上作了科学的总结,高度评价经济特区的作用。他说:"深圳和其他几个经济特区,在我国发展对外贸易,引进国外资金和技术,扩大对外经济合作交流中,发挥了重要的窗口和基地作用,在改革开放中也发挥了排头兵作用。经济特区坚持发展以工业为主、工贸结合的外向型经济的指导思想,卓有成效地吸收外资、引进先进技术和科学管理经验,扩大出口,开展国际经济技术合作和交流,逐步建立起适应外向型经济发展的经济运行机制,为确立我国对外开放的格局和实施沿海地区发展外向型经济的战略,进行了有益的探索。经济特区外引内联,扩大横向经济联合发展经济的路子,对内地众多地区进入国际市场起到了借鉴和推动作用。经济特区在经济体制改革的许多方面先行一步,为全国经济体制改革的深化提供了重要的经验。经济特区在抓物质文明建设的同时,重视抓社会主义精神文明建设,坚持四项基本原则,是为我们在对外开放条

---

① 《人民日报》1991年10月18日。

件下保持正确的政治方向,提高人的政治、业务和文化素质,积累了可贵的经验。经济特区建设所取得的成就充分说明,创办经济特区的实践是成功的,实行改革开放的总方针是完全正确的,它从理论与实践的结合上,丰富了我们对建设有中国特色的社会主义的认识。"①

三 总结十多年来改革开放的经验教训,目的是为了更好的前进,而不是为了倒退

改革开放是一件前人没有做过的新生事物,它具有一种不可战胜的强大生命力。在我国仅仅搞了十多年,但整个社会面貌发生了深刻的变化。改革开放既然是一个新生事物,它必然还不很成熟,不很完善,还有很多缺点或毛病。作为一个革命者,必须充满高度的革命感和满腔热情,在马克思列宁主义思想指导下,认真去总结经验,目的是为了更好地前进,而不是为了倒退。改革开放的道路是曲折而坎坷的,但前途是光明的。宋代改革家王安石说过:"入之愈深、其进愈难,而其见愈奇"。也就是说,改革开放每前进一步都要碰到很多困难,受到各种传统观念、习惯势力和旧的机制的反抗和干扰,真是举步维艰,弄不好还会有车翻船沉的危险。但改革开放之事是有进无退的。前进虽有险阻,倒退则一定翻车。历史发展就是如此。

现在有人担心改革开放了,发展多种经济成分,会不会使国民经济退回到建国初期那种社会主义公有制尚未占绝对优势的过渡时期?会不会动摇社会主义经济制度?回答是否定的。因为第一,现在的个体经济和国家资本主义,不是过渡时期的独立的经

---

① 《人民日报》1990年11月29日。

济形式,而是公有制占主体地位前提下的社会主义经济的附属或补充形式。第二,发展非社会主义经济成分必然会有自发性和盲目性,但国家可以通过行政管理、计划指导,对它的盲目性和自发性加以限制。第三,这些非社会主义经济成分在我国整个经济中所占比重很小,因此,它的发展不会对我国整个经济制度产生多大的影响。还有,个体经济所需的原料和货源大多是从社会主义经济取得的,它受到社会主义经济的制约。总之,这些非社会主义经济成分是社会主义经济的必要补充。它的存在和发展只会有利于社会主义经济的发展。《中共中央关于经济体制改革的决定》指出:"全民所有制经济是我国社会主义经济的主导力量,对于保证社会主义方向和整个经济的稳定发展起着决定性的作用,但是全民所有制经济的巩固和发展决不应以限制和排斥其他经济形式和经营方式的发展为条件。集体经济是社会主义经济的重要组成部分。许多领域的生产建设事业都可以放手依靠集体来兴办。我国现在的个体经济是和社会主义公有制相联系的,不同于和资本主义私有制相联系的个体经济,它对于发展社会生产、方便人民生活、扩大劳动就业具有不可代替的作用,是社会主义经济必要的有益的补充,是从属社会主义经济的。当前要注意为城市和乡镇集体经济的发展扫除障碍,创造条件,并给予法律保护。特别是在以劳务为主和适宜分散经营的经济活动中,个体经济应该大力发展"。《决定》还指出:"要在自愿互利的基础上广泛发展全民、集体、个体经济相互之间灵活多样的合作经营和经济联合,有些小型全民所有制企业还可以租给或包给集体或劳动者个人经营。坚持多种经济形式和经营方式的共同发展,是我们长期的方针,是社会主义前进的需要,绝不是退到建国初期那种社会主义公有制尚未在城乡占绝对优势的新民主主义经济,决不会动摇而只会有利于巩固和发展我国社会主义经济制度"。

还有人会问，对外开放，搞经济特区，发展中外合资企业，允许外国商人开办独资企业会不会导致资本主义？回答也是否定的。根本的一点，我们是一个独立自主的社会主义国家，我们实行对外开放，发展中外合资企业，目的是加快社会主义建设，增强我们自力更生的能力，完全不同于旧中国丧失国家主权，完全依附外国资本。现在，我们门开多大，对谁开，搞什么，完全由我们自己决定。外国资本家与我们合资，是完全平等的，要遵守我国的法律法规，不得损害中国的社会公共利益。这些中外合资企业和外商独资企业在我国经济中的比重，只占百分之几，就是再发展，仍然是很小比重，也没有什么可怕，也绝不会导致资本主义，而只会有利于促进我国的社会主义现代化建设。邓小平同志明确指出："现在任何国家要发达起来，闭关自守都不可能。我们吃过这个苦头。""如果从明朝中叶算起，到鸦片战争，有三百多年的闭关自守。如果从康熙算起，也有近二百年的闭关自守。把中国搞得贫穷落后，愚昧无知。我们建国以来，第一个五年计划也是对外开放，只不过是对苏联东欧开放，以后关起门来，没有什么发展。当然没有什么发展还有其它因素，有我们的错误。不开放不行。开放伤害不了我们。我们的同志就怕引来坏的东西，最担心是会不会变成资本主义。恐怕我们有些老同志有这个担心。搞一辈子社会主义、共产主义，忽然钻出个资本主义来，这个受不了，怕。影响不了的，影响不了的。会带来一些消极因素，要意识到这些东西，但不难克服。你不开放，再来个闭关自守，五十年要接近经济发达国家水平，肯定不可能。到那时，国民生产总值人均达到几千美元，我们也不会产生新资产阶级。基本的东西归国家所有，归公有。国家富强了，人民的物质文化生活水平提高了，而且不断增长，这有什么坏处！在本世纪内的十六年，无论怎样开放，公有制经济始终还是占主体。同外国人合资经营,也有一半是社会主义的。合资经营的实际收益,大半是我们拿过来。不要怕,得益处的大头是国家,是人民,不会是资本主义。消极影响肯定会有,那是有办法的。"① 最近邓小平同志又一针见血地批评这种错误思想。他说:对办特区,从一开始就有不同意见,担心是不是搞了资本主义。深圳建设的成就,明明回答了那些有这样担心的人。特区姓"社"不姓"资"。从深圳的情况看,公有制是主体,外商投资只占四分之一。就是外资部分,我们还可以从税收、劳务等方面得到益处嘛!多搞点"三资"企业,不要怕。只要我们头脑清醒就不怕。我们有优势,有国营大中企业,有乡镇企业,最重要的是政权在我们手里。有的人认为,多一分外资,就多一分资本主义。"三资"企业多了,就是资本主义的东西多了,就是发展资本主义。这些人连基本常识都没有。我国现阶段的"三资"企业,按照现行的法规政策,外商总是要赚一些钱。但是,国家还要拿回税收,工人还要拿回工资,我们还可以学习技术和管理,还可以得到信息,打开市场。因此,"三资"企业受到我国整个政治、经济条件的制约,是社会主义经济的有益补充。归根到底是有利于社会主义的。

还有人说,我们是社会主义经济,为什么要学习资本主义的企业管理?我们现在不但科学技术落后,而且管理也落后。实现四个现代化,管理也应现代化。拿工业现代化来说,它既包括生产技术的现代化,也包括经营管理现代化。没有驾驭先进生产技术的管理体制,就谈不上工业现代化,即使引进了先进的技术设备,也不能发挥作用,甚至白白浪费时间、人力和资金。我们要

---

① 《建设有中国特色的社会主义》(增订本),人民出版社1987年版,第77—78页。

从那种不计经济效益,不讲工作效率,小生产方式甚至封建衙门式的管理方法,转变到符合社会化大生产要求的科学管理轨道上来。资本主义生产发展几百年,它的经营管理一方面反映了资本家对工人的残酷剥削,另一方面也反映了社会化大生产的要求。资本主义制度消灭以后,经济管理中反映剥削的一面当然消灭了,但是,反映社会化大生产的一套科学制度我们也可以不要吗?显然不能。列宁指出,如果我们不从资产阶级那里学习管理,如果不在资产阶级积累了几百年的管理经验的基础上去发展和提高,一切从头摸索,我们就会空耗时间和精力,不可能比较快的建设社会主义。"只有利用资本主义为反对我们而创造的一切,才能建成社会主义"①。我们不能设想,除了以庞大的资本主义文化所获得的一切经验为基础的社会主义以外,还有别的什么社会主义。这里,列宁强调的不仅要向资产阶级学习技术,而且要学习管理。他还说:"管理的本领不会从天上掉下来,不会莫名其妙地就有了,不会因为这个阶级是先进阶级于是一下子就有了管理的本领。我们看看这个例子:资产阶级刚胜利时它是用另一个阶级,即封建阶级出身的人作管理工作的,否则它就无人可用。要清醒地观察事物:资产阶级曾利用先前那个阶级的人才。而我们现在也就有同样的任务,要善于吸取、掌握、利用先前的阶级的知识和素养,为本阶级的胜利而运用这一切"②。毛泽东同志也曾指出:我们去学习资本主义国家的先进的科学技术和企业管理方法中合乎科学的方面。工业发达的国家的企业,用人少效率高,会做生意,这些都应当有原则地好好学过来,以利于改进我们的工作。因此,我们进行社会主义经济建设,应该积

---

① 《列宁选集》第 28 卷,人民出版社 1956 年第 1 版,第 381 页。
② 《列宁全集》第 30 卷,人民出版社 1957 年第 1 版,第 418 页。

极地学习世界各工业先进国家企业管理的经验，把学习国外的管理方法同引进国外先进技术放在同等地位。我们必须有分析、有比较、有选择地引进国外先进的管理经验，逐步建立起有中国特色的经济管理制度，为社会主义现代化建设服务。没有先进的管理制度，即使有了先进的技术装备，也不能充分发挥作用。

总结十多年来的改革开放经验，最基本的一条，就是解放思想，实事求是，一切从实际出发，大胆地闯，大胆地干，坚决地试。结果生产发展了，经济上去了，人们思想境界提高了。现在，我国经济发展进入一个新阶段，在改革开放过程中，我们还会遇到许多新的问题。解决新问题，单靠老办法不行，必须大胆探索。这就是要进一步解放思想，敢闯、敢干、敢于做别人没有做过的事情。例如，社会主义商品经济发展到今天，证券、股票、股市在市场上出现，究竟好不好？社会主义能不能用？人们是有不同的看法的。我们认为，证券、股票等有两重性。它一方面是在商品经济发展到资本主义阶段中产生的，体现一定的资本主义生产关系；另一方面，它又是商品经济发展到一定阶段，商品社会化本身的要求。就这点来讲，社会主义经济是商品经济，证券、股票等就可以利用。用它来为发展社会主义经济服务。当然，这些东西，社会主义过去没有出现，现在出现了，如何运用，还没有经验，还有一个摸索、逐步取得经验的过程。邓小平同志指出：计划经济不等于社会主义，资本主义也有计划；市场经济不等于资本主义，社会主义也有市场。计划和市场都是经济手段，而不是社会主义与资本主义的本质区别。又指出：证券、股市，这些东西究竟好不好，有没有危险，是不是资本主义独有的东西，社会主义能不能用？允许看，但要坚决地试。看对了搞上一两年，对了，放开；错了，纠正，关了就是了。关，也可以快关，也可以慢关，也可以留下点尾巴。怕什么，坚持这种态度就不要紧,就不会犯大错误。总之,社会主义要赢得与资本主义相比较的优势,就必须大胆吸收和借鉴,人类社会创造的一切文明成果,吸收和借鉴当今世界各国包括资本主义发达国家的一切反映现代社会化生产规律的先进经营方式,管理方式。我们一定要坚定不移地坚持党的基本路线,坚持改革开放的总方针,决不会引向资本主义,而只会加速社会主义现代化建设的进程,早日建成有中国特色的社会主义。

四 沿着三中全会的路线,进一步解放思想,大胆探索、深化改革开放

我们提倡在深化改革开放中,胆子要大一些,要勇于创新,敢于试验,绝不是说可以违反科学,违反客观规律,凭着主观愿望和一时热情去盲干蛮干,重复当年"人有多大胆,地有多大产"的错误。我们说的胆子要大一些,勇于创新,敢于试验,是指在坚持实事求是的原则下,尊重科学,尊重客观规律,充分发挥人的主观能动作用,努力去做应该做到和可能做到的事情,而不是超越现实,想入非非。胆子要大,但步子要稳,工作一定要细,作风一定要实。否则胆大,敢试就可能变为妄为和蛮干。因此,我们必须沿着十一届三中全会路线,进一步解放思想,大胆探索,敢于试验,深化改革开放。

第一,必须坚持四项基本原则。四项基本原则是立国、治国之本。"如果动摇了这四项基本原则中的任何一项,那就动摇了整个社会主义事业,整个现代化建设事业。"[1] 当然,改革开放也离不开四项基本原则,背离了四项基本原则,改革开放就会失

---

[1] 《邓小平文选》(1975—1982年),人民出版社1983年第1版,第159页。

去正确的方向。因此,改革开放始终要坚持四项基本原则。其实,坚持四项基本原则是改革开放题中应有之义。我们讲改革开放是以坚持四项基本原则为前提的。《中共中央关于经济体制改革的决定》明确指出:改革"是在坚持社会主义制度的前提下"进行的。邓小平同志指出:"我们现在讲的对内搞活经济、对外开放是在坚持社会主义原则下展开的"①。当然,我们坚持的四项基本原则是指经过实践证明是正确而又被改革开放实践发展了的四项基本原则,而不是指僵化的、教条的、传统的四项基本原则。如果是后者,改革开放是不能成功的,相反,也会改变社会主义道路和共产党的领导。

　　第二,解放思想,实事求是,勇于大胆引进和吸收资本主义一切先进的东西,来发展社会主义经济。纵观中国历史和世界发展史,无论农业革命、工业革命、信息革命,还是封建主义取代奴隶主义,资本主义取代封建主义,社会主义代替资本主义,几乎都无一例外地以思想解放为先导。思想解放最终导致社会革命和社会生产力的大发展和大提高。我们党十一届三中全会以来实行的改革开放,所以取得如此大的成就,也是思想解放为前提。没有思想解放,就不可能有改革开放。可以说,改革开放和思想解放是同步的。要进一步深化改革,扩大开放,就必须进一步解放思想。邓小平同志早就指出:"打破思想僵化,不大大解放干部和解放的思想,四个现代化就没有希望。""一个党,一个国家,一个民族,如果一切从本本出发,思想僵化,迷信盛行,那它就不能前进,它的生机就会停止了,就要亡党亡国。只有解放思想,坚持实事求是,一切从实际出发,理论联系实际,我们的社会主义现代化建设才能顺利进行,我们党的马列主义、毛泽东

---

① 《建设有中国特色的社会主义》(增订本),人民出版社1987年版,第117页。

思想的理论也才能顺利发展。"① 随着改革开放的深化，思想也必须进一步解放。改革在发展，思想解放无止境，要不断有新境界。也可以说，如果思想解放没有新境界，就不会有改革开放的新思路，就不能对改革开放中出现的新观念，新问题作出令人满意的回答。在今天，思想解放一个重要方面，就是如何看待中央和邓小平同志指出的要大胆吸收和借鉴人类社会创造的一切文明成果，吸收和借鉴当今世界各国包括西方发达国家的先进经营方式和管理方式。我认为，中央和邓小平同志的论断是真正的马克思主义的论断。请看列宁是如何论述的。1918年4月，列宁在全俄中央执行委员会议上，就驳斥过那种认为"不向资产阶级学习也可以建成社会主义"的观点。他说："我认为，这是中非居民的心理。我们不能设想，除了以庞大的资本主义文化所获得的一切经验为基础的社会主义以外，还有别的什么社会主义。"② 列宁还说："社会主义实现的如何，取决于我们苏维埃政权和苏维埃管理机构同资本主义最新的进步的东西结合的好坏。"③ 列宁还为此提出了一个著名的公式："苏维埃政权＋普鲁士的铁路秩序＋美国的技术和托拉斯组织＋美国的国民教育等等等等＋＋＝总和＝社会主义。"④ 1956年，毛泽东同志在《论十大关系》一文中，也有同样的论述。他说："一切民族、一切国家的长处都要学，政治、经济、利学、技术、文学、艺术的一切真正好的东西都要学。"⑤ 只有这样才能在大约一百年左右时间内，赶上或接近发达国家经济发展水平。只有那时候，才能真正显示出社会主义制度的巨大优

---

① 《邓小平文选》（1975—1982年），人民出版社1983年第1版，第133页。
② 《列宁全集》第27卷，人民出版社1958年第1版，第285页。
③ 《列宁选集》第3卷，人民出版社1972年第2版，第511页。
④ 《列宁全集》第34卷，人民出版社1958年第1版，第520页。
⑤ 《毛泽东选集》第5卷，人民出版社1977年第1版，第285页。

越性，我们国家对人类才能作出更大更多的贡献。

　　第三，大胆的试验，勇于实践，及时总结经验，正确的坚持和推广下去，错了马上就改。社会主义现代化建设没有固定的、现成的模式可循，建设有中国特色的社会主义更是前无古人的开创性的伟大事业，一切要靠自己去闯去干去试验。自己解放自己。认准了的问题，就不要等、不要靠、不能拖，而要坚决地、果断地加以解决；一时没有把握的事情，也不能等靠拖，而要大胆地进行试验和探索，在游泳中学会游泳，在改革开放的实践中获得真知，任何事情都是试验在前，真知在后。实践是检验真理唯一标准。世界上任何新生事物都不是先有现成模式才干起来的。如果一切都有了定论，也就无需试验了。闯一条新路，创造新的模式，就要敢于大胆试验。试验当然有成败两种结果，成功了就总结经验进行推广，失败了就吸取教训，改正后继续放胆大干。没有不屈不挠的精神，任何事也干不成。我们既要支持那些取得成功经验的改革者，更要爱护和珍惜那些出现了一点失误的改革者的勇气，不要责难和苛求他们。但是，这些支持和爱护，只能是也必然是从改革开放的实践中获得的，赢得支持，取得成功，靠大胆改革，从失误中站起来，继续前进，也要靠改革的实践，舍此没有他途。我们要像邓小平同志说的那样。"干革命、搞建设，都要有一批勇于思考、勇于探索、勇于创新的闯将。没有这样一大批闯将，我们就无法摆脱贫穷落后的状态，就无法赶上更谈不上赶超国际先进水平。我们希望各级党委和每个党支部，都来鼓励、支持党员和群众勇于思考、勇于探索、勇于创新，都来促进群众解放思想，开动脑筋的工作。"[①]

　　[①] 《邓小平文选》(1975—1982年)，人民出版社1983年第1版，第133—134页。

第四，要警惕右，但主要是防"左"。

在改革、开放、发展社会生产力过程中，不断有来自"左"的和右的方面的阻力和干扰。对于各种错误干扰，邓小平多次作了明确的论述。1987年1月，他说："搞改革、搞四化可不简单。我们从来没有自我陶醉，没有认为会一帆风顺。一定会有来自多方面的干扰，有'左'的干扰，也有右的干扰。如果说我们过去对'左'的干扰注意得多，对右的干扰注意不够，那么这次学生闹事提醒了我们，要加强注意右的干扰"①。1987年4月，又说："这八九年的经历证明，我们所做的事情是成功的，总的情况是好的，但不是没有干扰。几十年的'左'的思想纠正过来不容易，我们主要是反'左'，'左'已经形成了一种习惯势力。现在中国反对改革的人不多，但在制定和实行具体政策的时候，总容易出现有一点留恋过去的情况，习惯的东西就起作用，就冒出来了。同时也有右的干扰，概括起来就是全盘西化，打着拥护开放、改革的旗帜，想把中国引导到搞资本主义。这种右的倾向不是真正拥护改革、开放政策，是要改变我们社会的性质。……我们既有'左'的干扰，也有右的干扰，但最大的危险还是'左'。习惯了，人们的思想不容易改变。"② 1987年7月再次指出："搞现代化建设，搞改革、开放，存在'左'和右的干扰问题。'左'的干扰更多是来自习惯势力。旧的一套搞惯了，要改不容易。右的干扰就是搞资产阶级自由化，全盘西化，包括照搬西方民主。'左'的和右的干扰，最主要的是'左'的干扰。建国后，从1957年到1978年，我们吃亏都是在'左'。

---

① 《建设有中国特色的社会主义》（增订本），人民出版社1987年版，第155页。

② 《邓小平同志重要谈话（1987年2月—7月）》，人民出版社1987年第1版，第28—29页。

我们国家大，党的历史很长，建国也已经有38年，因此，好多习惯势力不能低估，而右的干扰也帮了习惯势力的忙，所以我们也不能忽视右的干扰。"① 等等。

邓小平的上述思想，为我们党的十三大报告所肯定。十三大报告指出："不能以僵化的观点看待四项基本原则，否则就会怀疑以至否定改革开放的总方针。也不能以自由化的观点看待改革开放，否则就会离开社会主义轨道。在初级阶段，在我们尚未摆脱不发达状态之前，否定社会主义制度、主张资本主义制度的资产阶级自由化思想将长期存在。如果思想僵化，不改革开放，就不能更好地显示社会主义的优越性和增强社会主义的吸引力，也就会在实际上助长资产阶级自由化思想的滋长和蔓延。排除僵化和自由化这两种错误思想的干扰和影响，将贯串社会主义初级阶段的全过程。由于'左'的积习很深，由于改革开放的阻力主要来自这种积习，所以从总体上说，克服僵化思想是相当长时期的主要任务。"② 所以，在改革、开放中，在社会主义现代化建设过程中，对于"左"的危害必须有充分的认识和足够的重视。

邓小平的论述和中央的这个方针是完全正确的。如果不进行这个斗争，我们就会寸步难行。试想一下，十三大报告中所列举的我们党在对社会主义再认识过程中所发挥和发展的一系列科学理论观点，有哪一个不是在打破了原有的传统观点和固守这些传统观点的僵化思想的阻力以后才得以发挥和发展并付诸实践的？而如果不能发挥和发展这一系列科学理论和观点，我们何以形成建设有中国特色的社会主义的理论，何以回答我国社会主义建设

---

① 《邓小平同志重要谈话（1987年2月—7月）》，人民出版社1987年第1版，第43页。

② 《中国共产党第十三次全国代表大会文件汇编》，人民出版社1987年第1版，第13—14页。

的阶段、任务、动力、条件、布局和国际环境等基本问题，何以规划我们前进的科学轨道？如果那样，我们的社会主义现代化事业还有希望？最近，邓小平同志再一次指出：现在，有右的东西影响我们，也有"左"的东西影响我们，但根深蒂固的还是"左"的东西，有些理论家、政治家，拿大帽子吓唬人的，不是右，而是"左"。"左"带有革命的色彩，好像越"左"越革命。"左"的东西在我们党的历史上可怕呀！一个好好的东西，一下子被他们搞掉了。右可以葬送社会主义，"左"也可以葬送社会主义。中国要警惕右，但主要防"左"。把改革开放说成是引进和发展资本主义，认为和平演变的主要危险来自经济领域。这些就是"左"。我们必须保持清醒的头脑，这样就不会犯大错误，出现问题也容易纠正和改正。总之，我们必须既要警惕右，但主要防"左"。在以江泽民为核心的党中央正确领导下，坚定不移地贯彻执行党的"一个中心，两个基本点"的基本路线，抓住当前有利时机，加快改革开放的步伐，集中力量把经济建设搞上去，沿着建设有中国特色的社会主义道路继续前进。

（原载《历史的潮流》一书中，中国人民大学出版社1992年5月出版）

社会主义经济中的计划与市场

社会主义是有计划的商品经济。在社会主义经济中，计划与市场究竟是什么关系？这是我国经济体制改革中一个极为重要的问题。我们党和邓小平对社会主义经济进行科学分析后得出"计划经济与市场调节相结合"的正确论断。邓小平明确地指出："我们要继续坚持计划经济与市场调节相结合，这个不能改。实际工作中，在调整时期，我们可以加强或者多一点计划性，而在另一个时候多一点市场调节，搞得更灵活一些。以后还是计划经济与市场调节相结合。重要的是，切不要把中国搞成一个关闭性的国家。"① 改革10年来，我国经济迅速发展，市场繁荣，人民生活明显的提高和改善，证明上述论断是完全正确的。

一 计划经济与市场调节相结合的理论发展过程

党的十一届三中全会前的近30年间，我们一直把计划经济和商品经济相互对立起来，认为社会主义是计划经济，资本主义

---

① 《邓小平同志论改革开放》，人民出版社1988年第1版，第124—125页。

是商品经济，两者是格格不入的。在这种思想指导下，我们实行苏联式的计划管理体制，对经济统得很死。生产资料不通过市场，实行计划分配；消费品虽然通过市场，但对主要产品也实行计划收购，计划供应，以致生产与需要脱节，计划与市场脱节，整个经济运转处于僵化状态。

1978年12月党的十一届三中全会，重新确定了马克思主义的思想路线和政治路线。全会公报指出："现在我国经济管理体制的一个严重缺点是权力过分集中，应该有领导地大胆下放，让地方和工农业企业在国家统一计划的指导下有更多的经营管理自主权；应该着手大力精简各级经济行政机构，把它们的大部分职权转交给企业性的专业公司或联合公司；应该坚决实行按经济规律办事，重视价值规律的作用"[1]。

1980年1月，邓小平在《目前的形势和任务》一文中指出："我们在发展经济方面，正在寻求一条合乎中国实际的，能够快一点、省一点的道路，其中包括……在计划经济指导下发挥市场调节的辅助作用"[2]。

1981年6月，十一届六中全会在《关于建国以来党的若干历史问题的决议》中指出："必须在公有制基础上实行计划经济，同时发挥市场调节的辅助作用。要大力发展社会主义的商品生产和商品交换。"[3]

1982年9月，党的十二大报告，对计划经济与市场的关系作了进一步地分析。报告指出："我国在公有制基础上实行计划经济。有计划的生产和流通，是我国国民经济的主体。同时，允

---

[1] 《三中全会以来重要文献选编》上，人民出版社1982年第1版，第6—7、314页。
[2] 同上。
[3] 《三中全会以来重要文献选编》下，人民出版社1982年第1版，第841页。

许对于部分产品的生产和流通不作计划,由市场来调节,也就是说,根据不同时期的具体情况,由国家统一计划划出一定的范围,由价值规律自发地起调节作用。这一部分是有计划生产和流通的补充,是从属的、次要的,但又是必需的、有益的。国家通过经济计划的综合平衡和市场调节的辅助作用,保证国民经济按比例地协调发展。……由于我国还存在着多种经济形式,由于对社会的各种复杂需求和大量企业的生产能力难以作出精确计算等原因,除了指令性计划之外,对许多产品和企业要实行主要运用经济杠杆以保证其实现的指导性计划。无论实行指令性计划还是指导性计划,都要力求符合客观实际,经常研究市场供需状况的变化,自觉利用价值规律,运用价格、税收、信贷等经济杠杆引导企业实现国家计划的要求,给企业以不同程度的机动权,这样才能使计划在执行中及时得到必要的补充和完善。至于各种各样的小商品,产值小,品种多,生产、供应的时间性和地域性一般很强,国家不必要也不可能用计划把它们都管起来。这类小商品,可以让企业根据市场供求的变化灵活地自行安排生产,国家应当通过政策法令和工商行政工作加强管理,并协助它们解决某些重要原材料的供应。"总之,"正确贯彻计划经济为主、市场调节为辅的原则,是经济体制改革中的一个根本性问题。"[①]

根据历史的经验和十一届三中全会以来的实践,1984年10月,中共中央在《关于经济体制改革的决定》中,对我国计划经济与市场调节的关系认识又前进了一步。首先"要突破把计划经济同商品经济对立起来的传统观念……。实行计划经济同运用价值规律、发展商品经济,不是互相排斥的,而是统一的,把它们对立起来是错误的。"同时,对我国计划体制的基本点作了

[①] 《十二大以来重要文献选编》上,人民出版社1988年第1版,第22—23页。

进一步概括:"第一,就总体说,我国实行的是计划经济,即有计划的商品经济,而不是那种完全由市场调节的市场经济;第二,完全由市场调节的生产和交换,主要是部分农副产品、日用小商品和服务修理行业的劳务活动,它们在国民经济中起辅助的但不可缺少的作用;第三,实行计划经济不等于指令性计划为主,指令性计划和指导性计划都是计划经济的具体形式;第四,指导性计划主要依靠运用经济杠杆的作用来实现,指令性计划则是必须执行的,但也必须运用价值规律。按照以上要点改革现行的计划体制,就要有步骤地适当缩小指令性计划的范围,适当扩大指导性计划的范围。对关系国计民生的重要产品中需要由国家调拨分配的部分,对关系全局的重大经济活动,实行指令性计划;对其他大量产品和经济活动,根据不同情况,分别实行指导性计划或完全由市场调节。计划工作的重点要转到中期和长期计划上来,适当简化年度计划,并相应改革计划方法,充分重视经济信息和预测,提高计划的科学性。"①

1987年10月,我们党的十三大,不仅肯定党的十三届三中全会通过的《中共中央关于经济体制改革的决定》中关于计划与市场的科学论断,而且进一步阐述了这一科学论断。十三大报告指出:"社会主义有计划商品经济的体制,应该是计划与市场内在统一的体制。在这个问题上,需要明确几个基本观念:第一,社会主义商品经济同资本主义商品经济的本质区别,在于所有制基础不同。建立在公有制基础上的社会主义商品经济为在全社会自觉保持国民经济的协调发展提供了可能,我们的任务就是要善于运用计划调节和市场调节这两种形式和手段,把这种可能

---

① 《中共中央关于经济体制改革的决定》,人民出版社1984年第1版,第17、18—19页。

变为现实。社会主义商品经济的发展离不开市场的发育和完善，利用市场调节绝不等于搞资本主义。第二，必须把计划工作建立在商品交换和价值规律的基础上。以指令性计划为主的直接管理方式，不能适应社会主义商品经济发展的要求。不能把计划调节和指令性计划等同起来。应当通过国家和企业之间、企业与企业之间按照等价交换原则签订订货合同等多种办法，逐步缩小指令性计划的范围。国家对企业的管理应逐步转向以间接管理为主。第三，计划和市场的作用范围都是覆盖全社会的。……国家运用经济手段、法律手段和必要的行政手段，调节市场供求关系，创造适宜的经济和社会环境，以此引导企业正确地进行经营决策。实现这个目标是一个渐进过程，必须为此积极创造条件。"[1] 十三大报告在"加快建立和培育社会主义市场体系"一节中还指出："社会主义的市场体系，不仅包括消费品和生产资料等商品市场；而且应当包括资金、劳务、技术、信息和房地产等生产要素市场，单一的商品市场不可能很好发挥市场机制的作用。社会主义的市场体系还必须是竞争的和开放的；垄断的或分割的市场不可能促进商品生产者提高效率，封闭的市场不利于发展国内的合理分工和促进国际贸易。"[2]

二　社会主义经济是计划经济与市场调节相结合的商品经济

社会主义是建立在生产资料公有制基础上的有计划的商品经济。这一科学命题既区别于未来社会的有计划的产品经济，又区

---

[1]《中国共产党第十三次全国代表大会文件汇编》，人民出版社1987年第1版，第26—27、29页。

[2] 同上。

别于生产资料私有制基础上的生产无政府状态的小商品经济和资本主义商品经济。

公有制基础上的有计划的商品经济，它不是计划经济和商品经济的混合体，而是一个统一的整体。计划要通过价值规律来实现，要运用价值规律为计划服务。应该把两者统一起来，而不能把它们割裂开来或对立起来。在社会主义阶段，离开商品经济这个内容，计划经济就没有什么内容了；离开计划性这个特征，商品经济也就称不上是社会主义经济。国家计划管理的宗旨，就是要把商品生产和商品交换如何有计划地而不是盲目地、无政府状态地进行，使之更好地适合社会的需要。

有的人口头上也承认社会主义是有计划的商品经济，但在实践上总是以为商品经济和计划经济、市场和计划是不相容的，似乎商品经济的本性就是自发的、竞争的和无政府状态的，是与计划不相容的。这是一种误解，是形而上学的思想方法。他们忘记了社会主义的商品生产是特种商品生产，它的基础是生产资料公有制，是可以根据社会需要有计划地进行。事实上，商品生产不论在社会主义社会，还是在资本主义社会，都是可以有计划进行的，区别仅仅是计划的范围大小不同（目的、性质不同，在此不论）。资本家或资本家集团以先进的技术在国内外广布情报网，及时了解市场信息，分析动向，目的就是为了进行自己的计划生产，而且在某种程度上可能还计划得不错。问题是他们的计划只能是个别的、局部的、暂时的，生产资料私有制阻碍实行全社会统一计划的可能性。因此，各个资本家或资本家集团生产的有计划性和全社会生产的无政府状态同时并存。社会主义商品生产由于生产资料公有制，不存在部门与部门、企业与企业之间的沟墙壁垒，能够有统一的计划，实行"有意识的社会调节"，从而消除社会生产的无政府状态。所以，把商品经济看作是一种不能计划的经济，从而把商品经济、市场与计划对立起来，显然是不妥的。

社会主义国家在制订发展国民经济计划时，是综合考虑各种经济规律的客观要求，特别是考虑社会主义基本经济规律、国民经济有计划按比例发展规律、价值规律的要求，而不是仅仅考虑其中某一规律的要求。社会主义基本经济规律要求我们的计划，必须以最大限度地满足整个社会日益增长的物质和文化的需要为宗旨，忘记了这一点，整个计划就会迷失社会主义方向。国民经济有计划按比例发展规律要求我们的计划必须按照社会各生产部门之间、各企业之间的内在比例关系来调配生产资料和劳动力，使整个国民经济成为一个有机的整体，协调地发展。在现阶段有计划商品经济的条件下，价值规律要求我们的计划，一方面要求我们在安排国民经济各部门的比例关系时，必须考虑价值关系、价值的实现，合理制定价格政策，使在正常的生产条件下各部门产品价值都能实现，它们所耗费的生产资料通过在物质形态上得到恢复，在价值形态上得到补偿，以顺利地进行再生产。如果不考虑价值关系，价值得不到实现，各部门的比例就会遭到破坏，社会再生产就难以顺利进行。另一方面，要求我们在安排计划时，要使生产和市场相衔接。有商品生产和商品交换，就必然有市场问题。既然生产资料产品和消费资料产品都是商品，就都需要通过市场去满足社会需要。那种认为有关国计民生的产品只能计划调节，只有那些零星农副产品、小百货才让市场调节的观点是形而上学的。钢、铁、煤、粮、油等这类主要产品也存在产供销问题。既然是商品，就不能不受价值规律的调节和市场调节，问题在于是自觉利用市场调节，还是自发的市场调节。在社会主义条件下，市场的需要大体就是人民的需要。市场需要什么就生产什么，需要多少就生产多少，这既符合价值规律的要求，也同样符合社会主义基本经济规律的要求。我们的计划是否符合社会主义基本经济规律、国民经济有计划按比例发展规律和价值规律的要求，归根结底，要由市场来检验。因此，我们制订计划是以客观经济规律为基础或依据，市场是检验计划的标尺。所谓计划调节，就是按照这些客观规律的要求制订出来的计划调节，其背后是这些规律在调节，不过不是自发的，而是通过人们自觉利用的计划调节来实现罢了。

重要商品由计划调节，不重要商品由市场调节，这种看法实质上仍然是社会主义和商品经济、计划经济与商品经济、计划与市场不相容的传统观念的反映。马克思主义认为，计划经济与商品经济不是一对矛盾。计划经济的对立面是生产无政府状态经济，商品经济的对立面是自然经济。社会主义由生产社会化和生产资料的公有制决定，它是有计划的商品经济，因此，价值规律作用的范围是极其广阔的。市场调节仅限于一些范围极小的不重要产品，实际上就是把价值规律的调节作用限制在狭小的范围内。这种口头上重视市场和价值规律的作用，实质上限制了它在整个生产中和整个社会计划工作中的应有作用，在理论上是一大倒退。当然，如果一味削弱乃至全盘否定计划经济，企图完全实行市场经济，在中国是行不通的，必将导致经济生活和整个社会生活的混乱。因此，我们必须实行"计划经济与市场调节相结合"的原则，来改革我国的经济体制。

三 计划与市场是密切联系和相辅相存的

社会主义经济中存在市场，当然，它的作用和资本主义的市场作用是根本不同的。在私有制为基础的商品经济中，一般地说，市场的调节作用是在生产者背后，即在人们对它不太认识、不利用或不能很好利用的情况下进行的,亦称自发的无计划的市场调节;在生产资料公有制基础上的有计划的商品经济中,一般地说,市场调节作用是有可能被人们所认识并按照它的要求加以自觉地利用,亦称自觉的有计划的市场调节。

社会主义的有计划的市场,实际上就是指计划调节和市场调节相结合,即把市场调节纳入国家计划的范围内。在有计划的商品经济条件下,国家计划正确与否,能否实现,都必须通过市场来检验。因此,两者是密切联系的和相辅相存的。有计划的市场调节,实际上是指国家、地方、企业自觉利用市场上的一些规律(如价值规律、供求规律、竞争规律等等)进行调节,根据社会需要把社会总劳动分配到国民经济各个部门去,使其得到有效的利用。因此,决不能把计划经济和市场调节截然分开,两者是内在统一的。十三大报告指出:"社会主义有计划商品经济的体制,应该是计划与市场内在统一的体制。"[①]

社会主义国家自觉利用市场规律,实行有计划的市场调节,即调节商品流通、调节人们消费水平和消费结构的变化,使其随着社会生产力的发展和产品的日益丰富,人们的需要逐步得到满足和提高。

社会主义制度下,市场除了主要的有计划的市场外,还有部分的自由市场。有计划的市场和自由市场的关系是统一性和灵活性相结合的关系。主要是由于我国幅员辽阔,人口众多,交通不便,信息不灵,经济文化发展很不平衡的状况在短期内还难以完全改变。考虑到我国目前商品经济很不发达,必须大力发展商品生产和商品交换,以及各种产品在国民经济和人民生活中的地位

[①] 《中国共产党第十三次全国代表大会文件汇编》,人民出版社1987年第1版,第26页。

区别，允许部分自由市场存在就更加迫切需要。如果脱离我国现实的国情，把所有的经济和市场都纳入国家计划，这是一种脱离实际的"官僚主义的空想"。所以，在很长历史时期内，我们的国民经济计划就总体来说，只能是粗线条的和有弹性的，只能做到大的方面管住管好，小的方面放开放活，保证国民经济重大比例适当，国民经济大体按比例地协调发展。

社会主义制度下的自由市场调节，在我国现阶段，主要是部分农副产品、日用小商品和服务修理行业的劳务活动，它们在国民经济中起着辅助的但不可缺少的作用。

社会主义制度下的自由市场调节，也不完全像资本主义制度下的自由市场调节。因为它是在公有制条件下，受国家的一定经济政策指导和占有绝对优势的有计划市场调节影响下形成和发挥作用的。这种自由市场调节实际上是间接的计划市场调节，它是国家有计划生产和流通的补充，是从属的、次要的，但又是必需的、有益的，因此在社会主义一定的历史阶段上要适当扩大和发展。当然，这种扩大和发展，也会产生某种盲目性，但在国家有计划的指导、调节和行政的管理之下，这种盲目性可以减少到最低限度。总之，我们要积极探索和努力学会运用经济手段、法律手段和必要的行政手段，调节市场供求关系，创造适宜的经济和社会环境，引导企业进行正确的经营决策，逐步建立起计划经济与市场调节内在统一的中国特色的经济体制。

四 进一步发展社会主义的有计划市场，逐步完善市场体系

社会主义公有制基础上的有计划的商品经济，决定社会主义的市场必然是有计划的市场。因此，我们必须充分发挥有计划市场在实现社会主义生产目的，促进生产适应消费，实现国民经济

有计划按比例发展，推动生产者和经营者改进生产、改善经营管理，提高经济效益，调节产销矛盾，活跃市场和繁荣经济等重要的作用。

社会主义有计划商品市场是社会主义统一市场的主体。随着社会主义商品经济的发展，必须完善和发展社会主义市场体系。社会主义市场体系是社会主义各类市场的有机统一体，它既包括消费资料市场、生产资料市场，还包括技术市场、资金市场等等。在我国现阶段，不仅要继续扩大消费品市场，还要逐步减少国家直接调拨生产资料的种类和数量，扩大生产资料市场。适应商品市场发展的要求，逐步开辟和发展资金市场、技术市场，同时促进劳动力的合理流动。只有在国家政策和计划的指导下建立起社会主义的统一市场，同时加强市场的管理工作，才能发挥竞争机制的优胜劣汰作用和各种经济杠杆的调节作用，从根本上提高企业和社会的经济效益。随着市场体系的逐步完善，要有步骤地适当缩小指令性计划的范围，扩大指导性计划的范围，加强综合平衡，将计划工作的重点转到运用经济政策和经济手段进行间接的、全面的宏观控制的轨道上来。

逐步形成和完善市场体系的关键，是改革价格体系和价格管理制度。对消费资料除极少数重要商品仍由国家定价外，一般商品要根据市场供求关系有计划地逐步放开。对重要生产资料要逐步减少国家统一定价部分的比重，扩大市场调节部分的比重，同时有计划分步骤地调整计划价格，使计划与市场两种价格的差距逐渐缩小。重要的公用事业及主要劳务的收费标准或价格，仍由国家管理，并进行有计划的调整，其他属于第三产业的价格逐步放开。通过这些改革，逐步形成少数商品和劳务实行计划价格，多数商品实行浮动价格、自由价格的统一性与灵活性相结合的价格体系，更好地发挥价格这个最重要、最有效的经济杠杆对生产、流通和消费的调节作用。在改革中，全民所有制工商企业、物资供销部门以及供销合作社，必须掌握必要的物资和经济手段，积极参与市场调节，发挥吞吐调剂、平抑物价的作用。这是有计划商品经济的一个重要特点。

改革和完善财政税收体系，正确发挥财政政策的作用，保证国家有稳定而充足的财政收入，同时做到公平税赋的鼓励竞争，以促进效益的提高和经济的稳定发展。国家预算内投资主要用于基础设施和非盈利性事业的建设，盈利性企业事业单位的投资主要运用自有资金和通过合资、集资、银行贷款等方式筹集，政府可以利用资助、贴息等办法对预算外资金的投资方面加以正确引导。

改革金融体制，充分发挥银行系统筹集融通资金、引导资金流向、提高资金运用效率和调节社会总需求的作用。在国家银行的指导和管理下，运用多种金融工具积极发展横向的资金融通，促进资金市场的逐步形成。

为了进一步发展社会主义有计划市场，逐步完善市场体系，要尽快建立和健全市场的情报信息系统。必须在全国范围内，从中央到地方要尽快建立起一批专门的市场预测、预报机构，较大的专门公司和联合公司也应该建立类似的组织。另外，还要制造和购进一些市场预测的先进手段，如电子计算机等。做到情况明，决心大，充分发挥市场对生产、流通、分配、消费的调节作用。

加强法制和思想政治教育，这是实行有计划的市场调节不可缺少的重要条件。目前要尽快地把工厂法、商店法、公司法、合同法、税收法、物价法、计划法等搞出来，使得企业活动有法可循。实施法律，还要进行经常性的思想政治教育，教育群众要顾大局、识大体，正确处理国家、集体和个人利益的关系。

（原载黑龙江《学术交流》1990年第3期）

深化经济体制改革,发展社会主义的市场经济

党的十四大报告明确指出:"我国经济体制改革的目标是建立社会主义市场经济体制,以利于进一步解放和发展生产力。"这是我们党对社会主义再认识的重大科学成果,是对马克思主义经济理论的重大发展,它为建立具有中国特色的充满生机和活力的社会主义经济体制,促进社会主义生产力的迅速发展,奠定了重要的理论基础。

一 计划与市场都是经济手段

正确认识和处理计划和市场都是经济手段,是我国经济体制改革的核心问题。善于应用这些手段,对加快社会主义商品经济发展,加速社会主义现代化建设有着极其重要的意义。

1. 计划是社会化大生产的客观要求,资本主义有计划

在自然经济条件下,生产以一家一户为单位,生产自己需要的产品,整个社会也是一样,生产目的主要是为了满足自己的需要,社会各部门之间关系极其简单。列宁指出:"在自然经济

下，社会是由许多单一的经济单位（家长制的农民家庭、原始村社、封建领地）组成的，每个这样的单位从事各种经济工作，从采掘各种原料开始，直到最后把这些原料制造成消费品。"[1] 随着生产社会化的发展，由自然经济向商品经济过渡，社会生产各个部门之间、社会再生产各个环节（生产、交换、分配、消费）之间，乃至整个国家经济之间，结成了相互制约、相互促进的关系。这时，任何一个生产部门的发展，都需要以诸多部门的相应发展为条件，社会生产的发展又以交换的相应发展为条件，又要同社会需要相适应。马克思曾把社会生产内部这种错综复杂的联系，概括为社会劳动在各部门之间按比例分配的关系，为社会生产两大部类的关系。或称为社会资源的合理配置的关系。总之，要保持社会生产及整个国民经济内部各组成部门之间的协调关系，是社会生产及整个国民经济顺利发展的内在要求和必要前提，一旦这种内在联系遭到破坏，社会生产及整个国民经济就不能正常发展。社会生产发展的这种客观要求，在不同的经济条件下，或经济发展不同阶段上是通过不同形式来实现的。资本主义是社会化大生产，在自由竞争阶段，企业内部生产是有计划的，整个社会生产各部门之间的联系是无计划的，通过资本家相互竞争，最后通过生产大量破坏的经济危机来强制解决这个社会比例关系。到了资本主义发展到垄断阶段，尽管资本主义生产基础私有制没有变，但调节经济运行的手段已经发生某些方面的变化。大的垄断组织乃至跨国公司的形成，这种社会比例关系，逐步通过计划来解决。尤其是资本主义的先进科学技术的发展，为这种"计划"提供了实现的手段。所以恩格斯在1891年就说过：德国社会民主党爱尔福特纲领草案关于"根源于资本主义

---

[1]《列宁选集》第1卷，人民出版社1972年第2版，第161页。

私人生产的本质的无计划性"的提法，"需要大加修改"，因为"资本主义私人生产……是由单个企业家所经营的生产；可是这种生产已经越来越成为一种例外了。由股份公司经营的资本主义生产，已不再是私人生产，而是为许多结合在一起的人谋利的生产。如果我们从股份公司进而来看那支配着和垄断着整个工业部门的托拉斯，那么，那里不仅私人生产停止了，而且无计划性也没有了"。① 1917 年 4 月，列宁就根据资本主义的新发展明确指出过："早在 1891 年，即在 27 年前，当德国人通过爱尔福特纲领时，恩格斯就说过，不能像过去那样说资本主义就是无计划性。这种说法已经过时了，因为既然有了托拉斯，无计划性就不存在了。""现在指出这一点尤为恰当。""现在资本主义正直接向它更高的、有计划的形式转变"。② 也就是说，到了资本主义垄断阶段，垄断资产阶级为了本阶级利益，可以在规模庞大的垄断组织范围内进行计划生产。到了本世纪 30 年代以后，国家垄断资本主义发展起来了，这时，整个垄断资产阶级为了本阶级的利益，首先在垄断组织内部实行计划生产，要注意，这时垄断组织的规模已发展到跨国公司的程度；不仅如此，还竭力在全国范围内协调资本家之间的利益矛盾，像法国、日本等国，政府还制订了发展国民经济的"七年计划"、"五年计划"。这类计划对资本主义企业虽然不具直接约束力，但发挥了一定程度的导向作用。由政府制订某种类型的计划虽然解决不了资本主义私有制同生产社会化的矛盾，但可以在一定限度、一定范围、一定时间内，暂时缓解这一矛盾。这说明，在资本主义制度下，整个国民经济是受价值规律调节的，但这并不妨碍垄断资产阶级把"计

---

① 《马克思恩格斯全集》第 22 卷，人民出版社 1965 年第 1 版，第 270 页。
② 《列宁全集》第 29 卷，人民出版社 1985 年第 2 版，第 353、436 页。

划"作为一种调节国民经济运行的手段。事情在发展变化，不承认资本主义这个计划现实是不对的。

社会主义是社会化大生产，又是公有制，客观上要求社会生产有计划，各部门保持一定的比例关系。但这种可能性变为现实性，并不是那么简单。建国40多年来，我国国民经济多次比例失调，大起大落的教训，说明了并没有很好地把这种可能性变为现实性。也就是说，要把这种可能性变为现实性，要经过艰苦的努力，计划要尊重价值规律，要尊重供求规律，计划要讲究科学性，要大力发展科学技术，才能使国民经济发展逐步走上有计划按比例的轨道，才能充分发挥社会主义制度的优越性。

总之，计划不是社会主义特有的，而是社会化大生产的客观要求，资本主义也有计划。它是社会资源合理配置的经济手段。只有这样认识，我们才能克服对"计划性"认识的片面性，才能充分吸收借鉴资本主义计划有益部分，为社会主义计划和社会主义现代化建设服务。

2. 市场是商品经济的产物，社会主义有市场

所谓市场，就是商品交换的领域和场所。市场是商品经济范畴。哪里有社会分工和商品生产，哪里就有市场。列宁早就指出，哪里有社会分工，哪里有商品生产，哪里就有市场，社会分工和商品生产发展到什么程度，市场就发展到什么程度。市场产生于原始社会末期，随着社会分工和商品生产的发展而逐渐扩大。在资本主义社会以前，市场发展十分缓慢。到了资本主义社会，商品经济高度发展，不仅劳动产品是商品，劳动力也成为商品，市场成为资本主义的存在和发展的前提。市场的范围、内容与简单商品经济条件下的市场不可同日而语。此时市场已发展成为资本主义的市场经济。社会主义存在着商品经济，尤其是我国

目前正处在社会主义初级阶段,存在着以公有制为主体的多种经济成分,社会主义商品经济是不可避免的。因此,必然也存在着市场。这种市场是社会主义的市场。过去一讲市场,就认为是资本主义;主张发展市场就是搞资本主义,这纯属理论上的误解。我们改革开放,就是要大力发展社会主义的各种市场,通过市场合理配置社会资源;通过市场大力扩大对外开放,充分利用和借鉴世界上一切人类文明成果,来发展我国社会主义商品经济,加快社会主义现代化建设。

3. 计划与市场都是经济手段

通过上面分析,我们清楚地认识到:资本主义有计划,社会主义有市场;计划经济不等于社会主义,市场经济不等于资本主义;计划与市场不是区分社会主义与资本主义的根本标志;区分社会主义和资本主义的根本标志是所有制不同了。那么,计划与市场在社会生产中的地位以及它们之间的关系如何?这是必须进一步要弄清楚的问题。大家知道,一个国家、一个民族或一个地区,在一定时候,社会资源都是有限的或一定的,但如何合理配置,使之合理利用和取得最大的社会效益,就值得研究了。根据迄今为止的社会生产的配置,大体有两种方式。一种是社会主义国家的计划经济的配置方式。根据马克思恩格斯对未来社会的预测,社会一旦实行公有制,即消亡商品生产和商品交换,整个社会是一个大工厂,将按统一的计划来生产和分配。社会各单位或企业,将是这个大工厂的一个车间,直接进行生产和分配。这种统一的高度集权制的体制,十月革命胜利后的苏联就是这样。结果证明是不成功的。到了后来改变这种做法,允许商品生产和商品交换的存在,允许市场的存在;但那种高度的集中计划体制,并没有得到改变,在斯大林时期并得到进一步增强。这种高度集中的计划体制并被错误地当作社会主义的唯一模式。这种高度的集中体制在一定时期有它的长处,它能够在全社会范围内集中必要的财力、物力、人力,办大的事业(而一个单位或一个地区、一个部门是办不到的),它可以调节社会收入,促进社会公平。但它的弱点是脱离社会主义国家经济发展水平,忽视或削弱了基层单位和劳动者的积极性和创造性,错误地把指令性计划等同计划经济。正如党中央指出:"这种模式的主要弊端是:政企职责不分,条块分割,国家对企业统得过多过死,忽视商品生产、价值规律和市场的作用,分配中平均主义严重。这就造成了企业缺乏应有的自主权,企业吃国家'大锅饭'、职工吃企业'大锅饭'的局面,严重压抑了企业和广大职工群众的积极性、主动性、创造性,使本来应该生机盎然的社会主义经济在很大程度上失去了活力。"[①] 正因为如此,所有社会主义国家的社会主义优越性都没有得到充分的发挥和体现,这是社会主义国家体制改革的根本原因。另一种是资本主义初期的完全的市场配置方式,即用"看不见的手",即价值规律去调节分配社会资源。市场作为经济调节手段具有两种突出的特征:一是平等性,另一是竞争性。平等性即相互承认对方是自己产品的所有者,对其所消耗的劳动通过价值形式给予社会承认和补偿。这种平等性促进了商品经济条件下资源合理的流动。市场的平等性是以价值规律和等价交换原则为基础的,它不包含任何阶级属性。市场的竞争性来自优胜劣汰,奖优罚劣的机制,由市场判断优劣,确定利益归属,通过市场竞争促进社会生产力的发展、企业劳动效率的提高和科学技术的进步。这种优点是很突出的,是传统的计划经济所不及的。但致命弊端是整个全社会失控,处于无政府状态。经济发展

[①] 《中共中央关于经济体制改革的决定》,人民出版社1984年第1版,第8页。

到一定时期,就会出现"生产过剩"的危机,造成社会财富大量浪费。资本主义发展的历史已经说明这一点。

计划和市场两者在商品经济条件下是相辅相存的,而不是互相排斥和替代。它们是互补的,它们在不同层次上发挥各自的作用和优势。一般说来,计划主要是在整体的宏观调控,总量控制、结构调整、经济布局等方面发挥作用,解决好重大资源和社会利益的调整等问题。市场主要是在微观经济领域,日常生产经营活动和有关资源配置等方面发挥作用。计划和市场作为调节经济的手段,作为配置资源的两种方法,都是商品经济发展所不可缺少的。它不是划分社会主义与资本主义的标志。社会主义与资本主义的根本区别在于所有制不同了。计划的功能就在于从宏观上促进国民经济协调发展;市场的功能,就是要调动商品生产者和经营者的积极性,使广大的商品生产者和经营者按市场需要组织生产经营活动。两者有机的结合正是我国经济体制改革的方向。

根据上述计划和市场作为调节手段的分析,它们各自都有利弊。社会主义国家和资本主义国家的政治家们尽管他们出发点不同,但都力图把两者长处结合起来,来合理配置社会资源,发展本国经济。

二 建立社会主义市场经济体制,加快我国经济改革步伐

计划与市场、计划经济与市场经济,它们不是对立,而是互补的。因此,两者必须结合。根据我国现阶段的实际情况,必须建立社会主义市场经济体制。也就是要使市场在社会主义国家宏观调控下对资源配置起基础性作用,使经济活动遵循价值规律的要求,适应供求关系的变化;通过价格杠杆和竞争机制的功能,

把资源配置到效益较好的环节中去,并给企业以压力和动力,实现优胜劣汰;运用市场对各种经济信号反应比较灵敏的优点,促进生产和需求的及时协调。同时也要看到市场有其自身的弱点和消极方面,必须加强和改善国家对经济的宏观调控。按照市场经济体制的客观要求,加快我国经济体制改革的步伐。

1. 社会主义必须搞市场经济

商品经济、市场经济既相区别又有联系。市场经济是商品经济发展的必然趋势,是商品经济更高阶段。它把生产的一切推向市场,用市场带动生产和整个社会经济发展。我们党确定我国社会主义经济"是在公有制基础上有计划的商品经济"、"商品经济的充分发展,是社会经济发展的不可逾越的阶段,是实现我国经济现代化的必要条件"。[①] 现在,党的十四次代表大会确认"我国社会主义市场经济",是理在其中的。邓小平同志早在1979年就批判了把市场经济等同资本主义的错误观点,提出了"社会主义也可以搞市场经济"、"应该把计划经济和市场经济结合起来"的科学论断。1992年初,他老人家在南方视察谈话中,再次阐明了这一点。

我国为什么必须搞市场经济呢?第一,我们是在商品经济不发达、经济文化落后的条件下建设社会主义的,大力发展生产力始终是我们的根本任务。建国初期,我们通过实行计划经济,集中大量的财力、物力、人力于国家基本建设,特别是重工业建设,使我国在较短时间内形成了独立的工业体系,迅速增强了国防能力。这对于建设社会主义经济,对于提高我国国际地位,都

[①] 《中共中央关于经济体制改革的决定》,人民出版社1984年第1版,第17页。

是必要的。但是随着时间的推移，我国经济活动规模日益扩大，经济活动的头绪日益增多，高度集中的计划经济体制与经济发展的客观要求越来越不适应。在发展生产力的过程中，如何合理地配置资源，使各种生产要素形成最佳组合，避免和减少浪费，不断提高经济效益，这些极其重大的问题长期未能很好解决。现在看来，市场机制这只"看不见的手"在这方面的作用不可替代。它通过市场供求关系的变化和价格的涨落，引导生产和消费，调节社会资源的流向，把有限的资源调配到最需要的地方和效率最高的企业。第二，我国正处于社会主义的初级阶段，存在公有制为主体的多种经济成分。企业与企业之间的交换，都必须遵循等价交换原则。实践证明，靠国家的计划定价和定期调价，很难实现等价交换。做到这一点，也必须借助市场机制的作用。市场机制，通过价格的涨落，扶优限劣，能够有效地鞭策企业机智进取、冒险拼搏、勤奋创业。企业为了追求自身的利益，必然要按照社会的需要组织生产，必然要采用最节约的方式进行生产。每个企业都这样做，社会需要就能得到较好的满足，经济活动的费用就会压到最低限度。第三，在整个社会主义历史阶段，劳动是人们谋生的主要手段，追求个人物质利益是人们从事生产和经营活动的动力。社会对劳动者个人物质利益的分配，必须和只能遵循等量劳动相交换的原则。而等量劳动交换只有依据通过市场形成的表现为价格的社会必要劳动这个尺度来进行。人们的劳动是节约还是浪费，效率是高还是低，离开市场很难得到客观的、公正的评价。第四，社会主义生产的目的，是满足社会全体成员的需要。这种需要千差万别，瞬息万变。把这些信息及时地、准确地收集起来，并用以指导生产和流通，单纯依靠行政手段和指令性计划是做不到、做不好的，必须借助市场这只遍及城乡各个角落的、灵敏度极高的触角和指示器。尤其是在我们这样的大国，经济文化发展很不平衡，信息的收集、反馈、加工、整理的手段相对落后，更离不开市场机制。第五，社会主义现代化建设必须对外开放。实行对外开放，就必须沟通国内与国际两个市场。我国要吸引外资，引进技术和人才，并且也使我们的资金、技术、人才进入国际市场，就必须按国际经济惯例办事，同国际市场通用规则接轨。只有建立完备的、并与国际市场相沟通的全国统一大市场，对外经济活动才能顺畅、有效地开展。

实践是检验真理的唯一标准。第二次世界大战以后的历史更充分证明了市场经济的无穷活力。一些较好地利用市场机制的国家，生产力就发展得快；而一些排斥市场机制的国家，生产力发展就相对缓慢。有些后进国家通过搞市场经济，日益发达起来；有些生产力水平高的国家，由于排斥市场机制，因而停滞落后。我国14年来的改革，主要是对高度集中的、僵化的计划经济体制进行大胆的改革，引入市场机制，结果经济搞活了，国家实力增强了，人民生活改善了，对社会主义信心增强了。特别是几个经济特区和沿海开放城市，更是以惊人速度向前发展。根本原因是放权搞活。就是让他们比照国际惯例，进行融通资金、引进技术、管理企业，招聘职工，就是放手地让市场机制发挥作用。十四大报告明确指出："实践表明，市场作用发挥比较充分的地方，经济活力就比较强，发展态势也比较好。我国经济要优化结构，提高效益，加快发展，参与国际竞争，就必须继续强化市场机制的作用。"总之，谁不搞市场经济谁就自甘落后，谁就等于自杀。落后就要挨打，就要丢弃社会主义。一些社会主义国家剧变的历史教训就是如此。

有人说搞市场经济是不是不要计划经济？当然不是。过去的计划经济是什么都搞，不管宏观还是微观，结果什么也没搞好，反而阻碍经济的发展。现在搞市场经济，放权放利，更需加强计划,而不是削弱。如果削弱了计划,结果经济不会搞活了、搞好了,而是搞糟了。经济肯定上不去。当然,我们现在说的计划,不是传统的高度集中的计划,而主要是宏观计划,搞宏观调控。不搞微观,集中力量搞宏观,这种计划才能符合实际,才能搞好。微观在宏观指导下,整个经济才能充满生机和活力,才能更好地发展。

搞市场经济会不会导致经济混乱?不可否认,是会带来一些副作用。但是世界上任何事物都不是尽善尽美的。都有两面性。市场经济也不例外。当今资本主义国家为克服这种盲目性已经积累了不少有效的经验。他们已经放弃资本主义早期那种盲目的、完全自由放任的市场经济,加强了国家宏观调控、经济杠杆导向。我们作为社会主义国家,发展市场经济当然更要加强国家的宏观调控和计划指导。只要我们正确地把握宏观调控的范围和力度,再通过某些经济杠杆,对市场机制施加影响,会把市场经济的消极作用减低到最低程度和缩小到最小范围。这一点,我们党早已估计到这一点。中共中央指出:"还应该看到,即使社会主义的商品经济,它的广泛发展也会产生某种盲目性,必须有计划的指导、调节和行政管理,这在社会主义条件下是能够做到的。"① 党的十四大报告也强调指出:同时也要看到市场有其自身的弱点和消极方面,必须加强和改善国家对经济的宏观调控。

2. 按照市场经济要求,深化经济体制改革

第一,抓紧企业特别是国营大中企业的经营机制转换,扩大企业的自主权,真正把企业推向市场,使企业真正成为市场竞争

---

① 《中共中央关于经济体制改革的决定》,人民出版社 1984 年第 1 版,第 17 页。

的主体和以营利为目的的法人实体,成为自主经营、自负盈亏、自我发展、自我约束的商品生产者和经营者。这是培育市场机制和建立社会主义市场经济体制的微观基础。由于长期以来,实行高度集中的计划经济体制,政企不分,企业成为行政机构的附属物,不少企业活力不足,经济效益低,一些企业长期严重亏损。这不但严重影响了国营经济的总体效益,也拖了整个国民经济的后腿。国营企业的产品结构和组织结构难于调整,经济效益难以提高的局面如不扭转,要使整个国民经济更好更快地上一个新台阶的要求就会落空。出路就在于改革。党的十二届三中全会通过的《中共中央关于经济体制改革的决定》提出:增强企业活力,特别是增强全民所有制大企业的活力,是以城市为重点的整个经济体制改革的中心环节。《决定》提出,所有权同经营权可以适当分开,要使企业真正成为相对独立的经济实体,成为自主经营、自负盈亏的社会主义商品生产者和经营者。并提出"在服从国家计划和管理的前提下,企业有权选择灵活多样的经营方式,有权安排自己的产供销活动,有权拥有和支配自留资金,有权依照规定自行任免、聘用和选举本企业的工作人员,有权自行决定用工办法和工资奖励方式,有权在国家允许的范围内确定本企业产品的、价格,等等。"《决定》还提出,要实行政企职责分开,真正发挥政府机构管理经济的职能。这为企业改革指明了方向。1988年4月,七届全国人大一次会议通过了《中华人民共和国全民所有制工业企业法》,明确了全民所有制企业的法律地位,确立了现阶段具有中国特色的社会主义企业制度。几年来的实践证明,《企业法》对于指导企业改革,增强企业活力,起了重要作用。但由于种种原因,《企业法》赋予企业的经营权还没有全面落实,企业很难做到自主经营、自负盈亏,绝大多数企业的经营机制,是不能适应社会主义市场经济的要求。1992年7

月，国务院颁布《全民所有制工业企业转换经营机制条例》，这是《企业法》进一步实施的条例，以加速企业经营机制的转换，增强企业活力，把企业推向市场。《条例》在保障国家对企业财产所有权的前提下，围绕企业经营自主权，规定了企业享有：生产经营决策权、产品、劳务定价权、产品销售权、物资采购权、进出口权、投资决策权、留用资金支配权、资产处置权、联营兼并权、劳动用工权、人事管理权、工资、奖金分配权、内部机构设置权、拒绝摊派权等14条经营权，而且对每一项权力都有详细规定。只要真正贯彻了这个条例，企业就能适应市场的需要，成为依法自主经营、自负盈亏、自我发展、自我约束的商品生产和经营单位，成立独立享有民事权利和承担民事义务的企业法人。这样的企业才能成为有充满活力和生机的社会主义企业。

第二，大力培育市场，建立统一的完备的社会主义市场体系。发展社会主义市场经济，离开完整的社会主义市场体系是不可想象的。随着社会主义市场经济的发展，必须建立完备的统一的社会主义市场体系。社会主义的市场体系是社会主义各类市场的有机统一体。它既包括消费资料市场，生产资料市场，还包括债券、股票等有价证券的金融市场，以及技术、劳务、信息和房地产等市场。在我国现阶段，不仅要继续扩大消费资料的市场，还要逐步减少国家直接调拨生产资料的种类和数量、扩大生产资料市场。适应市场经济发展要求，逐步开辟和发展各种资金市场、技术市场，同时促进劳动力的合理流动。只有在国家政策和计划的指导下建立起社会主义统一市场，同时加强市场的管理工作，才能充分发挥竞争机制的优胜劣汰的作用和各种经济杠杆的调节作用。从根本上提高企业和社会的经济效益。随着市场体系的逐步完善，要有步骤地逐步缩小指令性计划范围，扩大指导性计划范围，加强综合平衡，将计划工作的重点转到运用经济政策和经济手段进行间接的、全面的宏观控制的轨道上来。

逐步形成和完善市场体系的关键,是改革价格体系和价格管理制度。对消费资料除极少数重要商品仍由国家定价外,一般商品要根据市场供求关系有计划地逐步放开。对重要生产资料要逐步减少国家统一定价部分的比重,扩大市场调节部分的比重,同时有计划分步骤地调整计划价格,使计划与市场两种价格的差距逐步缩小。重要的公用事业及主要劳务的收费标准或价格,仍由国家管理,并进行有计划的调整,其他属于第三产业的价格逐步放开。通过这些改革,逐步形成少数商品和劳务实行计划价格,多数商品实行浮动价格,自由价格的统一性与灵活性相结合的价格体系,更好地发挥价格这个最重要、最有效的经济杠杆对生产、流通和消费的调节作用。在改革中,全民所有制工商企业、物资供销部门以及供销合作社,必须掌握必要的物资和经济手段,积极参与市场调节,发挥吞吐调剂、平抑物价的作用。这是市场经济的一个重要特点。

改革和完善财政税收体系,正确发挥财政政策的作用,保证国家有稳定而充足的财政收入,同时做到公平税赋的鼓励竞争,以促进效益的提高和经济的稳定发展。国家预算内投资主要用于基础设施和非盈利性事业的建设,盈利性企业事业单位的投资主要运用自有资金和通过合资、集资、银行贷款等方式筹集,政府可以利用资助、贴息等办法对预算外资金的投资方面加以正确引导。

改革金融体制,充分发挥银行系统筹集融通资金、引导资金流向、提高资金运用效率和调节社会总需求的作用,在国家银行的指导和管理下,运用多种金融工具积极发展横向的资金融通,促进资金市场的逐步形成。

为了进一步发展社会主义市场经济,逐步完善市场体系,要尽快建立和健全市场的情报信息系统。必须在全国范围内,从中央到地方要尽快建立起一批专门的市场预测、预报机构，较大的专门公司和联合公司也应该建立类似组织。另外，还要制造和购进一些市场预测的先进设备与工具，如电子计算机等。做到情况明，决心大，充分发挥市场对生产、流通、分配、消费的调节作用。

为了促进社会主义市场的形成，十四大报告还指出："加强市场制度和法规建设，坚决打破条条块块的分割、封锁和垄断，促进和保护公平竞争。"

第三，深化分配制度和社会保障制度的改革。十四大报告指出：深化分配制度和社会保障制度的改革，统筹兼顾国家、集体和个人三者利益，理顺国家与企业、中央与地方的分配关系，逐步实行利税分流和分税制，加快工资制度改革，逐步建立起符合企业、事业单位和机关各自特点的工资制度与正常的工资增长机制，积极建立待业、养老、医疗等社会保障制度，努力推进城镇住房制度的改革。

第四，实行政企职责分开，转变政府职能。在无产阶级和全体人民掌握了国家政权以后，领导和组织经济建设就成为国家机构的一项基本职能。建国40多年来，总的来说，我们的国家机构履行了这方面的职责，起了重大的作用。但是，国家机构特别是政府部门究竟怎样才能更好地领导和组织经济建设，以适应国民经济和社会发展的要求，还是一个需要认真加以研究和解决的问题。过去由于长期政企职责不分，企业实际上成了行政机构的附属物，中央和地方政府包揽了许多本来不应由它们管的事，而许多必须由它们管的事又未能管好。加上条块分割，互相扯皮，使企业工作更加困难。这种状况不改变，就不可能发挥基层和企业的积极性，不可能有效地促进企业之间的合作、联合和竞争，不可能发展社会主义的统一市场，而且势必严重削弱政府机构管理经济的应有作用。因此,按照政企职责分开、简政放权的原则进行改革,是搞活企业和整个国民经济的迫切需要。根据多年来的实践经验,1984年10月,中共中央指出:"政府机构管理经济的主要职能应该是:制订经济和社会发展的战略、计划、方针和政策;制订资源开发、技术改造和智力开发的方案;协调地区、部门、企业之间的发展计划和经济关系;部署重点工程特别是能源、交通和原材料工业的建设;汇集和传布经济信息,掌握和运用经济调节手段;制订并监督执行经济法规;按规定的范围任免干部;管理对外经济技术交流和合作,等等。这些职能,需要各级政府付出极大努力来履行,而过去有些没有做好,有的还没有做。但就政府和企业的关系来说,今后各级政府部门原则上不再直接经营管理企业。至于少数由国家赋予直接经营管理企业责任的政府经济部门,也必须按照简政放权的精神,正确处理同所属企业的关系,以增强企业和基层自主经营的活力,避免由于高度集中可能带来的弊端。全国性和地区性的公司,是在国民经济发展的需要和企业互有需要的基础上建立的联合经济组织,它们必须是企业而不是行政机构,不能因袭过去的一套办法,而必须学会现代科学管理方法。"[①]

1992年7月,国务院颁布《全民所有制工业企业转换经营机制条例》,按照政企职责分开的原则,政府依法对企业进行协调、监督和管理,为企业提供服务,提出一些原则性规定。

在企业和政府的关系上,《条例》重申了企业财产属于全民所有,即国家所有。明确了国务院代表国家行使对企业财产的所有权。对企业财产的内容,作了原则界定。为确保企业财产的所有

[①] 《中共中央关于经济体制改革的决定》,人民出版社1984年第1版,第23—24页。

权,《条例》规定了政府及其有关部门行使的八项职责。应当注意的是,政府及其有关部门行使这些职责时一定要严格依照法律、法规的规定,不得借口行使所有权职责,重新强化对企业的干预。

在加强宏观调控和行业管理,建立既有利于增强企业活力,又有利于经济有序运行的宏观调控体系方面,政府主要职能:①制定经济和社会发展战略、方针和产业政策,控制总量平衡,规划和调整产业布局;②运用利率、税率、汇率等经济杠杆和价格政策,调控和引导企业行为;③根据产业政策和规模经济要求,引导企业组织结构调整,实现资源合理配套;④建立和完善适应商品经济发展的企业劳动人事工资制度、财务制度、成本制度、会计制度、折旧制度、收益分配制度和税收征管制度,制定考核企业的经济指标体系,逐步将企业职工的全部工资性收入纳入成本管理;⑤推动技术进步,开展技术和业务培训,为企业决策和经营活动提供信息、咨询。

在培育和完善市场体系,发挥市场调节作用方面,政府主要职能:①打破地区、部门分割和封锁,建立和完善平等竞争、规则健全的全国统一市场;②按照国民经济发展总体规划和布局,统筹规划、协调和建立生产资料市场、劳务市场、金融市场、技术市场、信息市场和企业产权转让市场等,促进市场体系的发育和完善;③发布市场信息,加强市场管理,制止违法经营和不正当竞争。

在建立和完善社会保障体系方面,政府主要职能:①建立和完善养老保险制度,实行基本养老保险、企业补充养老保险、职工个人储蓄养老保险相结合的制度;②建立和完善职工的待业保险制度,使职工在待业期间能够得到一定数量和一定期限的待业保险金,保证其基本生活;③建立和完善医疗保险、工伤保险和生育保险等保险制度。

在为企业提供社会服务方面,政府主要职能:①发展和完善与企业有关的公共设施和公益事业,减轻企业的社会负担;②建立和发展会计师事务所、审计事务所、职业介绍所、律师事务所、资产评估机构和信息、咨询服务机构等社会服务组织;③完善劳动就业服务体系,培训待业人员,帮助其再就业;④健全劳动争议仲裁制度,及时妥善处理劳动纠纷,维护企业和职工的合法权益;⑤协调企业与其他单位的关系,保障企业的正常生产经营秩序。

为了加快政府职能的转变,十四大报告更明确提出:"加快政府职能的转变……转变的根本途径是政企分开。凡是国家法令规定属于企业行使的职权,各级政府都不要干预。下放给企业的权力,中央政府部门和地方政府都不得截留。政府的职能,主要是统筹规划,掌握政策,信息引导,组织协调,提供服务和检查监督。"

建立和完善社会主义市场经济体制,是一个长期发展的过程,是一项艰巨复杂的社会系统工程。因此,十四大报告指出:"既要做持久的努力,又要有紧迫感;既要坚定方向,又要从实际出发,区别不同情况,积极推进。要大胆探索,敢于试验,及时总结经验,促进体制转换的健康进行。"十四大报告还指出:"建立社会主义市场经济体制,涉及我国经济基础和上层建筑的许多领域,需要有一系列相应的体制改革和政策调整,必须抓紧制定总体规划,有计划、有步骤地实施。我们相信,社会主义条件下的市场经济,应当也完全可能比资本主义条件下的市场经济运转得更好。"

三 沿着三中全会路线,排除各种干扰,解放思想,大胆探索、前进

社会主义改革开放是前无古人的伟大事业。打开改革开放的

新局面需要人们高瞻远瞩的宏大气魄,去敢闯敢干敢试验的结果;深化改革开放更需要人们敢闯敢干敢试验的革命精神。纵观人类的发展史,任何一件新生事物的产生以及人们对它的认识,无一不是人们思想解放,敢闯政干敢试验的结果。1992年初,邓小平同志以无产阶级革命家的伟大勇气,高瞻远瞩地指出:改革开放胆子要大一些,敢于试验,不能像小脚女人一样。看准了的,就要大胆地试验,大胆地闯。深圳的重要经验就是敢闯。没有一点"冒"的精神,没有一股气呀、劲呀,就走不出一条好路,走不出一条新路,就干不出新的事业。这不仅对我国当前深化改革开放有指导意义,而且对我国整个社会主义现代化建设事业,都具有重大和深远的意义。当然,我们提倡在深化改革开放中,胆子要大一些,要勇于创新,敢于试验,绝不是说可以违反科学,违反客观规律,凭着主观愿望和一时热情去盲目蛮干,重复当年"人有多大胆,地有多大产"的错误。我们说的胆子要大一些,勇于创新,敢于试验,是指在坚持实事求是的原则下,尊重科学,尊重客观规律,充分发挥人的主观能动作用,努力去做应该做到和可能做到的事情,而不是超越现实,想入非非。胆子要大,但步子要稳,工作一定要细,作风一定要实。否则胆大,敢试就可能变为妄为和蛮干。因此,我们必须沿着十一届三中全会的路线,进一步解放思想,大胆探索,敢于试验,深化改革开放。

第一,必须坚持四项基本原则

四项基本原则是立国、治国之本。"如果动摇了这四项基本原则中的任何一项,那就动摇了整个社会主义事业,整个现代化建设事业。"[①] 当然,改革开放也离不开四项基本原则,背离了

[①] 《邓小平文选》(1975—1982年),人民出版社1983年第1版,第159页。

四项基本原则,改革开放就会失去正确的方向。因此,改革开放始终要坚持四项基本原则。其实,坚持四项基本原则是改革开放题中应有之义。我们讲改革开放就是社会主义的改革开放,就是以坚持四项基本原则为前提的。《中共中央关于经济体制改革的决定》明确指出:改革"是在坚持社会主义制度的前提下"进行的。邓小平同志指出:"我们现在讲的对内搞活经济、对外开放是在坚持社会主义原则下展开的"①。当然,我们坚持的四项基本原则是指经过实践证明是正确而又被改革开放实践发展了的四项基本原则,而不是指僵化的、教条的、传统的四项基本原则。如果是后者,改革开放是不能成功的,相反,也会改变社会主义道路和共产党的领导。

第二,解放思想,实事求是,敢于大胆引进和吸收资本主义一切先进的东西,来发展社会主义经济

纵观中国历史和世界发展历程,无论农业革命、工业革命、信息革命,还是封建主义取代奴隶主义,资本主义取代封建主义,社会主义代替资本主义,几乎都无一例外地以思想解放为先导。思想解放最终导致社会革命和社会生产力的大发展和大提高。我们党十一届三中全会以来改革开放,所以取得如此大的成就,就是以思想解放为前提。没有思想解放,就不可能有改革开放。可以说,改革开放和思想解放是同步的。要进一步深化改革,扩大开放,就必须进一步解放思想。邓小平同志早就指出:"打破思想僵化,不大大解放干部和群众的思想,四个现代化就没有希望。""一个党,一个国家,一个民族,如果一切从本本出发,思想僵化,迷信盛行,那它就不能前进,它的生机就会停止

---

① 《建设有中国特色的社会主义》(增订本),人民出版社1987年第1版,第117页。

了,就要亡党亡国。只有解放思想,坚持实事求是,一切从实际出发,理论联系实际,我们的社会主义现代化建设才能顺利进行,我们党的马列主义、毛泽东思想的理论也才能顺利发展。"[1] 随着改革开放的深化,思想也必须进一步解放。改革在发展,思想解放无止境,要不断有新境界。也可以说,如果思想解放没有新境界,就不会有改革开放的新思路,就不能对改革开放中出现的新观念、新问题作出令人满意的回答。在今天,思想解放的一个重要方面,就是如何看待中央和邓小平同志指出的要大胆吸收和借鉴人类社会创造的一切文明成果,吸收和借鉴当今世界各国包括西方发达国家的先进经营方式和管理方式。我认为,中央和邓小平同志的论断是真正的马克思主义的论断。请看列宁是如何论述的。1918年4月,列宁在全俄中央执行委员会议上,就驳斥过那种认为"不向资产阶级学习也可以建成社会主义"的观点。他说:"我认为,这是中非居民的心理。我们不能设想,除了建立在庞大的资本主义文化所获得的一切经验为基础的社会主义以外,还有别的什么社会主义。"[2] 列宁还说:"社会主义实现的如何,取决于我们苏维埃政权和苏维埃管理机构同资本主义最新的进步的东西结合的好坏。"[3] 列宁还为此提出一个著名的公式:"苏维埃政权+普鲁士的铁路秩序+美国的技术和托拉斯组织+美国的国民教育等等等等++=总和=社会主义。"[4] 1956年,毛泽东同志在《论十大关系》一文中,也有同样的论述。他说:"一切民族、一切国家的长处都要学,政治、经济、科学、技术、文学、艺术的

---

[1] 《邓小平文选》(1975—1982年),人民出版社1983年第1版,第133页。
[2] 《列宁全集》第34卷,人民出版社1985年第2版,第252页。
[3] 《列宁选集》第3卷,人民出版社1972年第2版,第511页。
[4] 《列宁全集》第34卷,人民出版社1985年第2版,第520页。

一切真正好的东西都要学。""学习资本主义国家的先进的科学技术和企业管理方法中合乎科学的方面。工业发达的国家,用人少、效率高,会做生意,这些,我们都应当有原则地好好学过来,以利于改进我们的工作。"① 只有这样才能在大约一百年左右时间内,赶上或接近发达国家经济发展水平,只有那时候,才能真正显示出社会主义制度的巨大优越性,我们国家对人类才能作出更大更多的贡献。

第三,大胆的试验,勇于实践,及时总结经验,正确的坚持和推广下去,错了马上就改

社会主义现代化建设没有固定的、现成的模式可循,建设有中国特色的社会主义更是前无古人的开创性的伟大事业,一切要靠自己去闯去干去试验。自己解放自己。认准了的问题,就不要等、不要靠、不能拖,而要坚决地、果断地加以解决;一时没有把握的事情,也不能等靠拖,而要大胆地进行试验和探求,在游泳中学会游泳,在改革开放的实践中获得真知,任何事情都是试验在前,真知在后。实践是检验真理的唯一标准。世界上任何新生事物都不是先有现成模式才干起来的。如果一切都有了定论,也就无需试验了。闯一条新路,创造新的模式,就要敢于大胆试验。试验当然有成败两种结果,成功了就总结经验进行推广,失败了就吸取教训,改正后继续放胆大干。没有不屈不挠的精神,任何事也干不成。我们既要支持那些取得成功经验的改革者,更要爱护和珍惜那些出现了一点失误的改革者的勇气,不要责难和苛求他们。但是,这些支持和爱护,只能是也必然是从改革开放的实践中获得的,赢得支持,取得成功,靠大胆改革,从失误中

---

① 《毛泽东选集》第 5 卷,人民出版社 1977 年第 1 版,人民出版社 1977 年第 1 版,第 285、287 页。

站起来,继续前进,也要靠改革的实践,舍此没有他途。我们要像邓小平同志说的那样:"干革命、搞建设,都要有一批勇于思考、勇于探索、勇于创新的闯将。没有这样一大批闯将,我们就无法摆脱贫穷落后的状况,就无法赶上更谈不上超过国际先进水平。我们希望各级党委和每个党支部,都来鼓励、支持党员和群众勇于思考、勇于探索、勇于创新,都来做促进群众解放思想,开动脑筋的工作。"①

第四,要警惕右,但主要是防"左"

在改革、开放、发展社会生产力过程中,不断有来自"左"的和右的方面的阻力和干扰。对于各种错误干扰,邓小平多次作了明确的论述。1987年1月,他说:"搞改革、搞四化可不简单。我们从来没有自我陶醉,没有认为会一帆风顺。一定会有来自多方面的干扰,有'左'的干扰,也有右的干扰。如果说我们过去对'左'的干扰注意得多,对右的干扰注意不够,那末这次学生闹事提醒了我们,要加强注意右的干扰。"② 1987年4月,又说:"这八九年的经验证明,我们所做的事情是成功的,总的情况是好的,但不是没有干扰。几十年的'左'的思想纠正过来不容易,我们主要是反'左','左'已经形成了一种习惯势力。现在中国反对改革的人不多,但在制定和实行具体政策的时候,总容易出现有一点留恋过去的情况,习惯的东西就起作用,就冒出来了。同时也有右的干扰,概括起来就是全盘西化,打着拥护开放、改革的旗帜,想把中国引导到搞资本主义。这种右的倾向不是真正拥护改革、开放政策,是要改变我们社会的性

---

① 《邓小平文选》(1975—1982年),人民出版社1983年第1版,第133—134页。

② 《建设有中国特色的社会主义》(增订本),人民出版社1987年第1版,第155页。

质。……我们既有'左'的干扰,也有右的干扰,但最大的危险还是'左'。习惯了,人们的思想不容易改变。"① 1987年7月再次指出:"搞现代化建设,搞改革、开放,存在'左'和右的干扰问题。'左'的干扰更多是来自习惯势力。旧的一套搞惯了,要改不容易。右的干扰就是搞资产阶级自由化,全盘西化,包括照搬西方民主。'左'的和右的干扰,最主要的是'左'的干扰。建国后,从1957年到1978年,我们吃亏都在'左'。我们国家大,党的历史很长,建国也已经有38年,因此,好多习惯势力不能低估,而右的干扰也帮了习惯势力的忙,所以我们也不能忽视右的干扰。"② 等等。

邓小平的上述思想,为我们党的十三大报告所肯定。十三大报告指出:"不能以僵化的观点看待四项基本原则,否则就会怀疑以至否定改革开放的总方针。也不能以自由化的观点看待改革开放,否则就会离开社会主义轨道。在初级阶段,在我们尚未摆脱不发达状态之前,否定社会主义制度,主张资本主义制度的资产阶级自由化思想将长期存在。如果思想僵化,不改革开放,就不能更好地显示社会主义的优越性和增强社会主义的吸引力,也就会在实际上助长资产阶级自由化思想的滋长和蔓延。排除僵化和自由化这两种错误思想的干扰和影响,将贯穿社会主义初级阶段的全过程。由于'左'的积习很深,由于改革开放的阻力主要来自这种积习,所以从总体上说,克服僵化思想是相当长时期的主要任务。"③ 所以,在改革、开放中,在社会主义现代化建

---

① 《邓小平同志重要谈话》(1987年2月—7月),人民出版社1987年第1版,第28—29页。
② 同上书,第43页。
③ 《中国共产党第十三次全国代表大会文件汇编》,人民出版社1987年第1版,第13—14页。

设过程中，对于"左"的危害必须有充分的认识和足够的重视。正如邓小平指出的："不打破思想僵化，不大大解放干部和群众的思想，四个现代化就没有希望。"①

邓小平的论述和中央的这个方针是完全正确的。如果不进行这个斗争，我们就会寸步难行。试想一下，十三大报告中所列举的我们党在对社会主义再认识过程中所发挥和发展的一系列科学理论观点，在哪一个不是在打破了原有传统观点和固守这些传统观点的僵化思想的阻力以后才得以发挥和发展并付诸实践的？而如果不能发挥和发展这一系列科学理论和观点，我们何以形成建设有中国特色的社会主义的理论，何以回答我国社会主义建设的阶段、任务、动力、条件、布局和国际环境等基本问题，何以规划我们前进的科学轨道？如果那样，我们的社会主义现代化事业还有希望？

1992 年年初，邓小平同志再一次指出：现在有右的东西影响我们，也有"左"的东西影响我们，但根深蒂固的还是"左"的东西，有些理论家、政治家，拿大帽子吓唬人的，不是右，而是"左"。"左"带有革命的色彩，好像越"左"越革命。"左"的东西在我们党的历史上可怕呀！一个好好的东西，一下子被他们搞掉了。右可以葬送社会主义，"左"也可以葬送社会主义。中国要警惕右，但主要防"左"。把改革开放说成是引进和发展资本主义，认为和平演变的主要危险来自经济领域。这些就是"左"。我们必须保持清醒的头脑，这样就不会犯大错误，出现问题也容易纠正和改正，总之，我们必须既要警惕右，但主要防"左"。当前的"左"要害是否定党的改革开放，用"阶级斗争为纲"的思想影响和冲击经济建设这个中心，反对党的基本路

---

① 《邓小平文选》（1975—1982 年），人民出版社 1983 年第 1 版，第 133 页。

线。我们要在党中央正确领导下,坚定不移地贯彻执行党的"一个中心、两个基本点"的基本路线,抓住当前有利时机,加快改革开放和现代化建设步伐,夺取有中国特色的社会主义事业的更大胜利。

(原载《新阶段·新思考——中国共产党十四大报告研究》一书中,中共中央党校出版社 1992 年 11 月出版)

我国特色的按劳分配制度

按劳分配的社会主义原则,是一切社会主义国家都必须遵守的一个重要原则。但是,各国国情不同,必须建立起适合自己情况的按劳分配制度。我们党把马克思主义按劳分配原理,与我国国情相结合,特别是在党的十一届三中全会以来,逐步探索出适合我国国情的按劳分配制度。

一 马克思主义按劳分配理论在我国实践中的发展

按劳分配理论是马克思主义科学社会主义一个重要内容。马克思在批判和吸收空想社会主义有关这一内容后,在《资本论》第一卷,尤其在《哥达纲领批判》文献中,创立了科学的按劳分配的理论。马克思在《资本论》第一卷中指出:在"一个自由人联合体"里,"每个生产者在生活资料中得到的份额是由他的劳动时间决定的"。劳动时间"是计量生产者个人在共同产品的个人消费部分中所占份额的尺度"。① 1875年,马克思在《哥

---

① 《马克思恩格斯全集》第23卷,人民出版社1972年第1版,第95—96页。

达纲领批判》中充分肯定在共产主义第一阶段上，必须实行按劳分配，只有共产主义高级阶段，社会才能在自己的旗帜上写上"各尽所能，按需分配"。马克思指出："我们这里所说的是这样的共产主义社会"，是"刚刚从资本主义社会中产生出来的，因此它在各方面，在经济、道德和精神方面都还带着它脱胎出来的那个旧社会的痕迹。所以，每一个生产者，在作了各项扣除之后，从社会方面正好领回他所给予社会的一切。他所给予社会的，就是他个人的劳动量。例如，社会劳动日是由所有的个人劳动小时构成的；每一个生产者的个人劳动时间就是社会劳动日中他所提供的部分，就是他在社会劳动日里的一分。他从社会方面领得一张证书。证明他提供了多少劳动（扣除他为社会基金而进行的劳动）。而他凭这张证书从社会储存中领得和他们提供的劳动量相当的一分消费资料。他以一种形式给予社会的劳动量，又以另一种形式全部领回来"。① 马克思还指出："在共产主义社会高级阶段上，在迫使人们奴隶般地服从分工的情形已经消失，从而脑力劳动和体力劳动的对立也随之消失之后；在劳动已经不仅仅是谋生的手段，而且本身成了生活的第一需要之后；在随着个人的全面发展生产力也增长起来，而集体财富的一切源泉都充分涌流之后，——只有在那个时候，才能完全超出资产阶级法权的狭隘眼界，社会才能在自己的旗帜上写上：各尽所能，按需分配！"②

列宁在社会主义革命和社会主义建设的过程中，不仅全面继承了马克思主义的按劳分配学说，而且创造性地发展了马克思主义的按劳分配理论。列宁认为，社会主义就是消灭阶级，按劳分

---

① 《马克思恩格斯选集》第 3 卷，人民出版社 1972 年第 1 版，第 10—12 页。
② 同上。

配，无论在克服资产阶级、小资产阶级的反抗方面，还是在提高劳动生产率方面，都是一个十分锐利的武器。多劳多得，少劳少得，不劳动者不得食。对剥削者来说，是一种经济上的强制。这种强制"比法国国民公会的法律和断头台还要厉害。断头台只能起恐吓的作用，只能粉碎积极的反抗"。而这种强制，能粉碎消极的、更危险更有害的反抗，并且能"强迫他们在新国家组织范围内工作"。① 对劳动者来说，多劳多得则是一种物质的鼓励。他鼓励人们热爱社会主义劳动，勤勤恳恳为社会主义事业作出贡献，可以调动劳动者的社会主义积极性，大大提高劳动生产率，迅速发展社会生产力，为消灭阶级创造物质前提。

列宁多次强调按劳分配的作用。他说："'不劳动者不得食'——这是工人代表苏维埃掌握政权后能够实现而且一定要实现的最重要、最主要的根本原则"②。"是社会主义实践的训条"③。"这个简单的，十分简单和明显不过的真理，包含了社会主义的基础，社会主义力量的取之不尽的泉源，社会主义最终胜利的不可摧毁的保障。"④ 在社会主义实践中，"要彻底地无条件地实行'不劳动者不得食'的原则"⑤。

列宁在社会主义建设时期里，还特别强调实行奖励制。"要奖励那些经历了难以估量的苦难之后在劳动战线上仍然表现了英勇精神的人"、要"奖励那些表现了英勇精神的认真负责的、有才干和忠心耿耿的经济工作者"。他指出："刻不容缓的是实

---

① 《列宁全集》第 26 卷，人民出版社 1959 年第 1 版，第 90—91 页。
② 《列宁选集》第 3 卷，人民出版社 1972 年第 2 版，第 315 页。
③ 同上书，第 399 页。
④ 同上书，第 560—561 页。
⑤ 同上书，第 315 页。

行奖励制"。① 理论和实践都表明，从资本主义到共产主义的过渡时期，"没有奖金是不行的"②。列宁主张："必须系统地研究和拟定一些推广奖励制的办法，以便把奖励制推广到全体苏维埃职员的整个工资制度里去"③。"必须把国民经济的一切大部门建立在个人利益的关心上面"④。

斯大林在解释"不劳动者不得食"的原则时说：我们的伟大导师列宁说过"不劳动者不得食"，这是什么意思呢？列宁的话是反对什么人呢？是反对剥削者，反对那些自己不劳动而强制别人劳动，靠剥削别人发财致富的人的。还反对什么人呢？还反对那些好逸恶劳，想靠别人养活的人。

斯大林第一次⑤把"各尽所能"和"按劳分配"原则结合起来，成为社会主义阶段上个人消费品分配公式。1931年12月，斯大林在接见德国作家艾米尔·路德维希时指出："'各尽所能，按劳取酬'，——这是马克思主义的社会主义公式，也成是共产主义的第一阶段的公式"⑥。

斯大林还论述了按劳分配的内容。他说：在社会主义社会

---

① 《列宁全集》第33卷，人民出版社1957年第1版，第299页。
② 《列宁全集》第29卷，人民出版社1956年第1版，第91页。
③ 《列宁全集》第33卷，人民出版社1957年第1版，第299页。
④ 同上书，第51页。
⑤ 过去，学术界普遍认为，是斯大林1931年12月接见德国记者时，第一次把"各尽所能"同"按劳分配"原则结合起来的。1989年2月20日北京《理论信息报》上，吴晓梅在文章中说，1921年11月21日，毛泽东署名润之发表在《劳动周刊》湖南劳工会周年纪念特刊上的《所希望于劳工会》一文中，就提到了"各尽所能各取所值"（这是'各尽所能，按劳取酬'或'各尽所能，按劳分配'的旧译法）的口号。毛泽东文章最后口号是："不劳动者不得食！""劳动者获得罢工权利！""劳工神圣！""各尽所能，各取所值！"吴文说："由此可见，当时已有'各尽所能，按劳取酬'的说法，并已为毛泽东所认识、接受和运用。较之斯大林，早了十年"。
⑥ 《斯大林全集》第13卷，人民出版社1956年第1版，第104页。

里，人人有劳动的义务，虽然人们所得到的劳动报酬不是以他们的需要为标准，而是以他们所投入的劳动的数量和质量为标准，因此是存在着工资，而且工资是不相等的，有差别的。

我们党坚持了马克思主义普遍原则与中国革命和建设实践相结合，建立和坚持了社会主义制度，初步实行了按劳分配的原则。但由于指思想上犯有"左"的错误，没能很好地全面贯彻执行按劳分配的社会主义原则。邓小平同志是个伟大的马克思主义者，坚持了马克思主义原则，同各种错误思想进行了坚决的斗争，为建立适合中国国情的按劳分配制度指明了前进方向。

早在1975年，邓小平同志指出："要坚持按劳分配原则，这在社会主义建设中始终是一个很大的问题"。"所谓物质鼓励，过去并不多。"① 他还严肃地批判了分配中的平均主义倾向。他说："如果不管贡献大小，技术高低、能力强弱、劳动轻重，工资都是四五十块钱，表面上看来似乎大家都是平等的，但实际上是不符合按劳分配原则的。这怎么能调动人们的积极性？"② 这里不仅驳斥了"四人帮"的谬论，而且指出了过去的问题恰恰在于对物质鼓励注意不够，没有很好贯彻按劳分配原则，充分体现了马克思主义者坚持真理的坚定立场。粉碎"四人帮"以后，邓小平同志再次出来工作。他又一次提出了坚持按劳分配原则这一"整个国家的重大政策问题"③。

从党的十一届三中全会前后，邓小平同志在坚持和发展按劳分配理论是有着巨大贡献的。

首先，不仅坚持了马克思主义的按劳分配理论，批判"左"

---

① 《邓小平文选》(1975—1982年)，人民出版社1983年第1版，第30页。
② 同上书，第30—31页。
③ 同上书，第48页。

的错误，而且在实际工作中对这种错误进行了不屈不挠的斗争。他说："讲按劳分配，无非是多劳多得，少劳少得，不劳不得"。①"就是按照劳动的数量和质量进行分配"②。他针对在调资工作中出现的论资格、讲"政治"态度、而轻视劳动好坏、技术高低、贡献大小的现象，指出必须反对"按资格分配"、"按政治分配"的错误原则。他说："评定职工工资级别时，主要看他的劳动好坏、技术高低、贡献大小。政治态度也要看，但要讲清楚，政治态度好主要应该表现在为社会主义劳动得好，做出的贡献大。处理分配问题如果主要不是看劳动，而是看政治，那就不是按劳分配，而是按政分配了。总之，只能是按劳、不能是按政，也不能按资格"③。在这里，邓小平同志鲜明地坚持了马克思主义个人消费品分配唯一的尺度是劳动者的劳动数量和质量。在这个尺度面前，人人平等。不允许在此之外，另设其他标准。

由于"左"的思想影响，我们队伍中总有一些人把按劳分配和革命精神、物质利益和思想觉悟对立起来，总认为讲按劳分配、讲物质利益，就是不突出无产阶级政治，就是个人主义。邓小平同志针对这种错误思想指出："不讲多劳多得，不重视物质利益。对少数先进分子可以，对广大群众不行，一段时间可以，长期不行。革命精神是非常宝贵的，没有革命精神就没有革命行动。但是，革命是在物质利益的基础上产生的，如果只讲牺牲精神，不讲物质利益，那就是唯心论"④。社会主义应当给劳动人民带来日益增长的、比资本主义更多的物质利益。"社会主义如

---

① 《邓小平文选》（1975—1982年），人民出版社1983年第1版，第48页。
② 同上书，第98页。
③ 同上。
④ 同上书，第136页。

果老是穷，它就站不住"①。这些正确的论断，对清除按劳分配问题上"左"的思想影响起了重要作用。邓小平同志还从历史唯物论的基本原则出发，进一步阐述，就是到了共产主义，"将更多地承认个人利益、满足个人需要"②。从而完整地阐发了马克思主义的物质利益观。

其次，贯彻按劳分配原则，必须兼顾国家、集体和个人三者的利益。社会主义的分配，首先是社会总产品的分配，其次才是个人消费品的分配。根据马克思在《哥达纲领批判》中指出，社会总产品进入个人消费品分配之前，至少作出六项扣除。这六项扣除涉及国家利益和集体利益，之后才是个人利益。所以，马克思主义物质利益原则包括国家、集体和个人三者利益的统一，是长远利益和眼前利益的统一。任何人忽视国家、集体的利益，只顾个人利益，都是错误的。所以，邓小平同志在多次报告和谈话中，一再强调要兼顾三者利益。他说："必须按照统筹兼顾的原则来调节各种利益的相互关系"，使"个人利益要服从集体利益，局部利益要服从整体利益，暂时利益要服从长远利益"③。又说："我们从来主张，在社会主义社会中，国家、集体、个人的利益在根本上是一致的，如果有矛盾，个人利益要服从国家和集体的利益"④。"当家作主的劳动人民，不能不给国家创造更多的利润，增加国家财政收入，来用之其它方面，用之于扩大再生产，用之于基本建设，进一步加快我们发展经济建设。多劳多得，但是必须照顾整个社会"⑤。总之，只有兼顾三者的利益，

---

① 《邓小平文选》（1975—1982 年），人民出版社 1983 年第 1 版，第 176 页。
② 同上书，第 310—311 页。
③ 同上书，第 162 页。
④ 同上书，第 161 页。
⑤ 同上书，第 223 页。

首先保证国家得大头。国家国力得到加强，国家才有力量来兴办其他建设事业，扩大再生产，加快现代化建设步伐，个人利益才能建立在可靠的物质基础上。

再次，要关心和改善知识分子的物质待遇。邓小平同志非常关心科技和教育工作者的工作和生活条件。他指出："对知识分子除精神上的鼓励，还要采取其他一些鼓励措施，包括改善他们的物质待遇"①。凡是在科学研究上有成就，为国家作出贡献的知识分子，都要奖励。对他们生活上的困难，要分别轻重缓急，逐步加以解决。《中共中央关于经济体制改革的决定》更明确指出："当前尤其要改变脑力劳动报酬偏低的状况"。

最后，鼓励一部分地区、一部分企业、一部分工人农民通过自己的辛劳，生活先富裕起来，带动整个社会富裕起来。邓小平同志针对我国分配制度中长期存在的平均主义倾向，提出了要允许一部分人由于自己的辛勤努力而收入先多些，生活先好起来。他说："在经济政策上，我认为要允许一部分地区，一部分企业、一部分工人农民，由于辛勤努力成绩大而收入先多一些，生活先好起来。一部分人生活先好起来，就必然产生极大的示范力量，影响左邻右舍，带动其他地区、其他单位的人们向他们学习。这样，就会使整个国民经济不断地波浪式地向前发展，使全国各族人民都能比较快的富裕起来"②。"这是一个大政策，一个能够影响和带动整个国民经济的政策"③。在这里，邓小平同志提出一个重要思想，就是一部分地区和全民所有制企业可以作为一个劳动者集体参加分配，可以有自己独立的物质利益，他们

---

① 《邓小平文选》（1975—1982 年），人民出版社 1983 年第 1 版，第 48 页。
② 同上书，第 142 页。
③ 同上。

"为国家创造财富多,个人的收入就应该多一些,集体福利就应该搞得好一些"①。这是我国分配制度上的重大改革,也是马克思主义按劳分配理论的重大发展。

二 反对平均主义,正确贯彻按劳分配原则

按劳分配是社会主义的原则,这是无产阶级革命导师早已阐明过的。按劳分配是生产资料公有制的产物,又是社会主义公有制的实现。历史上任何一种分配制度都不是由人们主观意志决定的,而是由一定的生产资料所有制决定的。马克思说:"消费资料的任何一种分配,都不过是生产条件本身分配的结果"②。生产资料在谁手里,这是决定性的问题。在中国几千年的历史上,一直是奴隶主、地主、资本家占有生产资料,劳动者受尽剥削和压迫,他们劳动成果被剥削者所侵吞。只是到了社会主义公有制建立以后,才出现了按劳分配这种崭新的分配制度。这是我国历史的一次伟大飞跃,是我们党领导全国人民长期英勇奋斗取得的一个伟大革命成果。社会主义公有制,就是生产资料归全体劳动者共同占有,劳动者成了生产资料的主人,他们不再是为剥削者劳动,而是为社会、为自己劳动,劳动成果归劳动者共同占有,按照劳动分配个人消费品。生产资料公有制是按劳分配的前提,按劳分配是生产资料公有制的必然结果,是社会主义公有制的实现。

按劳分配就是按照劳动者的劳动数量和质量来分配个人消费品,实行多劳多得,少劳少得,不劳动者不得食的原则,它的本

---

① 《邓小平文选》(1975—1982年),人民出版社1983年第1版,第136页。
② 《马克思恩格斯选集》第3卷,人民出版社1972年第1版,第13页。

质是反剥削的。列宁说:"'不劳动者不得食',这是任何一个劳动者都懂得的。这是一切工人、一切贫农以至中农,一切度过贫苦生涯的人,一切靠工资生活过的人都同意的,十分之九的俄国居民赞成这个真理。这个简单的,十分简单和明显不过的真理,包含了社会主义的基础,社会主义力量的取之不尽的泉源,社会主义最终胜利的不可摧毁的保障"①。列宁的这个著名论断,是对按劳分配的本质和作用的最主动、最深刻的说明。它明白告诉我们,按劳分配是保护劳动人民的物质利益的;它的矛头是对着剥削者的;只有实行按劳分配,社会主义才能巩固和发展。

按劳分配是改造新老资产阶级分子和其他剥削分子的强制性的经济形式。在按劳分配原则面前,不劳而获,以剥削为主的是不容存在的。谁不劳动,谁就没有饭吃,一切剥削者,只有把自己改造成为自食其力的劳动者,才是唯一出路。同样道理,真正贯彻按劳分配原则,也能鼓励劳动者勤奋劳动,积极钻研和掌握科学技术,努力提高自己劳动技能;也能动员广大劳动者起来反对在生产过程中浪费劳动,劳动纪律废弛,浪费和积压资金,生产资料损耗大、利用率低等各种浪费和落后现象,动员广大群众来促进技术革新和技术革命,促进生产管理的改善和管理方法的现代化。

总之,按劳分配能够促进社会生产力的发展,促进创造出新的劳动生产率。而新的比资本主义高得多的劳动生产率,归根结底是保证社会主义彻底战胜资本主义最重要的东西。

按劳分配同平均主义是根本对立的。要认真贯彻按劳分配,必须坚决反对平均主义。《决定》明确指出:"平均主义思想,同马克思主义关于社会主义的科学观点是完全不相容的。历史的

---

① 《列宁选集》第3卷,人民出版社1972年第2版,第560—561页。

教训告诉我们：平均主义思想是贯彻执行按劳分配原则的一个严重障碍，平均主义的泛滥必然破坏社会生产力。"

平均主义是农民小生产者的要求和思想方式，属于小资产阶级的思想体系。它是企图通过平分财产，均富济贫的办法来保持自己风雨飘摇的地位，因而这种思想总是同生产力发展水平低下，眼光狭小和看不到别的出路联系着的，在历史上有其存在的必然性。在号召和组织农民揭竿而起，反对封建统治的斗争中，曾起过积极的动员作用。例如在我国，早在唐末的农民大起义中就打出了"均平"的旗号；以后农民战争中又提出了"均贫富"、"均田免赋"等口号；到了太平天国时期，在《天朝田亩制度》中更加突出地提出了均分土地的纲领。这些口号和纲领虽然根本不可能实现，但在历史上的作用应该肯定。但是，当历史发展到近代，当大工业已经兴起，无产阶级开始登上历史舞台的时候，再提出和倡导平均主义，就是十分错误和反动了。马克思和恩格斯在《共产党宣言》、《德意志意识形态》、《反杜林论》等著作中，都进行了彻底批判。平均主义者妄想在社会主义里，大家都吃一样的饭，穿一样的衣服，每个人都领同等数量的消费品，过相同水平的生活。这当然不是马克思主义的社会主义，而是小资产阶级的空想社会主义。斯大林曾经指出："有些人以为，社会主义可以在贫苦生活的基础上用稍许拉平各人物质生活状况的方法巩固起来。这是不对的。这是小资产阶级的社会主义观念"①，马克思主义同平均主义绝无共同之处。用平均主义的办法是无法实现社会主义，它只能是越来越穷，开历史的倒车，搞恶性循环。

平均主义更是贯彻按劳分配的大敌。人们体力的强弱、天

---

① 《斯大林选集》下卷，人民出版社1979年第1版，第375—376页。

赋的差别，在生产过程中发挥出的劳动数量和质量是不同的，因此在劳动报酬上的差别必然存在的。平均主义就是抹杀劳动报酬上的必要差别，这实际上是对按劳分配原则的否定。这种平均主义思想，我国是有广泛的社会基础的。我国是一个小资产阶级曾经悠久而广泛地存在的国家，平均主义思想是根深蒂固的，至今还有很大的影响。正因为如此，毛泽东同志在领导我国革命和建设的过程中，始终把反对平均主义的问题放在一个很重要的地位。他在讲到按劳分配问题时，总是教导我们要特别注意克服平均主义的倾向。1942 年，毛泽东同志在《经济问题与财政问题》一书中指出："平均主义的薪给制抹杀熟练劳动与非熟练劳动之间的差别，也抹杀了勤惰之间的差别。因而降低劳动积极性"[①]。1959 年又一次尖锐地批判了分配上的平均主义倾向。他说：所谓平均主义倾向，即是否认为各个生产队和各个个人的收入应当有所差别。而否认这种差别，就是否定按劳分配、多劳多得的社会主义原则。1962 年，毛泽东同志亲自主持制定的《农村人民公社工作条例修正草案》中明确规定："生产队必须认真执行按劳分配、多劳多得，避免社员和社员之间在分配上的平均主义。"林彪、"四人帮"同马克思主义相对抗，利用小资产阶级思想，大肆煽动平均主义思潮，破坏按劳分配，造成一些企业和单位出现了这样的情况：不分干和不干，干多干少、干好干坏，不分井上井下、高温常温、一线二线，不分重活轻活、复杂劳动简单劳动，不分技术高低、贡献大小，都拿一样的报酬。结果不是鼓励先进，而是鼓励落后，不是鼓励勤劳，而是鼓励懒惰，不是鼓励干社会主义，而是鼓励吃社会主义、干资本主义，严重地挫伤了广大群众的革

[①] 《经济问题与财政问题》，解放社 1944 年 1 月版，第 115 页。

命积极性,阻碍了生产的发展,败坏广大劳动者的思想政治素质和组织纪律性。毛泽东同志曾经指出,绝对平均主义的思想,它的性质是反动的、落后的、倒退的。我们必须批判这种思想。小资产阶级不能独立地创造新的社会生产力,不是先进生产关系的代表,它的理想往往是追求对现有的社会财富进行平均分配。而这种方案只能导致社会生产力的破坏和倒退,所以它注定要破产。所以,为了贯彻按劳分配的社会主义原则,必须彻底批判平均主义思想。

三 进一步完善企业内部经济责任制是贯彻按劳分配原则的重要措施

《决定》指出:"必须在企业内部明确对每个岗位,每个职工的要求,建立以承包为主的多种形式的经济责任制"。企业内部为什么必须建立多种形式的经济责任制呢?主要原因有两个,一是社会化大生产的客观要求;另一是社会主义按劳分配原则的要求。

社会化大生产不仅要求整个社会化生产各个部门按比例发展,而且要求企业内部建立密切的分工协作,实行严格的经济责任制,否则社会化大生产很难顺利进行。大家都知道,在现代化企业内部由于是许多人在一起进行共同劳动,分工精细,协作严密,生产的连续性、节奏性、秩序性强、技术要求严格,生产过程中的任何一个环节出现失误或者短暂的停顿,都会给整个过程造成混乱和损失。因此,必须建立严格的责任制度,明确每个劳动者在劳动中所应该遵循的共同准则,规定每个岗位,每个劳动者工作范围和应尽的职责,以便把各方面错综复杂的经济关系有机地组织起来。"把全体劳动者团结成一个象钟表一样准确地工作的经济机关"①，各在其位，各司其职，各展其长。共同劳动的规模越大，使用的设备和技术越先进，劳动分工越细，协作关系越复杂，严格的责任制越是必要。列宁一再强调，必须在一切企业"建立严格的责任制"，说"一定的人对所管的一定的工作完全负责"②。只有这样，才能有效地克服由于小生产的分散性和散漫性所造成的无纪律状态和拖拉作风，消除职责不清以及由此产生的官僚主义，无人负责，不负责任等现象。保证企业生产经营活动能够和谐地、正常地、高效率地进行。

企业内部完善经济责任制，也是按劳分配原则的客观要求。所谓按劳分配，就是按劳动者劳动的数量和质量进行分配，多劳多得，少劳少得。在无经济责任制的条件下，各人的劳动数量和质量是很难考核和计算的，只能是职工吃企业的"大锅饭"。建立了经济责任制，把企业的生产、经营任务，层层分解，承包到车间、班组和职工个人，企业按照反映承包的数量、质量、效果等综合指标，严格考核，这样就能比较准确地计量和反映各车间、班组、每个职工在生产经营活动中实际付出的劳动和劳动成果的大小，使按劳分配有了较为准确的客观依据。从而，从根本上破除分配中的平均主义，打破多年来一直存在的"铁饭碗"、"大锅饭"。

对企业内部建立责任制是以提高经济效益为目的，以坚持责、权、利相结合；国家、集体、个人利益相统一；职工劳动所得和劳动成果相联系为基本原则的综合性经营管理制度。

责、权、利相结合，是建立责任制的根本原则，它全面地规

---

① 《列宁全集》第27卷，人民出版社1963年第1版，第194页。
② 《列宁全集》第36卷，人民出版社1959年第1版，第554页。

定了经济责任制的内容。所谓"责",就是企业职工,包括企业领导者,生产者和管理人员,对企业的生产、经营活动所承担的经济责任和法律责任。也就是企业职工要保证完成的生产和经营任务,如生产某种产品的工人,在一定的时间内,必须保证生产多少产品,达到什么质量标准等等。所谓"权",就是企业赋予职工保证完成承包任务所必须具备的权力,或叫条件。所谓"利",就是根据职工的劳动成果,包括完成承包任务的数量、质量和经济效益,所应得的劳动报酬。责权利三者是互相联系、紧密结合。构成了经济责任制的基本内容。有人说,这种责任制是"责"字当头,"权"作保证,"利"为动力,企业就有了活力,是有道理的。

国家、集体、个人利益相统一,是企业建立经济责任制中正确处理三者利益关系的根本原则。坚持这个原则就要求企业随着生产经营的不断发展、经济效益不断提高。向国家提供的财政收入也不断增加。这是企业和职工的根本利益所在,也是应尽的义务。坚持这个原则,就要求企业在保证国家利益的前提下,搞好企业内部的分配。兼顾企业和职工利益,既保证企业有不断扩大再生产的能力,又使职工收入随着企业生产经营的发展而增加。坚持这个原则,就要求广大职工进一步增强主人翁感,识大体,顾大局,个人利益服从国家利益和企业利益。总之,坚持这条原则,就必须在分配上兼顾好全局、局部和职工个人利益,兼顾好长远利益和眼前利益,做到国家财政收入、企业福利和职工工资福利与生产同步增长。

职工劳动所得与劳动成果相联系,更是企业内部实行按劳分配的根本原则。这个原则,提出了一个新的重要问题。就是按劳分配的"劳"用什么来衡量。劳动者的劳动具有潜在的、流动的和物化(或凝结)的形态。这三种形态,用通俗的话说,就是劳动者的劳动能力、劳动过程和劳动结果。过去,一般都是按照反映前两种劳动形态的级别工资和计时工资来进行分配的,由于它不能完全地反映劳动成果,加上其他一些因素,致使那些出工不出力的人占了便宜,积极劳动、贡献大的人吃亏,人们不讲劳动效率,不关心经济效益。《决定》明确规定了这样一条原则,为按劳分配提出了具体的客观标准,将为进一步改变职工劳动报酬与劳动成果相脱离的状况。

为了进一步贯彻企业内部经济责任制,《决定》还指出:现代企业分工细密,生产具有高度的连续性,技术要求严格,协作关系复杂,必须建立统一的、强有力的、高效率的生产指挥和经营管理系统。"只有实行厂长(经理)负责制,才能适应这种要求。企业中党的组织要积极支持厂长行使统一指挥生产经营活动的职权,保证和监督党和国家各项方针政策的贯彻执行,加强企业党组织的思想建设和组织建设,加强对工会、共青团组织的领导,做好职工思想政治工作"。《决定》还指出:"在实行厂长负责制的同时,必须健全职工代表大会制度和各项民主管理制度,充分发挥工会组织和职工代表在审议企业重大决策、监督行政领导和维护职工合法权益等方面的权力和作用。体现工人阶级的主人翁地位。"

建立和完善经济责任制是党的十一届三中全会以来,一直在进行。从初步实践来看,是基本成功的,效果是显著的。促进了经济繁荣,市场活跃,国民经济飞速地恢复和发展,就是有力地证明。这种改革首先在农村取得了重大突破。农村普遍推行了联产承包责任制。合作经济集体根据经验数据和对增产潜力的预测,制定承包的标准产量(产值),作为衡量劳动、分配收入的尺度,承包给农户。让承包者(劳动者或经营者)独立自主、自负盈亏地进行生产经营活动,并且把劳动与经营的成果直接地同承包者的经济利益直接联系起来。这就极大地调动了农民的社会主义积极性,有力地推动了农村经济的迅速发展。在农村大好形势的推动下和农业联产承包责任制的基本经验的启迪下,国有工商企业也逐步朝着类似的方向进行改革。在企业进行了恢复性整顿,恢复了各项必要的生产责任制度的基础上,1978年开始实行了企业基金制度,使企业在资金方面有了一点机动权。1979年进行了扩大企业经营管理自主权的试点,初步明确了企业应该拥有一定的自主权,特别是实行了企业利润留成制度,使企业的经济利益同经营成果初步挂上钩,与此同时,也规定企业必须严格履行的九项义务。1980年在部分地区、部分企业试行了多种形式的盈亏包干责任制和记分计奖、计件工资、浮动工资等分配办法,开始把生产责任制同经济利益结合起来,逐步形成为经济责任制。1981年,在国营企业首先是工业企业普遍推行了多种形式的经济责任制,明确要求企业的主管部门、企业、车间、班组和职工,都要层层明确各自在经济上对国家应负的责任,建立健全企业的生产、技术、经营管理各项专责制和岗位责任制;要求正确处理国家、企业和职工三者利益的关系,把企业、职工的经济责任和经济效益联系起来。认真贯彻按劳分配的原则,多劳多得,有奖有罚;要求进一步扩大企业经营管理自主权,保证企业生产、经营所必需的条件,使企业逐步成为相对独立的经济实体。1982年,进一步把实行经济责任制的工作,重点转到了建立和健全企业内部的经济责任制上来,明确把搞好经济责任制作为企业全面整顿的关键环节来抓,并且总结推广了首都钢铁公司实行以"包、保、核"为主要内容的、纵横连锁、上下结合的经济责任制的经验,使经济责任制有了新的发展,1983年和1984年,先后实行了利改税的第一步和第二步的改革,使国家和企业的经济关系得到了正确的解决，为企业内部建立和进一步完善经济责任制创造了前提条件。实践证明，这种改革是成功的。首都钢铁公司实行经济责任制五年多来，实现利润平均每年递增20％，国家实际收益增长3.6倍。1983年在全国冶金行业55项可比技术经济指标中，首钢有31项名列第一，有许多技术经济指标达到和保持了国际先进水平。

为了进一步完善企业内部经济责任制，必须搞好利改税第二步改革工作，为完善企业内部经济责任制创造条件；要实行多种分配形式，坚持严格的考核制度。要抓好各项基础工作，解决当前定额不先进、标准不完善、计量检测不精确、信息不灵通等问题。没有这些前提条件就谈不上实行企业内部经济责任制。企业共同的基础工作主要是有标准化、定员、定额、信息工作，以及岗位责任制为核心的规章制度和基础教育。把这些基础工作做好才能逐步实现管理基础工作的数据化、科学化和现代化，才能使经济责任制真正建立在科学的基础上，才能真正做到按劳分配，多劳多得，少劳少得。

进一步完善企业内部经济责任制，还必须加强思想政治工作，狠抓精神文明建设，保证经济责任制的健康发展。在完善经济责任制过程中，要始终做好思想政治工作，要教育广大职工树立主人翁责任感。要把思想政治工作和合理的物质鼓励相结合，大力表彰先进集体和个人，深入开展社会主义劳动竞赛活动。逐步把企业建设成为具有高度精神文明、高度物质文明的社会主义现代化企业。

总之，企业内部经济责任制是否建立和完善起来，主要看职工的责任是不是都明确了，并且健全了经济责任制体系；各项工作是不是基本上做到指标化、标准化，并且严格进行考核；是不是打破了平均主义、"大锅饭"，真正贯彻了按劳分配的原则；

管理基础工作,是不是得到加强,做到了数据化、科学化;广大职工的积极性是否都充分调动起来了;是不是实现了经济效益的稳定增长,对国家作出了较大的贡献。随着经济体制改革的发展,企业内部对经济责任制还要不断地改革和发展。只有努力深入实际,不断探索,一个中国特色的、完善的、科学的企业内部经济责任制一定会建立起来。

四 改革现行工资制度,认真贯彻按劳分配原则

我国现行的工资制度是50年代制定的。这个制度执行了几十年,应该说曾经起过应有的作用,特别是初期,它把供给制改为工资制,至少从打破平均主义,体现按劳分配原则,是大大前进了一步。但随着经济形势的发展,这种制度长期不随变化了的形势而变化,就显现出很多弊端。

首先,劳酬脱节,职级不符。我们现在实行的工资制是等级工资制,起初在确定每个人的工资等级的时候,是以当时所负的责任和贡献大小作为依据的。但是经过二三十年时间,这些同志陆续进入老年时期,有的已经离休、退休,有的已不再担负第一线的工作;一些中青年同志逐步担负起重要工作,担子加重了,对社会的贡献大了,而工资级别都比较低。由于种种历史的原因,未能建立起正常的晋级制度,因此职级不符,劳酬脱节的状况比较严重。近几年来,搞过几次升级。每次规定的一定的升级面。由群众评议,增加了许多矛盾,办法并不理想。因此不改变现行工资制度,即使每年搞升级,也难以解决现行工资制度中的存在问题,难以体现按劳分配的原则。

其次,工资标准过多过繁。同一行业,同一工种执行着多种工资标准;在地区之间又有工资区类别不同,工资标准各异;由

于人员的流动,又造成部门、地区之间工资制度、标准的混乱状况,还有许多所谓"保留工资"、"附加工资"。现在全国有一百几十种工资标准,同劳不同酬,严重影响了职工的积极性的发挥和内部团结。

再次,工资能上不能下,能增不能减,实际上形成终身待遇,即使职务变了,工资待遇也不能变,存在着职务提升了工资待遇依旧,职务下来了工资不能动的情况。

最后,在工资管理体制上,权力过于集中,政企不分。国家机关、事业单位与国营企业职工调资,都是全国统一安排,要么大家多年都不动,要么"一刀切",全国一齐动。

这种情况说明,对现行工资如不进行改革,就不利于促进生产发展和提高经济效益;不利于鼓励职工上进,增强责任心,提高工作效率和质量;不利于正确处理职工内部的分配关系,加强团结与协作;不利于人才的合理流动和合理使用。所以,实现社会主义现代化宏伟目标,必须改革现行的工资制度,这是人心所向,势在必行。

我国工资制度的改革主要包括三个方面:一是改革国家对企业工资的管理制度;二是改革企业内部职工的工资制度;三是改革国家机关、事业单位职工的工资制度。按这些原则,将使按劳分配原则得到切实贯彻,职工积极性将得到充分的发挥。

(1)国家对企业工资管理制度的改革。我们国家大,各地区有自己的不同情况,各行业也有自己的特殊性,在工资管理上不可能什么都由国家统起来。实践证明,都统起来管不了,也管不好。必须采取中央和地方两级管理。在国家对企业工资的管理制度方面,《决定》提出两个原则:一是企业职工的奖金由企业根据经营状况自行决定,国家只对企业适当征收超限额奖金税,这已经在实行中;二是今后要采取措施使企业职工的工资和奖金同企业的经济效益提高更好地挂起钩来。这些原则的实行,将进一步扩大企业的自主权。对搞活企业有着极为重要的意义。按这些原则进行改革,将改革国家在工资方面统得过多,管得过死的状况。既解决了企业吃国家"大锅饭"的弊端,又为企业内部改革工资制度,解决职工吃企业"大锅饭"制造了前提条件,从而使企业能够更加灵活地运用工资这个经济杠杆,对企业实行有效管理;而职工个人的经济利益也能和企业经营的好坏贴得更紧,职工将更加关心企业,增加主人翁的责任感,使企业更有动力和活力。

（2）企业内部职工工资制度的改革。改革企业内部的工资制度,《决定》规定了总的原则就是要扩大工资的差距,拉开档次。具体要达到"三个充分体现":一是充分体现奖勤罚懒,奖优罚劣,二是充分体现多劳多得,少劳少得;三是充分体现脑力劳动和体力劳动、熟悉劳动和非熟悉劳动,繁重劳动和非繁重劳动之间的差别。这些原则为企业确定工资形式,制定工资标准,建立工资制度,指明了正确方向。按这些原则进行改革,就能充分体现按劳分配的原则,更大地调动职工的主动性、积极性和创造性,更有效地鼓励先进,鞭策落后,造成一个刻苦学习、奋发向上,先进更先进,后进赶先进的局面,使企业经常保持勃勃生机。

职工的劳动成果是扩大工资差距,拉开档次的客观依据。工资差距的大小要由劳动成果来决定。劳动成果的差别越大,工资的差别也就应该越大,只要这种差别是严格依据劳动成果形成的,再大也是合理的,也是符合按劳分配原则的。只有这样,酬劳脱节、干与不干、干多干少、干好干坏一个样的问题,才能彻底解决。

《决定》还特别强调提出"当前尤其要改变脑力劳动报酬偏

低的状况"。这是一个非常重要的问题。按照马克思主义劳动价值学说的观点,脑力劳动、复杂劳动是经过专门培养和训练,具有一定专长的较高级的劳动。一般地说,在相同的时间内,脑力劳动和复杂劳动创造的实际价值,要比体力劳动大,甚至高出若干倍。因此,脑力劳动比体力劳动的报酬,复杂劳动比简单劳动的报酬,应当有较大的差别,没有这个差别,或差别不大,不仅不能补偿他们付出的劳动,还会助长不尊重知识,不重视人才的错误倾向,不利于调动广大脑力劳动者的积极性。从目前实际来看,脑力劳动者的实际收入是低的或很低的,甚至比体力劳动者和简单劳动者还要低。这种不正常的情况,对我们社会主义现代化建设是很不利的。在工资制度改革中,必须改变这种状况。

(3) 国家机关、事业单位职工工资的改革。对国家机关、事业单位职工工资制度的改革,《决定》提出的原则是:"职工工资同本人肩负的责任和劳绩密切结合起来"。根据这条原则制定工资改革方案,将对现行等级工资制进行重大改革。通过这次改革,将废除现行的与工作职责和实际贡献脱节的单一的等级工资制,实行以职务工资为主要内容的结构工资制。事业单位工资制度的形式,可以结合各自特点和实际情况,实行随着国民收入的增长有计划按比例地相应提高工资水平的制度。同时妥善处理工资与物价的关系,保证工作人员实际工资的增长。改变集中过多,统得过死的工资管理体制,对国家机关、事业单位工作人员的工资实行分级管理。改变国家机关、事业单位工作人员工资偏低的状况,在增加工资的基础上进行改革,要通过改革,使绝大多数工作人员的工资有所增加,适当解决脑力劳动者工资偏低的问题,要使中年骨干特别是中小学教师的工资增加得多一些。

国家机关,事业单位的职工工资改革,统一实行以职务工资为主要内容的结构工资制。结构工资制由基础工资、职务工资、工龄工资和年终奖金四个部分构成。这种结构工资制，既便于发挥工资各个组成部分的职能作用，又突出职务，使职务同劳动报酬挂钩。国家机关工作人员主要是脑力劳动者，他们的劳动数量和质量同他们所担负职务的高低、责任大小，工作繁简和本人的工作表现，成绩优劣是密切联系的；因而实行职务工资为主要内容的结构工资制，是适合于国家机关工作人员的特点。

总之，实行以职务工资为主要结构工资制。它既能体现不同岗位、不同职务和不同职称的差别，又能反映工作成绩和贡献大小，也能随着岗位、职务等情况的变化而变动，这样就会改变等级工资制形成的职务、职称与工资收入脱节，以及能升不能降的状况。

这次工资制度的改革，指导思想是明确的，目的是为了进一步贯彻社会主义按劳分配原则，调动各方的积极性，加快社会主义现代化建设。但这次改革成功与否，是好是坏，还有待于实践去检验，由群众去评论。好与坏标准只能是：通过工资改革，群众的积极性、主动性充分调动起来了。国民经济迅速地发展了，就是成功的或基本上是好的。反之，则不然。这次工资改革，我们认为初步地贯彻了按劳分配原则。体现了多劳多得、少劳少得的原则，逐步消除了分配中吃"大锅饭"的平均主义弊病。克服过去工资形式过多，过繁的一套繁琐哲学，手续简便，增强了人民内部团结。

新的工资制度建立，也不是尽善尽美，完美无缺的，由于历史原因和现实经济原因，"大的合理，小不合理"在所难免。工资水平比较低，结构工资制中，职务工资占一半，按劳分配的作用就受到限制，知识分子工资经过调整后仍然偏低；各级工资一律进入最低档，等等。新工资制度中的不合理情况，将随着社会生产力的发展逐步得到克服，新的工资制度将会更加合理完善。

五　鼓励一部分地区、企业和个人先富裕起来，是全体劳动者走向共同富裕的必由之路

消灭贫穷，实现共同富裕，使全体社会成员都过上幸福、美好的生活，这是我们党领导人民进行长期革命斗争和建设的根本目的，也是全国人民为之奋斗的共同理想。但是，共同富裕绝不能理解为平均的，或同步的富裕。

共同富裕是指人民群众在生产资料公有制的基础上，大家都走劳动致富的道路。经过自己的辛勤劳动，最后都达到富裕的目的。但是，在致富的道路上，或者由于客观条件的差异，或者由于主观努力的不同，步伐必然有大有小，速度必然有快有慢，因而达到目的也必然有先有后，不可能同步富裕。所谓同步富裕只能是不切实际的幻想。在社会主义阶段，个人消费品的分配只能实行按劳分配的原则。由于人们存在着体力、智力、家庭赡养人口的不同。在多劳多得、少劳少得、不劳不得的情况下，各人的收入和家庭富裕程度不可能是一样的。因此，同一时间内人们不可能以同一速度富裕起来。还有，我国幅员辽阔，各地区由于历史、自然条件不同，经营管理和科技文化水平不同，经济发展必然是不平衡的。在不同地区、不同企业，在同一地区的不同企业间，经济效益必然有好有差，企业收入和个人收入也就必然存在差别。否认这些差别，在管理体制上搞"一刀切"，在分配制度上吃"大锅饭"，抽肥补瘦，穷富拉平，就会挫伤企业和劳动者的积极性，使经济发展失去内在动力，结果只能是大家摞在一起受穷，谁也富不了。历史经验已经证明，把共同富裕理解为同步富裕、同等富裕是不正确的，也是有害的。它违反了社会主义经

济发展的客观规律,也不符合全体人民共同富裕的客观过程。

共同富裕是我们的奋斗目标,要实现这个目标,只能是允许和鼓励一部分人依靠勤奋劳动先富起来,以此来带动全体劳动者共同富裕起来,这是社会主义经济发展的客观规律,也是我们党十一届三中全会以来一个重要的战略思想。

一部分人先富裕起来,在社会主义经济内部,是由于贯彻按劳分配的社会主义原则的结果。我们知道,允许一部分人先富裕起来是马克思主义按劳分配原则中应有之义。马克思在《哥达纲领批判》一文中论述按劳分配原则时指出:"劳动成为唯一尺度","但是,一个人在体力或智力上胜过另一个人,因此在同一时间内提供较多的劳动,或者能够劳动较长的时间";"它不承认任何阶级差别,因为每个人都象其他人一样只是劳动者;但它默认不同等的个人天赋,因而也就默认不同等的工作能力是天然特权"①。也就是说,由于劳动者的智力、体力、技能不同,而获得的收入或富裕程度就不同。其次,"一个劳动者已经结婚,另一个则没有;一个劳动者的子女较多,另一个的子女较少,如此等等。在劳动成果相同,从而由社会消费品中分得的份额相同的条件下,某一个人事实上所得到的比另一个人多些,也就比另一个人富些,如此等等"②。

这种由劳动者的智力、体力和家庭赡养人口多寡,而影响他们提供的劳动的多寡、收入的高低和富裕程度的差别,在社会主义阶段,在按劳分配的条件下,是不可避免的。

允许一部分人先富裕起来,还包括在非社会主义经济中一部分人由于自己的勤奋劳动而先富裕起来。这种非社会主义经济是

---

① 《马克思恩格斯选集》第3卷,人民出版社1972年第1版,第11—12页。
② 同上。

同社会主义公有制相联系的,不是和资本主义私有制相联系的,它对于发展社会生产、方便人民生活、扩大劳动就业具有不可代替的作用,是社会主义经济的必要的有益的补充,是从属社会主义经济的。非社会主义经济中的劳动者的收入并不是按劳分配,而是他们自己劳动和经营的结果,也是劳动所得,他们中的一部分人先富裕起来,也应该受到鼓励和支持。

允许一部分人先富裕起来,会不会产生"两极分化"?这是一些人所担心的一个问题。其实,劳动者的富裕程度差别与资本主义社会"两极分化"是完全不同的两码事。资本主义社会里的两极分化是阶级的分化,是在生产资料私有制的基础上,一部分人占有生产资料去剥削另一部分人的剩余价值。这是剥削与被剥削、压迫与被压迫的关系。在我国生产资料私有制的社会主义改造完成以后,生产资料已经公有,劳动力不再是商品,劳动者已经成了生产资料和国家的主人,谁也无权利用生产资料的占有去剥削他人劳动成果。劳动者在按劳分配原则面前是一律平等的。只是由于劳动者的各人体力强弱、技术水平的高低、劳动态度的好坏、贡献的大小,按劳分配所得的结果不同,以及由于家庭负担不同,生活水平和富裕程度有高有低。这与上述两极分化的性质是根本不同的。建国35年的历史证明,随着生产的发展,广大劳动者生活水平都有了提高。差别仅仅在富裕程度上。正如邓小平同志最近指出的,按照社会主义按劳分配原则,是不会产生贫富过大的差距的。这样,再过20年、30年,我们生产力发展起来了,也不会发生两极分化。

至于非社会主义经济中的劳动者,由于他们中的一部分人经营能力强或有一技之长,他们自筹资金、雇请少量帮工、徒弟,发展自营经济而富裕起来,是不是会发生两极分化?这部分人富裕起来也不是什么"两极分化"。第一,他们是在国家政策允许的范围内从事有利于国计民生的经济活动。第二，对于他们的雇工的数字，国家有明确规定，并且引导他们逐步走合作经济的道路。第三，国家利用各种经济杠杆、各种法令和政策，限制消极的东西。第四，他们的雇工尽管也是一种剥削，但同旧社会却有不同的条件、不同的特点。在社会主义经济制度和政治制度的条件下，不存在劳动者丧失一切生产条件、只剩劳动力可以自由出卖的情况。受雇的人出来干活，也不是因为饥寒交迫、走投无路，而是用剩余的劳动力想挣一点钱、办一件他想办的事，或者想学一门技术，便于他们自己开辟新的生产门路。总之，不会出现某些人专靠生产资料进行剥削的剥削阶级和专以出卖劳动方为生、受人剥削的劳动者。因此，这也谈不上是两极分化。

为了让一部分人先富裕起来，必须建立多种形式的经济责任制。认真贯彻按劳分配原则。责、权、利相结合，国家、集体和个人利益相结合，使职工劳动所得和他们劳动成果密切结合起来，充分调动起劳动者的主动性、积极性和创造性，为社会主义多作贡献。企业职工的奖金由企业根据经营状况自行决定，国家只对企业适当征收超限额奖金税，企业职工的工资和奖金同企业经济效益提高更好地挂起钩来，克服企业吃国家的"大锅饭"。在企业内部，要扩大工资差距，拉开档次，以充分体现奖勤罚懒、奖优罚劣，充分体现多劳多得，少劳少得，充分体现脑力劳动和体力劳动、复杂劳动和简单劳动、熟练劳动和非熟练劳动、繁重劳动和非繁重劳动之间的差别，克服职工吃企业的"大锅饭"。只有这样，才能使一部分地区、一部分企业和一部分人先富裕起来。

对于十一届三中全会以来，农村中先富起来的农民怎样看？这部分先富裕起的农民，他们是积极研究和学习科学技术，善于掌握各种信息，改善经营管理，敢于开辟新的经营项目而不怕承担风险，舍得出大力、流大汗，这是致富的主要原因。他们继承和发扬了中国农民的优良传统，又是具备了社会主义商品生产者的一些新素质。农村专业户是当前农村先进的生产力的代表，是广大农民共同富裕起来的先行者，是跟随我们党深入进行农村经济改革的积极分子。我们必须解放思想，正确对待他们，充分发挥他们的积极性和创造性。这部分农民的积极性被保护和发扬了，整个农村就有希望了。

当然，我们允许一部分人先富裕起来。还必须对老弱病残、鳏寡孤独等实行社会救济，对还没有富裕起来的人积极扶持，对经济还很落后的一部分革命老根据地、少数民族地区、边远地区和其他贫困地区实行特殊的优惠政策，并给以必要的物质技术支援。这就是我们党的政策，是社会主义制度所决定的必须采取的政策。我们过去的问题，正在于一方面不允许一部分人先富起来，另一方面对需要特别加以扶持和照顾的地方和个人又扶持和照顾得不够。

我们党允许和鼓励一部分人先富起来的政策，不是由谁主观想出来的，而是符合社会主义发展客观规律的，也是全体劳动者走向共同富裕的必由之路。一部分人先富起来是全体劳动者共同富裕的起点，而共同富裕又是一部分人先富起来的必然归宿。一部分人通过自己的勤劳，率先达到较富的程度，生活先好起来，这就会起到先进促后进，后进学先进的榜样作用，可以激发和推动更多的人起来勤劳致富，出现越来越多的富裕者。在这个过程中，又会有少数人达到更加富裕的程度，而那些落在后面的人势必奋起急迫，彼此赶超不息，一浪推一浪。这样，就会不断推动生产力的发展，促使社会财富稳定增加，劳动者的收入逐步提高，从而使全体劳动者都富起来。正如邓小平同志所说："一部分人生活先好起来，就必然产生极大的示范力量，影响左邻右舍，带动其他地区、其他单位的人们向他们学习。这样，就会使整个国民经济不断地波浪式地向前发展，使全国各族人民都比较快地富裕起来"①。党的十一届三中全会以来，农村和城市经济体制改革的实践已经证明：允许一部分人先富起来，不仅不违背共同富裕的原则，恰恰相反，正是实现全体劳动者共同富裕的必由之路。

（1984年12月脱稿，其中部分内容发表在
黑龙江《学习与探索》1985年第1期）

---

① 《邓小平文选》（1975—1982年），人民出版社1983年第1版，第142页。

要敢于先富,但不忘共同富裕

在社会主义制度下,共同富裕、同步富裕与一部分人先富起来,究竟是什么关系,以及如何实现共同富裕,在过去相当长的时间内,我们对这个问题的认识,一直不是很清楚。十一届三中全会以来,我们党,尤其小平同志把马克思主义普遍原理与我国实践相结合,在总结历史经验的基础上,作出了明确的科学回答。中央认为:"社会主义社会要保证社会成员物质、文化生活的逐步提高,达到共同富裕的目标。但是,共同富裕决不等于也不可能是完全平均,决不等于也不可能是所有社会成员在同一时间以同等速度富裕起来。如果把共同富裕理解为完全平均和同步富裕,不但做不到,而且势必导致共同贫穷。只有允许和鼓励一部分地区、一部分企业和一部分人依靠勤奋劳动先富起来,才能对大多数人产生强烈的吸引和鼓舞作用,并带动越来越多的人一浪接一浪地走向富裕。""鼓励一部分人先富裕起来的政策,是符合社会主义发展规律的,是整个社会走向共同富裕的必由之路。"最近,邓小平同志指出:"走社会主义道路,就是要逐步实现共同富裕。"认真学习这些马克思主义的科学论断,对于改革我国经济体制,加速社会主义现代化建设,迅速发展社会生产力,尽快让全体劳动人民富裕起来,都具有十分重要意义的。

一 走社会主义道路,就是要走共同富裕的道路

恩格斯指出:一切政治斗争,"归根结底都是围绕着经济解放进行的","是为了经济利益而进行的,政治权力不过是用来实现经济利益的手段"①。无产阶级进行政治斗争就是为了无产阶级和全体劳动人民的解放,为了消灭贫穷,让所有社会成员都过上幸福、美好、富裕的生活。

共同富裕指的是在生产资料公有制的基础上,通过发展社会生产力,使社会财富越来越多地涌现出来,不断地满足人民日益增长的物质和文化的需要。共同富裕即是国家富裕、人民富裕,整个社会和所有成员都富裕起来,而不是少数人富裕。这是社会主义生产的根本目的。恩格斯指出:"当社会占有生产资料之后,通过社会生产,不仅可能保证一切社会成员有富足的和一天比一天充裕的物质生活,而且还可能保证他们的体力和智力获得充分的自由的发展和运用。"② 毛泽东也曾指出:社会主义生产的目的是"逐步改善人民的物质生活和提高人民的文化生活","使人民不断增长的需要能够逐步得到满足"。

共同富裕这条社会主义原则包括两方面内容,即:既要求保证社会成员有富足和充裕的物质生活,而且还要保证他们体力和智力获得到充分的自由的发展和运用,也就是身心得到全面发展的精神生活。

共同富裕是社会主义生产关系的本质反映。共同富裕不单纯

---

① 《马克思恩格斯选集》第4卷,人民出版社1972年第1版,第247、246页。
② 《马克思恩格斯选集》第3卷,人民出版社1972年第1版,第322页。

是一个分配问题，而且充分反映了社会主义社会的劳动者，共同占有生产资料、进行联合劳动、实行按劳分配、共同占有劳动产品的这样一种崭新的、人们在劳动中的社会关系，以及对自己劳动创造出来的财富的关系。因此，坚持共同富裕，就是坚持社会主义道路，维护并不断完善社会主义生产关系。

共同富裕是社会主义基本经济规律的客观要求。无产阶级是历史上最进步、最革命的阶级，是最先进的社会生产力的代表。无产阶级一旦夺取政权以后，必然要利用自己的政治统治，组织和发展生产，增加社会产品总量，把发展社会生产力作为自己的根本任务。无产阶级发展生产力的目的，不是为了少数人发财致富，而是为了不断满足人民群众日益增长的物质文化需要。这是社会主义基本经济规律的客观要求。生产资料公有制的建立又为生产力高度发展，为全体人民共同富裕，开辟了广阔的道路。中国共产党人领导人民群众消灭贫困，勤劳致富，使我们国家尽快富裕起来，使人民尽快富裕起来，这是顺应历史发展的必然趋势，是完全符合人民愿望的。

共同富裕是一个历史趋势。在社会主义社会，富裕程度是相对一定时期的社会生产力水平而言的，它是一个变量，处于不断变动之中。我国绝大多数地区和绝大多数群众解决温饱之后，又向小康水平前进，当绝大多数地区和群众的生活达到小康水平以后，还要向更富的水平去努力，直到最后达到实现共产主义理想境界。即使那时候，社会生产力还要不断发展，人民生活还要不断地充裕和丰富。可见，共同富裕是我们为之长期奋斗的目标。坚持共同富裕，就应该把发展生产力作为长期的根本任务，使我们在共同富裕的道路上，不断地从一个高度达到更新高度。

贫穷不是社会主义，更不是共产主义。斯大林指出："列宁主义者的任务就不是要巩固和保存已经消灭了存在前提的贫穷现象和穷人,而是消灭贫穷现象并把穷人提高到过富裕生活的水平。如果以为社会主义能够在贫困的基础上,在缩减个人需要和从人们生活水平降低到穷人生活水平的基础上建成,那就愚蠢了。何况穷人自己也不愿意再做穷人,而是力求过富裕生活的。谁需要这种所谓社会主义呢?这并不是什么社会主义,而是对社会主义的讽刺。社会主义只有在社会生产力蓬勃发展的基础上,在产品和商品十分丰富的基础上,在劳动者生活富裕的基础上,在文化水平急速提高的基础上才能建成。因为社会主义,马克思主义的社会主义,不是要缩减个人需要,而是要竭力扩大和发展个人需要,不是要限制或拒绝满足这种需要,而是要全面地充分地满足有高度文化的劳动人民的一切需要。"[①] 邓小平同志在谈到什么是社会主义、什么是马克思主义时曾指出:"从1958年到1978年20年的经验告诉我们,贫穷不是社会主义,社会主义要消灭贫穷。不发展生产力,不提高人民的生活水平,不能说是符合社会主义要求的。"[②] 他又说:"社会主义要消灭贫困。贫穷不是社会主义,更不是共产主义。社会主义的优越性就是要逐步发展生产力,逐步改善人民的物质、文化生活。"[③]

只有社会主义才能使全体劳动者过上最美好、最幸福的生活,这是社会主义制度优越性的根本表现。大家知道,社会主义消灭了私有制,消灭了剥削,消灭了剥削阶级,建立了生产资料公有制,为消灭贫困,走向幸福富裕境界开辟了广阔的道路。劳动人民已成了国家主人,生产资料的主人,经过几代、十几代人

---

① 《斯大林全集》第13卷,人民出版社1956年第1版,第318页。
② 《建设有中国特色的社会主义》(增订本),人民出版社1987年版,第104页。
③ 同上书,第53页。

的努力，一定能够达到共同富裕的伟大理想。列宁指出：只有社会主义，才能"使全体劳动者过最美好、最幸福的生活。只有社会主义才能实现这一点。我们知道社会主义应该实现这一点，而马克思主义的全部困难和全部力量，也就在于了解这个真理。"① 斯大林指出："如果我们不是要使我国人民过美满生活，那就用不着在1917年10月推翻资本主义，在好几年中建设社会主义了。社会主义不是要大家贫困，而是要消灭贫困，为社会全体成员建立富裕的和文明的生活。"② 邓小平同志也指出："社会主义制度优越性的根本表现，就是能够允许社会生产力以旧社会所没有的速度迅速发展，使人民不断增长的物质文化生活需要能够逐步得到满足。""如果在一个很长的历史时期内，社会主义国家生产力发展的速度比资本主义国家慢，还谈什么优越性？……我们一定要根据现在的有利条件，加快发展生产力，使人民的物质生活好一些，使人民的文化生活，精神生活面貌好一些。"③ "发挥社会主义的优越性，归根到底是要大幅度发展社会生产力，逐步改善、提高人民的物质生活和精神生活。"④ 邓小平还指出："如果我们搞到人均国民生产总值四千美元，而且共同富裕的，到那时候就能够更好显示社会主义制度优越于资本主义制度，就为人类四分之三人口指出了奋斗方向，更加证明马克思主义的正确性。"⑤

---

① 《列宁选集》第3卷，人民出版社1972年第2版，第571页。
② 《斯大林全集》第13卷，人民出版社1956年第1版，第316页。
③ 《邓小平文选》（1975—1982年），人民出版社1983年第1版，第123页。
④ 同上书，第216页。
⑤ 《建设有中国特色的社会主义》（增订本），人民出版社1987年第1版，第151页。

二 共同富裕不等于同步富裕 同步富裕实质上共同贫困

消灭贫穷,实现共同富裕,使全体社会成员都过上幸福富裕的生活,这是中国共产党领导人民进行长期革命斗争和建设的根本目的,也是全国人民为之奋斗的理想。但是,共同富裕绝不能理解为平均的或同步的富裕。

同步富裕是指全体劳动者在同一时间内按同一速度富裕或平均富裕。这是否认任何差别,不能实现的幻想。任何事物都存在差别,这是客观存在的。否认差别,就是否认世界。共同富裕是指在生产资料公有制的基础上,大家都走劳动致富的道路,经过自己的辛勤劳动,经过若干年的努力,最后达到富裕的目的。在社会主义阶段,在致富的道路上,或者由于客观条件的差别,或者由于主观努力的不同,致富的步伐必然有大有小,速度有快有慢,因而致富也必然有先有后,不可能同步富裕。否认这些差别,穷富拉平,必然会挫伤一部分企业,一部分人的劳动积极性,使经济失去发展的动力,因而会严重阻碍社会生产力的发展。结果是大家摞在一起共同守贫穷,谁也富不了。实践证明,把共同富裕理解为同步富裕、同等富裕,是不正确的,也是有害的。它违反了我国经济发展的客观规律,因而也违背了全体人民的根本利益。正如我们党指出:"共同富裕决不等于也不可能是完全平均,决不等于也不可能是所有社会成员在同一时间以同等速度富裕起来。如果把共同富裕理解为完全平均和同步富裕,不但做不到,而且势必导致共同贫穷。"[①]

---

① 《中共中央关于经济体制改革的决定》,人民出版社1984年第1版,第30页。

同步富裕是反映在消费资料分配上的一种平均主义思潮。我国原是一个小生产者汪洋大海似的国家。社会主义革命胜利以后，尽管他们已经成为社会主义的农民和职工，但他们的小生产者的思想，尤其是"均贫富"的小农思想意识还严重存在。同步富裕或平均富裕就是这种落后的小生产者平均主义思想的反映。斯大林指出："平均主义的根源是个体农民的思想方式，是平分一切财富的心理，是原始的农民'共产主义'的心理。平均主义和马克思主义的社会主义是毫无共同之处的。"[1] 毛泽东同志在领导我国革命和建设的过程中，始终把反对平均主义问题摆在一个很重要的地位。他在讲到按劳分配问题时，总是强调要特别注意克服平均主义的倾向。早在1942年，他就指出："平均主义的薪给制抹杀熟练劳动与非熟练劳动之间的差别，也抹杀了勤惰之间的差别，因而降低劳动者积极性。"[2] 要求绝对平均，不但现在、将来也是办不到的。这是小资产阶级空想社会主义思想，我们应该拒绝。1959年3月，毛泽东同志又一次尖锐地批判了分配上的平均主义倾向。他说：所谓平均主义倾向，即是否认各生产队和各个个人的收入应当有所区别。否认这种差别，就是否认按劳分配、多劳多得的社会主义原则。总之，这种平均主义思想，同马克思主义关于社会主义的科学观点是完全不相容的。历史的教训告诉我们：平均主义思想是贯彻执行按劳分配原则的一个严重障碍，平均主义的泛滥必然破坏社会生产力的发展，破坏社会主义制度。

---

[1] 《斯大林全集》第13卷，人民出版社1956年第1版，第105页。
[2] 《经济问题与财政问题》，解放社1944年版，第115页。

三 一部分人先富起来是全体劳动者走向共同富裕的必由之路

共同富裕是我们的奋斗目标,要实现这个目标,只能是允许和鼓励一部分人依靠勤奋劳动先富裕起来,以此带动全体劳动者共同富裕起来,这是社会主义经济发展的客观规律,也是中国共产党十一届三中全会以来一个重要的战略思想。

允许一部分人先富裕起来,在社会主义经济内部,是贯彻按劳分配的社会主义原则的必然结果,是马克思主义按劳分配原则中应有之义。马克思在《哥达纲领批判》一文中论述按劳分配原则,劳动多寡是分配个人消费品的唯一尺度时指出:"一个人在体力或智力上胜过另一个人,因此在同一时间内提供较多的劳动,或者能够劳动较长的时间。"还指出:"它不承认任何阶级差别,因为每个人都象其他人一样只是劳动者,但是它默认不同等的个人天赋,因而也默认不同等的工作能力是天然特权。"最后,马克思还指出:"一个劳动者已经结婚,另一个则没有;一个劳动者的子女较多,另一个子女较少,如此等等。在劳动成果相同,从而由社会消费品中分得的份额相同的条件下,某一个人事实上所得到的比另一个人多些,也就比另一个人富些,如此等等。"这种由劳动者的智力和体力差别,影响他们提供劳动的多寡,决定他们的收入的多少或富裕程度的差别,在社会主义阶段是不可避免的。马克思说:"这些弊病,在共产主义社会第一阶段,在它经过长久的阵痛刚刚从资本主义社会里产生出来的形态中,是不可避免的。权利永远不能超出社会经济结构以及由经济结构所制约的社会的文化发展。"①

---

① 《马克思恩格斯选集》第3卷,人民出版社1972年第1版,第11—12页。

允许一部分先富起来，是社会主义商品经济和价值规律作用的必然结果。在社会主义商品经济中，价值规律在广阔的领域内发挥着重要作用。价值规律要求以社会必要劳动时间来决定商品的价值量，实行等价交换。在等价交换的条件下，由于社会必要劳动时间与个别劳动时间的矛盾运动，一部分生产条件好、技术先进、经营有方的社会主义企业及其劳动者、农村承包户、专业户、私营企业和合资企业等的收入，必然高于社会平均水平，而得到更多的收入；而那些生产条件较差、技术落后、经营不善的社会主义企业及其劳动者，农村承包户、专业户、私营企业和合资企业等等，必然低于或只相当社会平均水平，而得到的收入较少或亏本。这种收入上的差别是价值规律作用的必然结果。也是因为这种矛盾运动，使社会主义商品生产者和经营者之间形成一种你追我赶的竞争局面，推动着技术不断进步，社会必要劳动时间不断缩短，社会经济效益不断提高，从而推动着社会生产力的发展和劳动者收入不断提高。

允许一部人先富起来，也是事物发展不平衡规律的要求。从我国现实的客观经济状况来看，不平衡表现是多方面的：有多层次的生产力发展水平，如有现代化的自动化的机器大生产，也有手工劳动生产；同样是机器大生产，有的达到80年代水平，也有还处在四五十年代的水平。有多种所有制经济结构，有全民所有制经济、集体所有制经济、个体经济，还有中外合资企业、外资企业，等等。自然条件差别很大，我国幅员辽阔，沿海与内地、内地与边疆、南方与北方、东部与西部，汉族与少数民族地区、无论在自然条件，地理位置、资源分布等方面，都存在着很大差异。商品经济发展程度差异更大，在这些不平衡的条件下，决定了我国各地区、各个企业及其劳动者，在发展生产，实现共同富裕的过程中，必然有先有后，富裕程度也不可能划一。一部分地区和企业,有可能利用自己的有利条件,发挥自己的优势,使生产发展快一些,经济效益好一些,劳动者收入和富裕程度高一些,从而推动更多的地区和企业赶上来,使整个国民经济一浪高一浪地发展。

允许一部分人先富起来是符合社会主义经济发展的客观规律,也是我们党十一届三中全会以来的既定政策:要支持、鼓励一部分先富裕起来。因此,我们必须解放思想,排除各种干扰,敢于靠自己的辛劳和合法经营率先致富。致富光荣。

要敢于先富,但不忘共同富。允许部分人先富裕起来是全体劳动者走向共同富裕的必由之路。先富与共富,不是截然不同的两个过程,而是一个过程中紧密相连,并行不悖的两个方面。共同富裕既是我们的理想和长期奋斗的目标,又是我们每一时刻都在努力实践的活生生的事实。我们一步一步地由温饱向小康再向更高的水平发展,就是沿着共同富裕的道路不断前进;而这个由低到高的发展过程,又是通过一部分人先富起来这条必由之路逐步完成的。要实现共同富裕也就必须鼓励一部分人先富起来;而鼓励一部分人先富裕起来不是为了别的,正是为了使整个社会富裕起来。共同富裕与一部分人先富起来,不是两个无关的过程,也不能把共同富裕仅看作是将来遥远的事。坚持共同富裕是社会主义的根本原则,必须正确理解和认真贯彻鼓励一部分人先富裕起来的政策;正确贯彻这一政策的时候,又不能忘记共同富裕这个出发点和归宿,不可偏离社会主义这个大方向。因此,我们在工作中,既要解决好不敢富、怕富、嫉富、卡富的问题,又要防止和警惕一些人忘记共同富裕的原则,忘记共产主义的大目标。

在鼓励一部分人先富裕起来的同时,还必须对老弱病残、鳏寡孤独等实行社会救济,对还没有富裕起来的人积极扶持,对经济还很落后的一部分革命老根据地、少数民族地区、边远地区和其他贫困地区实行特殊的优惠政策,并给予必要的物质技术支援。这样做,与贯彻一部分人先富裕起来的政策,是完全一致的,都是为尽快地使整个社会富裕起来。

允许和鼓励一部分地区、一部分企业和一部分人通过劳动先富裕起来,不会导致"两极分化"。社会主义社会中的劳动者富裕程度差别和资本主义社会的"两极分化"是完全不同的两码事。资本主义社会的"两极分化"是阶级分化,是在生产资料私有制的前提下,一部分占有生产资料的人剥削另一部分人的剩余价值。资本家由于剥削工人的剩余价值而愈来愈富;广大工人由于丧失生产资料而不得不为资本家做工,遭受资本家严酷剥削而愈来愈贫困。这是剥削与被剥削、压迫与被压迫的两极分化。在我国生产资料私有制社会主义改造以后,生产资料已基本上公有,劳动者已经成了生产资料和国家的主人,谁也无权凭借占有生产资料去随意剥削他人劳动成果。劳动者在按劳分配原则面前,是一律平等的。只是由于劳动者的体力强弱、技术水平的高低、劳动态度的好坏、贡献的大小,按劳分配所得的结果不同,以及家庭负担不同,生活水平有高有低,这与上述的两极分化性质是根本不同的。两者之间没有必然联系。建国 40 多年,特别是三中全会以来十多年的历史证明:广大劳动人民生活水平都有了很大的提高,差别仅仅是富裕程度的差别,是大富与小富、先富与后富之别。这种差别是社会主义按劳分配所产生的差别,是公有制经济发展的动力。邓小平同志指出:"按照社会主义按劳分配原则,是不会产生贫富过大的差别的。这样,再过 20 年、30 年,我们生产力发展起来了,也不会发生两极分化。"[①] 至于

[①] 《建设有中国特色的社会主义》(增订本),人民出版社 1987 年第 1 版,第 53 页。

其他非公有制经济里,我们有国家机器作用,可以采取各种经济政策与经济手段,来加以限制,他们的富裕程度的差别,也不会产生资本主义的两极分化。

为了让一部分人先富起来,必须建立多种形式的经济责任制,认真贯彻按劳分配原则。责、权、利相结合,国家、集体和个人利益相结合,使职工劳动所得和他们劳动成果密切结合起来,充分调动劳动者的主动性、积极性和创造性,为社会主义多作贡献。企业职工的奖金由企业根据经营状况自行决定,国家只对企业适当征收超限额奖金税。企业职工的工资和奖金同企业经济效益提高更好地挂起钩来,克服企业吃国家的"大锅饭"。企业内部要扩大工资差距,拉开档次,以充分体现奖勤罚懒、奖优罚劣,充分体现多劳多得,少劳少得,不劳不得,充分体现脑力劳动与体力劳动、复杂劳动和简单劳动、熟练劳动和非熟练劳动、繁重劳动和非繁重劳动之间的差别,克服职工吃企业的"大锅饭"。只有这样,才能使一部分地区、一部分企业和一部分人先富裕起来。

允许一部分人先富裕起来是全体劳动者走向共同富裕的必由之路。一部分人先富裕起来是全体劳动者共同富裕的起点,而共同富裕是部分人先富的必然结果。唯物辩证法告诉我们,事物发展总是由量变到质变,从部分质变到整体质变;不平衡是绝对的,平衡是相对的,平衡是在不平衡的发展中实现的。致富也是如此。部分人通过自己的勤劳,率先达到较富程度,生活先好起来,他就会起到先进促后进,后进学先进的榜样作用,可以激发和推动更多的人起来勤劳致富,出现越来越多的富裕者。在这个过程中,又会有少数人更加富裕的程度,那些落在后面的人也不甘落后,势必奋起直追,在勤劳致富的大道上,彼此赶超不息。这样,将进一步推动社会生产力不断向前发展,社会财富稳定增加，劳动者的收入逐步提高，让全体劳动者都不同程度的富裕起来，使整个社会和国家兴旺发达，进而达到实现共同富裕的伟大目标。正如邓小平同志所说："一部分人生活先好起来，就必然产生极大的示范力量，影响左邻右舍，带动其他地区、其他单位的人向他们学习。这样，就会使整个国民经济不断地波浪式地向前发展，使全国各族人民都比较快地富裕起来。"① 又说："一部分人先富裕起来，一部分地区先富裕起来的办法是好的，是大家都拥护的新办法。"② 党的十一届三中全会以来，农村城市经济体制改革的实践已经证明，允许一部分先富起来，不仅不违背共同富裕的原则，恰恰相反，正是实现全体劳动者共同富裕的必由之路。

四 解放思想，加快改革开放的步伐，努力发展生产力，逐步实现共同富裕的伟大理想

允许和鼓励一部分人先富起来和坚持共同富是党的十一届三中全会以来的基本政策。十多年来的实践证明，这一政策有力地推动了我国社会生产力的巨大发展，增强了国力，改善和提高了人民的生活。今后要加快经济的发展，到本世纪末实现第二步战略目标，必须进一步解放思想，深化改革开放。

改革分配制度胆子要大一些，要敢于试验。看准了的，就要大胆地试，大胆地闯。邓小平同志指出："深圳的重要经验就是敢闯。没有一点闯的精神，没有一定'冒'的精神，没有一股

---

① 《邓小平文选》(1975—1982年)，人民出版社1983年第1版，第142页。
② 《建设有中国特色的社会主义》(增订本)，人民出版社1987年第1版，第12页。

气呀、劲呀,就走不出一条好路,走不出一条新路,就干不出新的事业。不冒点风险,办什么事情都有百分之百的把握,万无一失,谁敢说这样的话?一开始就自以为是,认为百分之百正确,没有那么回事,我从来没有那么认为。"当然,要善于及时总结经验,对的就坚持,不对赶快改,新问题出来抓紧解决。这样,大约经过20年、30年,我们才会形成一套比较成熟的分配制度。

必须敢于先富,同时要不忘共富,全面贯彻落实党的分配制度。走社会主义道路,就是要逐步实现共同富裕。共同富裕的构想包括允许和鼓励一部分人先富裕起来。也就是说,一部分地区有条件先发展起来,一部分地区发展慢点,先发展起来的地区带动后发展的地区,最终达到共同富裕。如果富的愈来愈富,穷的愈来愈穷,两极分化就会产生,而社会主义制度就应该而且能够避免两极分化。解决的办法之一,就是先富起来的地区多交点利税,支持贫困地区的发展。当然,太早这样办也不行,现在不能削弱发达地区的活力,也不能鼓励吃"大锅饭"。什么时候突出地提出和解决这个问题,在什么基础上提出和解决这个问题,1992年初,邓小平同志设想:"在本世纪末达到小康水平的时候,就要突出地提出和解决这个问题。到那个时候,发达地区要继续发展,并通过多交利税和技术转让等方式大力支持不发达地区。不发达地区又大都是拥有丰富资源的地区,发展潜力很大的。总之,就全国范围来说,我们一定能够逐步顺利解决沿海同内地贫富差距的问题。"邓小平还指出:"要一部分先富裕的人,帮助没有富裕的人,共同富裕,而不是两极分化。对一部分先富裕起来的人,也要有一些限制,例如,征收所得税。还有,提倡有的人富裕起来以后,自愿拿出钱来办教育、修路。当然,决不能搞摊派。现在也不宜过多宣传这样例子。但是应该鼓励。"①

要警惕右，但主要是防止"左"。右就是搞资产阶级自由化，必须警惕和反对，但从历史和现实来看，主要是防止"左"。这是邓小平同志的一贯思想。1979年3月，邓小平同志在批判右的同时，也没放松批判"左"的主要危险。他说："关于林彪、'四人帮'所散布的极左思潮（毫无疑问，这种思潮也是反对四项基本原则的，只是从'左'而来反对），我们过去已经进行了大量的批判，今后还需要继续开展这种批判，不能放松。现在，我想着重对从右面来怀疑或反对四项基本原则的思潮进行一些批判。"② 1987年4月，邓小平又指出："这八九年的经历证明，我们所做的事情是成功的，总的情况是好的，但不是没有干扰。几十年的'左'的思想纠正过来不容易，我们主要是反'左'，'左'已经形成了一种习惯势力。现在中国反对改革的人不多，但在制定和实行具体政策的时候，总容易出现有一些留恋过去的情况，习惯的东西就起作用，就冒出来了。同时也有右的干扰……我们既有'左'的干扰，也有右的干扰，但最大的危险还是'左'。习惯了，人们的思想不容易改变。"③ 1987年7月，邓小平还指出："搞现代化建设，搞改革、开放，存在'左'和右的干扰问题。'左'的干扰更多来自习惯势力。旧的一套搞惯了，要改不容易。右的干扰就是搞资产阶级自由化……'左'的和右的干扰，最主要的是'左'的干扰。建国后，从

---

① 《建设有中国特色的社会主义》（增订本），人民出版社1987年第1版，第99页。

② 《邓小平文选》（1975—1982年），人民出版社1983年第1版，第152页。（文中着重点是引者加的）。

③ 《邓小平同志重要谈话》（1987年2月—7月），人民出版社1987年第1版，第28—29页。

1957年到1978年,我们吃亏都是在'左'。我们国家大,党的历史很长,建国也已经有38年,因此,好多习惯势力不能低估,而右的干扰也帮了习惯势力的忙,所以我们也不能忽视右的干扰。"[1] 1992年初,邓小平同志再次指出:"现在,有右的东西影响我们,也有'左'的东西影响我们,但根深蒂固的还是'左'的东西。有些理论家、政治家,拿大帽子吓唬人的,不是右,而是'左'。'左'带有革命的色彩,好象越'左'越革命。'左'的东西在我们党的历史上可怕呀!一个好好的东西,一下子被他搞掉了。右可以葬送社会主义,'左'也可以葬送社会主义。中国要警惕右,但主要是防止'左'。"当前"左"的主要表现是"恐资病"。他们怕资本主义,怕两极分化,而且错误地把改革开放中一些正确的东西,都当成资本主义来批判。"把改革开放说成是引进和发展资本主义,认为和平演变的主要危险来自经济领域,这些就是'左'。我们必须保持清醒的头脑,这样就不会犯大错误,出现问题也容易纠正和改正。"因此,必须首先要破除"恐资病",树立改革开放的长期观点,要勇于创新,破除墨守成规的思维方式,更新观念。在中国共产党领导下,有计划有步骤地进行。总之,既要解放思想,放开手脚,又要脚踏实地,把改革开放引向深化,把建设有中国特色的社会主义的伟大事业推向前进!

(收入《马克思主义在当代中国实践中》一书中,黑龙江教育出版社1993年11月出版)

---

[1] 《邓小平同志重要谈话》(1987年2月—7月),人民出版社1987年第1版,第43页。

政治体制改革是关系到党和国家命运前途的大问题

在社会主义社会，党和国家的领导制度是关系到党和国家的命运和前途的大问题。改革和完善党和国家的领导制度，对于发挥社会主义的优越性，加速现代化建设，具有重大的意义。党的十一届三中全会以来，我们党，尤其是邓小平同志对改革党和国家领导制度作过很多深刻的论述，提出过许多决策性的意见。认真学习邓小平同志的这些论述和意见，有助于我们提高改革的自觉性，正确地把握改革的方向。

一 马克思主义政治学说的新突破

邓小平同志多次指出，要在坚持四项基本原则的前提下，积极地大胆地改革党和国家的领导制度。社会主义制度与党和国家的领导制度是什么关系呢？

社会主义作为一种社会制度，是无产阶级革命胜利后建立起来的以生产资料公有制为基础的基本经济制度和无产阶级专政的基本政治制度的总和。在我国，基本的政治制度是人民民主专政。党和国家的领导制度是社会主义政治体制的最重要的组成部分，和整个政治体制一样，是体现人民民主专政这个基本政治制度的。任何基本政治制度都要有一定的政治体制来体现，正像任何基本经济制度都要有一定的经济体制来体现一样。没有不表现为一定的政治体制的抽象的基本政治制度，也没有不表现为一定的经济体制的抽象的基本经济制度。反过来也一样，没有不表现一定的基本政治制度的抽象的政治体制，也没有不表现一定的基本经济制度的抽象的经济体制。基本制度决定体制，体制体现一定的基本制度。但二者之间不是也不可能总是一致的。体制好，基本制度的本质和优越性就发挥得充分；体制不好，基本制度就会受到局限甚至被破坏。基本制度和体制之间的这种既一致又矛盾的情况，就是我们进行体制改革的最深刻的根据。经济体制改革是这样，政治体制改革，包括党和国家领导制度的改革，也是这样。

马克思和恩格斯运用辩证唯物主义和历史唯物主义，对资本主义制度进行了科学的分析，揭示了资本主义必然灭亡，社会主义必然胜利的客观规律，同时对未来社会的特征，作了一些科学的描绘。这些特征大致可以归纳如下：第一，社会主义社会消灭了生产资料私有制，生产资料归全社会所有，从而，消灭了人剥削人的现象；第二，消灭了商品货币，劳动者个人消费品实行按劳分配的原则；第三，政治上经过一个无产阶级专政的过渡时期之后，国家归于消亡，等等。马克思恩格斯当时的任务，主要是唤醒无产阶级和劳动群众起来革命，推翻人剥削人、人压迫人的剥削制度。至于对未来社会的政治、经济等方面的具体制度，由于当时没有这方面的实践，不可能讲得很具体，至多只能作一些原则性的预见。同时，马克思恩格斯一贯反对对未来社会的具体制度作出什么规定，以免束缚未来革命家的手脚。因此，在这方面他们给我们留下的东西不多。

十月社会主义革命胜利后，列宁除了对社会主义基本制度作了许多科学论述外，还对苏联党和国家领导制度的问题作过许多论述，特别是到晚年，列宁痛切感到党和国家的具体制度中存在着许多弊端，并且设想了一些改革的措施，例如，改组工农检察院，等等。但是，由于列宁逝世过早，这些问题没有来得及解决，甚至可以说还没有真正提到布尔什维克党的议事日程上来。斯大林领导时期，列宁晚年指出的党和国家领导制度中的那些弊端不仅没有解决，反而发展得更加严重了，结果造成了很大的悲剧，极大地影响了苏联社会主义制度优越性的发挥。不仅如此，在斯大林时期，基本制度和体制之间的区别也被有意无意地抹杀了，似乎苏联的那套政治、经济体制就是社会主义的基本制度。这就从根本上取消了体制改革的任务。

我国革命胜利初期，基本上照搬苏联一套制度。苏联社会中政治、经济中的一些问题，在我国也基本存在。1956年，生产资料私有制社会主义改造基本完成后，我们党发现并准备解决政治、经济制度中存在的一些问题，但由于指导思想上"左"的错误，理论上又未能区分社会主义基本制度和具体制度的界限，结果在国际国内那些非所预料的因素作用之下，不仅没有解决问题，反而发动了一场规模巨大的政治运动，把人民中间对于民主和自由的呼声统统压了下去。并且由此还提出了一整套阶级斗争扩大化的理论，搞得全国鸦雀无声。人民没有发言权，政治、经济体制中的种种弊端也就无从批评、揭露。10年以后，即1966年，终于导致了"文化大革命"，不仅给全国人民造成了巨大的灾难，而且给社会主义制度的形象和声誉造成了巨大的损害。

十一届三中全会以来，我们党，尤其是邓小平同志，认真总结了历史经验，特别是"文化大革命"的沉痛教训，突破了一系列传统观念，把对社会主义的认识推进到一个新的阶段，不仅提出了建设有中国特色的社会主义的战略目标,而且对社会主义制度作了深刻的分析。在社会主义政治制度方面,主要作了如下一些新的分析。

第一,对社会主义的基本制度与具体制度作了区别,同时又指出了它们的相互联系。社会主义基本制度必须坚持,这关系到我们国家和社会的基本性质。但具体制度必须随着生产力的发展和经济、政治、文化的发展而变化。具体制度的改革必须反映基本制度和生产力发展的要求,这种改革是社会主义制度的自我完善。

第二,指出了党和国家领导制度的极端重要性。党和国家领导制度是社会主义政治体制的核心部分,关系到党和国家的命运和前途。邓小平同志指出:"我们过去发生的各种错误,固然与某些领导人的思想、作风有关,但是组织制度、工作制度方面的问题更重要。这些方面的制度好可以使坏人无法任意横行,制度不好可以使好人无法充分做好事,甚至会走向反面。即使象毛泽东同志这样伟大的人物,也受到一些不好的制度的严重影响,以至对党对国家对他个人都造成了很大的不幸。"[①] 毛泽东同志"由于没有在实际上解决领导制度问题以及其他一些原因,仍然导致了'文化大革命'的十年浩劫。这个教训是极其深刻的。不是说个人没有责任,而是说领导制度、组织制度的问题更带有根本性、全局性、稳定性和长期性。这种制度问题,关系到党和国家是否改变颜色,必须引起全党的高度重视。"[②] 邓小平同志还指出,只有对这些弊端进行有计划、有步骤而又坚决彻底的改革,人民才会信任领导,才会信任党和社会主义,我们的事业才

[①] 《邓小平文选》(1975—1982年),人民出版社1983年第1版,第293页。
[②] 同上。

有无限的希望。他认为,政治体制改革是个关系全局的问题。①

第三,指出了党和国家领导制度改革的性质。这种改革是一场深刻的革命,但不是一个阶级推翻另一个阶级的政治大革命,而是社会主义制度的自我完善,因而是在党的领导下,有计划有步骤地进行的。改革不是一朝一夕就能完成的,而是一项"艰巨的长期的任务"。②

第四,指出了政治体制改革和经济体制改革的相互关系。这两个改革是互为前提、互相促进的,因此必须同步进行。我国的经济体制改革,尤其是以城市为重点的经济体制改革,不仅涉及经济体制的改革,也涉及文化、科学、教育等领域的体制改革,更重要的还涉及政治体制的改革。1986年以来,邓小平同志多次谈及政治体制改革的问题,他强调指出:"不搞政治体制改革不能适应形势","只搞经济体制改革,不搞政治体制改革,经济体制改革也搞不通。"1986年7月14日,他在接见朝鲜党政代表团时,又一次指出:"今后五年内,中国要完成的城市经济体制改革,实际上是全面的经济体制改革,其中包括某些政治体制的改革。"③ 实践经验证明,经济体制改革总要以某种程度的政治体制改革为先导,没有一定的政治体制改革,经济体制改革任务本身都不可能提出来,更不用说取得成功了。没有十一届三中全会以来党和国家领导制度的一系列改革,就不会有今天的经济体制改革。当然,经济体制改革的深入和成功,反过来也促进政治体制改革。中央着重提出政治体制改革的问题,正是反映了经济体制改革的要求。

---

① 参见《红旗》杂志1986年第17期,第7页。
② 《邓小平文选》(1975—1982年),人民出版社1983年第1版,第301页。
③ 《人民日报》1986年7月15日。

第五，指出了党和国家领导制度改革的目的，就是"为了适应社会主义现代化建设的需要，为了适应党和国家政治生活民主化的需要，为了兴利除弊"①，为了"从制度上保证党和国家政治生活的民主化、经济管理的民主化、整个社会生活的民主化，促进现代化建设事业的顺利发展。"②

第六，指出了党和国家领导制度好坏的标准。邓小平同志明确指出："我们进行社会主义现代化建设，是要在经济上赶上发达的资本主义国家，在政治上创造比资本主义国家的民主更高更切实的民主，并且造就比这些国家更多更优秀的人才。达到上述三个要求，时间有的可以短些，有的要长些，但是作为一个社会主义大国，我们能够也必须达到。所以，党和国家的各种制度究竟好不好，完善不完善，必须用是否有利于实现这三条来检验。"③

第七，指出了我国现行的党和国家领导制度的主要弊端及其根源。邓小平同志说："党和国家现行的一些具体制度中，还存在不少的弊端"，"从党和国家的领导制度、干部制度方面来说，主要弊端就是官僚主义现象，权力过分集中的现象，家长制现象，干部领导职务终身制现象和形形色色的特权现象。"④ 官僚主义现象，除了历史原因外，一方面还同我们长期认为社会主义制度和计划管理制度必须对经济、政治、文化、社会都实行中央高度集权的管理体制有密切关系；另一方面是我们党政机关以及各种企业、事业领导机构中，长期缺少严格的自上而下的行政法

---

① 《邓小平文选》（1975—1982年），人民出版社1983年第1版，第281—282页。
② 同上书，第296页。
③ 同上书，第282—283页。
④ 同上书，第287页。

规和个人负责制,干部制度中缺少正常的录用、奖惩、退休、退职、淘汰办法。至于权力过分集中的现象,除了片面的、不适当地强调一元化领导外,还同我国历史上封建专制主义的影响有关,也同共产国际时期实行的各国党的工作中领导者个人高度集权的传统有关系。干部领导职务终身制的现象,同封建主义的影响有一定关系,同我们党一直没有妥善地解决退休解职办法也有关系。搞特权是封建主义残余影响尚未肃清的表现。等等。

第八,明确提出了反对封建主义残余影响的任务,以及完成这个任务的基本方针。邓小平同志说:"我们进行了二十八年的新民主主义革命,推翻封建主义的反动统治和封建土地所有制,是成功的,彻底的。但是,肃清思想政治方面的封建主义残余影响这个任务,因为我们对它的重要性估计不足,以后很快转入社会主义革命,所以没有能够完成。现在应该明确提出继续肃清思想政治方面的封建主义残余影响的任务,并在制度上做一系列切实的改革,否则国家和人民还要遭受损失。"① 又说:对待封建主义遗毒,要有实事求是的科学态度,进行具体准确的如实的分析,不能搞一阵风,不加分析地把什么都说成封建主义。同时对于广大干部和群众来说,是一种自我的教育和自我改造的过程。"历史经验证明,用大搞群众运动的办法,而不是用透彻说理、从容讨论的办法,去解决群众性的思想教育问题,而不是用扎扎实实、稳步前进的办法,去解决现行制度的改革和新制度的建立问题,从来都是不成功的。因为在社会主义社会中解决群众思想问题和具体的组织制度、工作制度问题,同革命时期对反革命分子的打击和对反动制度的破坏,本来是原则上根本不同的两

---

① 《邓小平文选》(1975—1982年),人民出版社1983年第1版,第295页。

回事。"①

对社会主义的政治体制,尤其是党和国家的领导制度,作如此深刻的分析,对我国现行的政治体制进行如此深入的解剖,这在马克思主义发展史上是罕见的,在我们党的历史上完全是独创性的。几年来我们在党和国家领导制度方面已经实行的改革证明,邓小平同志的上述突破性的论点,是我国政治体制改革的理论基础和正确的指导方针。

二　社会主义现代化建设迫切需要政治体制改革

依据唯物史观,马克思主义是最注重发展生产力的。生产力是社会发展的最根本、最伟大的动力。社会主义阶段的最根本任务,就是要解放和发展生产力。只有不断地发展社会生产力,逐步实现社会主义现代化,社会主义的经济制度和政治制度才能进一步巩固和发展,人民的物质文化生活水平才能逐渐提高。但是,发展生产力必须有相应的经济制度以及与经济基础相适应的上层建筑,否则这个任务是不能完成的。建国以后,我们建立了以生产资料公有制为主的社会主义经济基础和与之相适应的社会主义政治制度,应该说它们是适合社会生产力的发展的。但是它们还不完善,必须随着生产力的发展而逐步地加以改革。在过去相当长的时期内,由于党在指导思想上犯有"左"的错误,也由于传统理论本身的局限性,一直没有提出改革的任务。党的十一届三中全会提出了解放思想,大胆进行经济体制改革和政治体制改革的战略决策,改革的任务才提到日程上来。八年来改革的实践证明,经济体制改革和政治体制改革,方向是正确的,成绩

---

① 《邓小平文选》(1975—1982年),人民出版社1983年第1版,第296页。

是明显的。但比较起来,政治体制改革虽然比经济体制改革起步早,但它却落后于经济体制改革的步伐。目前影响生产力发展的障碍,有经济方面的原因,也有政治方面的原因。经济体制改革不仅需要良好的经济环境,而且更需要与之相适应的政治环境。政治体制如果不按高度民主的要求加以改革,便不能适应经济体制改革的需要。过去我们经济建设之所以走了很多弯路,固然有缺乏经验的一面,但是政治体制不适应经济建设的需要,是一个重要原因。因此现在必须着重提出政治体制改革的任务。邓小平同志明确指出,政治体制改革是为了适应社会主义现代化建设的需要,是为了充分发挥社会主义制度的优越性,加速现代化建设事业的发展。

当前我国的政治体制在许多方面都远远不能适应社会主义现代化建设的需要,影响了社会主义制度优越性的发挥。具体来说,主要表现在以下几个方面。

第一,党政不分,影响了政企分开和政府职能的转变。实行政企分开,充分发挥企业的独立性,以调动它们的积极性,是经济体制改革和发展社会主义商品经济的必然要求。但是,我国现行的党和国家领导制度中,却严重地存在着党政不分、以党代政的现象。某些党的机关,不仅插手于政府职能机关,而且对属于企业日常经营管理范围的事,也管得过多、过宽、过死。这不仅不利于加强和改善党的领导,而且影响了政企职责的划分和政府管理经济职能的转变,妨碍了企业搞活和发展。

第二,社会主义民主和法制不够完善,束缚了广大劳动者的积极性和创造性。社会主义经济建设只有让劳动者充分参与企业的管理,才能把他们的劳动成果同企业和国家利益挂起钩来。只有充分发扬社会主义民主,保证劳动者在国家和企业中的主人翁地位,他们的积极性和创造性才能充分发挥出来。从社会主义法制建设来看，商品经济的发展，必然要求经济当事人的行为有法可依，权力和利益有法律保证。法律不完备，商品经济的发展和经济体制改革就无章可循，无法可依。

第三，权力过于集中，机构臃肿重叠，地区割据，部门封锁，以及人事制度的某些弊病，使企业缺乏活力，阻碍了商品经济的发展。社会主义企业应该是拥有自我发展能力的具有一定权利和义务的相对独立的商品生产者和经营者。企业是否有活力，关系到我们经济建设能否成功。而权力过分集中，机构臃肿和效率低下，等等，必然导致企业缺乏活力。由权力过分集中所带来的地区分割和部门封锁，同样妨碍着社会主义经济联系的发展，束缚了企业的手脚。因此，下放权力，精简机构，实行企业横向联合，消除画地为牢的人为障碍，这是改革的必然要求。

现行政治体制的种种弊端还严重阻碍了社会主义精神文明的建设。首先，从思想道德建设来看，我国现在还存在着大量封建思想的遗毒。这固然同我国历史上长期的封建传统有关，但是，现行政治体制的弊端却使这些封建遗毒不仅得不到有力的抵制和消除，反而使之得以继续保持。例如，特权现象和当前的所谓"从政热"，就同我国现行政治体制中权力过于集中的现象有关。权力集中到个人或少数人手中，就一定会产生特权现象，就会使某些人从当官掌权中获得好处。这种现象和由此而产生的"仕途经济"的社会心理，可以说是目前思想道德建设中最大的腐蚀剂。社会主义现代化建设不能没有人当"官"，但当"官"的毕竟只是少数。如果各行各业的人眼睛都盯着官位和官阶，我们的建设事业就没有多大希望了。而且，这种心理蔓延开来，阿谀奉承、投机钻营的事情就防不胜防，这势必又会影响我们干部队伍的素质。再则，当官的心理一强化，艰苦的体力劳动和脑力劳动就不会受到应有的尊重,什么尊重知识、尊重知识分子、尊重人才,都将成为一句空话。

其次,科学文化教育事业必须是在一个和谐协调的环境中才能迅速发展。但是,由于我国政治体制不完善,党委和行政权力过大,又缺少相应的方法,动辄进行行政干预,导致科学文化教育事业的发展没有多少活力。这种局面如不改变,社会主义精神文明建设很难取得预期的成效。

我国现行政治体制存在的种种弊端,已经严重阻碍了我国政治、经济和文化意识等社会主义现代化建设。改革现行政治体制势在必行。经济体制改革的深入进行,社会主义现代化建设的发展希望就在政治体制改革之中。

三 政治体制改革是社会主义制度的自我完善

任何一个社会制度的产生,都是社会生产力与生产关系、经济基础与上层建筑之间矛盾的结果。马克思曾经指出:"社会的物质生产力发展到一定阶段,便同它们一直在其中活动的现存的生产关系或财产关系(这只是生产关系的法律用语)发生矛盾。于是这些关系便由生产力的发展形式变成生产力的桎梏。那时社会革命时代就到来了。随着经济基础的变更,全部庞大的上层建筑也或慢或快地发生变革。"① 而一个新的社会制度产生以后,又都有一个发展和完善的过程。

无产阶级夺取政权以后,建立了社会主义经济制度和政治制度。这种制度是适应生产力和经济基础的要求的。但是,刚建立起的经济制度和政治制度不可能完美无缺,总要经历一个从不成

---

① 《马克思恩格斯选集》第2卷,人民出版社1972年第1版,第82—83页。

熟到比较成熟，从不完善到比较完善的长期发展过程。而这种长期发展过程，根据实践经验的启示，就是要通过一系列符合实际，相互衔接的改革来逐步实现。只有通过改革，才能及时正确地解决具体经济、政治、文化管理制度上存在的问题和矛盾。只有改革那些不符合发展要求的管理形式、管理方法以及党和国家的领导制度，才能使它们不断地适应和促进社会生产力以及其他事业的发展。

早在1890年恩格斯就曾指出："所谓'社会主义社会'不是一种一成不变的东西，而应当和其他社会制度一样，把它看作是经常变化和改革的社会。"① 十月革命以后，列宁也提出了改革的一系列理论，认为无产阶级建立了自己的政权以后，随之而来的便是"下定决心"改革和完善自己的国家机关；甚至认为全部工作都应该是为了改善机构。若不进行有系统的和顽强的斗争来改善国家机关，那我们一定会在社会主义的基础还没有建成以前灭亡。② 社会主义制度确立以后，斯大林没有遵照列宁的指示，进行改革，以致机构臃肿，党政不分，权力过分集中，产生官僚主义和阶级斗争的扩大化，使世界上第一个社会主义国家遭受严重损失，教训是相当深刻的。

我国在社会主义制度建立之后，曾经相当重视改革。1957年，毛泽东同志就说过："在社会主义社会中，基本的矛盾仍然是生产关系与生产力之间的矛盾、上层建筑和经济基础之间的矛盾。"③ 又说："社会主义生产关系已经建立起来，它是和生产力的发展相适应的；但是，它又还很不完善，这些不完善的方面和

---

① 《马克思恩格斯全集》第37卷，人民出版社1971年第1版，第443页。
② 参见《列宁全集》第32卷，人民出版社1958年第1版，第311页。
③ 《毛泽东选集》第5卷，人民出版社1977年第1版，第373页。

生产力的发展又是相矛盾的。除了生产关系和生产力发展的这种又相适应又相矛盾的情况以外，还有上层建筑和经济基础的又相适应又相矛盾的情况。"① 并提出改革"国家制度中某些环节上缺陷"的任务。他指出："资产阶级的意识形态的存在，国家机构中某些官僚主义作风的存在，国家制度中某些环节上缺陷的存在，又是和社会主义的经济基础相矛盾的。我们今后必须按照具体的情况，继续解决上述的各种矛盾。"② 刘少奇同志也指出：社会主义制度不是一成不变的东西。有领导地改变旧秩序，建立新秩序，就是充分发展和发挥社会主义制度的优越性。周恩来同志把改革看作是社会主义川流不息，万古长新的辩证法的过程，认为不改革就不能同经济基础相适应，就不能为经济基础服务，甚至起阻碍经济发展的作用。毛泽东同志还分析了这些矛盾的性质是非对抗性的，"可以经过社会主义制度本身，不断地得到解决"③。

然而，我们党的上述改革的思想，由于种种复杂原因，没有能坚持下去。

粉碎"四人帮"以后，邓小平同志在吸取国际共产主义运动和我国经验教训的基础上，运用马克思主义改革的理论，以无产阶级革命家的胆略，明确提出了改革"是一场革命"，但"不是对人的革命，而是对体制的革命。这场革命不搞……不只是四个现代化没有希望，甚至于要涉及到亡党亡国的问题，可能要亡党亡国"④。

我国经济体制改革，首先在农村进行。我们长期焦虑的农业

---

① 《毛泽东选集》第 5 卷，人民出版社 1977 年第 1 版，第 374 页。
② 同上。
③ 同上书，第 373 页。
④ 《邓小平文选》（1975—1982 年），人民出版社 1983 年第 1 版，第 140 页。

生产所以能够在短期内蓬勃发展起来，并显示出社会主义农业的强大生命力，根本原因就在于大胆冲破"左"的思想束缚，全国推行联产承包责任制，发挥了8亿农民的巨大的社会主义积极性。目前农村的改革还在继续发展，农村经济开始向专业化、商品化、现代化转变，这种形势迫切要求疏通城乡流通渠道，为日益增多的农副产品开拓市场，同时满足农民对工业品、科学技术和文化教育的不断增长的需要。农村改革的经验，农村经济发展对城市提出新的要求，给以城市为重点的整个经济体制改革提供了极为有利的条件。

我们党十一届三中全会作出改革的决策，推动了农村改革，而且取得了非常大的成绩；十二届三中全会通过的《中共中央关于经济体制改革的决定》，制定了全面改革的蓝图，有力地推动了以城市为重点的整个经济体制改革。

城市经济体制改革的目的，是按照把马克思主义基本原理同中国实际相结合的原则，建立起具有中国特色的充满生机和活力的社会主义经济体制，促进社会生产力的发展，进一步完善和发展社会主义经济制度。

我国的政治体制改革，8年来也已经取得了可喜的成绩，迈出了一些大的步子。但是，我们必须清醒地看到，这几年的政治体制改革还只是初步的，还远不适应经济体制改革和社会主义现代化建设的需要，因此必须进一步改革。政治体制改革和经济体制改革一样，是一场深刻的革命，是社会主义政治制度的自我完善和发展。

第一，通过政治体制改革，进一步改善和加强党的领导。长期以来我们在党和国家的各级领导机构中，严重存在着党政不分，以党代政的现象。党政不分，就会造成权力过分集中，妨碍政府部门建立相对独立的强有力的工作系统，影响政府职能的发挥，实际上也削弱了党的领导，降低党政机关的工作效率，助长官僚主义。为了改善和加强党的领导，必须实行党政分开，改变以党代政的现象。

我们党在处理党政关系方面，既有丰富经验，也有不少沉痛的教训。早在民主革命时期，我们强调党的一元化领导，也就是把各级党政军大权高度集中和统一于党的各级组织的主要负责人身上。实行这种领导体制，是由于当时的战争环境的实际情况所决定的。实行党的一元化领导，有利于统一指挥，集中力量，保证革命战争的胜利。但是，即使在当时的情况下，党也很重视发挥革命根据地政权机构的作用。毛泽东同志在1928年就指出：以后党要执行领导政府的任务；党的主张办法，除宣传外，执行的时候必须通过政府的组织。1942年党中央在《关于统一抗日根据地党的领导及调整各组织间关系的决定》中，又一次尖锐地批评过某些党组织包办政权系统工作的错误，并规定，党对政权系统的领导，应该是原则的、政策的、大政方针的领导，而不是事事干涉，包办代替。这都充分说明，我们党在民主革命时期就已经注意到克服党政不分，以党代政的现象。

建国以后，我们的国家由战争环境转入和平建设，情况大不一样了。在这种新的历史条件和新任务面前，需要相应地改变党的领导体制。可是，我们在相当长的一个时期里还沿袭了过去某些做法，以致在处理党政关系方面，存在着党政不分，以党代政的现象。针对这种情况，邓小平同志在1956年9月党的八大作的《关于修改党的章程报告》中，明确要求各级党组织不要直接去指挥国家机关工作，不要把各种纯粹行政性质的问题提到党内来讨论，混淆党的工作和国家机关工作所应有的界限。1957年6月，周恩来同志又在人大一届四次会议上所作的报告中，对某些部门和某些地区存在的党政不分现象提出了批评。可是，这些正确的意见并没有受到应有的重视，因而党政关系问题并未得到很好解决。在一定程度上，党政不分、以党代政、权力过分集中在党的领导人身上的现象更加发展，这是十年"文革"悲剧发生的原因之一。

在我国存在党政不分，以党代政问题，而且较长时期得不到解决，是有深刻的历史和认识根源的。从历史原因看，一是在革命战争年代，强调一元化领导，强调党的负责人统管军政大权，以保证战争时期高度集中统一指挥，保证革命战争的胜利；二是我国封建主义的影响。在两千多年的封建社会里，封建皇帝统率一切，所有权力集中于一个人身上。这种封建专制主义的思想残余，在我们一些同志身上还有不同程度的存在；三是共产国际的影响，当时的共产国际就是实行高度集中统一领导的，实际上就是苏联党决定一切。从认识原因看，有些同志常常把党的领导与党包揽一切、干预一切混同起来；有些同志常常把加强党的领导与加强国家权力机关、行政机关、司法机关和群众团体的独立工作对立起来，以为这些组织独立行使自己应有的职权，会不利于党的领导，甚至削弱党的领导；还有些同志常把党的统一领导，理解为党政之间是上下级关系，以为强调党的领导，就意味着党委指挥一切，等等。这些错误认识，都不同程度地助长了党政不分，以党代政。

在新的历史时期，我们党再次提出并着手解决党政不分问题。在党的十二大通过的党章中明确指出："党的领导主要是政治、思想和组织的领导。党必须制定和执行正确的路线、方针和政策，做好党的组织工作和宣传教育工作，发挥全体党员在一切工作和社会生活中的先锋模范作用，党必须在宪法和法律的范围内活动。党必须保证国家的立法，司法和行政机关、经济、文化组织和人民团体积极主动地、独立负责地、协调一致地工作。"只有这样,才能保证党能集中精力抓国家大政方针政策,进行宏观领导,同时又发挥各职能部门的积极性。这实际上就是加强和改善党的领导。

基层组织和企业领导制度也必须进行改革。应当改革全民所有制企业领导体制,进一步实行厂长负责制。改革的基本内容是:企业实行生产经营和行政管理工作厂长负责制;企业的党组织的工作重点转移到保证和监督党和国家各项方针政策的贯彻实施上,做好企业党的思想建设、组织建设和思想政治工作;进一步健全职工代表大会制度和各项民主管理制度,发挥工会组织和职工群众在审议企业重大决策,监督行政领导干部,维护职工合法权益等方面的作用。企业领导体制改革的重点,是维护和建立厂长负责制,由厂长作为企业的法人代表,对本企业的生产指挥和经营管理工作统一领导,全面负责。厂长是企业的第一把手,在企业中处于中心的地位,起中心的作用。只有这样,才能强化企业的生产经营系统,使企业有可能做到决策快、指挥灵,真正增强企业的活力,搞活经济。改革企业领导体制的根本目的,是要使企业行政、党组织和工会等群众组织,都明确职责,各司其职,在各自分工的范围内都得到加强,充分发挥各方面的积极性。

第二,通过政治体制改革,精简机构,提高工作效率。十月革命胜利后,苏联就存在党政机构庞大重叠,工作效率低的问题。列宁曾经想解决,但实际上一直未能解决。我国也是一样,人浮于事,机构重叠,相互扯皮,工作效率很低。上面机构多、人多,就抓住权不放。你放权,他收权,管了许多不该管的事情,助长了机关主观主义、文牍主义、官僚主义,影响了下面积极性的发挥，客观上阻碍了改革。经济改革的深入，使企业的横向经济联系越来越活跃，这就要求政府机构转变管理职能，要求国家对企业的管理由直接控制为主转向间接控制为主。如果城市的机构不作相应的改革，不改变过去传统的领导观念和领导方式，那么企业的自主权很难真正落实，放下去的权也会收回来，还会限制企业的横向联系。所以，一定要把中心城市的机构改革放在重要的议事日程上来。

新中国成立以来的几次机构精简和机构改革，往往是处在精简—膨胀—再精简—再膨胀的循环往复之中。出现这种状况的原因有三方面：一是机构精简都是在经济体制没有大的改革的情况下进行的，因而不可能转变政府机构的职能。历史经验证明，机构改革不只是简单的部门的撤、并、减，而主要是简政放权，调整和转变政府机构的职能，理顺、完善行政管理体系。二是传统的干部制度。传统的干部制度是干部能上不能下，缺乏民主和监督制度，缺乏现代化知识和科学管理水平，缺乏干部退休、解职、任期、淘汰等制度，实际上实行的是终身制。这样的干部制度，精减下来的人员哪里放，是一个尖锐的矛盾。因此，必须改革和完善干部制度，要坚定不移地实现干部的革命化、年轻化、知识化、专业化；要特别注意各级领导班子的群体结构和合理的人才配置；要严格执行干部的退休、解职、任期和淘汰制度，要彻底废除干部领导职务的终身制，要建立和健全干部的考试、考核、群众评议、招聘、奖励、升降等方面的管理制度；建立和完善监督制度，加强对干部的批评、监督；党政机关要普遍建立干部岗位责任制，等等。三是工资制度。传统的工资制度是重官轻文，以官量文。因此，必然鼓励增设机构，扩大编制，升格升级，乱提职务。必须改革这种工资制度，否则机构很难精简，工作效率很难提高。

第三，通过政治体制改革，进一步发扬社会主义民主。建设高度的社会主义民主是巩固人民民主专政的重要保证。只有发扬社会主义民主，才能有力地打击各种敌对势力和敌对分子，才能制定出正确的路线、方针和政策，才能把德才兼备的优秀人才选拔到各级领导岗位上来，并防止个人野心家、阴谋家篡夺党和国家领导权，才能防止国家公职人员由"社会公仆"蜕变为骑在人民头上的老爷。建设高度的社会主义民主是建设社会主义物质文明的重要保证。只有发扬社会主义民主，才能保证经济建设的社会主义方向，才能充分调动广大人民群众社会主义建设的积极性，才能更好地认识社会主义客观经济规律，才能正确总结经济建设的经验。建设高度的社会主义民主也是建设社会主义精神文明的重要保证。只有发扬社会主义民主，才能充分调动人民群众建设社会主义精神文明的积极性，才能探索和掌握社会主义精神文明的客观规律，才能顺利地同封建主义、资本主义等各种错误思想影响作斗争。而旧的体制的弊端之一，就在于缺乏民主，压抑了广大人民群众的积极性和创造力。而广大人民群众积极性和创造力的充分发挥，一方面要靠正确贯彻社会主义物质利益原则，另一方面靠加强社会主义精神文明建设。但两者都要靠加强社会主义民主建设来保证和支持。物质文明、精神文明、社会主义民主三者缺一不可。进行政治体制改革，就是要进一步健全社会主义民主，实现领导机关决策的民主化、科学化，使广大劳动者的民主权利在国家的政治、经济、文化和其他社会生活方面得到充分体现。而加强社会主义民主建设，首先就要进一步发挥各级人民代表大会在国家政治生活中的作用，进一步发挥各级政协、各民主党派和人民团体在国家政治生活中的作用。要采取各种形式，使广大人民群众了解国家大事，充分表达自己的意愿，积极参与国家和社会事务的管理，有效地监督党和政府的各级工作人员。第二，要进一步促进党内民主的发扬和发展。没有党内民主，就没有人民的民主。各级党组织要进一步贯彻民主集中制，贯彻集体领导和个人分工负责相结合的制度。由党内政治生活民主化，进而推进经济管理的民主化和整个社会生活的民主化。第三，在坚持社会主义民主的过程中，很重要的是广开言路，允许在宪法原则基础上，对各种问题进行研究、讨论，允许大胆探索。第四，民主必须制度化和法律化，否则，社会主义民主将得不到保障。制度化和法律化一方面体现了社会主义民主，另一方面是发扬社会主义民主的保证和依据。党的十一届三中全会指出："为了保障人民民主，必须加强社会主义法制，使民主制度化、法律化。"党的十二大政治报告中再次强调指出："社会主义民主的建设必须同社会主义法制的建设紧密地结合起来，使社会主义民主制度化、法律化。"[1] 总之，只有充分发扬社会主义民主，我们才能造成一个又有集中又有民主，又有纪律又有自由，又有统一意志又有个人心情舒畅、生动活泼那样一种政治局面。

第四，通过政治体制改革，进一步健全社会主义法制。党的十一届三中全会以来，我国社会主义法制建设取得了巨大的成绩。在党的领导下，国家相继制定了一系列重要法律，特别是通过了新宪法，我国社会主义民主的发展和法制建设进入一个新阶段。当然，法制建设还不够健全和完善，需要进一步努力。现在需要指出的是，由于受封建主义残余的影响，不但有相当数量的

---

[1] 《中国共产党第十二次全国代表大会文件汇编》，人民出版社1982年版，第45页。

群众,而且有相当数量的党员,包括一些负责干部,对法制建设的重要性还认识不足,有法不依、执法不严的现象在某些方面仍然存在,已经制定的法律还没有得到充分的遵守和执行。这种现象很不利于改革的顺利进行。政治体制改革的一个重要任务,就是要坚决肃清封建主义残余在国家生活和干部队伍中的影响,加强立法和司法工作,使宪法赋予公民的民主、自由、平等等权利得到切实的保障。

在整个社会主义现代化建设时期,我们必须始终认真贯彻"一手抓建设,一手抓法制"的方针,大力加强社会主义法制建设。我们党必须在宪法和法律的范围内活动。各级领导干部都要带头遵守宪法和法律,增强法制观念,养成依法办事的习惯。要坚决纠正个人超越法律规定,"以言代法"、"以权代法"的现象,自觉遵守执法机关作出的裁决,要加强执法机关的权威。同时,各级执法机关和广大政法干警必须提高政治和业务素质,真正做到"有法必依,执法必严,违法必究"。公民在法律面前一律平等,决不允许有任何"特殊公民"超越法律,胡作非为而不受惩罚。要向全体干部和公民普及法律常识,引导人们普遍学法、知法,自觉用法、守法。所有这些,对于健全社会主义法制都是十分必要的。

当然,通过政治体制改革来完善社会主义政治制度远不止这些,还有其他许多方面。这场改革是社会主义制度,尤其是党和国家领导制度的自我完善。我们进行的各种改革,目的是要克服妨碍社会生产力发展的原有体制中的弊端和缺陷,形成适合我国国情的新的政治经济体制,建设有中国特色的社会主义。这种改革也是一场革命,但它当然不是社会制度的根本变革,不是动摇、背离社会主义制度,而是在社会主义自身基础上的自我改革、自我完善。这种自我改革、自我完善，是在党和国家领导下，在马克思列宁主义、毛泽东思想指引下，依靠社会主义制度本身的力量，依靠亿万人民群众的实践自觉进行的。通过改革，要使社会主义的基本制度日益巩固和发展，使它的各项具体制度日益健全和成熟起来，推动社会生产力顺利向前发展。

（原载《马克思主义研究》1987年第3期）

我国政治体制改革的目标和基本原则

政治体制改革的目标和一些基本原则,小平同志十一届三中全会以来已经作了多次论述。它已为我们党的代表大会所肯定,并已成为我们党搞好政治体制改革的理论基础。

一 努力建设一个高度民主、法制完备、富有效率、充满活力的社会主义政治体制

我们党领导全国各族人民经过长期的、曲折的斗争,终于推翻了旧的剥削制度,建立了社会主义的经济制度和政治制度,有力地推动了社会生产力的发展。但由于种种原因,已经建立起的政治制度和经济制度还很不完善,还有不少弊病,影响生产力的发展。特别是政治体制方面的弊端,必须适时地有计划有步骤地进行政治体制改革。1980年8月18日,小平同志在中央政治局扩大会议上讲话中指出:"为了适应社会主义现代化建设的需要,为了适应党和国家政治生活民主化的需要,为了兴利除弊,党和国家的领导制度以及其他制度,需要改革的很多。""改革党和国家领导制度及其他制度,是为了充分发挥社会主义制度的

优越性,加速现代化建设事业的发展。"① 小平同志还指出:"重点是切实改革并完善党和国家的制度,从制度上保证党和国家政治生活的民主化、经济的民主化、整个社会生活的民主化,促进现代化建设事业的顺利发展。"②

当我国经济体制改革深入发展,政治体制改革与经济体制改革不相适应时,小平同志又多次提出要把政治体制改革提上议程,否则,经济体制改革难以进行和取得成功。1986年6月10日,小平在听取经济情况汇报时指出:"现在看,不搞政治体制改革不能适应形势。改革,应包括政治体制的改革,而且政治体制改革应作为改革的一个标志。我们要精兵简政,真正把权力下放。扩大社会主义民主,把人民群众和基层组织的积极性调动起来。现在机构不是减少了,而是增加了。你这边往下放权,他那边往上收权,增加了许多公司,实际是官办机构。机构多、人多,就找事情干,就抓住权不放,下边搞不活。""1980年就提出政治体制改革,但没有具体化,现在应提到日程上来。不然机构庞大,人浮于事,官僚主义,拖拖拉拉,不守信用,你放权,他收权,必然会拖后腿,阻碍经济体制改革。"③ 同年6月28日,小平同志在《改革政治体制,增强法制观念》的讲话中,提出党政分开的问题,并说:"所有的改革最终能不能成功,还是取决于政治体制的改革,因为事情要人来做,你提倡放权,他那里收权,你有什么办法?还有其他方面的问题。政治体制改革同经济体制改革应该相互依赖,相互配合。只搞经济体制改革,不搞政治体制改革,经济体制改革也搞不通,因为首先遇到人的障碍。"④

---

① 《邓小平文选》(1975—1982年),人民出版社1983年第1版,第281—282页。
② 同上书,第296页。
③ 《建设有中国特色的社会主义》(增订本),人民出版社1987年第1版,第133—134页。
④ 同上书,第137页。

1986年9月3日，小平同志在接见外宾时讲到不改革政治体制会阻碍生产力发展时说："现在我们的经济体制改革进行得基本顺利。但是随着经济体制改革的发展，不可避免地会遇到障碍。对于改革，在党内、国家内有一部分人反对，但是真正反对的并不多。重要的是政治体制不适应经济体制改革的要求。所以不搞政治体制改革就不能保障经济体制改革的成果，不能使经济体制改革继续前进。""现在经济体制改革每前进一步，都深深感到政治体制改革的必要性。不改革政治体制，就会阻碍生产力的发展，阻碍四化成功。"① 并且指出：进行政治体制改革的目的，总的来讲是要消除官僚主义，调动人民和基层单位的积极性。要通过改革，在中国处理好法制和人治的关系，解决党和政府的关系问题。党的领导不能动摇，但党要善于领导，党政要分开。还有权力下放、精简机构、发展社会主义民主，也都没有解决好。我们需要发扬民主，调动基层单位和人民的积极性。②

1986年9月13日，小平同志在听取中央财经领导小组汇报时的谈话中，为我们的党政治体制改革提出一个蓝图。他说："我想政治体制改革的目的是调动群众的积极性，提高效率，克服官僚主义。改革的内容，首先是党政要分开，解决党如何领导，如何善于领导的问题。这是关键。第二个内容是权力要下放，解决中央和地方的关系，同时地方各级也都有一个下放权力问题。第三个内容是精简机构，这和权力下放有关。还有一个内容是提高效率。"③ 同年11月9日，小平同志说："最近我在设想，要本着三个目标进行。第一个目标是始终保持党和国家的活

---

① 《建设有中国特色的社会主义》（增订本），人民出版社1987年第1版，第138页。
② 同上书，第139页。
③ 同上书，第140页。

力。活力同干部年轻化有关。几年前我们就提出干部队伍要'四化',即革命化、年轻化、知识化、专业化。这些年我们在这方面做了一些事情,但只是开始。""第二个目标是克服官僚主义,提高工作效率。效率不高同我们的机构臃肿、人浮于事、作风拖拉有关。但更主要的是涉及党政不分,在很多事情上党代替了政府工作,党和政府很多机构重复。""第三个目标是调动基层和工人、农民、知识分子的积极性。""领导层有活力,克服了官僚主义,提高了效率,调动了基层和人民的积极性,四个现代化才真正有希望。"①

1987年6月12日,小平同志在《改革的步子要加快》一文中,再次要把政治体制改革提到日程上来,并且把它作为党的十三大主要议程之一。他说:"我们的改革要达到一个什么目的呢?总的目的就是要有利于巩固社会主义制度,有利于巩固党的领导,有利于在党的领导下和社会主义制度下发展生产力。对中国本身来说,还要有利于贯彻执行党的十一届三中全会以来所制定的一系列路线、方针、政策。要做到这些,我个人考虑有三条:第一,党和行政机构以及整个国家体制要增强活力,就是说不要僵化,要用新脑筋来对待新事物;第二,要真正提高效率;第三,要充分调动人民和各行各业以及基层的积极性。"②

小平同志关于政治体制改革的一些科学论述,为我们党的十三大所完全肯定,并且作了全面部署与安排。十三大报告指出:"经济体制改革的展开和深入,对政治体制改革提出了愈益紧迫的要求。发展社会主义商品经济的过程,应该是建设社会主义民

---

① 《建设有中国特色的社会主义》(增订本),人民出版社1987年第1版,第146、147页。

② 《邓小平同志重要谈话》(1987年2月—7月),人民出版社1987年第1版,第37—38页。

主政治的过程。不进行政治体制改革,经济体制改革不可能最终取得成功。党中央认为,把政治体制改革提上全党日程的时机已经成熟。邓小平同志1980年8月在中央政治局扩大会议上所作的《党和国家领导制度的改革》的讲话,是进行政治体制改革的指导性文件。""政治体制和经济体制改革的目的,都是为了在党的领导下和社会主义制度下更好地发展社会生产力,充分发挥社会主义的优越性。也就是说,我们最终要在经济上赶上发达的资本主义国家,在政治上创造比这些国家更高更切实的民主,并且造就比这些国家更多更优秀的人才。要用这些要求来检验改革的成效。我国是人民民主专政的社会主义国家,基本政治制度是好的。但在具体领导制度、组织形式和工作方式上,存在着一些重大缺陷,主要表现为权力过分集中,官僚主义严重,封建主义影响远未肃清。进行政治体制改革,就是要兴利除弊,建设有中国特色的社会主义民主政治。"十三大报告还提出政治体制改革的长远目标和近期目标。"改革的长远目标,是建立高度民主、法制完备、富有效率、充满活力的社会主义政治体制。""改革的近期目标,是建立有利于提高效率、增强活力和调动各方面积极性的领导体制。"①

二 采取切实措施,努力实现有利于提高效率、增强活力和调动各方面积极性的近期改革目标

为了实现小平同志政治体制改革的设想及党的十三大提出的政治体制改革的目标,主要应做下列各方面的改革:

---

① 《中国共产党第十三次全国代表大会文件汇编》,人民出版社1987年第1版,第41—43页。

1. 党政分开。党政不分、以党代政是造成我国现行政治体制权力过分集中的一个主要根源。因此，小平同志十分明确而肯定地指出，党政分开是政治体制改革的关键，提出要把党政分开放到政治体制改革的第一位。而且认为党的组织不是政府，不是国家的权力机关。党政分开不是削弱党的领导，而是加强和改善党的领导。所以，实行党政分开，理顺党政关系，国家权力机关和各种社会政治组织的关系，做到各司其职，并使之制度化，是我国政治体制改革的关键，也是提高各方面工作效率的主要措施。

2. 进一步下放权力。这是小平同志认为政治体制改革的第二个内容。权力过分集中不仅表现为行政、经济、文化组织和群众团体的权力集中于党委领导机关，还表现为基层的权力过分集中于上级领导机关。克服这一弊端的有效途径就是下放权力。小平同志多次强调要认真解决政企分开、扩大企业自主权问题。他认为，没有权力下放就调动不了每个企业和单位的积极性。总之，凡是适宜于下面办的事情，上面不必干预，都应由下面决定和执行。

3. 改革政府工作机构。目前，政府机构庞大臃肿，层次过多，职责不清，互相扯皮，是形成官僚主义的主要根源。小平同志一贯重视精简机构问题，并把精简机构称作一场革命。他说："如果不搞这场革命，让党和国家的组织继续目前这样机构臃肿重叠、职责不清，许多人员不称职、不负责，工作缺乏精力、知识和效率的状况，这是不可能得到人民赞同的，包括我们自己和我们下面的干部。这确是难以为继的状态，确实到了不能容忍的地步，人民不能容忍，我们党也不能容忍。"[①] 因此，要下决心

---

① 《邓小平文选》（1975—1982年），人民出版社1983年第1版，第351页。

对政府工作机构自上而下地进行改革，贯彻精简、统一、效能的原则，撤销、合并一些机构，裁减人浮于事的部门人员，努力提高工作效率。

4. 改革干部人事制度。活力、效率、积极性的提高，离不开干部人事制度的改革。我们目前现行干部人事制度的主要缺陷是："国家干部"这个概念过于笼统，缺乏科学分类；管理权限过分集中，管人与管事脱节；管理方式陈旧单一，阻碍人才成长；管理制度不健全，用人缺乏法制，等等。因此，长期面临两大问题，一是年轻优秀的人才难以脱颖而出，二是用人问题上的不正之风难以避免。因此必须实行改革干部人事制度。小平十分重视这一改革，并把它作为衡量社会主义政治制度好坏的三条标准之一。[①] 在干部人事制度改革方面，小平同志提出很多重要思想，如：建立干部的退休制度，废除干部领导职务终身制，健全干部的选举、招考、任免、考核、弹劾、轮换制度，等等。其中，干部年轻化是中心内容。因为党和国家的活力同干部年轻化有关。如果不逐步实行干部队伍的年轻化，"让老人、病人挡住比较年轻、有干劲、有能力的人的路，不只是四个现代化没有希望，甚至于要涉及到亡党亡国的问题，可能要亡党亡国。"[②] 因此，小平同志一再提出要建立有利于提拔干部的制度，使年轻的拔尖人才能够脱颖而出。

5. 建立社会协商对话制度。这是我们党和政府发扬"从群众中来，到群众中去"的优良传统，提高领导机关活动开放程度和效率，正确处理和协调各种不同的社会利益和矛盾的重大措

---

① 参见《邓小平文选》（1975—1982年），人民出版社1983年第1版，第282—283页。

② 同上书，第352页。

施。因此，制定社会协商对话制度，让人民参政、议政，是提高工作效率，克服官僚主义，调动人民群众积极性的重要措施。

6. 完善社会主义民主政治制度。社会主义民主政治的本质和核心是人民当家作主，真正享有各项公民权利，享有管理国家和企事业的权力。现阶段社会主义民主政治的建设，必须着眼于实效，着眼于调动基层和群众的积极性，要从办得到的事情做起，致力于基本制度的完善。小平同志从我国的基本国情出发，十分重视基层的民主问题。没有民主，就没有社会主义。他多次提出要切实保障工人农民个人的民主权力，包括民主选举、民主管理和民主监督，调动基层和工人、农民、知识分子的积极性。这对我们建设社会主义民主政治制度有极其重要的指导意义。

7. 健全社会主义法制。社会主义民主和社会主义法制不可分割。国家的政治生活、经济生活和社会生活的各方面，民主和专政的各个环节，都应做到有法可依，执法必严，违法必究。所以，我们在一手抓建设和改革的同时，一手抓法制。法制建设必须贯穿于改革的全过程。一方面，应当加强立法工作，改善执法活动，保障司法机关依法独立行使职权，提高公民的法律意识；另一方面，法制建设又必须保障建设和改革的秩序，使改革的成果得以巩固。应改革的事情，要尽可能用法律或制度的形式加以明确。这样才能形成政治、经济和社会生活的新规范，逐步做到党和政权组织同其他社会组织的关系制度化，国家政权组织内部活动制度化，中央、地方、基层之间的关系制度化，人员的培养、选拔、使用和淘汰制度化，基层民主生活制度化，社会协商对话制度化。总之，应当通过改革，使我们国家社会主义民主政治一步一步走向制度化、法律化。这是防止"文化大革命"重演，实现国家长治久安的根本保证。

政治体制改革的近期目标是有限的。但是达到了这个目标，就能为社会主义民主政治奠定良好的基础，进而逐步实现我们的长远目标，使我们的国家真正建立起高度民主、法制完备、富有效率、充满活力的社会主义政治体制。

三 坚持四项基本原则，坚决、积极、稳定地推进政治体制改革

政治体制改革是一项宏伟的事业，也是一项艰巨复杂的系统工程。进行政治体制改革，既要坚决，又要慎重，要有领导、有计划、有步骤地进行，否则，是搞不好的。小平同志的论述和党的十三大报告所提出的必须遵循的基本原则，主要有下列几个方面：

1. 实事求是，一切从实际出发。政治体制改革，既不能从本本出发，也不能从主观愿望出发，而只能从中国的实际出发。中国当前最大的实际，就是处于社会主义初级阶段。也就是说，一是社会主义，二是社会主义初级阶段，经济很不发达。小平同志也说："象我们这样一个大国，人口这么多，地区之间又很不平衡，还有这么多民族"，"文化素质不行"。因此，改革只能是一个渐进发展的过程。在改革过程中，必须把兴利和除弊、需要和可能结合起来，充分考虑到社会的经济、文化条件和实际承受能力，坚持积极稳妥、循序渐进、逐步地进行。只有这样，改革才能少走弯路，才能健康进行。

2. 必须坚持在党的领导下有秩序地进行。小平同志指出："改革党和国家的领导制度，不是要削弱党的领导，涣散党的纪律，而正是为了坚持和加强党的领导，坚持和加强党的纪律。在中国这样的大国，要把几亿人口的思想和力量统一起来建设社会主义，没有一个由具有高度觉悟性、纪律性和自我牺牲精神的党

员组成的能够真正代表和团结人民群众的党,没有这样一个党的统一领导,是不可设想的,那将会四分五裂,一事无成。这是全国各族人民在长期的奋斗实践中深刻认识到的真理。我们人民的团结,社会的安定,民主的发展,国家的统一,都要靠党的领导。"[1] 所以,党的领导是我们进行政治体制改革的根本保证和根本原则。对这个问题我们是不能有任何丝毫含糊或动摇的。当然,为了保证党的坚强领导,我们必须要改善党的领导,加强党内民主建设,并按照党政分开和党的政治领导原则来加强党的建设。

3. 必须坚持人民民主专政的基本政治制度。十三大报告指出:"我国是人民民主专政的社会主义国家,基本政治制度是好的。但是具体的领导制度、组织形式和工作方式上,存在着一些重大缺陷,主要表现为权力过分集中,官僚主义严重,封建主义影响远未肃清。进行政治体制改革,就是兴利除弊,建设有中国特色的社会主义民主政治。"[2] 小平同志说:"在政治体制改革方面,有一点可以肯定,就是我们要坚持实行人民代表大会的制度,而不是美国式的三权鼎立制度。"[3] 所以,政治体制改革是社会主义政治制度自我完善和发展,而不是要否定或取消现行政治制度。

4. 必须要有一个安定团结的政治环境。政治体制改革是一场革命,必须有一个安定团结的政治局面,才能有秩序有计划地进行。小平同志多次指出:没有安定团结的政治局面,不可能搞建设,更不可能实行开放政策。……没有安定团结的政治局面,这些都搞不成。还有一点,我们必须有秩序地进行改革。如果没

---

[1] 《邓小平文选》(1975—1982年),人民出版社1983年第1版,第300—301页。

[2] 《中国共产党第十三次全国代表大会文件汇编》,人民出版社1987年第1版,第42页。

[3] 《在接见首都戒严部队军以上干部时的讲话》(1989年6月9日)。

有秩序，遇到这样那样的干扰，把我们的精力都消耗在上面，改革就搞不成了。还说过："中国的问题，压倒一切的是需要稳定。没有稳定，什么都吹了，已经取得的成果，也会失掉。我们国家要改革，要改革就一定要有稳定的政治环境，离开这一点，什么都搞不成。"① 没有安定的政治环境，那就一切都谈不上。

5. 不能用搞运动的办法进行。我们进行政治体制改革，建设社会主义民主政治，需要经过长期的努力才能达到，企图通过一两次运动来实现，或用大民主、大批判的办法来进行，都是绝对达不到的。相反，只会给改革和社会主义民主政治建设造成混乱。同时，在改革过程中出现一些思想问题，认识上的偏差，都是不能靠搞运动的办法来解决的。历史已经证明，这是不成功的。小平同志早已指出："历史经验证明，用大搞群众运动的办法，而不是用透彻说理、从容讨论的办法，去解决群众性的思想教育问题，而不是用扎扎实实、稳步前进的办法，去解决现行制度的改革和新制度的建立问题，从来都是不成功的。因为在社会主义社会中解决群众思想问题和具体的组织制度、工作制度问题，同革命时期对反革命分子的打击和对反动制度的破坏，本来是原则上根本不同的两回事。"② 总之，政治体制改革是一项长期而艰巨的历史任务，我们既要勇于开拓，积极努力，又要细心谨慎，通过试点，取得经验，逐步推开，稳妥地把政治体制改革推向前进。

（收入《社会主义新论》一书中，四川人民出版社
1991 年 6 月出版）

---

① 《会见美国总统布什时的谈话》（1989 年 2 月 26 日）。
② 《邓小平文选》（1975—1982 年），人民出版社 1983 年第 1 版，第 296 页。

党政分开是政治体制改革的关键

中国共产党是我国社会主义事业的领导核心。在新的形势下，只有改善党的领导制度、领导方式和领导作风，才能加强党的领导作用。近几年来，我们在改善党的领导方面做了不少工作，取得了一定成效，但长期形成的党政不分、以党代政问题还没有从根本上解决。这个问题不解决，党的领导无法真正加强，其他改革措施也难以顺利实施。因此，政治体制改革的关键首先是党政分开。小平同志明确指出："改革的内容，首先是党政要分开"，"这是关键"，是"第一位"的问题。①

一　党政不分、以党代政是我国现行政治体制中的主要弊端

邓小平同志在一次讲话中指出："党政分开，我们从十一届三中全会开始就提出了这个问题。"② 当时，他在为三中全会作

---

①　《建设有中国特色的社会主义》（增订本），人民出版社1987年第1版，第140页。
②　同上书，第136页。

准备中央工作会议上,尖锐地指出了我国政治体制中存在的"怪现象":"加强党的领导,变成了党去包办一切、干预一切;实行一元化领导,变成了党政不分、以党代政"[①]。这段话准确地描绘出我国现行政治体制中的弊端所在。无产阶级夺取政权以后,必须实行党政分开的原则。十月革命胜利后,苏联处于资本主义,各国包围和国内战争的特殊历史环境中,经济破坏严重,俄共党又缺乏组织和管理的经验,造成了由布尔什维克党直接执掌政权,以党代政的局面。这种情况使党产生官僚主义,陷于事务主义。当时,列宁清楚地看到这一危险,提出实行党政分开的原则。列宁主持的俄共(布)八大会议的决议中指出:党努力领导苏维埃的工作,但不是代替苏维埃。九大决议指出:在分配党员从事经济组织工作方面,党组织绝对不应代替苏维埃,或者有任何同苏维埃竞争的现象。十一大决议指出:党在保持对苏维埃国家的全部政策实行总的领导和指导的同时,应将党的日常工作和苏维埃机关的工作、党的机构和苏维埃机构划分开来。1922年列宁还曾这样指出:必须十分明确地划分党(及其中央)和苏维埃政权的职权;提高苏维埃工作人员和苏维埃机关的责任心和主动性;党的任务是对所有国家机关的工作进行总的领导,而不是像目前那样进行过分频繁的、不正常的、往往是对细节的干涉。

我们党在处理党政关系方面,既有丰富的经验,也有不少沉痛的教训。早在民主革命时期,我们党是强调党的一元化领导,也就是把各级党政军大权高度集中和统一于党的各组织的主要负责人身上。实行这种领导体制,是由于当时的战争环境和实际情况所决定的。实行党的一元化领导,有利于统一指挥,集中力

[①] 《邓小平文选》(1975—1982年),人民出版社1983年第1版,第132页。

量，保证革命战争的胜利。但是，即使在当时的情况下，党也很重视发挥革命根据地政权机构的作用。毛泽东同志在1928年就指出：以后党要执行领导政府的任务；党的主张办法，除宣传外，执行的时候必须通过政府的组织。1942年党中央在《关于统一抗日根据地党的领导及调整各组织间关系的决定》中，又一次尖锐地批评过某些党组织包办政权系统工作的错误，并规定：党对政权系统的领导，应该是原则的、政策的、大政方针的领导，而不是事事干涉、包办代替。这都充分说明，我们党在民主革命时期就已注意到克服党政不分、以党代政的现象。

建国以后，我们的国家由战争环境转入和平建设，情况大不一样了。在这新的历史条件和新的任务面前，需要相应地改变党和国家的领导体制。可是在一个时期里还沿袭了过去某些做法，以至在处理党政关系方面，存在着党政不分，以党代政的现象。针对这个问题，邓小平同志在1956年9月党的八大上作的《关于修改党的章程的报告》中，明确要求各级党组织不要直接去指挥国家机关工作，"或者是把各种纯粹行政性质的问题提到党内来讨论，混淆党的工作和国家机关工作所应有的界限。"1957年6月，周恩来同志又在人大一届四次会议上所作的报告中，对某些部门和某些地区存在的党政不分现象提出了批评。可是，这些正确的意见并没有受到应有的重视，因而党政关系问题并未得到很好的解决。在一定程度上，党政不分，以党代政，权力集中在党的领导人身上更加发展，这是十年"文革"悲剧发生的原因之一。

长期以来，我国在党和国家立法、司法、行政机关之间的关系上，存在着严重的党政不分、以党代政现象。具体表现在以下几个方面：首先，各级党委直接行使各级政权机关的部分职能，经常在不通过法律程序的情况下干预政权机关的工作，甚至取而代之。其次，中央以下的各级党委大都设立了与政府部门重叠的"对口部"（如工交部、财贸部、农工部等等），与同级国家机关的主管负责同志并行指挥政府各部门和立法、司法机关的工作，或是越过国家机关主管负责同志直接指挥。再次，各级党委的组织部和"对口部"直接管理各级国家机关的干部任免，甚至有时政府部门的负责人变动，政府的分管负责同志还蒙在鼓里。邓小平同志尖锐地指出："在加强党的一元化领导的口号下，不适当地、不加分析地把一切权力集中于党委……全国各级都不同程度地存在这个问题。"① 情况确实如此，而且地方比中央更为严重。

当然，除了党政不分、以党代政之外，在我国的政治体制中还存在着其他方面的弊端，例如权力集中、政企不分、机构臃肿、不讲效率、民主不健全、法制不完备等等。但是，我们必须看到，在诸多弊端中，党政不分、以党代政是主要的，决定性的。

实行党政不分、以党代政的做法，在党内党外都造成了一些不良后果。从党外来看，这种做法使得国家的立法、司法、行政机关、经济、文化组织和人民团体的功能得不到正常发挥，难以积极主动、独立负责、协调一致地工作。久而久之，一些社会组织功能逐渐退化，实际上成为党组织的附属机构。有人形象地把这种现象概括为"党委编戏，政府演戏，人大评戏，政协看戏，纪委查戏"。结果，党组织包揽了一切工作，负起了一切职责，承担了一切风险，事情却难以办好。从党内来看，党政不分、以

---

① 《邓小平文选》（1975—1982年），人民出版社1983年第1版，第288—289页。

党代政的做法造成党的组织行政化和权力化。党组织直接处理政务、掌管经济，集决策、执行、监督权力于一身。这种状况极容易带来党员的腐化，使党脱离群众，甚至走向群众的对立面。目前令广大群众最为不满的以权谋私之风，不仅发生在政府部门，也同样出现于党委机关，与此大有关系。同时，党的组织忙于处理各项政务，无力去抓自身的思想作风建设，使得党内不正之风愈演愈烈，久刹不止。在某种意义上说，纠正不正之风也要从政治体制上解决问题，不彻底实行党政分开，党风的根本好转是难于奏效的。

在我国存在的党政不分、以党代政的问题，而且较长时间得不到解决，是有深刻的历史和认识根源的。从历史原因看，既有长期革命战争时期，强调一元化领导，强调党的负责人经管军政大权，以保证战争时期高度集中统一指挥，保证革命战争胜利的影响，又有共产国际的影响，当时的共产国际就是实行高度集中统一领导的，而且苏联也是党决定一切的。从认识原因看，有些同志常常把党的领导与党包揽一切、干预一切混同起来，或者以为行政组织事事、时时向党组请示、报告，件件由党组点头拍板，就是对党组领导的重视；有些同志常常把加强党的领导与加强国家权力机关、行政机关、司法机关和群众团体的独立工作对立起来，以为这些组织独立行使自己应有的职权，会不利于党的领导，甚至削弱党的领导。还有些同志常把党的统一领导，理解为党政之间是上下级关系，以为强调党的领导，就意味着党委包揽一切，理所当然，等等。这些错误，都不同程度地助长了党政不分、以党代政。

在新的历史时期，我们党再次提出并着手解决党政分开问题，这是搞好改革，调动一切积极因素，建设有中国特色的社会主义的关键。

二 实行党政分开是社会主义事业发展的客观需要

党的十三大报告指出:"我国现行的政治体制,是脱胎于革命战争年代而在社会主义改造时期基本确立的,是在大规模群众运动和不断强化指令性计划的过程中发展起来的。它不适应在和平条件下进行经济、政治、文化等多方面的现代化建设,不适应发展社会主义商品经济。对这种状况,要做历史的分析。这种体制,是过去历史条件下的产物。现在形势发展了,党的事业前进了,必须对这种体制进行改革。"①

民主革命时,我们的军队和根据地政府都是由党一手建立起来的,实行党的一元化领导是很自然的,而且战争环境也要求党实行高度集中统一的一元化领导体制,以便调动一切力量,战胜远比自己强大的敌人。实践证明,这种领导体制对于保证革命战争的胜利起了重大的作用。小平同志说:"过去我们那种领导体制也有一些好处,决定问题快。"② 但是,在进入社会主义初级阶段以后,社会环境、革命任务和党的地位都发生了根本的变化。

首先是社会环境的变化,以宪法为核心的社会主义法律体系初步形成,以人民代表大会制度为基础的国家政权体系日益完善,各种社会团体和群众组织纷纷涌现,广大人民群众的生活改善了,文化水平提高了,参政自主的意识也大大加强。但是,党的一元化领导的传统却使一部分党的领导干部仍然习惯于战争年

---

① 《中国共产党第十三次全国代表大会文件汇编》,人民出版社1987年第1版,第58页。

② 《建设有中国特色的社会主义》(增订本),人民出版社1987年第1版,第141页。

代"少数人说了算"的工作方式,仍然置身于法律之外,凌驾于政府和各种社会组织之上,向人民群众发号施令。这样,既有损于法律的权威,又不利于政府和各个社会团体充分发挥作用,更压抑和挫伤了广大群众的社会主义积极性。

其次,革命任务改变了。武装斗争、群众运动让位于经济建设和发展生产力。这是一个更为艰巨、更为复杂、更为繁重、更为长期的任务。社会主义商品经济的发展,要求改变高度集中统一的管理体制。而随着多种经济成分和多种分配方式的出现,社会各阶级、各集团和各群体的利益分化也日益明显,这大大不同于战争年代那种单一的阶级利益关系。正如十三大报告指出:"正确处理和协调各种不同的社会利益和矛盾,是社会主义条件下的一个重大课题。"协调和解决人民内部矛盾的办法只能是民主的方法、协商对话的方法。显然,党的一元化领导体制是难于胜任这一任务的。搞得不好,把所有的矛盾都揽在自己的身上,容易造成党组织和群众的直接对立。

再次,党的地位变化了。党执掌着全国政权,拥有很大的权力和崇高的威望。在这种情况下,少数投机分子钻入党内的机会自然就多起来。打倒了阶级敌人是好事。但是,党也失去了一个强大的外部制约。缺乏有效的监督和制约对于一个高度集权的领导体制是致命的威胁。过去打一个败仗,就要改弦更张,党的路线正确与否很快就能看清。现在错误路线依靠政权的力量,却能维持很长时间,给国家带来更大的灾难。"文化大革命"就搞了10年,比王明路线统治的时间还要长。因此,加强党的建设,纯洁党的组织,也要求改变党政不分、以党代政的一元化领导体制。

由此可见,我们必须随着社会主义事业的发展和党的工作任务的转变,相应地改变党的一元化领导体制,实行党政分开。但是，在一个相当长的时间内，我们不仅没有这样去做，反而越来越过分地强调党的集中统一，强化党的一元化领导。甚至把党政不分、以党代政提高为党的领导原则，并加以固定下来。结果酿成十年动乱。1980年，邓小平同志在《党和国家领导制度的改革》的讲话中对此作了深刻的总结。他说："我们历史上多次过分强调党的集中统一，过分强调反对分散主义、闹独立性，很少强调必要的分权和自主权，很少反对个人过分集权。……党成为全国的执政党，特别是生产资料私有制的社会主义改造基本完成以后，党的中心任务已经不同于过去，社会主义建设的任务极为繁重复杂，权力过分集中，越来越不能适应社会主义事业的发展。对这个问题长期没有足够的认识，成为发生'文化大革命'的一个重要原因，使我们付出了沉重的代价。现在再也不能不解决了。"[①] 十三大报告又把全面解决这一问题正式提到全党面前，并且提出了从根本上解决这一问题的方法和措施。

总之，实行党政分开是顺应社会主义事业发展的客观规律和客观要求提出来的。只有实行党政分开，社会主义各项事业才能顺利地发展和前进。

三 实行党政分开必须转变党的领导职能，调整党的组织形式和工作机构

中国共产党是我国社会主义事业的领导核心。实行党政分开，正是为了使党正确而有效地发挥对社会主义事业的领导作用。也就是说，实行党政分开的目的，是按照社会主义事业发展的客观要求科学地划定党的领导职能。正是从这个根本意义上

[①] 《邓小平文选》（1975—1982年），人民出版社1983年第1版，第289页。

说，党政分开即党政职能分开。

十三大报告明确地提出："党的领导是政治领导，即政治原则、政治方向、重大决策的领导和向国家政权机关推荐重要干部。党对国家事务实行政治领导的主要方式是：使党的主张经过法定程序变成国家意志，通过党组织的活动和党员的模范作用带动广大人民群众，实现党的路线、方针、政策。"[①] 应当说，这是对社会主义条件下党的领导职能的科学规定。

长期以来，我们对党在社会主义时期的领导职能存在着许多错误的理解，认为党管一切才能体现党的领导。因此常常把党对社会主义事业的统一领导与党组织包揽一切、干预一切混同起来。这样一来，党就处在居高临下的状态，党组织高于其他一切组织，党组织的负责人高于其他一切干部，党员高于一切群众。党的活动可以不受任何约束，党的权力范围可以不受任何限制。国家政权机关和群众团体都成了党组织的"附属物"。社会主义在我国已经有40年的历史了，可我们还没有从理论和实践上搞清楚，在社会主义时期什么是党的正确领导和怎样才能实现、加强这种领导。党的十三大报告提出的，党对国家和社会主义事业的领导是政治领导，恰恰正确地回答了这个问题，这是马克思主义的一个基本观点。

党政分开即党政职能分开。党领导人民制定了宪法和法律，党应当在宪法和法律的范围内活动。党领导人民建立了国家政权、群众团体和各种经济文化组织，党应当保证政权组织充分发挥职能，应当充分尊重而不是包办群众团体以及企事业单位的工作。党的领导是政治领导，即政治原则、政治方向、重大决策的

---

① 《中国共产党第十三次全国代表大会文件汇编》，人民出版社1987年第1版，第43—44页。

领导和向国家政权机关推荐重要干部。党对国家事务实行政治领导的主要方式是：使党的主张经过法定程序变成国家意志，通过党组织的活动和党员的模范作用带动广大人民群众，实现党的路线、方针、政策。党和国家政权机关的性质不同，职能不同，组织形式和工作方式不同。应当改革党的领导制度，划清党组织和国家政权的职能，理顺党组织与人民代表大会、政府、司法机关、群众团体、企事业单位和其他各种社会组织之间的关系，做到各司其职，并且逐步走向制度化。实践证明，在党政不分、以党代政的状况下，党的这种政治领导是无法实现的。首先，党组织陷入具体的行政业务之中，不可能集中力量研究国家和社会发展的大政方针，以致在一些重大问题的决策上发生这样那样的失误；其次，国家政权机关和社会组织处在附属地位，不可能充分、有效地行使它们应该行使的权力。

正确确立党的各级组织在履行党的政治领导职能中的主要职责。党的十三大报告提出："中央、地方、基层的情况不同，实行党政分开的具体方式也应有所不同。"[①] 根据这一原则，各级党组织在履行党的政治领导职能中的主要职责作出了具体的规定：党中央应就内政、外交、经济、国防等各个方面的重大问题提出决策，推荐人员出任最高国家政权机关领导职务，对各方面工作实行政治领导。省、市、县地方党委，应在执行中央路线和保证全国政令统一的前提下，对本地区的工作实行政治领导。它们的主要职责是：（1）贯彻执行中央和上级党组织的指示；（2）保证国务院和上级政府指示在本地区的实施；（3）对地方性的重大问题提出决策；（4）向地方政权机关推荐重要干部；（5）

---

① 《中国共产党第十三次全国代表大会文件汇编》，人民出版社1987年第1版，第44页。

协调本地区各种组织的活动。基层企事业党组织的作用是保证监督，不再对本单位实行"一元化"领导，而应支持行政领导负起全面领导责任。① 小平同志说："党要善于领导，不能干预太多，应该从中央开始。"② 他又明确指出："凡属政府职权范围内的工作，都由国务院和地方各级政府讨论、决定和发布文件，不再由党中央和地方各级党委发指示、作决定。"③

党的十三大报告在正确地规定了党的政治领导职能的同时，对中央、地方、基层党组织的领导职责作出具体的规定，就为从上至下实行党政分开，保证党的政治领导职能切实得到实现开辟了道路。例如，党中央提出大政方针以后，地方党组织的主要职责是保证中央的大政方针在地方的贯彻执行，至于基层企事业党组织，它的主要职责应当是动员和组织广大党员用自己的实际行动影响和带动人民群众，实现中央的大政方针。这样，一则党的各级组织职责明确，党的政治领导落到实处，党的方针政策能够真正得到实现，避免了形式主义倾向；二则为各个层次上的党政分开提出了具体要求，使党政不分、以党代政的问题能够从根本上加以解决，也能够精简机构和人员，提高工作效率。

按照党政分开原则调整党的组织形式和工作机构。党的组织形式和工作机构必须同党的职能相适应。正如党的十三大报告指出的："为了适应党的领导方式和活动方式的转变，必须调整党的组织形式和工作机构。"④ 党的组织形式和工作机构既是党的

---

① 参见《中国共产党第十三次全国代表大会文件汇编》，人民出版社 1987 年第 1 版，第 44—45 页。

② 《建设有中国特色的社会主义》（增订本），人民出版社 1987 年第 1 版，第 136 页。

③ 《邓小平文选》（1975—1982 年），人民出版社 1983 年第 1 版，第 299 页。

④ 《中国共产党第十三次全国代表大会文件汇编》，人民出版社 1987 年第 1 版，第 45 页。

职能的产物，又是实现党的职能的组织保证。既然各级党组织的职能有了相应的转变，那么，以往的同党政不分、以党代政相适应的党的组织形式和工作机构也必须进行相应的调整。这是实行党政分开的必然要求和重要环节，同时也是顺利实行党政分开的必要条件和组织措施。"今后，各级党委不再设立不在政府任职但又分管政府工作的专职书记、常委。党委办事机构要少而精，与政府机构重叠对口的部门应当撤销，它们现在管理的行政事务应转由政府有关部门管理。政府各部门现有的党组各自向批准它成立的党委负责，不利于政府工作的统一和效能，要逐步撤销。党的纪律检查委员会不处理法纪和政纪案件，应集中力量管好党纪，协助党委管好党风。现在由上级行政部门党组织垂直领导的企业单位的党组织，要逐步改由所在地方党委领导。"①

上述这些调整，都是从适应党的职能转变的大局着眼的。积极地搞好这些调整，就能使党政分开得以顺利地实现。

四 党政分开是为了实现和加强党的领导

从党政不分到党政分开，是我们党的领导制度的一项重大改革。这种改革不是降低党的领导地位，削弱党的领导作用，而是更好地实现和加强党的领导作用，提高党的领导水平，它有利于加快社会主义现代化建设的步伐，有利于发展社会主义民主、健全社会主义法制，也有利于端正党风、加强党的自身建设。1986年6月，小平同志在中央政治局常委会议上的讲话中明确回答了这个问题。他说："党政分开，我们从十一届三中全会开始就

---

① 《中国共产党第十三次全国代表大会文件汇编》，人民出版社1987年第1版，第45页。

提出了这个问题。我们坚持党的领导，问题是善于不善于领导。""这样提不会削弱党的领导。干预太多，搞不好倒会削弱党的领导。"①

怎样正确理解党政分开有利于改善和加强党的领导呢？

第一，实行党政分开有利于实现党的政治领导，提高党组织的政治领导水平。如果党的领导者直接包揽被领导者的事务，是把自己降到被领导者的地位；如果党委包揽政府事务，就把自己变成了政府；包揽企业，就把自己变成了企业。党是政治领导者，应当做政治领导工作，分钱、分物、定项目、批条子，这些都是政府部门的日常事务，党委直接出面干预，不仅不能发挥政府的作用，而且也使自己放弃了自己应起的作用。领导一定要很冷静，高瞻远瞩，深思熟虑，不能陷到事务堆里。有人认为把工作交给政府不放心，怕抓不好，这也是不符合实际情况的。我们许多同志今天当书记，明天当市长，不是照常抓了工作嘛。如果书记不管具体事务，站得高一点，看得远一点，倒是更有利于提高解决问题的能力。屁股坐在具体事务堆上，看问题就有局限性。总之，党政不分实际上降低了党的领导地位，削弱了党的领导作用；党政分开，才能真正实现党的领导，提高党的领导作用。

第二，实行党政分开，有利于加强党的自身建设，切实做到"党要管党"。党政不分使党顾不上抓党的建设，党政分开才能真正做到"党要管党"。要把我们的党建设好，党委就应该把自身的建设提到议事日程上来，就必须善于摆脱各种繁杂事务的干扰。别的方面工作，有政府，有人大，有各种社会团体、经济组

---

① 《建设有中国特色的社会主义》（增订本），人民出版社1987年第1版，第136页。

织、文化组织在做，应当把他们的作用充分发挥出来。但是，党的工作、党的思想建设和组织建设，党委责无旁贷，其他各种组织无法替代。在执政的条件下，在改革开放的条件下，如何使我们党胜任愉快地担负起领导社会主义现代化建设的伟大任务，如何使我们党经得起执政的考验和改革开放的考验，如何使党在群众中具有崇高的威望和强大的凝聚力和感召力，这是一个崭新的重大课题。党的思想建设，党的群众工作，必须由各级党委亲自抓，而且必须认真抓好。千万不能"种了别人的地，荒了自己的田"。因此，党政分开，才能有利于加强党的自身建设，切实做好"党要管党"的工作。

第三，实行党政分开有利于加强党同人民群众的密切联系，提高党在人民群众中的威望。党政不分使党委处于行政工作第一线，甚至成为矛盾的重要方面，党政分开，可以使党处在超脱的、驾驭矛盾和总揽全面的地位，从而发挥"协调各方"的领导作用。社会主义社会内部，不是"铁板一块"，各种社会成员当然具有共同的利益，但绝不能无视它们的特殊利益。有矛盾就要协调。政府固然要协调各种利益、各种矛盾；党委更要善于做协调工作。地方党委的五条职责中，就有一条叫做"协调本地区各种组织的活动"。党委自己包办了政府的工作，又包办了各种经济文化组织的工作，什么都是党委自己决定、自己执行，就使党委成了当事人的一方，毫无回旋余地，实际上使自己丧失了本来应该具有的协调矛盾的资格。

第四，实行党政分开有利于发挥党组织的监督职能，成为同官僚主义作斗争的力量。党政不分使党委自己成了执行者，党政分开才能使党委真正具有监督的职能。为了提高效率，必须强化行政系统，但也唯其如此，才必须加强监督。自己不能监督自己，使自己包揽了行政工作，就失掉了监督行政的资格。在我们各级领导机关的工作中，克服官僚主义是一项十分重要的任务。党委包办行政工作，自己就会成为滋长官僚主义的温床；相反，党政分开以后，党委不管日常行政事务工作，就能使自己真正成为同官僚主义作斗争的力量。

总之，实行党政分开，决不意味着减轻党的任务或削弱党的领导。相反，它意味着对党的领导作用、领导水平要求更高了；意味着对党的自身建设的标准要求更高了。十三大报告明确指出："从党政不分到党政分开，是我们党的领导制度的一项重大改革。必须指出，党政不分实际上降低了党的领导地位，削弱了党的领导作用，党政分开才能更好地实现党的领导作用，提高党的领导水平；党政不分使党顾不上抓自身的建设，党政分开才能保证做到'党要管党'；党政不分使党处于行政工作第一线，容易成为矛盾的一个方面甚至处在矛盾的焦点上，党政分开才能使党驾驭矛盾，总揽全局，真正发挥协调各方的作用；党政不分使党处在直接执行者的地位，党政分开才能使党组织较好地行使监督职能，有效地防止和克服官僚主义。"因此，全党同志都应该自觉地、积极地、愉快地投入政治体制改革，实现由党政不分到党政分开这一伟大历史的转变。

（收入《邓小平——中国新时期的总设计师》一书中，河南人民出版社 1990 年 10 月出版）

肃清封建主义残余影响是一项长期任务

邓小平同志在《党和国家领导制度的改革》的讲话中,明确提出了肃清思想政治方面的封建主义残余影响的任务。这表明,经过"文化大革命"的劫难,我们党对于封建主义残余思想的危害,已经有了深刻的认识。封建主义残余不仅作为意识形态积淀在人们的头脑中,而且作为政治传统继续渗透在我们的政治生活中。不彻底肃清它的影响,我们的精神文明建设,民主政治的建设,都是不能成功的。为了完成这个历史遗留任务,小平同志分析了我国现实政治体制中存在的种种弊端和封建主义残余影响的联系,指出了完成这项任务的长期性和艰巨性,以及完成这项任务所必须坚持的科学态度。这个讲话,可以说是新中国成立以来我们党第一个比较系统的辩证论述和反对思想政治方面的封建主义残余影响的重要文献。

一 现行政治体制中的弊端与封建主义残余影响的联系

现行政治体制中的弊端,党和人民在这之前并不是没有反对过,但收效甚微。究其原因,就是没有从它的思想政治方面的封建主义残余影响的根子上加以反对，没有从制度上加以改革。小平同志的讲话抓住了要害，把这种种弊端放到几千年来封建主义传统的背景下加以彻底暴露，从而使它们一个个显出了历史残渣的原形。

1. 关于官僚主义现象

小平同志首先指出："官僚主义是一种长期存在的、复杂的历史现象。"① 随后又毫不含糊地点明，在我们党和国家政治生活中广泛存在的官僚主义现象同历史上的官僚主义有共同点。事实上，他在讲话中所列举的官僚主义的主要表现——高高在上，滥用权力，脱离实际，脱离群众，好摆门面，好说空话，思想僵化，墨守成规，机构臃肿，人浮于事，办事拖拉，不讲效率，不负责任，不守信用，公文旅行，互相推诿，以至官气十足，动辄训人，打击报复，压制民主，欺上瞒下，专横跋扈，徇私行贿，贪赃枉法，等等，不仅是对现实政治生活中的腐败面的揭露，也是对中国封建社会官场中的种种积弊和通病的概括。

官僚主义，不管是现实政治生活中的官僚主义，还是历史上的官僚主义，就其本质而言，都是民主政治的对立物，即都是"主民"，而不是"民主"。在社会主义民主政治格局中，按理没有官僚主义存在的余地。但是，由于几千年封建传统的惯性和人们思想中封建意识的残余，社会主义民主被严重地扭曲了。历史的梦魇还在或轻或重地缠绕着人们的头脑。在我们的现实政治生活中，国家与人民之间、上下级之间、干群之间，还远没有按照社会主义民主的原则，建立起较为完备和合理的相互关系，这种情况，从根本上说，是由于经济和文化的落后，尤其是由于商品

---

① 《邓小平文选》（1975—1982年），人民出版社1983年第1版，第287页。

经济的不发达造成的。但是思想政治方面的封建主义残余影响，却不能不说是一个更加直接的同时又是非常深刻的根源。

一方面，在我们的干部中，有许多人缺乏"公仆"意识，于是封建官僚的"官样"、"尊严"和"荣耀"，往往就成为某些干部自觉不自觉效法的榜样，毛泽东是卓越的马克思主义者和无产阶级革命家。但即使伟大如他，也没有完全摆脱历史传统的影响。在他的言谈举止中，有时也以自比君主为乐事。尤其在"文化大革命"中，这方面的表现更加明显："我就是秦始皇"、"我就是曹操"、"嘉靖皇帝罢了海瑞的官，我们罢了彭德怀的官"、"我这次出去，会见了各路诸侯"。这虽然是风趣的比喻，但多少还是反映出一种微妙的满足感，否则是决不会用这些封建主义色彩如此浓重的语言来形容自己的。在我们的现实政治生活中，官僚主义志得意满的每一次流露，细究起来，可以说无一不和思想政治方面的封建主义残余影响有联系。

另一方面，在我们的人民之间，也缺乏民主意识和自主意识。早几年，有些人民代表在审查和讨论国家领导人的工作报告的时候——这正是行使人民权力的一个重要场合——他们总要说一些和主人身份完全不相称的话，什么和中央领导同志一起讨论国家大事，感到很幸福，这是党给我们的荣誉；什么学习了中央领导同志的报告，很受教育，等等。这表明，在大多数群众的头脑中，还没有完全摆脱封建的"臣民"意识。这种"臣民"意识正好成为官僚主义滋生发展的意识形态环境。

此外，在我们的信息传播媒介中，也时常这样那样地传播和强化封建毒素。例如，把"清官"作为对干部的赞誉，把"当官不与民作主，不如回家卖红薯"之类奉为干部信条，把"让人说话"之类当作社会主义民主的楷模，等等。这种带有封建色彩的宣传，起着窒息民主意识的作用，客观上也成为助长官僚主义的舆论力量。

在我们国家，官僚主义反了几十年，不但没有减少，反而大有一发不可收拾之势，即成为有的同志所说的"死官僚主义"，除了思想政治方面的封建主义残余影响这种历史根源而外，还有一个根源，那就是认识方面和理论方面的根源。"它同我们长期认为社会主义制度和计划管理制度必须对经济、政治、文化、社会都实行中央高度集权的管理体制有密切关系。"① 小平同志认为，这种认识造成的权力过分集中现象是我们所特有的官僚主义的一个总病根，而且由此而导致了官僚主义的另一病根："长期缺少严格的自上而下的行政法规和个人负责制，缺少对于每个机关乃至每个人的职责权限的严格明确的规定"②。

2. 关于权力过分集中的现象

中央高度集权的管理体制的建立，来源于我们的思想认识，但这种认识也不是平白无故地形成的。有几百年历史而且在世界范围内有相当大影响的资产阶级的分权制衡的思想，为什么为我们所漠视、轻视甚至敌视？因为我们与"中央高度集权"的历史渊源，有天然亲和性。邓小平同志在分析现实生活中权力过分集中的现象时，毫不犹豫地揭开了这层关系。他说：权力过分集中的现象，"同我国历史上封建专制主义的影响有关"③。

我国封建社会实行彻底到无以复加的个人集权。没有任何人可以限制、分肥君主的权力。尽管历史上也有大权旁落的"虚位"皇帝，但这绝不是分权与制衡的结果，而是只有大权在握

---

① 《邓小平文选》(1975—1982 年)，人民出版社 1983 年第 1 版，第 287—288 页。
② 同上书，第 288 页。
③ 同上书，第 289 页。

的"僭主"暗中取而代之而已。封建专利集权的影响所造成的封建意识在观念形态中被保留了下来，在现实政治生活中就出现了党内喊"万岁"的见怪不怪的现象。各级党和政府的民主生活、集体领导、民主集中制、个人分工负责制，等等，就随着这种封建意识的膨胀而日益受到损害，到最后发展到个人的过分集权与封建君主几无二致的地步。这就是通向"文化大革命"的道路。

当然，仅仅从国内历史背景出发还不足以说明个人集权得以盛行的全部原因。邓小平同志还指出了这种现象"也同共产国际时期实行的各国党的工作中领导者个人高度集权的传统有关"①。这个分析是很深刻的。

毛泽东曾经指出：中国人找到马克思主义，是经过俄国人介绍的。俄国人帮助中国共产党的建立，是通过共产国际进行的。1919年3月，共产国际成立。按照共产国际章程规定，共产国际是各国共产党的联合组织，参加共产国际的各国共产党都是它的支部，受共产国际直接领导和指挥。共产国际代表大会闭会期间，执行委员会有权向共产国际各支部发布指示，监督其执行，有权开除整个支部、部分成员和个别成员，还有权向各支部特派代表或指导员。特派代表有权参加各支部的中央机关或地方组织的一切会议，监督、反对该支部的中央委员会。共产国际特别强调高度集中，并规定了严格的纪律。这些做法，对参加共产国际的各国共产党不能不产生极大影响。中国共产党参加共产国际虽然是1922年第二次代表大会以后的事，但共产国际派代表参加了中国共产党第一次代表大会。因此，共产国际的高度集权制对中国共产党的影响，自她的成立之初就开始了。然而纵观共产国

---

① 《邓小平文选》(1975—1982年)，人民出版社1983年第1版，第289页。

际的历史,我们可以看到在共产国际中起主导作用的是苏联,而就其对中国的影响而言,主要是斯大林。斯大林严重破坏社会主义法制的突出表现,就是搞个人集权、个人迷信。在他的影响下,各国党的领导者也起而效尤。斯大林搞个人集权,联系苏联的历史,我们可以看到,也是与沙皇俄国的军事封建主义的政治文化传统影响有关。所以,根子还是封建主义。综观世界各国的情况,我们可以得出这样一个结论:凡是权力过分集中的国家,都是封建专制主义影响比较大的;反封建比较彻底的国家,不可能发生此类现象。

3. 关于家长制现象

权力过分集中,导致家长制作风;家长制作风反过来又加速个人高度集权的进程,并导致个人凌驾于组织之上,组织成为个人的工具。这是小平同志对家长制作风的产生及危害的洞见。什么是家长制?从邓小平同志的表述中,可以归纳出如下几点:在一个地方、单位或组织内部有一个权力不受限制的家长式的人物;这个人物与组织的关系是不正常的,搞一言堂,个人专断、个人崇拜,甚至个人凌驾于组织之上;这个人物与周围同志的关系是不平等的,他颐指气使,别人都要唯命是从,甚至形成对他的人身依附关系。这种现实生活中的家长制,邓小平同志说:"是历史非常悠久的一种陈旧社会现象"。[①] 这就又触及到这一现象的封建主义劣根。

中国封建社会的政治制度整个地说,就是家长制。在封建官僚金字塔结构的每一层次上,都有一位居于核心地位的家长式人物,这些人物在其管辖的范围内,既是最高行政长官,又是法

---

① 《邓小平文选》(1975—1982 年),人民出版社 1983 年第 1 版,第 289 页。

律、经济、军事和社会生活一切方面的主宰者,因而地方官的权力结构与皇帝的权力结构并没有多少差别,前者只是后者的按比例缩小而已。地方行政长官也配有副手,虽然其品位与正职相差不多,但实权与地位却相差很大。一般只有在取得正职信任并授以重任后才能行使权力,真正发挥作用。所以,整个封建社会中,家长制所造成的吏对官,小官对大官的人身依附关系非常明显。

封建家长制的遗风对于革命的危害极大,陈独秀等教条主义者对它的影响又起了推波助澜的作用。小平同志说:"陈独秀、王明、张国焘等人都是搞家长制的。"① 这些恰恰是几乎将革命拖入绝境的人物。小平同志还指出,虽然从遵义会议到社会主义改造,是党内民主生活比较正常的时期,然而由于没有将民主集中制化为严格的具体的制度,致使家长制在以后又重新抬头,造成了"文化大革命"这样严重的后果。

4. 关于干部领导职务终身制现象

家长是终身的,所以,领导干部家长制现象一旦成为惯例,领导职务事实上的终身制也就自然而然地形成了。与封建家长制一脉相承,干部领导职务终身制的形成,也"同封建主义的影响有一定关系"②。历史事实证明了邓小平同志这一判断是正确的。

在封建社会的大多数情况下,是"一日为官,终身在朝"。只要不触犯龙颜,尽管老矣朽矣,官仍然可以当下去。官员有升

---

① 《邓小平文选》(1975—1982 年),人民出版社 1983 年第 1 版,第 289—290 页。
② 同上书,第 291 页。

迁贬谪，却无任期的限制，像北宋后期那样的致仕带有一定的强制性，可以说是一种例外现象。

如果说封建社会搞终身制对封建统治并无大碍的话，那么在今天沿袭这种做法对社会主义就极为不利。特别是那些口喊"革命到底"，实质是贪恋荣禄者，总是会千方百计钻不健全制度的空子，以保护自己既得的权势。所以，邓小平同志提出的"要健全干部的选举、招考、任免、考核、弹劾、轮换制度，对各级各类领导干部（包括选举产生、委任和聘用的）职务的任职，以及离休、退休，要按照不同的情况，作出适当的、明确的决定。任何领导干部的任期都不能是无限期的"①，具有特别重要的现实意义。

5. 关于形形色色的特权现象

对特权，邓小平同志较为准确地揭示了其内涵，"就是政治上经济上在法律和制度之外的权利"②。特权问题是个敏感问题。人民群众最痛恨搞特权、搞特殊化，搞特权者也最怕被揭露出来。中央电视台曾在《观察与思考》节目栏内报道了某些高干家庭利用"红旗"车去王府井百货大楼购物的消息，成为爆炸性新闻，反映了这两种不同的社会心理。搞特权，不是现代人的发明。邓小平同志说，"这是封建主义残余影响尚未肃清的表现。"③

在封建社会里，特权是赤裸裸的、制度化的东西。不像今天的特权，是明知不该为而为之。封建特权制度的表现，有高级官

---

① 《邓小平文选》（1975—1982年），人民出版社1983年第1版，第291页。
② 同上书，第292页。
③ 同上。

员的任子制、世袭制、恩荫制、门荫制、外戚制等等。有特权就有罪恶。封建时代贵族高官及其子弟横行乡里、鱼肉人民之事，史书中俯拾皆是，而封建国家的刑法上对这些高官显贵又网开一面，使之享有减、缓、免、赎刑权，更助长了特权者的气焰，恃特权而犯罪者，绵绵不绝。社会主义社会是人民当家作主的社会，国家保护人民的各项民主权利，为什么还会出现特权现象呢？根本原因在于封建专制传统影响很大。朴实的中国人民是从封建社会里走过来的，共产党初进城时，老百姓对高级首长的艰苦朴素、廉洁奉公一方面是钦敬的，另一方面又甚觉过意不去。在民主意识尚未形成的人民看来，为官者应当有一些特殊的待遇才像官。所以条件一好起来，干部待遇逐步提高。官民双方都不觉得有什么不正常。但是，由于缺乏健全的保障人民民主权利的各项制度和监督、限制干部搞特权的法规，加上解放以后我们对民主教育、批判封建主义很不重视，特权现象便严重起来。"文化大革命"冲决了一切民主制度的堤围，使特权现象也大肆泛滥，其余波至今不息。且不提干部子弟中的犯罪之类的案例，那毕竟是比较少的。有一些带有潮流性质的现象则是耐人寻味的：知识青年上山下乡，干部子女参军居多，推荐上大学时，工农兵学员当中也是这部分人比例最大；高考制度一恢复，他们又很容易拿到文凭；出国、蜂拥经商、被内定梯队又是这些人。世界仿佛是为这些人设计的，命运之神仿佛特别眷顾他们。难怪人们要愤愤不平了。这不是荫及子弟又是什么呢？这不是变相的世袭制又是什么呢？小平同志揭露的"一些干部利用职权，非法安排家属亲友进城、就业、提干等现象还很不少"[①]的现状，与外戚制又有多少区别呢？

[①] 《邓小平文选》（1975—1982年），人民出版社1983年第1版，第295页。

小平同志在逐个剖析现在制度中的上述五条主要弊端时，不但一条也没有忽略将他们的封建主义根子挖出来，而且剖析完之后，又再次强调"上面讲到的种种弊端，多少都带有封建主义色彩"①。在这里，他没有提到资本主义思想对这些弊端的形成有无影响的问题。原因是不是这样两点：第一，历史事实是，"旧中国留给我们的，封建专制传统比较多，民主法制传统很少。"② 如果生拉硬扯说是资本主义影响所致，就不是历史唯物主义态度。第二，资本主义国家里也不是没有这些弊端和现象，但应当说，这也是封建遗毒。因为民主法制传统越多的国家，这些现象就越少。为了唤起人们对封建主义残余影响的注意，小平同志还说："封建主义的残余影响当然不止这些。如社会关系中残余的宗法观念，等级观念；上下级关系和干群关系的身份上的某些不平等现象；公民权利义务观念薄弱；经济领域中的某些'官工'，'官商'，'官农'式的体制和作风；片面强调经济工作中的地区、部门的行政划分和管辖，以至画地为牢，以邻为壑，有时两个社会主义企业、社会主义地区办起交涉来会发生完全不应有的困难；文化领域中的专制主义作风；不承认科学和教育对于社会主义的极大重要性、不承认没有科学与教育就不可能建设社会主义；对外关系中的闭关锁国、夜郎自大；等等。"③这些列举差不多把现行制度中受封建主义残余影响而产生的其他弊端都概括进去了。在我们党的历史上，从来还没有过如此勇敢、无情、切中要害地剖析现行政治体制中的弊端的讲话，从来没有过如此深刻、犀利、酣畅淋漓地批判封建主义的文章。这说

---

① 《邓小平文选》（1975—1982年），人民出版社1983年第1版，第294页。
② 同上。
③ 同上。

明，以小平同志为代表的中国共产党人，在启动社会进步的改革杠杆的初期，就意识到了经济、政治、思想的一体性，就注意到了改革的文化结构的深层爆破问题，并由此而提出了思想上政治上肃清封建主义残余影响的重要任务。

二 肃清思想政治方面的封建主义残余影响是一项长期任务

1. 任务的提出。1978年以后，我国着手进行经济体制的改革，开始了自然半自然经济转向商品经济、计划体制转向有控制的市场体制的伟大进程。与此相适应，我国的政治改革实际上从党的十一届三中全会也开始了，其内容包括彻底否定"文化大革命"；全党全国工作重心转移到经济建设上来；批判"两个凡是"的错误，重新明确真理的标准；大力建设法制，改善人代会制度；党和国家领导机构的调整和改革，等等。到1980年，邓小平同志在这篇讲话中明确提出了党和国家领导制度的改革，并相应地提出了肃清封建主义残余影响的迫切任务。他说："我们进行了二十八年新民主主义革命，推翻了封建主义的反动统治和封建土地所有制，是成功的，彻底的。但是，肃清思想政治方面的封建主义残余影响这个任务，因为我们对它的重要性估计不足，以后很快转入社会主义革命，所以没有能够完成。现在应该明确提出继续肃清思想政治方面的封建主义残余影响的任务。并在制度上做一系列切实的改革，否则国家和人民还要遭受损失。"[①]

在这里，邓小平同志显然是鉴于历史教训而提出这项任务的。是什么历史教训呢？从他在分析党和国家领导制度方面种种

---

① 《邓小平文选》（1975—1982年），人民出版社1983年第1版，第295页。

弊端时，不时回顾极"左"路线的历史、回顾毛泽东晚年错误就可以看出，这主要是指"文化大革命"。"否则国家和人民还要遭受损失"这一警告，实际上就是把能否肃清封建主义残余影响的问题提到了"文化大革命"的灾难是否会重演的高度。邓小平同志这一告诫丝毫没有耸人听闻的意味。毛泽东在他晚年陷入错误不能自拔时说过："这样的大革命以后还要进行多次。""文化大革命"是封建专制主义余毒的总爆发。只要封建主义残余影响不肃清，这"多次"是完全有可能的。要防止"文化大革命"的灾难重演，必须彻底肃清封建主义残余影响。

2. 任务的重点。肃清思想政治方面的封建主义残余影响和改革党和国家的领导制度之间是什么关系呢？邓小平同志说：在思想政治方面"肃清封建主义残余影响，重点是切实改革并完善党和国家制度，从制度上保证党和国家政治生活的民主化、经济管理民主化、整个社会生活的民主化，促进现代化建设事业的顺利发展。"①

民主制度与封建专制制度是根本对立的。因此，肃清思想政治方面的封建主义残余影响的任务，实际上也就是建设高度的社会主义民主的任务。社会主义现代化事业的顺利发展，要靠民主来提供保证和支持，而民主要成功地保证和支持现代化建设，必须制度化。所以，党和国家的领导制度的改革和完善，就成为肃清思想政治方面的封建主义残余影响的关键。

3. 完成这一任务的起点。肃清封建主义残余影响，从何开始？小平同志指出："要运用马克思列宁主义、毛泽东思想，对于封建主义遗毒的表现，进行具体准确的如实的分析。"②

---

① 《邓小平文选》（1975—1982 年），人民出版社 1983 年第 1 版，第 296 页。
② 同上书，第 295 页。

封建主义遗毒就存在于我们的传统文化之中。按照文化学的观点，文化可以分为评比性文化和非评比性文化。评比性文化就是可以比较其优劣的那部分文化，非评比性文化就是无所谓优劣的中性文化。邓小平同志要求我们对封建主义遗毒作具体的准确的如实的分析，实际上也就是要求我们用马克思主义的武器将传统文化中的腐朽部分，即劣性文化剔除出来，认真地考察它们在思想上、政治上对我们的事业所产生的危害。这种分析，我们历来还没有认真地做过。

小平同志的这一观点，对今天处于全方位开放的中国社会来说，极具意义。我们在闭关锁国时期，往往有一种民族文化的优越感，把外国文化一味加以贬低。一旦开放，看到了西方经济发达，又很容易产生民族文化的自卑感，觉得民族文化传统是个包袱，必欲扔之而后快。其实，封建文化遗产中也不乏民主性的精华。连作为外国的日本，都非常重视发掘汉文化的积极因素。日本搞"儒学资本主义"，就是以古代中国与现代西方的优性文化为基础的。结果怎样？世界第二经济大国。日本的先进与我们的落后，不在于是否吸收中国文化遗产的问题，而在于文化批判力的问题。我们缺少正确的文化批判力，而日本有，于是它汲取了营养，发达了，而我们把痈疽当宝贝、当"国粹"，落后了。

马克思主义传进中国，给中国的思想文化带来活力。但是就是在"科学与民主"的口号震天响的五四时期，也没有从文化的角度很好地去批判封建专制主义。许多号称马克思主义者的人分不清什么是无产阶级政党和无产阶级专政的集中统一的原则，什么是封建专制主义。结果马克思主义常常被封建主义扭曲了，或者也可以说，封建主义常常被马克思主义的词句保护起来了。例如，陈独秀、王明等人搞家长制、一言堂，好像还有"马克思主义"作根据，毛泽东晚年搞个人崇拜、一个人说了算，似乎也可以拿恩格斯关于"权威"的言论作根据。封建主义残余影响就是这样乔装打扮、改头换面，来祸害我们的事业。它是思想意识中最深层的东西，又往往粘贴在马克思主义上、出现在马克思主义者身上，使我们难以识别或者是投鼠忌器。所以，邓小平同志强调分析要"准确"，是很重要的。他要求我们"划清社会主义与封建主义的界限"，"划清文化遗产中民主性精华和封建糟粕的界限"，"划清封建主义遗毒同我们工作中由于缺乏经验而产生的某些不科学的办法，不健全的制度的界限"。① 既不能放过任何封建主义腐朽思想，也不能"一阵风，不加分析地把什么都说成封建主义"。② 只有做到这三个"划清"，我们才能准确地将打击的力量集中在封建主义遗毒的"七寸"上，而不至于造成"误伤"。

4. 完成这一任务的深层意义。肃清封建主义残余影响的直接意义，是为了促进民主政治建设，促进现代化建设。那么，民主政治和现代化建设又是为了什么？也就是说，肃清封建主义残余影响的更深刻的意义又是什么呢？邓小平同志说："肃清封建主义残余影响，对广大干部和群众说来，是一种自我教育和自我改造，是为了从封建主义遗毒中摆脱出来，解放思想，提高觉悟，适应现代化建设需要，努力为人民作贡献，为社会作贡献，为人类作贡献。"③

中国人民是勤劳智慧、富有创造力的。可是，是什么东西妨碍中国人民发挥聪明才智和创造力，表现自己蓬勃向上的生命力呢？观念上的原因就是封建主义遗毒。据有关学者研究，中国人

---

① 《邓小平文选》（1975—1982 年），人民出版社 1983 年第 1 版，第 295 页。
② 同上。
③ 同上书，第 295—296 页。

的消极行为特点有如下四个方面：第一，过分崇拜权威，抹杀和束缚了人的个性、主动性和创造性，使有些人形成了畏强欺弱、阿谀奉承，对上毕恭毕敬，对下苛刻蛮横的不良行为。第二，缺乏合作精神。从一个集体看，中国人显得涣散、软弱、缺乏活力和创造性。第三，平均主义观念较强。它导致个人行为缓慢、静态、不讲差别和竞争，形成人们嫉妒、抗变、防范的心理。第四，圆融性较强。它使人变得圆滑、不可捉摸、不敢越雷池一步，使人的行为固执、保守，缺乏开拓性和创造力。① 要改变这种消极行为特点，肃清封建主义遗毒，只有靠人民群众进行自我教育和自我改造。这种自我教育、自我改造进行得越自觉、越深刻，人民群众的聪明才智和创造力就越能发挥出来。用哲学语言来说，这也就是实现人的潜能，实现自我。

5. 对待这一任务的科学态度。我国思想政治领域里历来有一种不正之风，就是好刮风，随风转。"权威"一开口，大家跟着走。此风一起，就没有什么科学性可言了。鉴于这个历史教训，邓小平同志在谈到如何对待这项任务时，首先要求人们"要有实事求是的态度"，"不要又是一阵风，不加分析地把什么都说成是封建主义"，并强调"不要搞什么反封建主义的政治运动和宣传活动，不要对什么人搞过去那种政治批判，更不能把斗争矛头对着干部和群众"②。这是总结了新中国成立以来的历次大批判运动特别是"文化大革命"的沉痛教训得出的科学结论。

小平同志指出，"在思想政治方面肃清封建主义残余影响的同时，决不能丝毫放松和忽视对资产阶级思想和小资产阶级思想

---

① 引自《北京社会科学》1986 年第 2 期。
② 《邓小平文选》（1975—1982 年），人民出版社 1983 年第 1 版，第 295—296 页。

的批判,对极端个人主义和无政府主义的批判。"① 这也是科学性的一种要求。这篇讲话主要是讲党和国家领导制度的改革的。小平同志讲到现行制度中的种种弊端,发掘其思想政治根源,桩桩件件都触及到封建主义残余的根子。很显然,这些弊端与资产阶级思想并无多大关系。那么这里就产生了一个问题:既然如此,为什么还要提出批判资产阶级思想呢?道理很简单,我们要坚持社会主义制度,而社会主义制度既不同于封建主义制度,也不同于资本主义制度。所以当我们提出肃清封建主义残余的任务时,就不能不同时提出批判资产阶级腐朽思想的任务。接下来的一个问题是,中国社会并没有经过资本主义发展阶段,提出"批判资产阶级思想",应当批什么?认真领会邓小平同志的论断,就会发现他是作了中肯的回答的。他说:"我国经历百余年的半封建、半殖民地社会,封建主义思想有时也同资本主义思想、殖民地奴化思想互相渗透结合在一起。由于近年国际交往增多,受到外国资产阶级腐朽思想作风、生活方式影响而产生的崇洋媚外现象,现在已经出现,今后还会增多。这是必须认真解决的一个重大问题。"② 在我国,资产阶级思想基本上是舶来品,不是"国粹"。所以小平同志要求我们着重批判那些与封建主义思想渗透结合在一起的资产阶级思想,是合乎实际的。奴化思想、崇洋媚外是这种渗透和结合的产物,所以尤在批判之列,要批判它们是因为它们的存在、流播不利于坚持社会主义制度。为了说明这一点,小平同志特别讲到:"中国并不是一切都落后","外国也不是一切都先进。""社会主义制度无论如何总比弱肉强

---

① 《邓小平文选》(1975—1982年),人民出版社1983年第1版,第296页。
② 同上书,第296—297页。

食、损人利己的资本主义制度好得多。"① 我们可以吸收世界各国进步因素,这是资本主义绝不可能做到的。认为社会主义不如资本主义,这种思想是完全错误的。资产阶级的极端个人主义,损人利己、唯利是图和其他腐朽思想也都在批判之列。因为这种思想会导致道德败坏、精神堕落,同样不利于我们坚持社会主义道路。

小平同志提出批判资产阶级思想是非常慎重的。他不但作了上述分析,而且还特别指出:"对于资本主义、资产阶级思想,当然也要采取科学的态度","什么是资产阶级思想中需要坚决批判和防止蔓延的东西,什么是经济生活中需要坚决克服和抵制的资本主义倾向,如何正确地进行批判,还有必要继续进行研究并作出妥善的规定,以防重犯过去的错误。"② 在我们党的历史上,明确提出对资产阶级思想也要采取科学的态度,这恐怕还是第一次。这段话对于我们如何开展对资产阶级思想的批判,有着极为重要的指导意义。我们认为至少要做以下两方面的理解:

第一,要全面地、客观地看待资产阶级思想。新中国成立以后我们长期处于封闭半封闭状态,这当然有国际环境方面的客观原因,但与我们对资产阶级和资本主义的极端化看法也不是没有关系。我们很长时期内总是认为资本主义、资产阶级思想一概是腐朽的,一律都要抵制、批判,而且,凡是我们反对的东西,哪怕是赤裸裸的封建主义遗毒,也都要把它们说成是资产阶级的。其实,资产阶级思想并不都是腐朽的,否则,其科学技术何以发展,社会经济何以发达,国民收入水平何以提高?只要不闭目塞听,不采取教条主义的态度,这本来是不难理解的。承认现实,

---

① 《邓小平文选》(1975—1982 年),人民出版社 1983 年第 1 版,第 297 页。
② 同上书,第 298 页。

丢掉"天朝大国"的遗风，认真吸收资本主义发达国家的文明成果，包括批判地吸取资产阶级民主和自由、平等、博爱的观念，竞争和效率的观念，等等，我们才能赶上世界发展的潮流。如果把这一切都排斥在外，把自己封闭起来，我们何以赶上资本主义发达国家的水平，又怎么能建成社会主义？邓小平同志清醒地看到我们与资本主义发达国家的差距，看到其他国家的长处，全面而客观地看待资本主义、资产阶级思想，所以坚决地领导了中国的这场改革，坚持搞活和开放，使我们的发展速度大大加快了。

第二，要认真吸取历史教训，防止重犯过去的错误。新中国成立以后我们一直在抵制和反对资本主义。表面看来，很富于革命色彩，而实际上往往是用封建主义反对资本主义、用反对资本主义来保全封建主义残余。

从政治上看，反对资产阶级的法制、平等、独立人格等观念，保全下来的却是封建主义的人治、等级和人身依附等观念。现实生活中，以权代法，权大于法的现象人们并不陌生。提拔干部不重能力而看资历，甚至看老子的资历。干部能否站住脚，往往取决于有无"背景"（靠山）："上边有人"，其政绩再糟也可以照旧尸位素餐；"上边没人"，即使政绩卓著，深得群众拥护，也可能翻身落马。这类现象虽不能说到处都是，但也绝不是个别的。

从经济上看，反对资产阶级的自由竞争、等价交换，保全下来的是"官商"、"官工"、平均主义和铁饭碗。现在由于进行了经济改革，经济生活状况比过去好多了。但是人们的竞争意识仍然很差，不仅国营单位，就是集体企业，甚至个体户，真正决心在竞争中争生存、争发展的，也还不多。这当然有体制方面的原因，但也与人们长期形成的观念有关系。

从文化上看，反对资产阶级的自由、民主，保留下来的是文化专制主义的残余。学术理论界长期受到"资产阶级自由化"的达摩克利斯剑的威胁，弄得人人谨小慎微，纷纷躲到历史研究的深宅大院中去，不愿研究现实问题，连马克思主义理论研究，长期以来也只能述而不作，注释、"训诂"。这种文化专制主义，搞得我们理论陈旧，学术萎缩，文化艺术枯燥乏味，人民精神生活贫乏不堪。

从社会公共生活看，反对资产阶级人道主义，又不提倡社会主义的人道主义，结果保留下来的是封建的禁欲主义和特殊形态的神道主义——个人崇拜。个性问题上的"无差别境界"，外加种种愚昧和野蛮，不知道闹出了多少悲剧，扼杀了多少人才，同时也大大地损害了社会主义的形象。

从以上简略的叙述中，我们可以看到站在封建主义立场上，用封建主义反对资本主义和资产阶级思想，完全是一种倒退。它并没有削弱资本主义和资产阶级思想，反而强化了封建主义残余的影响。邓小平同志要求我们"防止重犯过去的错误"，我们的理解，就是再也不能不加分析地对待资本主义、资产阶级思想，再也不能以封建主义反对资本主义，而只能用马克思主义和社会主义去反对资本主义和资产阶级思想中的腐朽的东西。

肃清封建主义残余的任务，是我们对历史所欠的一笔旧账。如果现在我们再不着手全面肃清它的影响，我们就会成为历史的罪人。然而，我们又必须清醒地看到，对于两千年的封建社会和百余年的半殖民地半封建社会所遗留下来的封建主义积垢，我们不可能像神话中的赫拉克勒斯那样，在一日之内将奥革阿斯牛圈打扫干净。改革党和国家领导制度，对封建主义残余影响作具体的准确的如实的分析批判，改造国民性、提高民族素质，划清传统文化中的民主性精华和封建性糟粕，等等，是一项长期的任务。只有以科学的态度、坚韧的精神、务实的作风来做这件工作,才能加以完成。

三 肃清封建主义残余影响是又一次思想解放的潮流

1978年,邓小平同志坚决支持了当时进行的关于真理标准的大讨论,提出了"解放思想,实事求是,团结一致向前看"的指导思想,引起全社会的极大反响,形成了一次思想解放的潮流,中国的社会改革就此发端。1986年,当我国经济体制改革遇到困难,深感政治体制改革、观念变革的必要性和迫切性的时候,邓小平同志这篇讲话再次引发强烈的社会共鸣,形成了又一次思想解放的潮流。

在讲话的启发下,人们纷纷探索深层文化的社会机构,提出了很多有价值的结论。例如,在研究改革阻力方面,有人认为:我国目前实行的商品经济,但是却没有与之相适应的文化观念。我们几千年积累起来的文化观念是农业社会的观念,主要是封建宗法和小生产观念。正是这些与发展商品经济不相容的观念导致了人们对改革产生种种疑虑,成为改革进一步深入的阻力。所以必须大力破除这些旧观念、旧习惯、旧传统,改造国民性和社会心理。中国必须把握传统文化的精髓,同时进行传统文化的更新,实现文化背景的现代化、人的现代化,方能实现有中国特色的社会主义现代化。再如,在对待马克思主义问题上,有人认为:要重新认识和学习马克思主义,要彻底改变过去那种经学式的研究方法和研究态度。既要看到马克思主义是人类文化的精华,又要看到它并不是人类文化的全部,它解决了一些世界观、方法论的问题,但不提供具体知识和评判标准。

文化热潮在中国大地上方兴未艾。一些大城市如上海、广州等已组织和正组织文化发展战略研讨会，一些专家、学者和实际工作者也在提出课题，组织力量对各种文化现象、文化形态和文化设施进行调查和研究。文化热，给我们正在进行的改革和现代化设施进行调查和研究。文化热，给我们正在进行的改革和现代化建设带来了精神方面的内驱动力，促进了我们事业的发展。

肃清封建主义遗毒，首先要保证一个宽松和谐、民主的政治环境。1986年以来，这样一个环境开始形成，理论界的自由度逐渐扩大，向来被视为禁区的政治问题，也可以进行讨论了。言论自由、政治透明度、决策科学化和民主化、马克思主义与现代化、国民性、人道主义、权力结构合理化，等等，引起了理论工作者，特别是中青年工作者的强烈兴趣，一扫过去理论研究脱离现实的沉闷空气。特别令人兴奋的是，许多领导干部也开始作为平等的一员参加讨论；一些过去被认为食了"禁果"的理论工作者也重登文坛。学术研究无禁区，大家喊了多年，现在总算有那么一点意思了。

过去理论文章一般读者不愿看，青年人更厌倦。他们认为理论界对于他们是"用得着的不给，给得出的无用"。青年人需要能够对他们普遍关切的问题提供指导的理论，他们患着理论饥饿症，而我们的理论研究却迟迟不向现实转变，以至新华书店的书架上堆满了无人问津的传统理论读物。理论禁区突破以后，青年的阅读兴趣明显增长了。在校大学生，包括理工科大学生不但注意理论动态，而且也开展各种形式的研讨，对政治问题也在各抒己见。很多理论新秀脱颖而出，活跃在文坛上，在批判封建观念，树立现代观念方面起了积极推动作用。文学、艺术、影视、广播、新闻各界，也越来越重视探讨社会问题，为正在形成的理论热增添了势头。

理论热促进了社会科学转变为现实生产力的进程。大批的改革者，特别是中青年改革者，从大量的理论信息中汲取精神力量，激发开拓意识，学习科学方法，提高管理才能，使自己的工作不断突破经验型和随机性的框框，从而为各条战线的社会主义现代化建设带来了新的活力。

以中国共产党十二届六中全会《关于社会主义精神文明建设指导方针的决议》的公布为标志，我国社会主义精神文明建设进入了全面展开的新阶段。这一新阶段，是在我国政治、经济、文化和社会生活各方面取得重大进步以后迎来的。没有民主化的进步，精神文明建设就不可能提高到这样一个新水平。

党的十一届三中全会以后，我国社会主义精神文明建设取得了重大进展。但是由于我们对小平同志提出的"肃清在政治思想方面的封建主义残余影响"的任务，没有足够的重视，文化专制主义残余在意识形态领域还时有表现，致使精神文明建设在许多方面受到了限制，正如党的十二届六中全会决议指出的那样，"在许多方面同社会主义现代化建设、同改革和开放的形势不相适应"。过去几年，我们在精神文明建设中注意"五讲四美"、"不随地吐痰"之类表层的宣传和活动多，注意观念的变革、民族素质的提高这类深层的内容不够。特别是对精神文明建设的重要性还缺乏足够的认识，把精神文明建设同传统的思想政治工作混为一谈，甚至认为精神文明建设，就是"堵漏"和"消毒"。对精神文明建设与物质文明建设的关系没有搞清楚，集中表现在，把"一切向钱看"和其他种种不正之风归咎于改革和开放，认为是改革和开放带来了道德败坏和精神颓丧的社会现象。这就转移了社会抓精神文明建设的视线，转移了肃清封建主义遗毒的视线。

党的十二届六中全会决议认真总结了前一时期的社会主义精神文明建设的经验教训，阐明了社会主义精神文明建设的战略地位。根本任务和基本指导方针，阐明了一系列有关的理论问题。决议特别指出："全面改革和对外开放给社会主义事业带来强大活力，对精神文明是巨大的促进，随着商品经济的发展和社会主义民主政治的完善，人们的思想意识、精神状态发生深刻的变化，同时也对精神文明建设提出更高的要求。能不能适应这种要求，形成有利于社会主义现代化建设和全面改革的舆论力量。价值观念、文化条件和社会环境，有力地抵制资本主义和封建主义的腐朽思想，防止种种迷失方向的危险，振奋起全国各族人民的巨大热情和创造精神，用几代人的努力建设起社会主义现代化强国，这是一个历史性的重大考验。"

适应全面改革的要求，肃清思想政治方面的封建主义残余影响，加强社会主义精神文明建设，这是时代赋予我们的不可推诿的责任，我们一定要无愧于自己的时代，无畏地担负起这个责任，为实现全国各族人民的共同理想而努力奋斗。

（本文是 1986 年 12 月 18 日在兰州市委机关学习会上报告稿的一部分，收入光明日报出版社 1987 年出版的《政治体制改革的基本构想》一书中）

马克思恩格斯关于农民问题的理论

农民问题的理论是马克思主义的重要组成部分。马克思和恩格斯关于农民问题理论的一系列基本原理，现在仍然适用，仍然是分析当代各国农民问题的根本指导思想。农民仍然是无产阶级革命的基本力量。

一

18世纪以后，资本主义大工业在西欧的发展，出现了社会化大生产和现代工业无产阶级。伴随着这个巨大进步而同时出现了资本主义制度本身不可克服的矛盾，即表现为周期性的经济危机和日益发展的无产阶级反对资产阶级的阶级斗争。无产阶级在反对资产阶级的斗争中，首先碰到的一个问题，就是如何对待占人口很大比例的广大农民和小资产阶级问题。

1848年初，马克思恩格斯发表了具有伟大历史意义的《共产党宣言》。第一次系统而完整地论述了马克思主义的原理。在《共产党宣言》中，马克思和恩格斯第一次对农民作了科学的分析。马克思和恩格斯是运用历史唯物主义的分析，指出从原始社会解体以来，被压迫者和压迫者之间的阶级斗争始终是历史发展的主要动力。资本主义社会把两个主要阶级即无产阶级和资产阶级的对抗提到首位。无产阶级是先进的阶级，是现代资本主义社会的掘墓人。其余的阶级和阶层——农民、小商人和手工业者、知识分子、流氓无产者——都属于中间阶级。随着资本主义的发展，农民和城市的中间阶层日益破产和走向没落。他们只有同工人阶级的联合，同工人阶级结成同盟并在它的领导下，才能促进革命，推动历史发展。

1848年1月，恩格斯在《1847年的运动》一文中，分析了农民和资产阶级的同盟关系，以及农民同无产阶级的同盟关系。恩格斯指出：农民现在对资产者仍将扮演他们长期对小市民所扮演的角色。"他们将仍然是供资产者剥削的工具，替他们打仗，给他们纺纱织布，为他们补充无产阶级的队伍。那末农民还要作什么呢？农民和资产者一样是私有者，现在几乎在各方面都同资产者有共同的利益。他们所能实行的一切政治措施给资产者带来的利益比给他们自己带来的利益要多。但是和资产者比较起来，农民是软弱的，因为资产者富裕得多，并且手里掌握着当代一切政权的杠杆——工业。农民跟随资产者还可以得到许多东西，要是反对资产者，便什么也得不到。"[①] 但是，恩格斯又明确地指出："毫无疑问，总有一天贫困破产的农民会和无产阶级联合起来，到那时无产阶级会发展到更高的阶段，向资产阶级宣战"[②]。这不仅明确表达了工农联盟的思想，而且把这种联盟的形成视为无产阶级在政治上成熟的标志和反对资产阶级斗争所必需的基本力量。

---

① 《马克思恩格斯全集》第4卷，人民出版社1958年第1版，第510—511页。
② 同上。

1848年3月，马克思恩格斯起草了《共产党在德国的要求》一文。这是《共产党宣言》中的一般原理运用到德国特殊情况的第一个范例。马克思和恩格斯在《要求》中提出了无产阶级民主革命的土地纲领。

《要求》指出：无偿地废除徭役租、代役租、什一税和其他义务；王家的领地和其他封建地产、一切矿山、矿井等归国家所有。还要求在国有化的土地上今后用最新的科学方法大规模地经营农业，以利于全社会。《要求》中不仅规定要彻底肃清封建主义的一切残余，而且规定要限制农民——小私有者和小租佃者的资本主义剥削。农民的抵押地宣布为民主国家所有。这些抵押地的利息转而缴纳给国家；地租和租金也缴纳给国家。

在《要求》中，马克思恩格斯把无产阶级及其同盟者——小资产阶级和小农看作能够在斗争中实现《要求》的社会力量。

马克思恩格斯不仅在《共产党在德国的要求》中，规定了许多维护农民利益的条文，而且还在《新莱茵报》上刊登了一系列关于土地问题和消灭农村封建关系的政论文章，指出资产阶级由于害怕废除封建所有制会使资产阶级所有制也受到损害，因而背叛了"自己的天然同盟者"——农民。因此，要求工人组织和民主派组织加强与农民的联系，并吸收农民参加反对德国的封建残余势力的斗争。并认为这是扩大和巩固民主阵线的一个具有决定意义的条件，是无产阶级领导权的主要内容。

《新莱茵报》还特别指出，无产阶级和小农在为实现乡村的民主关系而斗争中，彼此利益是一致的，它将竭力把全体农民争取到革命斗争中来。

马克思主义创始人认为扩大和巩固民主阵线的一个最主要的条件，就是吸引广大农民群众参加反对德国的封建残余的革命斗争。马克思和恩格斯揭露了普鲁士资产阶级叛变农民的政策，号召农民起来为立即彻底地和无偿地废除一切封建义务而斗争。马克思和恩格斯作为最彻底的革命阶级即无产阶级的代表，热情支持农民的革命的反封建运动，认为他们是德国资产阶级民主革命的主要动力之一。

1848年10月，恩格斯在《从巴黎到伯尔尼》的旅途随笔中，以鲜明生动的笔调，描写了法国农民和他们在革命中的作用。恩格斯在指出法国农民对1848年革命持否定态度而同情路易·波拿巴时，说明这种情况是由法国资产阶级造成的，因为它迷惑性地利用农民的私有天性，加上资产阶级临时政府的税收政策损害了农民的利益，从而使农民脱离了革命。

二

19世纪30—40年代，资本主义迅速地发展，资产阶级和无产阶级的矛盾加剧，西欧工人运动开始进入一个新的、独立的政治运动。从19世纪30年代起，英法等国的无产阶级开始形成独立的政治运动，其中著名的有：1831年和1834年法国里昂的纺织工人起义，1836—1844年和以后数年间的英国宪章运动，1844年德国西里西亚纺织工人的起义，1848年的法国巴黎工人六月起义，1848年的维也纳和柏林的三月起义，等等。无产阶级运动的发展，迫切需要有科学的理论做指导，于是在19世纪40年代便产生了马克思主义。全世界无产阶级的革命导师马克思、恩格斯在总结当时工人运动的经验的基础上，进行了深入的科学研究，创立了马克思主义完整的科学体系，从而进一步地指导和推进工人运动。作为马克思主义理论体系重要组成部分的农民问题理论，也是在工人运动不断的实践中，马克思恩格斯不断总结、提高，使之发展和完备起来的。

1850年3月，马克思恩格斯起草了《中央委员会告共产主义者同盟书》。在这个文件中，他们分析了德国革命失败后的形势，总结了革命的经验教训，指出今后革命斗争的战略与策略。《同盟书》还涉及无产阶级在土地问题上的一系列策略问题。马克思恩格斯发展了他们在《共产党在德国的要求》中阐明的原理，他们指出，在资产阶级民主革命胜利以后，工人应当把没收的封建地产变为国家财产，不应像小资产阶级民主派打算的那样，把它们分给农民。应当利用这些土地建立一些由联合起来的农业无产阶级经营的大规模农场。马克思恩格斯认为，这种措施能加强工人同农村中最穷苦的、最受剥削的阶层的联系，这对向社会主义革命的转变是非常重要的。农民中的其他阶层将会实际看到按集体原则建立大规模农业的优越性。

马克思恩格斯还指出，只有不断革命才能使德国农民解脱农业中资产阶级关系建立后出现的后果——一贫如洗和债台高筑。因此，德国农民为了避免法国农民兄弟的命运，客观上也要求他们关心无产阶级的革命胜利。另外，工人阶级也需要在农村中有一些据点，其中包括马克思恩格斯提到的在过去地主的土地上建立的大规模的集体农场。

1850年夏，恩格斯写了《德国农民战争》一书。他透彻地阐释了1525年至1848年间的历次革命所留下的这样一个教训：工人和农民在反对封建主义和资本主义的斗争中必须联合起来，才能推动历史向前发展，从而证明工农联盟在革命斗争中的决定作用。《新莱茵报》在1848—1849年间已经论证过了：农民是被资产阶级出卖的，农民们在客观上没有能力执行一项独立的民族政策，而是或多或少地要走上小资产阶级民主派的政治航道，认识到农民只有和无产阶级结成联盟才能从封建压迫和资本主义压迫下解放出来，这对于制定工人政党的政策来说，具有非常重要意义。

1851 年 1 月至 3 月，马克思发表了《1848 年至 1850 年的法兰西阶级斗争》一文，是总结法国革命斗争经验的最重要的著作之一。

马克思认为，虽然起义者失败了，接着又遭到残酷的镇压，但这次起义最重要的、积极的后果，是法国无产阶级摆脱了幻想。失败向工人阶级揭示出一个真理：希望在资产阶级共和国范围内免受剥削只是一种空想。马克思在六月起义失败后提出了"一个大胆的革命战斗口号……就是：推翻资产阶级！工人阶级专政！"①

马克思在《1848 年至 1850 年的法兰西阶级斗争》中，从历史论证上解决了无产阶级在革命中的同盟军问题。在 1848—1849 年革命前夕和革命期间，他通过各种形式提出工人阶级必须把劳动人民中非无产阶级阶层吸引到自己方面来的思想。革命年代的经验教训使他把这一思想变成了一条经过全面阐述的和明确表述的原理。这一原理已经成了马克思主义关于无产阶级革命、关于无产阶级革命斗争的战略和策略的学说的一部分。马克思认为，法国工人阶级六月起义的失败，除了无产阶级本身的幼稚以外，主要原因是农民和城市小资产阶级没有支持工人。但是，马克思坚信，这些阶层的这种立场是暂时现象并且违背他们本身的真正利益的。随着阶级斗争的发展，"农民、小资产者、社会的一般中等阶层如何逐渐站到了无产阶级方面，如何逐渐跟正式共和国处于公开敌对地位，以及他们被这个共和国当作敌人来对待。"②

---

① 《马克思恩格斯选集》第 1 卷，人民出版社 1972 年第 1 版，第 417 页。
② 同上书，第 477 页。

马克思还指出，促进农民和工人接近的原因是，农民和工人阶级所承受的残酷剥削，都是来自同一个资产阶级。只有推翻资本主义剥削制度，建立无产阶级的政府，农民才能结束他们在经济上的贫困和社会地位的低下。这样，马克思根据法国革命的经验做出极其重要的理论结论和政治结论：在反对资本主义的斗争中，如果大量的农民和小资产阶级不同无产阶级联合起来，并把无产阶级看作是自己的先进战士，无产阶级就不能推翻资本主义制度。

1851年夏，马克思在《寄语人民》杂志上发表了《1848年11月4日通过的法兰西共和国宪法》一文。这篇文章在不少方面补充了他在《法兰西阶级斗争》中对该宪法的评述。马克思打破了那种认为在资本主义制度下只要发展生产和消费合作社就能消除无产阶级的社会灾难的幻想，并指出只有在工人阶级掌握了政权，合作社才能成为社会改革的工具。

1851年12月至1852年3月，马克思写了《路易·波拿巴的雾月十八日》，进一步分析了法国1848—1851年的革命。马克思在该文中，非常注意法国社会中人数最多的阶级即农民的状况，以及他们对革命和波拿巴政变的态度。马克思指出，农民投了路易·波拿巴的票，是由于他们政治上落后和闭塞，脱离城市的文化生活和政治生活。第二共和国的资产阶级政府用苛捐杂税使农民厌弃革命而支持波拿巴。他们支持波拿巴是因为这些眷恋自己小块土地的农民私有者把拿破仑王朝的代表当作自己的传统的庇护者。"历史传统在法国农民中间造成了一种迷信，以为一个名叫拿破仑的人将会把一切失去的福利送还他们。"[1]

马克思揭示了农民的两重性，同时强调指出，在他们世界观中也相应地具有革命和保守这两种倾向。农民力图保存和巩固小

---

[1] 《马克思恩格斯选集》第1卷，人民出版社1972年第1版，第694页。

块土地以及由它产生的传统的生存条件；另一方面，农民又竭力想摆脱这些条件。马克思指出，波拿巴正好从农民的保守的愿望中给自己找到了一个暂时的支柱。"波拿巴王朝所代表的不是农民的开化，而是农民的迷信；不是农民的理智，而是农民的偏见；不是农民的未来，而是农民的过去……"①

马克思还指出，小农经济必然破产，高利贷资本家的盘剥必然使农民摆脱"拿破仑观念"的腐蚀。如果说偏见使农民支持了波拿巴王朝，那么，理智，对自身利益的认识必然会使农民同工人阶级采取一致的行动。"一句话，农民的利益已不象拿破仑统治时期那样和资产阶级的利益、和资本相协调，而是和它们不可调和地相对立了。因此，农民就把负有推翻资产阶级制度使命的城市无产阶级看做自己的天然同盟者和领导者。"② 于是，无产阶级革命在一切农民国家中就可能获得胜利。

这样，马克思在这部著作中对在无产阶级领导下工农联盟的原理作了更全面的论述。四年以后，马克思结合德国革命斗争前景，又进一步发挥了工农联盟的思想。1856 年 4 月 13 日，马克思给恩格斯的信中写道："德国的全部问题将取决于是否有可能由某种再版的农民战争来支持无产阶级革命。如果那样就太好了。"③

1864 年，马克思在起草第一国际宣言时，对资本主义条件下合作社的性质与作用作了科学的分析。他说：合作制的成就证明了工人在没有资本家参加的条件下完全能够组织生产。但是在资本主义社会中，合作制不能显著地改善工人阶级的状况。要解

---

① 《马克思恩格斯选集》第 1 卷，人民出版社 1972 年第 1 版，第 694 页。
② 同上书，第 697 页。
③ 《马克思恩格斯选集》第 4 卷，人民出版社 1972 年第 1 版，第 334 页。

放劳动群众，合作劳动必须在全国范围内发展，因而也必须依靠全国的财力。这是土地巨头和资本家巨头所反对的。他们"总是要利用他们的政治特权来维护和永久保持他们的经济垄断的"。于是，马克思引导工人们得出这样结论，"夺取政权已成为工人阶级的伟大使命"①。

1869年7月6日，在第一国际总委员会上讨论土地问题时，有人在论述土地国有化的思想时，为了反对地主的篡夺，援引农民的"天然权利"，马克思当即批驳了这种做法。指出这是唯心主义的概念，是小资产阶级社会主义的典型说教。他指出，工人阶级的土地纲领不应该以抽象的"天然权利"为依据，而应该考虑到社会发展的现实过程，这个过程使农民变成名义上的所有者，使他们只有一条摆脱贫困和破产的道路，这就是：以合作劳动为基础，以大规模的社会生产（工业和农业生产）为基础，对社会进行社会主义改造。

对待农民的态度问题同日内瓦会议上巴枯宁分子建议关于废除继承权问题，有着密切的关系。在1869年7月20日总委员会上，马克思批判地分析了巴枯宁派所谓废除继承权是社会革命的起点的主张。他向与会者解释说，继承法同所有一般法规一样，不是社会制度的原因，而是社会制度的结果。无产阶级的任务首先是消灭构成资本主义社会经济基础的生产资料私有制，而不仅仅是消灭它的法律的上层建筑。马克思说："建议并不是新的。圣西门在1830年就提出过了"，"作为一种经济措施，这不会带来什么好处。这会激起一种忿怒，这种忿怒一定会遇到几乎不能遏止的反抗，而这种反抗必然会导致反动。这一要求即使在革命的时刻被宣布，一般的觉悟水平也未必能保证支持它。从另一方

---

① 《马克思恩格斯选集》第2卷，人民出版社1972年第1版，第133、134页。

面来说，如果工人阶级拥有足够的权力来废除继承权，那它也就足够坚强有力来实行剥夺了，因为剥夺会是一种简单得多和有效得多的措施。"① 因此，我们的努力应该是使任何生产工具都不再成为私人财产，一切生产资料都应该公有化，以便保证每个人都既能有权利，又可能来使用自己的劳动力。如果我们达到这种情况，继承权也就不需要了。但在此以前，家属继承权还不可能废除。人们为自己的子女储蓄，他们主要目的就是要保证子女有生活资料。如果子女的生活在双亲死后能够得到保障，那双亲就不会再去操心给子女留下生活所需的资料了；然而现在还没有那种条件，废除继承权只会引起困难，只会惊动和吓坏人们，而不会带来任何好处。所以，废除继承权不是社会革命的开始，起点应该是为生产资料的公有化创造条件。

马克思还指出，巴枯宁的主张在理论上是站不住脚的，同时从无产阶级的策略任务来看，这种主张是危险的，正当国际提出团结农民问题时，巴枯宁却提出了一个宗派主义的口号。这口号只能把农民推开，把他们投入工人阶级的敌人怀抱。马克思向拉法格阐明了同巴枯宁在这一革命策略的重大问题上的争论实质时指出："宣布废除继承权就不是一个严肃的举动，而是一种愚蠢的威胁，这种威胁会使全体农民和整个小资产阶级团结在反动派周围。……是多么愚蠢的行为！"②

1870年2月初，恩格斯为《德国农民战争》一书第二版写了《序言》。恩格斯写道：在资本主义制度下，把农民看作是统一的群众是错误的。他强调指出，农民有不同的阶层，必须考虑各阶层的特点，以利于同农村大多数劳动者建立巩固的联盟，反

---

① 《马克思恩格斯全集》第16卷，人民出版社1964年第1版，第651页。
② 《马克思恩格斯选集》第4卷，人民出版社1972年第1版，第384页。

抗农村中的富裕的资本主义成分。恩格斯还强调指出，唤起农业工人"这个阶级并吸引它参加运动，是德国工人运动首要的最迫切的任务"①。

1871年3月18日，法国巴黎的无产阶级进行了世界历史上第一次无产阶级革命的英勇尝试，它是无产阶级推翻资产阶级统治、建立无产阶级专政的第一次演习。尽管巴黎公社经过72天轰轰烈烈的斗争后失败了，但是公社获得的成就却预示了全世界无产阶级革命事业的必然胜利。英雄的3月18日的运动是把人类从阶级社会中永远解放出来的社会革命的曙光。

巴黎公社失败的重要原因之一，是没有正确地认识工农联盟对无产阶级革命的重要意义，没有得到广大农民的支持。在巴黎公社革命中，马克思建议公社首先保证取得外省的支持，从而使巴黎摆脱致命的孤立状态。马克思实质上已经向公社社员提出了在无产阶级革命中无产阶级的同盟军问题。马克思从一开始就认为，必须把法国农民吸引到无产阶级革命方面来。为此，必须消除对小农的偏见，向他们解释并通过实践表明，只有无产阶级的革命胜利，才能保证农民的真正利益。后来，公社发表了《告农村劳动者书》。文中写道："同胞们，敌人在欺骗你。我们的利益是一而二，二而一的。我所要求的，也就是你所愿望的；我所争取的解放，也就是你的解放。……你和我一样，缺少自由、休息及智育和心灵的生活。你和我——我们大家还是穷苦的奴隶。……好好地记牢这点：巴黎希望，归根到底土地归农民，生产工具归工人，工作给所有的人……"因此，国民议会的"地主议员"们像害怕传染病一样地害怕工农间建立联系。巴黎被严密地封锁起来，寄出去的书报和信件都被检查或焚毁，公社只

---

① 《马克思恩格斯全集》第16卷，人民出版社1964年第1版，第454—455页。

能用氢气球向外散发宣言,因此很难得到农民的援助。正如马克思所说,"如果公社的巴黎同外省自由交往起来,那末不出三个月就会爆发普遍的农民起义"①。

1875年,马克思在《巴枯宁〈国家制度和无政府状态〉一书摘要》中,进一步批判了巴枯宁的机会主义观点,同时阐明了无产阶级对待农民的一些重要原理。马克思在阐明了关于工农联盟的原则时,不仅指出必须通过符合农民利益的有效措施来赢得农民群众对无产阶级国家的支持,而且进一步提出了关于劳动农民参加社会主义改造、关于实现从农民私有制变为公有制,从个体小经济转变为大集体经济的途径这样一些重要思想。马克思同时又强调指出,任何人为地加快这一过程的暴力或强制性的措施,都是不能容许的。马克思写道:无产阶级要"让农民自己通过经济的道路来实现这种过渡;但是不能采取得罪农民的措施,例如宣布废除继承权或废除农民的所有权";"尤其不能象巴枯宁的革命进军那样用简单地把大地产转交给农民以扩大小块土地的办法来巩固小块土地所有制"②。

在对待农民的政策上应该采取灵活的办法,应该考虑各国农村人口的社会组成的特点、他们的传统和习惯,只有在租佃资本家撵走了农民,而真正的农民变为无产者的地方,才能加快实现向社会主义所有制的过渡。但是在农民小块土地占优势的地方,在这个问题上如果操之过急,只会败事有余。这与巴枯宁提出的实际上是更加扩大小块土地的措施一样,是不适宜的。

马克思还指出,无产阶级要想有任何胜利的可能,就应该为农民做很多的事情,至少要像法国资产阶级在自己革命时为当时

---

① 马克思:《法兰西内战》,人民出版社1972年版,第62页。
② 《马克思恩格斯全集》第18卷,人民出版社1964年第1版,第695页。

法国农民所做的事情那样多。

1875年,在《哥达纲领批判》中,马克思坚决谴责拉萨尔及其信徒所谓对工人阶级说来,其他一切阶级"只是反动的一帮"的观点,捍卫了工农联盟的思想。马克思指出,这种提法否定了工人阶级同农民的联盟。拉萨尔只字不提对大地主所有者的斗争,绝非偶然,不过是为了粉饰他同容克地主和普鲁士君主结成反对资产阶级的联盟。

三

1894年,恩格斯发表了《法德农民问题》一文。这是马克思主义关于农民问题方面的最重要文献。恩格斯为了批判法德两党在土地和农民问题上的机会主义错误,同时总结马克思和他两人在50年理论研究和实践工作中的经验,并且考虑到在向帝国主义过渡时期农业中的新情况和新问题,恩格斯在文章中全面系统地阐述了建立工农联盟的重大意义,小农经济分化和破产的必然性,无产阶级政党在农村的阶级路线,以及第一次系统地阐述了农业集体化理论和政策等有关农民问题上的马克思主义理论和政策的一系列基本原则。《法德农民问题》的发表,进一步发展与完善了马克思主义关于农民问题的理论。

19世纪80—90年代,资本主义在欧美一些国家有了进一步发展,并开始进入一个新的历史时期。列宁指出:这一时期"马克思学说获得了完全的胜利并且广泛传播开来。聚集和团结无产阶级的力量、准备无产阶级去作未来的战斗的过程,慢慢地、但是一往直前地进展着。"①

---

① 《列宁全集》第18卷,人民出版社1959年第1版,第582—583页。

无产阶级为了未来革命胜利，不仅团结、积聚本阶级的力量，而且要善于团结广大劳动农民群众，建立巩固联盟，这是无产阶级革命能否取得胜利的关键问题。因此，正确认识和处理农民问题，是摆在无产阶级政党面前一个极为重要的问题，第二国际各国党，一向对农民问题持冷淡态度。他们沉醉于合法的议会斗争，很少注意农民问题。19世纪90年代，由于资本主义的发展，农村中两极分化极为严重。大批农民破产，成了无产者和半无产者，未破产的广大小农民和中农，处境十分悲惨。他们呻吟于高利贷、高额赋税的压榨下，不满情绪日益增长。同时，由于第二国际各国党，尤其是德法两党在合法斗争中取得了一些成就，因而开始讨论和制定土地纲领，以便把农民争取到自己方面来。如何争取农民和解决农民土地这一重要原则问题上，他们都犯有右倾机会主义的错误。法国工人党1892年的马赛代表大会和1894年的南特代表大会，德国社会民主党1894年的法兰克福代表大会，都讨论了农民问题，分别制定了同属机会主义性质的土地纲领。法国工人党为了争取更多选票，竟在纲领中提出了"保护"私有制的主张，以取悦于农民，甚至连资本主义经营方式的农场主也被列为"保护"对象。在德国法兰克福代表大会上，机会主义首领福尔马尔就土地纲领问题作的报告中，他引述了法国工人党南特纲领，并造谣说这个纲领是得到恩格斯的赞同和支持的。在报告中，他提出一系列"拯救"农民免于资本主义分化的措施，其中提出汲取整个农民（包括富农在内）到自己方面来的机会主义纲领。

鉴于法德两党在农民问题上的机会主义纲领和福尔马尔的无耻捏造，恩格斯表示了极大的愤怒，首先公开声明，他不仅没有同意南特的土地纲领，相反在原则上是反对的。恩格斯还明确指出福尔马尔的土地政策是极其错误的，并要求倍倍尔在组织上和福尔马尔一刀两断。他说：福尔马尔的土地政策是"甚至比小资产者的政策还右的农民政策"①。又说："除非我们放弃一切原则，否则是不能同意这一点的。我们要把阿尔卑斯的农民以及下萨克森和什列斯维希—霍尔施坦的大农争取过来，只有把雇农和短工出卖给他们，而这样做，我们在政治上就会得不偿失。"②

恩格斯在《法德农民问题》一文中，首先论述了无产阶级在争取建立无产阶级专政的斗争中，必须争取和吸收广大农民群众到自己方面来，建立巩固的工农联盟。为此，首先要解决正确地认识农民群众在现代生产和政治斗争中的重要作用，以及采取马克思主义的政策原则。

在社会生产中，从事农业生产的人无论在过去和现代的社会生产中，都占有重要部分。在现代资本主义生产中，恩格斯说："农民到处都是人口、生产和政治力量的非常重要的因素。"③这种农民的特点是，自己占有生产资料，靠自己及其家属劳动，不剥削他人。在发达的商品货币经济和资本主义大生产竞争排挤下，两极分化在剧烈地进行着。绝大部分逐渐丧失了自己的生产资料，沦为一无所有的无产者，加入产业大军；极少数人变为资本主义农业资本家。所以，恩格斯指出："我们的小农，正如任何过了时的生产方式的残余一样，在不可挽回地走向灭亡。他是未来的无产者。"④

因此，小农是无产阶级政党建立工农联盟的依靠"重心"，是无产阶级的可靠同盟军，必须与他们建立巩固的工农联盟。这部分农民，作为劳动者，未来的无产者，"他本来应当乐意倾听

---

① 《马克思恩格斯选集》第4卷，人民出版社1972年第1版，第512页。
② 同上书，第511页。
③ 同上书，第295页。
④ 同上书，第299页。

社会主义的宣传。但是他那根深蒂固的私有观念，暂时还阻碍他这样做。他为了保持他那一小块危机四伏的土地而进行的斗争愈加艰苦，他便愈加顽固地拼命抓住这一小块土地不放，他便愈加倾向于把那些对他说应将土地所有权转交整个社会掌握的社会民主党人看做如同高利贷者和律师一样危险的敌人。"① 无产阶级政党为了把这部分农民争取到自己方面，一方面，必须坚决揭露硬要跟农民做朋友的大地主和大资产阶级那副掩盖在羊皮下边的豺狼面孔，使小农从承认他们是为自己利益奋斗的战士影响中解放出来，从而认识只有无产阶级才是他们利益的真正代表者，并为之而奋斗的最可靠的战士；另一方面，要彻底批判无产阶级政党内的机会主义错误，给小农指出解放的正确道路。恩格斯集中批判了法国党的南特纲领的结论部分的机会主义错误，阐明了自己的马克思主义的观点。

其次，恩格斯还阐明无产阶级夺取政权以后，还要进一步把农民吸引到自己方面来，继续建立巩固的工农联盟，以及对广大农民采取的方针政策。

恩格斯指出，必须引导小农走合作化的道路，这是他们唯一得救的途径。

小农经济是一种小生产经济，无论在资本主义制度下，还是在社会主义制度下，它都是一种落后的经济形式，是一种旧的生产方式的残余，因此，在现代大生产中，必然要趋于灭亡。这是历史的必然。马克思主义者永远也不允许答应保存小农。恩格斯指出："资本主义生产形式的发展，割断了农业小生产的命脉；这种小生产正在不可抑制地灭亡和衰落。"②"资本主义的发展必

---

① 《马克思恩格斯选集》第 4 卷，人民出版社 1972 年第 1 版，第 299 页。
② 同上书，第 296 页。

然导致小农土地所有制的消灭。我们党对这一点是十分清楚的，但是它根本没有任何理由以自己的干预来格外加快这个过程。因此对于正确采取的旨在使小农在其必然灭亡的过程中少受折磨的措施，在原则上是丝毫不能反对的；但是如果再走远一些，如果希望永远保存小农，那末，在我看来，就是力求达到经济上不可能实现的东西，就是牺牲原则，成为反动了。"① 因此，"我们的法国朋友在想要不仅永远保存小农私有者，而且永远保存剥削别人劳动的小佃农方面将是孤立的"②。

小农要免于灭亡，挽救和保全自己的房屋和土地，唯一是变他们私人生产和私人占有为合作社生产和占有，变小生产为大生产。恩格斯以丹麦社会党所指出的，"应当把自己的土地结合为一个大田庄，共同出力耕种，并按入股土地、预付资金和所出劳力的比例分配收入"为例，说明如果把这思想运用于小块土地经营方面，可以节约劳动和提高生产的优越性。所以，恩格斯说："这里主要的任务是使农民明白地看到，我们要挽救和保全他们的房屋和土地，只有把它们变为合作社的占有和合作社的生产才能做到。正是以个人占有为条件的个体经济，使农民走向灭亡。如果他们要坚持自己的个体经济，那末他们就必然要丧失房屋和家园，大规模的资本主义经济将排挤掉他们陈旧的生产方式。情况就是如此。现在我们来让农民有可能不是为了资本家的利益，而是为了他们自己的共同利益自己进行大规模经营。难道不能使农民明白地看到，这是为了他们自己的利益，这是他们唯一得救的途径吗？"③

---

① 《马克思恩格斯选集》第4卷，人民出版社1972年第1版，第293页。
② 同上书，第293—294页。
③ 同上书，第311页。

小农走合作化道路，只能采取自愿的原则，不能搞强力或剥夺的办法。剥夺剥削者，不能剥夺劳动者，这是马克思主义的基本原则。在资本主义发展初期，剥夺小生产者是通过一系列暴力的手段，迫使农民与土地相分离，用马克思的话说："是以最无情的凡达尔主义，在最可耻最丑恶最卑劣最可厌的激情冲动下进行"①。这是剥削者剥夺生产者，少数人剥夺多数人的过程。马克思主义者认为，随着资本主义的发展，生产资料的集中和劳动的社会化，达到了同它们的资本主义外壳不能相容的地步，这种外壳就会被炸开，资本主义私有制的丧钟就敲响了。"剥夺者被剥夺。""这是人民大众剥夺少数掠夺者。"无产阶级政党对于广大劳动者，对自己可靠的同盟军，不能采用暴力的剥夺的手段（不管有无报酬），哪怕是任何微小的剥夺，都是犯罪的行为，都会葬送我们的事业，只能采取自愿和示范的办法，逐步吸收小农走上合作化的道路。

对任何一种新生事物，人们认识它总有一个过程。尤其是农民，他们最注重现实，是现实主义者。在他还没有认识到必须过渡到合作社生产和占有时，无产阶级政党必须善于等待和积极做工作，切勿操之过急。恩格斯说："我们则坚决站在小农方面；我们将竭力设法使他们的命运较为过得去一些，如果他们下决心的话，就使他们易于过渡到合作社，如果他们还不能下决心，那就甚至给他们一些时间，让他们在自己的小块土地上考虑考虑这个问题。我们所以要这样做，不仅是因为我们认为自食其力的小农可能来补充我们的队伍，而且也是为了党的直接利益。被我们挽救而没有真正转变为无产者，还在农民地位时就被我们吸收到自己方面来的农民人数愈多，社会变革的实现也就会愈迅速和愈

---

① 《资本论》第 1 卷，人民出版社 1963 年版，第 840—841 页。

容易。我们无须等到资本主义生产发展的后果到处都以极端形式表现出来的时候，等到最后一个小手工业者和最后一个小农都变成资本主义大生产的牺牲品的时候，才来实现这个变革。"①

小农实现合作化，无产阶级国家必须给予各方面的社会帮助。任何一种制度，都是在一定阶级的支持下才会产生的。资本主义制度产生得到资产阶级国家各方面的支持，尤其是财政上的支持。无产阶级专政条件下的合作社经济的产生，更是这样。无产阶级国家必须在经济、财政、银行方面，在人力、物力、组织等方面，给予种种优先支持。恩格斯说：必须"通过示范和为此提供社会帮助"的办法，支持合作社。"可能我们那时将有能力给这些合作社提供更多的便利：由国家银行接受它们的一切抵押债务并将利率大大减低；从社会资金中抽拨贷款来建立大规模生产（贷款不一定或者不只是限于金钱，而且可以是必需的产品：机器、人工肥料等）及其他各种便利。"② 又说："我们在这方面为了农民的利益而必须牺牲一些社会资金，这从资本主义经济的观点看来好象是白费金钱，然而这却是善于投资，因为这种物质牺牲可能使花在整个社会改造上的费用节省十分之九。因此，在这个意义上说来，我们可以很慷慨地对待农民。"③

恩格斯指出，维护雇佣工人的利益，建议中农和大农联合为合作社。恩格斯在分析中农住在小块土地农民中间的地方时指出：他们"在利益和观点上是跟小块土地农民没有什么本质区别的；他本身的经验应该告诉他，有多少象他这样的人已经下降为小农了。但是，在中农和大农占优势而农业经营又到处都需用

---

① 《马克思恩格斯选集》第4卷，人民出版社1972年第1版，第311—312页。
② 同上。
③ 同上书，第312、313页。

男女长工的地方，情形就完全不同了。工人政党当然应该首先维护雇佣工人，即维护男女长工和短工的利益；仅仅由于这一点，工人政党就不能向农民做出任何包括有让工人雇佣奴隶制继续存在的诺言。但是只要还存在真正的大农和中农，他们就非用雇佣工人不可。如果我们支持小块土地农民想长期作为小块土地农民存在的希望是荒谬的话，那末向大农和中农做这样的许诺就几乎是背叛了。"①

另一方面，"我们确切地知道如下一个经济上的真理，即由于资本主义经济的竞争和海外廉价的粮食生产，无论大农和中农都同样不可避免地要走向灭亡，这是日益增加的债务和他们的经济到处显著衰落所证明了的。对于这种衰落我们根本没有办法阻止，这里我们也只能建议把各个农户联合为合作社，以便在这种合作社内愈来愈多地消除对雇佣劳动的剥削，并把这些合作社逐渐变成全国大生产合作社的拥有同等权利和义务的组成部分。如果这些农民懂得他们现在的生产方式必然要灭亡并且从中作出必要的结论，他们就要到我们这里来，而我们的职责就是要尽力使他们也易于过渡到新的生产方式。"这种过渡是否要采取暴力的剥夺的办法，恩格斯也指出："大概我们在这里也将拒绝实行暴力的剥夺，不过我们可以指望，经济发展将使这些顽固脑袋也学到乖的。"②

恩格斯还指出：坚决剥夺大土地所有者。大土地所有者是人数极少的，完全靠剥削的腐朽的反动阶级。"我们的党一掌握了国家权力，就应该干脆地剥夺大土地占有者，就象剥夺工厂主一样。"至于这一剥夺是否要用赎买的办法来实行，恩格斯指出：

---

① 《马克思恩格斯选集》第4卷，人民出版社1972年第1版，第312、313页。
② 同上书，第314页。

"这大半不是取决于我们，而是取决于我们取得政权时的情况，尤其是取决于大土地占有者老爷们自己的行为。我们决不认为，赎买在任何情况下都是不容许的；马克思曾向我讲过（并且讲过好多次！）他的意见：假如我们能用赎买摆脱这整个匪帮，那对于我们是最便宜不过的事情了。"①

从大土地占有者手中剥夺过来的土地，如何处置呢？恩格斯说："我们将把这样归还给社会的大地产，在社会监督下，转交给现在就已耕种着这些土地并将组织成合作社的农业工人使用。"这样建立起来的公有农场，不仅改变了资本主义所有制的性质，而且将成为农业合作社的范例，起到榜样的作用。这"将使最后一些可能仍在反抗着的小块土地农民看到合作的大规模农场的优越性，而且也许会使某些大农看到这些优越性"②。从而自觉地走上农业合作化道路。

（原载《马克思主义研究》1983 年第 2 期）

---

① 《马克思恩格斯选集》第 4 卷，人民出版社 1972 年第 1 版，第 314—315 页。
② 同上。

马克思恩格斯论土地问题

土地问题是马克思主义农民问题中的一个极为重要的问题。科学的土地纲领是无产阶级民主革命和社会主义革命能否胜利的一个关键问题。因此,土地问题,历来是马克思主义同机会主义斗争的一个焦点。马克思恩格斯在他们的著作中,对土地问题有着较为全面、系统的论述。认真学习这一理论,仍有重大的现实意义。

马克思主义认为,小土地私有制是一种落后的经济形式,是一种旧的生产方式的残余,是广大农民的贫困的根源,因此,在现代大生产中,必然要趋于灭亡。这是历史的必然。马克思主义者永远不能允许答应保存小土地私有者。恩格斯明确指出:"资本主义生产形式的发展,割断了农业小生产的命脉,这种小生产正在不可抑制地灭亡和衰落。""资本主义的发展必然导致小农土地所有制的消灭。我们党对这一点是十分清楚的,但是它根本没有任何理由以自己的干预来格外加快这个过程。因此对于正确采取的旨在使小农在其必然灭亡的过程中少受折磨的措施,在原则上是丝毫不能反对的;但是如果再走远一些,如果希望永远保存小农,那末,在我看来,就是力求达到经济上不可能实现的东西,就是牺牲原则,成为反动了。"①

那么,究竟应当如何对待小农,对待土地问题,马克思恩格斯作了很多科学的论述。

一 发达的资本主义国家,无产阶级夺取政权后,必须实行土地国有化

马克思在研究发达的资本主义国家经济时指出:必须实行土地国有化政策。

首先,土地国有化是一种社会的必然。马克思指出:"资本主义农场主在农业中采用集体的和有组织的劳动,并使用机器和其他发明,——将使土地国有化愈来愈成为一种'社会必然性',拒绝这种必然性是任何拥护所有者的言论都是无能为力的,社会的迫切需要必须而且一定会得到满足,社会必然性所要求的变化一定会给自己开辟道路,并且迟早总会使立法适应这些变化。"②

资本主义发展所取得的科学知识,先进的耕作技术等,只有在大规模耕作土地时才能有效地加以利用。从经济观点来看,大规模耕种土地,比在小块的和分散的土地上经营优越得多,那么全国规模地经营农业,一定会给生产力发展以更大的推动。

总之,马克思说:"一方面居民的需要不断增长,另一方面农产品价格不断上涨,这都是不容争辩地证明,土地国有化已成

---

① 《马克思恩格斯选集》第4卷,人民出版社1972年第1版,第296、293页。
② 《马克思恩格斯全集》第18卷,人民出版社1964年第1版,第65页。

为一种社会必然性。"①

马克思还指出,法国农民所有制是使农民陷于一种极其不幸的境地。他说:"法国的农民所有制,比英国的大地主所有制离土地国有化要远得多。"法国农民所有制"使土地分成许多小块,由资金很少、而且主要依靠自己劳动和自己家属劳动的人来耕作。土地所有制的这种形式以及由此造成的把土地分成小块耕作的方式,排斥了采用现代农业改良措施的任何可能性,同时还把耕作者本身变成任何社会进步尤其是土地国有化的最坚决的反对者。他被束缚在土地上,为了获得相当少的一点收入,他必须把他的全部精力投在土地上,他不得不把大部分产品以赋税的形式交给国家……他对于自己小天地之外的社会运动无知,……于是法国农民就陷入了同产业工人阶级相对立的极其不幸的境地。"②

其次,资产阶级的国有化为新的占有者剥削农民提供新的方便。马克思指出:"在资产阶级掌握政权的情况下,实现土地国有化,并把土地分成小块出租给个人或工人协作社,只会造成他们之间的残酷竞争,引起地租的增长,从而给占有者提供了靠生产者为生的新的方便。"③

最后,只有无产阶级的国有化,才能最大限度地促进生产力的发展。马克思说:"我认为,社会运动将作出决定:土地只能是国家的财产。把土地交给联合起来的农业劳动者,就等于使社会仅仅听从一个生产者阶级的支配。"这种土地国有化"将使劳动和资本之间的关系彻底改变,归根到底将完全消灭工业和农业

---

① 《马克思恩格斯全集》第 18 卷,人民出版社 1964 年第 1 版,第 65—66 页。
② 同上书,第 66 页。
③ 同上。

中的资本主义生产方式。""总而言之,一切生产部门都将逐渐地用最合理的方式组织起来。生产资料的全国性的集中将成为自由平等的生产者的联合体所构成的社会的全国性基础,这些生产者将按照共同的合理的计划自觉地从事社会劳动。"①

二　小农占优势的国家,无产阶级夺取政权后,应该促进小土地私有制向集体所有制过渡

1874年,马克思针对巴枯宁"巩固小块土地所有制"的谬论,研究了小农占优势的国家,提出另外的土地纲领,即应该促进农民小土地私有制向集体所有制过渡。

马克思指出:"凡是农民作为土地私有者大批存在的地方,凡是像在西欧大陆各国那样农民甚至多少是占居多数的地方,凡是农民没有消失,没有像英国那样被雇农所代替的地方,社会发生下列情况:或者农民会阻碍或断送一切工人革命,就象法国到现在所发生的那样,或者无产阶级将以政府的身份采取措施,直接改善农民的状况,从而把他们吸收到革命方面来;这些措施,一开始就应当促进土地私有制向集体所有制的过渡,让农民自己通过经济的道路来实现这种过渡;但不能采取得罪农民的措施,例如宣布废除继承权或农民所有权;只有在租佃资本家排挤了农民,而真正的农民变成同城市工人一样的无产者、雇佣工人,因而直接地而不是间接地和城市工人有了共同利益的时候,才能废除继承权或废除农民所有制;尤其不能象巴枯宁的革命进军那样简单地把大地产转给农民以扩大小块土地的办法来巩固小块土地

---

① 《马克思恩格斯全集》第18卷,人民出版社1964年第1版,第694—695页。

所有制。"①

马克思这一思想，是他的土地国有化理论的重要补充和发展。从上述的论述中，我们可以看出：（1）在落后国家里，无产阶级取得政权以后，必须立即"促进土地私有制向集体所有制过渡"，不要等到农民两极分化或有了现代化农业机械之后，才引导农民走社会主义道路；（2）农民土地私有制向集体所有制的过渡，只能"让农民自己通过经济的道路"来实现，而不能靠别人恩赐的办法和强制的行政手段；（3）在促进这一过渡中，绝不能采取得罪农民的方针，不许剥夺农民，相反，"无产阶级要想有任何胜利的可能，就应当能够直接为农民做很多的事情，至少要象法国资产阶级在自己革命时为当时法国农民所作的事情那样多。"②

三　在俄国特殊历史条件下，无产阶级夺取政权后，应该促进农村公社土地公有制过渡到社会主义公有制

马克思在分析资本主义发展过程中指出：生产资料和劳动者相分离，对广大农民进行剥夺，首先在英国彻底完成了，其次，在西欧其他国家都在进行着相同的运动，即把一种私有制变成另一种私有制（即资本主义的私有制）。但这个"历史的必然性"并不包括当时的俄国。因为俄国"土地从来没有成为俄国农民的私有财产"③。

大家知道，西欧各国，在历史上也曾经有过各种类型的公社

---

① 《马克思恩格斯全集》第 18 卷，人民出版社 1964 年第 1 版，第 66、67、694—695 页。
② 同上书，第 695 页。
③ 《马克思恩格斯全集》第 19 卷，人民出版社 1963 年第 1 版，第 431 页。

所有制，但随着历史的发展，社会的进步，逐步解体而变为一种私有制。在俄国，由于各种情况的特殊的凑合，农村公社并未解体，在其发展的过程中，逐步摆脱其原始特征，并直接作为集体生产的因素在全国范围内发展起来。

俄国农村公社的特点是："耕地仍归公社所有，但定期在农业公社各社员之间进行重分，因此，每一个农民用自己的力量来耕种分配给他的田地，并且把生产得来的产品留给己有。"农村公社这个特点"能够成为它的强大生命力的源泉"①。

农村公社这种既有公有，又有私有，决定它或者包含的私有因素战胜集体所有制因素，或者是集体所有制因素战胜私有制因素，但决定性条件是"它所处的历史环境"。马克思说："二种结局都有可能的，但是，对于其中任何一种，显然都必须有完全不同的历史环境。"②

无产阶级夺取政权之后，根据俄国特殊的土地所有制结构，马克思指出：对农村公社不必破坏，而应当利用有利条件，采取"发展和改造"的方针，实现农业合作化。这种精辟的见解，（1）"土地公有制赋予它以集体占有的自然基础"，"土地公有制使它有可能直接地，逐步地把小土地个体耕作变为集体耕作，并且俄国农民已经在没有进行分配的草地上实行集体耕作。俄国土地的天然地势适合于大规模使用机器。"③（2）俄国"农民需要的是大规模组织起来的合作劳动"，而且"农民习惯于劳动组合关系，有助于他们从小土地经济向合作经济过渡。"④（3）它的历史环境，是资本主义生产和它同时存在，给它提供了大规模地

---

① 《马克思恩格斯全集》第19卷，人民出版社1963年第1版，第434页。
② 同上书，第435页。
③ 同上。
④ 同上。

进行共同劳动的现成的物质条件。因此，它"能够不通过资本主义制度的卡夫丁峡谷，而享用资本主义制度的一切肯定成果。它能够以应用机器的大规模的耕作来逐步代替小土地耕作，而俄国土地的天然地势又非常有利于机器的使用。因此，它能够成为现代社会所趋向的那种经济体系的直接出发点，不必自杀就能获得新的生命"①。

总之，农村公社的"这种发展是符合我们时代历史发展的方向"②。要挽救俄国公社，就必须有俄国革命。"如果革命在适当的时刻发生，如果它能把自己的一切力量集中起来以保证农村公社的自由发展，那末，农村公社就会很快地变为俄国社会复兴的因素，变为使俄国比其他还处在资本主义制度压迫上的国家优越的因素。"③

1882年，马克思恩格斯在为《共产党宣言》俄文版写的序言中，又进一步发挥了上述观点，指出："假如俄国革命将成为西方无产阶级革命的信号而双方互相补充的话，那末现今的俄国土地公共所有制便成为共产主义发展的起点。"④

四 在同一国度内，对不同的土地占有者，应采取区别对待的土地政策，使之过渡到社会主义公有制

恩格斯《法德农民问题》一文是对马克思主义土地问题的全面发展。恩格斯首先把农村阶级划分为农民（包括雇农、小

---

① 《马克思恩格斯全集》第19卷，人民出版社1963年第1版，第437页。
② 同上书，第439页。
③ 同上书，第441页。
④ 《马克思恩格斯选集》第1卷，人民出版社1972年第1版，人民出版社1972年第1版，第231页。

农、中农和大农)、资本主义农场主、大土地占有者。根据他们经济地位和政治态度的不同而采取不同的土地政策。

首先，对小农，恩格斯指出：让他们"把自己的土地结合为一个大田庄，共同出力生产，并按入股土地、预付资金和所出劳力的比例分配收入"，使"他们的私人生产和私人占有变为合作社的生产和占有，但不是采用暴力，而是通过示范和为此提供的社会帮助"①。随着经济的发展，"逐渐把农民合作社转变为更高级的形式，使整个合作社及其各个社员的权利和义务跟整个社会其他部分的权利和义务处于平等的地位"②。

其次，对中农和大农，"我们也只能建议把各佃农户联合为合作社，以便在这种合作社内愈来愈多地消除对雇佣劳动的剥削，并把这些合作社逐渐变成全国大生产合作社的拥有同等权利和义务的组成部分"。"我们在这里也将拒绝实行暴力的剥削"。③

再次，对资本主义农场，恩格斯指出："资本主义农场之转变为公有农场"④，应马上实行。

最后，对待大土地占有者，"我们党一掌握了国家权力，就应该干脆地剥夺大土地占有者，就象剥夺工厂主一样。这一剥夺是否要用赎买来实行，这大半不是取决于我们，而是取决于我们取得政权时的情况，尤其取决于大土地占有者老爷们自己的行为。"⑤

国家剥夺大土地占有者的土地为国家所有，然后将土地转交

---

① 《马克思恩格斯选集》第4卷，人民出版社1972年第1版，第310页。
② 同上书，第310页。
③ 同上书，第314页。
④ 同上书，第315页。
⑤ 同上书，第314页。

给（先租给）农民集体经营。恩格斯指出："我们一旦掌握政权，……把大地产转交给（先是租给）在国家领导下独立经营的合作社，这样国家仍然是土地所有者。"① 随后又指出："我们将把这样（指剥夺大土地占有者——引者注）归还给社会的大地产，在社会监督下，转交给现在就已耕种着这些土地并将组织成合作社的农业工人使用。"②

从上可见，马克思恩格斯不仅研究发达的资本主义国家的土地问题，而且研究资本主义不发达、小农占优势的国家的土地问题，还研究特殊情况的俄国农村公社的土地问题，从而提出了完整的土地问题的理论，为各国无产阶级如何处理土地问题，正确对待农民问题，提供了锐利的理论武器。各国马克思主义政党根据马克思恩格斯这一理论，结合本国具体实践，从而又丰富和发展了马克思主义土地问题的理论。在以毛泽东同志为代表的中国共产党人，创造性地运用和发展马克思主义土地问题的理论。在民主革命时期，在无产阶级领导下，各解放区，普遍实行土地改革，消灭封建土地所有制，实行"耕者有其田"的方针，从而把广大农民团结在自己的周围，推翻三座大山，建立了中华人民共和国。建国以后，我们党又趁热打铁，把农民组织起来，"促进土地私有制向集体所有制的过渡"。在建国不到六年的时间，胜利地完成了农业生产资料私有制的伟大的社会主义改造，这是科学社会主义在中国的新发展，是马克思列宁主义毛泽东思想的伟大胜利。在党的十一届三中全会以后，我们党的新的历史条件下，坚持了马克思主义土地问题的理论，在坚持土地生产资料公有制的前提下，实行了各种经营承包责任制，土地得到了充分的

---

① 《马克思恩格斯全集》第36卷，人民出版社1975年第1版，第416页。
② 《马克思恩格斯选集》第4卷，人民出版社1972年第1版，第315页。

利用，极大地调动了广大农民的社会主义积极性和创造性，农业生产力迅速发展，广大农村欣欣向荣、蒸蒸日上。总之，在马克思列宁主义毛泽东思想的指导下，我国广大农村已经开始走上了中国特色的社会主义道路。

（原载《江西社会科学》1984年第5期）

农民问题与我国农村改革

农民问题的理论是马克思主义的重要组成部分，是中国革命和社会主义建设中的一个极其重要问题。中国共产党70多年的历史反复证明，正确认识和处理好与农民的关系是无产阶级革命能否胜利、胜利后能否巩固，以及社会主义建设能否顺利发展的一个关键问题。在这个问题上，我们党有成功的经验，也有失败的沉痛教训。党的十一届三中全会以来，我们党和邓小平同志十分重视农业和农民问题。党的十一届三中全会认为："全党目前必须集中主要精力把农业尽快搞上去，因为农业这个国民经济的基础，这些年来受到了严重的破坏，目前就整个来说还十分薄弱。只有大力恢复和加快发展农业生产"，"逐步实现农业现代化，才能保证整个国民经济的迅速发展，才能不断提高全国人民的生活水平"。为此目的，党采取发展农业生产一系列政策和措施，并首先从农村实行改革，有力推动农业和整个国民经济的发展。在理论上，丰富和发展马克思列宁主义、毛泽东思想。农村改革的成功，使得我们长期焦虑的农业生产在较长时期持续蓬勃发展起来，显示了我国社会主义农村经济强大的生命力。农村经济改革已经完成了第一步，目前正按社会主义市场经济的要求，向着专业化、社会化和现代化的第二步改革的伟大目标迈进。

一 马克思主义农民问题与我国农业合作化的实践

合作制理论是无产阶级政党在社会主义革命和社会主义建设中,正确对待和处理与广大农民同盟军之间关系的理论。它是马克思主义经济理论和科学社会主义学说的一个重要问题。100多年来,马克思主义合作制理论在社会主义实践中,经历了曲折的道路,同时也获得了巨大的发展。

马克思和恩格斯在19世纪中叶和下半叶,随着资本主义的发展和阶级矛盾、阶级斗争的激烈展开,他们把农民问题提高到无产阶级革命能否取得胜利的关键位置。他们对无产阶级革命胜利后如何改造小农提出了系统的理论。第一,农民是无产阶级革命的天然同盟军,没有广大农民的支持,革命不可能取得胜利,胜利了也不可能巩固。第二,小农作为一种过时的落后的生产方式,在资本主义制度下走向灭亡是不可避免的,在革命胜利后,同样也是不可避免的。第三,小农要免于灭亡,挽救和保全自己的房屋和土地,唯一是变他们私人生产和私人占有为合作社生产和占有,即"把自己的土地结合为一个大田庄,共同出力耕种"。分配并不要求完全的按劳分配,而是"按入股土地、预付资金和所出劳力的比例分配收入"。第四,小农走合作制的道路只能采取自愿的原则,不能搞强力或剥夺的办法。第五,实现小农合作化,无产阶级国家必须"通过示范和为此提供社会帮助",通过各种方式,支持合作制。①

列宁把合作制理论运用于俄国的实践,经历了曲折过程。他

---

① 参见孙连成著《马克思恩格斯关于农民问题的理论》(载《马克思主义研究》1983年第2期)和《〈法德农民问题〉是马克思主义的光辉文献》(载《贵州社会科学》1982年第2期)。

不仅继承了马克思、恩格斯的合作制理论,而且在他晚年《论合作制》一文中,又大大丰富和发展马克思、恩格斯的合作制理论。首先,列宁指出,在无产阶级专政条件下,合作社是社会主义的性质。第二,合作社是无产阶级引导农民走上社会主义的最好形式。第三,农业社会主义改造需要一个很长时间,需要整个一个历史时代。第四,农业社会主义改造必须坚持自愿的原则,反对强迫命令和暴力剥夺。第五,农业社会主义改造的形式、步骤和速度,不能千篇一律、"一刀切",只能因地制宜,逐步过渡。第六,国家的财政支持和提高农民文化水平是实现合作化的两个基本条件。①

列宁丰富和发展了马克思主义农业社会主义改造的伟大学说,但他未能领导完成苏联农业的社会主义改造。列宁逝世以后,以斯大林为首的苏联共产党,1929 年开始了农业集体化运动,到 1934 年基本上完成了农业社会主义改造,实现了农业集体化。建立一切生产资料公有制,统一经营,集中劳动,按劳动日统一分配的集体农庄唯一形式。但在这场伟大的社会主义改造运动中,也犯了一些严重的脱离实际的错误,使苏联广大农民付出了巨大的代价。农业集体化运动中的错误,正如斯大林指出的:违背了列宁的建立集体农庄的自愿原则,违背了党关于集体农庄建设的自愿原则的基本指示和农业劳动组合标准章程关于自愿原则的规定;违背了列宁的在进行农庄建设时必须估计到苏联各个不同地区的各种不同条件的原则;违背了列宁的在进行集体农庄建设时不容许跳过运动尚未完结的形式的原则,致使苏联农业长期落后。

---

① 参见孙连成著《列宁的农业社会主义改造的伟大学说》,载《列宁与社会主义建设——纪念列宁逝世 60 周年论文集》,人民出版社 1985 年版。

我们党在以毛泽东同志为首的党中央领导下，把马克思、恩格斯和列宁改造小农的理论结合我国具体情况，从实际出发，创造性地开辟了一条适合中国特点的农业社会主义改造的道路。我国个体农民，特别是在土地改革中新获得土地而缺少其他生产资料的贫下中农，为了避免重新借高利贷甚至典让和出卖土地，产生两极分化；为了发展生产，兴修水利，抗御自然灾害，采用农业机械和其他新技术，确有走互助合作道路的要求。同时，随着工业化的发展，一方面对农产品的需要日益增大，一方面对农业技术改造的支援日益增强，这都促进个体农业向合作化的方向发展。我们党因势利导，遵循自愿互利、典型示范和国家援助的原则，创造了从临时互助组和常年互助组，发展到半社会主义性质的初级农业生产合作社，再发展到社会主义性质的高级农业生产合作社的过渡形式。到 1956 年，全国绝大部分地区基本上完成对个体农业的生产资料私有制的社会主义改造。应该说，我国合作化初期，是比较成功、较为稳妥的，主要是从我国实际出发，采取了逐步过渡的形式，特别是互助组，效果较好；以土地和其他生产资料私有为特征的初级生产合作社，基本上也是受农民欢迎的。所以，当时农村经济比较活跃，发展较快。这种逐步过渡的做法后来没有坚持下来，特别从 1955 年下半年开始，仅用几个月的时间，全国农村掀起高级农业合作化高潮。这种做法本身不仅步子快，要求过急，做法过粗，而且形式过于简单划一，这种组织形式本身完全脱离中国国情，照搬照抄苏联集体农庄模式（生产资料公有制基础上，集体生产，集中劳动，集中管理，集中分配），必然影响农业生产的发展。

1958 年，进一步把"一大二公"绝对化、片面化，主观主义地搞了"政社合一"、"五业一体"的人民公社的组织形式，伴之而来的是平调风、瞎指挥、浮夸风，造成人力、物力、财力的巨大浪费,伤害了农民的积极性,生产力遭到严重破坏,加之当时的自然灾害,农业生产锐减。1961年以后,公社体制作了几次调整,确定了"三级所有,队为基础",但整个体制不但没有解决,反而进一步固定化。十年"文化大革命"中,林彪、"四人帮"推行了更"左"的路线,大搞平均主义,"穷过渡",割"资本主义尾巴",等等,使生产受到更严重的打击,国民经济濒临崩溃的边缘。

我国长期采用的这种农业体制,弊病甚多。

(1)实行过分集中的管理体制。由于原来的人民公社是"政社合一"的,国家就可以通过行政手段,对合作经济组织的种植计划、产品销售、收入分配、经营方式乃至经营内容等方面,进行严格的控制;由于人民公社管理体制是"三级所有"的,所以,公社、大队就有"权"平调生产队的人、财、物,有权对生产队的整个生产和经营活动直接进行指挥;上级领导远离生产现场,在经济利益方面又与生产队不挂钩,指挥错了不承担任何经济责任,指挥对了得不到多少好处,这就很难避免产生瞎指挥和强迫命令现象;在生产队内部实行统一管理、统一分配,生产和经营的决策权力集中于生产队长等少数几个干部身上,也难免产生决策不及时,甚至瞎指挥,搞强迫命令,给集体经济造成不必要的损失。

(2)实行集中劳动,也就是"大帮哄"。合作化以后,由于我们缺乏如何管理合作经济的经验,所以,从建立合作社的第一天起就接受了苏联集体农庄的模式,在生产资料和劳动者的具体结合形式上采取了集中劳动的形式。当时,人们以为,"集中劳动"是集体经济的基本特征,是"社会主义优越性"的重要体现。实践证明,这种认识是不对的。在目前我国农业合作经济中实行集中劳动,只能产生"大帮哄"和"大锅饭",不会产生新的生产力。这是因为：集中劳动必然带来管理的过分集中。几十名、上百名劳动力，全靠队长一个人天天安排活计；几十垧地、上百垧地，全靠队长一个人天天决定如何适时耕作。这对一个队长来说是力不胜任的，也是完全不必要的，其结果，必然产生瞎指挥、强迫命令和窝工浪费现象。农业劳动对象是有生命的动植物或微生物，这一特点就决定了劳动者对劳动对象要细心照顾，适时关怀，由一个或几个人统一决策，势必造成决策不及时，误工、误时、误事，使农业减产。农民是合作经济的主人，但在旧模式下，农民对生产和经营，对自己劳动时间的支配都处于无权的地位，久而久之难免产生出工不出力现象，使劳动效率极其低下，对集体经济的经营好坏、费用高低不甚关心。

（3）实行工分制，很难实现按劳分配。过去，人们以为劳动者共同占有生产资料以后，自然就实现按劳分配了。实践证明，劳动者共同占有生产资料，只是消除了利用生产资料剥削他人的条件，要真正实现按劳分配还需解决如何准确地考核每个劳动者在联合劳动中付出的劳动数量和质量的问题。为了解决这个问题，在集中劳动的条件下，多年来只能实行工分制，具体形式试行过按时记分、按时记分加评议、按劳动定额记分等办法。但是，都未能解决按劳分配问题，因为农业劳动的特点决定了在集中劳动的情况下很难准确地考核每个劳动者的劳动数量特别是劳动质量。即或用工分准确地记录了每个劳动者的流动形态的劳动量，因工分只是个筹码，它的分值取决于劳动集体的劳动状况和生产队的经营状况，与劳动者个人的劳动成果联系不直接，也难于调动劳动者的积极性。实行工分制还容易把生产上的损失浪费、干部的多吃多占等等，打入统一分配，侵犯劳动者的经济利益，使劳动者多劳不能多得，挫伤农民的积极性。

产生上述弊端的原因很多，一个重要原因是对马克思和恩格斯农业合作制理论的误解和教条化。大家都很清楚，无论是马克思或者是恩格斯，他们分析的法国和德国的农民，都是指资本主义条件下的农民，这些国家资本主义都比较发达。这些国家的农民和几百年前封建制度下的小农是有本质区别的，资本主义下的农民或小农，是和发达的商品经济相联系的，生产社会化、专业化、商品化都比较高；政治上要求民主。封建制度下的小农是自给自足的自然经济，排斥社会分工、协作，生产力水平很低；由于他们相互隔离和封闭，政治上自己不能代表自己，希望站在他们之上的权威代表他们。这两种不同类型的小农，在无产阶级夺取政权以后，对他们的政策应该是不同的。发达的资本主义国家无产阶级革命胜利后，应该立即采取马克思、恩格斯的合作制理论，引导他们走上社会主义道路。一些落后国家（包括原苏联和我国在内），无产阶级革命胜利后，应先解决广大农民的土地要求，迅速发展生产力，把农民从自然经济引导到商品经济的轨道上，走专业化、协作化、社会化的道路，进行生产技术革命。与此同时，逐步进行社会改革，逐步解决从小私有制到公有制的过渡。这完全符合生产关系一定要适合生产力性质的规律。看来，我们党，包括原苏联共产党在内，在这一基本问题上没有很好的区分，而是教条主义地运用马克思、恩格斯对发达资本主义国家的农民分析理论，这是农业长期落后的根本原因。另外，忽略了社会主义阶段的根本任务是发展生产力，过分夸大生产关系的反作用，忽略生产力的决定作用。强调生产关系落后生产力发展，会阻碍生产力的发展，忽视了生产关系超过生产力发展水平，也会阻碍或破坏生产力的发展。因此，脱离生产力发展要求而主观主义地不断变革农村生产关系，是造成农村生产力发展缓慢的又一个重要原因。

二 农村经济体制改革是不亚于三大改造的第二次伟大革命

党的十一届三中全会以前,由于我们党指导思想上"左"的错误,尤其是在十年"文化大革命"中,林彪、"四人帮"推行的极"左"路线,严重地破坏了党在农村的各项经济政策,破坏了集体经济和工农联盟,极大地挫伤了广大农民和干部的积极性,使我国农业生产长期处于停滞或倒退的状况,农村集体经济体制再也不能按老样子维持下去了。党的十一届三中全会,批判了党在农村中"左"的错误,尖锐地提出了农民问题和农业问题的严重性和迫切性,并制定出有利于农业发展的一系列农业政策和农村政策,逐步改革农业经济体制,促进农村经济开始走上恢复和蓬勃发展的道路。

(1) 普遍推行家庭联产承包责任制。马克思主义农业合作制理论,主要是解决农民在无产阶级革命中的地位与作用,以及革命胜利后,小农私有制转变为社会主义公有制的问题。社会主义集体所有制建立以后,如何不断完善和充实社会主义生产关系,尤其是在解决私有制以后,企业如何经营管理问题,不论马克思、恩格斯,还是列宁,都未曾给也不可能给我们留下具体的指示,我们过去由于在认识和理论上的种种失误,也没能很好地解决这一问题,致使农业发展长期处于停滞状态。党的十一届三中全会以后,广大农民为纠正集体经济长期存在的弊病,在实践中大胆探索,创造了各种形式的联产承包责任制。小平同志说:"农村改革的内容总的说就是搞责任制,抛弃吃大锅饭的办法,调动农民的积极性。"[①] 我们党和小平同志热情支持群众的首创

---

① 《邓小平文选》第3卷,人民出版社1993年第1版,第117页。

精神，认真总结经验，并使之在各地不断推广和逐步完善。这是马克思主义合作制理论在我国实践中的新发展。

联产承包责任制是我国农业生产责任制的一种形式。农业生产责任制是指社会主义的农业企业中明确规定生产单位和生产者在生产过程中所承担的一定任务、责任及享受一定权利的一种经营管理制度。

我国农业生产责任制并不是现在才有的。但它的普遍实行，并不是一帆风顺的，而是经历了长期曲折的过程。

早在1956年我国实现农业合作化以后，包产到户就曾经被有些地区的一些社队所采用。当时做法主要有两种：一种是承包的社员户对生产全过程和最终成果（产量或产值）负责；另一种是承包的社员户只对生产过程的一部分（如田间管理）和生产最终成果的一部分（如70%—80%）负责。当时实行包产到户的有浙江省的永嘉、瑞安、平阳等县，以及四川省的津县、山西省的榆次县、广东省的中山县、江苏省的江阴县、安徽省的阜阳县等的一些社队。到1957年秋，农村开展"关于社会主义和资本主义两条道路的辩论"时，包产到户被指责为反映富裕中农的主张，是为了达到单干目的而采取的步骤，是想摆脱社会主义轨道的资本主义的主张，并强令"坚决彻底地"纠正这种做法。在这种形势下，各地被迫停止了试行。

1959年，在人民公社所有制关系和管理制度调整过程中，一些地方又陆续实行包产到户或类似包产到户的办法。如有些地方的社队使全部农作物生产包到户，有的把一部分农作物包到户。有的地区提出"包工到户、定产到田、个人负责、超产奖励"，当时有些地区60%的生产队把土地包到户。但这些做法又一次受到批判。由于这次批判是在当时全国范围内掀起的反对右倾机会主义的政治运动中进行的，因此更加猛烈、更加严厉。包产到户不仅被说成是反映富裕中农的主张,而且被横加上是为资产阶级"反对社会主义的私货寻找销路",是"右倾机会主义分子在农村复辟资本主义的纲领"等大帽子。在这种情况下,包产到户的试验又一次被迫中止了。

1960年我国经济困难时期,农业遭受严重破坏带来的后果越来越明显。为了恢复和发展农业生产,尽快改变亿万农民生活极端困难的处境,在整顿人民公社时,许多社队又采用了包产到户的办法,主要的省份有安徽、广西、湖南等。其中以安徽省实行的面大,到1961年春,实行包产到户的队已占生产队总数的40%。和前两次一样,包产到户又被看作异端,再次受到批判,强令"纠正"。

1964年,西南地区云南、贵州的一些社队和西北地区一些省份的社队,又搞起了包产到户。随着农村"四清运动"的开展,它又成了被批判的对象,遭到禁止。

在"文化大革命"中,包产到户再次受到批判。它和自由市场(指集市贸易)、自留地、自负盈亏一道,被概括为"三自一包",把实行"三自一包"说成是"复辟资本主义阴谋的一个组成部分",是"彻头彻尾的修正主义路线"。然而,就是在这种严峻的形势下,一些地方的农民为了发展生产,仍在暗中实行。1970年在福建、江西、广东等省都有一些社队采用这个办法。结果,又几乎被全部"纠正"。至此,包产到户已经五起五落。

"野火烧不尽,春风吹又生"。党的十一届三中全会以后,在解放思想、实事求是的方针指引下,全党对包产到户的认识和政策逐渐发生了变化。1979年9月中共中央通过的《关于加快农业发展若干问题的决定》中指出:"除某些副业生产的特殊需要和边远地区、交通不便的单家户外","不要包产到户"。《决定》虽然对可以实行包产到户的范围划得比较小，但这终究是多年来第一次正式允许包产到户这种形式存在。广大群众在实践中有了新的突破和创造。一些原来暗中实行包产到户的地方逐渐公开了。原来没有实行的地方，群众从邻队的实践所显示的效果中得到启发，也相继采用。有的还进一步发展到包干到户，并都达到明显增收的效果。尤其在那些长期贫困、实行包产到户和包干到户较早的地区，农村经济面貌的改变更为显著。如安徽、河南、山东等省一些长期"吃粮靠返销、生产靠贷款、生活靠救济"的"三靠"社队，实行"双包"一年，就改变了吃粮靠返销的局面，有的不仅不再靠救济，而且有了偿还贷款的能力。邓小平同志在谈到家庭联产承包责任制的发展过程时说："农村政策放宽以后，一些适宜搞包产到户的地方搞了包产到户，效果很好，变化很快。安徽肥西县绝大多数生产队搞了包产到户，增产幅度很大。'凤阳花鼓'中唱的那个凤阳县，绝大多数生产队搞了大包干，也是一年翻身，改变面貌。"[①] 党中央十分重视和尊重群众的首创精神，及时总结群众的实践经验，在政策上也进一步有所松动。

1980年2月，全国农村人民公社经营管理会议认为，对极少数集体经济长期管理不好，群众生活很困难，自发包产到户的，应当热情帮助搞好生产，不要硬性扭转，与群众对立。这在政策上是一个明显的变化。同年9月，中共中央《关于进一步加强和完善农业生产责任制的几个问题》又进一步指出："在那些边远山区和贫困落后的地区"，"要求包产到户的，应当支持群众的要求，可以包产到户，也可以包干到户"。还认为，在我国当前的具体条件下实行的包产到户，是依存于社会主义经济，

[①] 《邓小平文选》第2卷，人民出版社1994年第2版，第315页。

而不会脱离社会主义轨道,没有什么复辟资本主义的危险,因而并不可怕。这一重要论断,打碎了20多年来强套在"包产到户"头上的枷锁,受到农民的热烈拥护。邓小平同志说:"我们就是根据这两个省(指安徽、四川两省——引者注)积累的经验,制定了关于改革的方针政策。还有一些省犹疑徘徊,有的观望了一年才跟上,有的观望了两年才跟上。"① 到 1980 年底,全国实行包产到户和包干到户的生产队,从年初仅占生产队总数的 1.1% 上升到 14.9%。

但是,当时对联产承包责任制的性质、适用范围和优越性的认识,毕竟还有很大的局限性。如不承认它是社会主义经济的一部分,认为它只适合于部分边远山区和贫困落后地区,只是"解决温饱问题的一种必要的措施"等。1981 年下半年以后,实行"双包"的社队进一步增加,不仅贫困落后地区的社队实行,富裕的和比较富裕地区的社队也纷纷实行,而且大都取得了明显的效果,表明这种办法既适合于贫困落后地区,又适合于经济发达的富裕地区。到 1982 年 6 月,全面实行农户家庭承包的生产队已经占 86.7%,在这个过程中,人们的认识也不断地深化。1982 年下半年,中共中央制订了《当前农业经济政策若干问题》。文件明确指出,这种联产承包制是社会主义集体所有制经济中"分散经营和统一经营相结合的经营方式","在这种经营方式下,分户承包的家庭经营只不过是合作经济中一个经营层次,是一种新型的家庭经济。它和过去小私有的个体经济有着本质的区别,不应混同"。中央还指出,联产承包制"既可适应当前手工劳动为主的状况和农业生产的特点,又能适应现代化进程中生产力发展的需要",从而改变了过去对"双包"的认识。

---

① 《邓小平文选》第 3 卷,人民出版社 1993 年第 1 版,第 238 页。

1983年初，实行"双包"制的生产队进一步发展到占生产队总数的93%，其中绝大部分是实行联产承包责任制。

农业生产责任制在我国几十年多次反复的经验教训告诉我们：联产承包责任制是适合我国农业客观实际的社会主义的经营方式，它具有强大的生命力。这种经营方式的特点是：

第一，改变了原有合作经济过分集中统一的管理模式，实行统分结合的双层经营。所谓"统"，是指统一经营，它的主要内容是地区性合作经济组织统一管理和规划、使用集体所有的土地；统一确定承包办法，根据国家的指导性计划或订购合同，与农户签订承包合同；统一管理适于集体统一掌握的水利等生产设施、某些大型农机具以及集体所有的某些工业、建筑业、食品加工业等企业和公共福利设施；统一管理和使用上交集体的各项提留；统一组织一家一户难以办到的、事关全局的农业基本建设和社会福利事业；统一协调各户的必须协调的某些生产活动，安排必要的生产措施，如：良种的选用、调配，机耕、机播的组织，放水、防洪、防治病虫害等。所谓"分"是指分散经营，即家庭成为相对独立的生产和经营单位，也就是把集体所有的土地等生产资料分包到户或变价处理给各户，使劳动者和生产资料在分户经营的基础上结合起来。经过多年来的演变，原属生产队所有的车马农机具、房屋等，大多数已经作价变卖给各户；土地等适于集体掌握的基本生产资料仍然归集体所有。土地承包给各户长期使用，至少30年不变。各户可以自由支配自己的劳动和所占有的生产资料，经营所得是："交够国家的，留足集体的，剩下全是自己的"。

家庭分散经营是新型合作经济双层经营的基础。因为新型合作经济的生产和经营活动基本上是以家庭为生产经营单位分散进行的。但是，它又是受集体统一经营的调节和制约的。统分结合的双层经营是新型农业合作经济的最基本的特征，这一特征决定了其他的特征。

过去，我们一直把家庭经营等同于私有制基础上的个体经济，因而把它同合作经济对立起来，视家庭经营为合作经济的取代对象。实践证明，这种认识是错误的。今天的家庭经营，作为合作经济的一个层次，根本不同于私有制基础上的个体经济。它在新型合作经济中显示出伟大的生命力。这是因为，合作经济组织通过承包，恰当地处理了统和分的关系，明确了双方的责和权，既充分发挥了合作经济的优越性，又充分调动了农户的积极性。我国人多地少，有精耕细作的传统，又有长期家庭经营的经验，实行家庭联产承包，不仅可以充分调动劳动者的生产积极性、经营主动性和创造性，而且可以把历史上积累起来的家庭经营的技术、经验和自有资金等等充分利用起来，利用承包后获得的经营自主权，向生产的深度和广度发展，从而大大地提高社会生产力水平。

第二，改变了原有合作经济的集中劳动的组织形式，实行以家庭为单位的分散劳动。劳动组织具有两重性，就人与人的关系来说，它属于生产关系，就劳动力的合理组织来说，它属于生产力。劳动组织形式既受社会制度（主要是生产资料所有制形式）的制约，又受劳动对象和劳动工具的制约。农业的劳动对象和劳动手段与工业是不同的，因此，农业的劳动组织形式应当有自己的特点，它不能照搬大工业的劳动组织形式，除了某些突击性的农活或者某些需要简单协作以提高劳动效率的农活外，是不适宜于集中劳动而适宜于分散的家庭劳动的。因为农业的劳动对象是有生命的植物或动物，要从自然界汲取营养，因此，必须分布在广阔的空间，与此相适应，农业劳动也宜于分散而不宜于集中。其次，农业的生产过程既包括劳动过程，也包括自然力的作用过程。农业的劳动过程可以中断，但是农业的劳动对象动植物的生长过程仍在继续。它受不依人的意志为转移的季节变化所制约。因此不能像工业那样，把相互联结的生产过程按生产阶段分割开来，在空间上并列起来，由许多人集中在一起通过协作劳动去完成，以加快生产的进程，提高劳动生产率。在农业生产中把许多人集中在一起干活，对加速农作物生长，提高农产品产量并无益处。再次，农业生产受自然条件影响大，而自然条件又是千变万化、千差万别的，这就决定了农业生产宜于因地制宜、因时制宜地及时地采取相应措施，对劳动对象给予过细的照料。这也要求劳动者分散作业，并有自主决策的应变能力。最后，农业的劳动资料和大工业的劳动资料不同，有可能分割到户，在农户范围内，把生产资料和劳动者结合起来。总之，以家庭及其成员的分散劳动代替旧模式下的集中劳动，完全是由农业生产的特点决定的，这种改变正是家庭经营充满活力的原因所在。

第三，改变了过去合作经济评工记分的分配形式，实行包干制的分配办法。工分制必然会产生平均主义。实行家庭联产承包制以后，改行包干制的分配办法，受到广大农民的热烈欢迎。这种办法的特点是：首先，用劳动的最终成果——农产品的数量和质量，来衡量劳动的数量和质量，这就在实践上解决了农业劳动按劳付酬的方法问题，避免了吃"大锅饭"，提高了劳动者的责任心。其次，与农业生产连续性的特点相适应，建立了常年的责任制，从而确保了农业劳动的质量。再次，劳动者有了劳动的自主权和经营的自主权，可以灵活机动地支配自己的劳动时间，因地、因时制宜地采取增产措施，并且为扩大生产的规模和领域，发展商品生产创造了条件。总之，实行包干制就完全摆脱了工分制，从而简化了分配手续，使群众在签订承包合同以后就有了奔头，有了奋斗目标。因为"交够国家的，留足集体的，剩下全是自己的",多劳可以多得,多投入可以多产出,从而使农业生产的发展有了内在的动力。

总之,家庭联产承包责任制的推行,有效地提高了农业劳动生产效率和经济效益,促使农村面貌发生了巨大的变化。正如邓小平同志所说的:"自从搞了改革,农民的积极性大大提高。他们因地制宜,该种粮食的地方种粮食,该种经济作物的地方种经济作物。他们有了自主权,一下子就改变了面貌。许多地方一年就见效,收入大幅度增长,甚至翻了一番或两番。"① 家庭联产承包责任制带来了中国农村的大变化,揭开了农村改革的序幕,对于我国农村的发展产生了极其深远的影响。由于家庭联产承包责任制实施的成功,推动了农村改革一系列政策措施的出台。诸如坚持公有制为主体的多种经济成分并存的政策;允许和鼓励一部分地区和一部分个人通过诚实劳动、合法经营富裕起来的政策;调整农村产业结构,积极发展多种经营的政策;鼓励和引导乡镇企业健康发展的政策。这些政策在农村取得了巨大的成功,推动农村经济的蓬勃发展。

(2) 多种形式的农村经济联合的形成和发展。家庭承包制的建立和发展,使我国农村涌现出前所未有的多种形式、多种层次的经济联合。这也是我国农村经济管理体制的又一项重要改革。

农业合作化以来,我国农业中的集体经济都是按照行政区域和行政层次来建立的。在集体经济中,社员的主要生产资料一律实行公有化;产品中社员所得部分实行按劳分配;联合的范围亦限于农业生产过程,原来产前产后联合的供销合作社后来成为全

---

① 《邓小平同志重要谈话》(1987年2月—7月),人民出版社1987年第1版,第34页。

民所有制企业。对于跨地区的多层次的联合，对于保留主要生产资料的个人所有权，以及社员家庭经营作为一个相对独立的经济单位存在，过去都是不允许的。对于集体经济进一步发展的设想，也只限于按照行政区域和行政层次，逐级扩大生产资料公有制的范围。在人民公社中，就是从基本的生产队所有制过渡到基本的大队所有制，再过渡到基本的公社所有制。

这种农业体制存在着很大的弊病。由于把按照行政区域和行政层次的联合绝对化，不承认多种形式和多种层次的联合，不利于生产资料、劳动力等生产要素的合理组合，也不利于社会分工的发展；由于把按劳分配绝对化，过早地完全否定农民对某些生产资料的个人所有权和凭借这些生产资料取得报酬的权利，不利于充分发挥生产经营者的积极性，也不利于动员更多的资金来发展农村经济。同时，在这种体制下，自愿互利原则往往被忽视。对发挥社员的积极性也不利。这就不可避免地使生产力的发展受到限制。因此，党的十一届三中全会以后，随着生产责任制的推行和农村经济的发展，必然会突破原有的合作形式，出现新的经济联合。

事实上，近年来许多地方不仅出现新的经济联合，而且形式日益多样。既有社员之间的联合，又有社员、集体经济单位、国营企业之间的联合；既有按地域（如生产队、农业生产合作社）的联合，又有跨队、跨社、跨县、跨省等的联合；既有劳动的联合，又有资金的联合；既有生产的联合，又有供销、加工、储运等产前产后的联合，社员的收入既实行按劳分配，又实行股金分红。

各种合作经济尽管生产资料公有化程度、按劳分配方式以及合作的内容和形式有所不同，但都是社会主义性质的合作经济。这一点，党中央明确指出："不论哪种联合，只要遵守劳动者之间自愿互利原则,接受国家的计划指导,有民主管理制度,有公共提留,积累归集体所有,实行按劳分配,或以按劳分配为主,同时有一定比例的股金分红,就都属于社会主义性质的合作经济。"①

多种经济联合的发展是市场经济发展的必然要求,也是建设社会主义现代化农业的必由之路。它满足了农户在扩大生产过程中不断提出的对供销、加工、贮藏、运输、技术、信息、信贷等多方面的需要,有助于克服在劳动力、资金、技术等方面出现的困难,有利于生产要素的合理组合和专业分工的发展。随着农村商品生产的发展,各种形式的经济联合也将得到发展。但应该看到,家庭经营在长时间内仍将具有旺盛的生命力,有的农户在一定时间内仍将采取独立经营的方式解决产、供、销各环节的问题。因此,在发展各种经济联合时,只能贯彻真正自愿的原则,顺应客观经济发展的需要,自然而然地、毫不勉强地通过多种形式、多种层次的经济联合把众多的、分散的生产者联结起来,使之成为整个社会主义经济的有机组成部分。勉强行事,以至使用行政命令手段,去推行某一种形式,必将再次扼杀农民的积极性,阻碍农村经济形势的发展。

多种形式经济联合的形成和发展,丰富了合作经济的形式和内容。列宁在《论合作制》中十分重视流通领域的供销合作。可见,合作经济没有也不可能有固定模式,它的具体形式是由具体的时间、地点和条件决定的。但是,长期以来由于"左"倾错误的影响,人为地把合作经济局限在一个极其狭窄的框框里,阻碍了合作经济的顺利发展。我国农村经济改革的实践,打破了对合作经济理解上的狭隘观念,抛弃了从外国搬来的或者自己生

---

① 《当前农村经济政策的若干问题》,原载1983年4月10日《人民日报》。

造的那些不适合实际情况的旧形式,找到了真正在中国土地上产生的适合当前中国农村条件的新形式,推进了社会主义在中国农村的发展。目前这种新的农业经济联合体虽然数量还不多,并还在探索、完善和巩固之中,但已经逐步显示出它可以把众多的分散的生产者联结起来,使之成为整个社会主义经济的有机组成部分。党的十二大报告指出:"可以预料,我国农村在不太远的将来,一定会出现有利于因地制宜地发扬优势,有利于大规模采用先进生产措施,形式多样的更完善的合作经济。"①

(3)改革"政社合一",实行"政社分开"的管理制度。随着家庭联产承包责任制的普遍推行和多种经济联合的发展,人民公社、生产大队、生产队之间的关系和"政社合一"的管理体制也必须实行改革。这是我国农业体制的第三项重大改革。

从1958年农村建立人民公社开始,我国农村实行的是政社合一的管理体制,即国家基层政权机构和劳动农民集体所有制经济组织合而为一。公社管理委员会就是乡人民委员会(即乡人民政府)在管理生产建设、财政、粮食、贸易、民政、文教卫生、治安、民兵和调解民事纠纷等项工作方面,行使乡人民政府的职权。人民公社既是我国社会主义经济在农村中的基层单位,又是我国社会主义政权在农村的基层单位。

当时认为,"政社合一"的体制便于国家对集体所有制经济的领导,还便于集体所有制向全民所有制过渡。而"三级所有,队为基础"的体制,则可以容纳不同的生产力,又便于从生产队核算向生产大队核算过渡,再从生产大队核算向全公社核算过渡,从而实现全公社大集体所有制。

实践证明,这种"政社合一"的管理体制存在很多弊病。

---

① 《十二大以来重要文献选编》上,人民出版社1988年第1版,第21页。

突出的是，政社合一的体制使集体经济组织实际上成了国家政权机构的附属物，失去了集体经济组织应有的活力。作为国家基层政权的公社一级管理机构实际上具有直接支配集体经济组织的生产、交换、分配等经济活动的权力，致使集体经济组织的所有权和自主权得不到保障。国家对集体所有制经济单位理应采用经济手段加强指导，但是，"政社合一"的体制却使公社管理机构可以凭借政权的力量进行行政干预，助长了瞎指挥和命令主义。公社内部，公社、生产大队、生产队实质上是三种不同范围联合的经济组织，他们之间本来应当是不同所有者之间平等的合作关系。但是，在"政社合一"和"三级所有，队为基础"的体制下，他们之间却成了上下级行政隶属关系。同时，由于要实现逐级过渡，公社和生产大队经常借发展社队经济的名义，抽调生产队的人力和物力，生产队作为一个集体所有制经济组织的所有权和自主权更难得到保障，无法享有一个独立的经济实体应该享有的权利。

从1979年开始，经过试点，中央在全国各地对"政社合一"和"三级所有，队为基础"的体制进行了改革，实行政社分开的管理体制。

实行政社分设是改革政社合一体制的基本内容，即重新建立乡政府作为我国政权的基层单位，将多年来由人民公社管理委员会行使的基层政权的职能，交乡政府行使（有的地方不设乡，而设镇）。人民公社成为单纯的经济组织，它只是农村社会主义合作经济的一种形式。上述改革在1982年12月4日由第五届全国人民代表大会第五次会议通过的《中华人民共和国宪法》中作了规定。在建立乡政府的同时，各地还在乡下面建立了基层群众性自治组织村民委员会，办理本居住地区的公共事务和公益事业等。至1985年春，全国农村人民公社政社分开、建立乡政府的工作已经全部结束。据统计，建乡前全国共有5.6万多个人民公社，政社分开后，全国共建了9.2万多个乡（包括民族乡）、镇人民政府。同时建立村民委员会82万多个。

改革人民公社"三级所有、队为基础"的体制，除了由于政社分设而使公社一级和生产大队一级的职能有所改变，即不再行使行政职能外，对公社、生产大队和生产队之间的经济关系也作了调整，使之各自成为独立的经济单位，形成不同所有者之间独立自主的商品货币关系，不再是上下级之间的行政隶属关系。随着公社三级体制的改革，原来设想的在公社内由生产队到生产大队再到公社逐级过渡的关系也就不存在了。在改革三级所有关系的同时，有的地方仍保留人民公社这个名称，很多地方则连同名称也更换了。

由于家庭承包制的普遍实行，原生产队或生产队一级，不论改革后成立的经济组织叫什么名称，其职能和以往合作经济的职能不一样。它们多侧重于产前、产中、产后的服务工作，而不采取各项生产均由集体统一经营的办法。它们作为地区性的合作经济组织存在，但又不限制和排斥其他形式的组织并存。

实行"政社分开"的管理体制，已经取得成效。首先，从组织结构上避免了基层政权的直接干预，集体经济组织作为独立的经济实体的自主权得到保障；其次，有利于新的经济联合；再次，精减了机构和干部，减轻了农民的负担；最后，还有利于干部学习和掌握专业知识，尽快实现专业化和知识化。总之，这一改革将会给农村经济组织带来更大的活力。

我国农村经济体制改革是我们党在农业社会主义改造之后，进一步运用马克思主义普遍真理同我国建设实践相结合，在新的历史条件下，对马克思主义理论的新的发展。它的伟大意义不亚于"三大改造"。"三大改造"主要解决生产关系问题，解决生产资料私有制到公有制的转变。公有制建立以后，并不等于生产力就一定能迅速地发展、公有制一定能巩固。还有一个公有制完善和发展问题，包括解决与公有制相适应的经营管理问题。我们党经过长期探索，总结了农民的伟大创造，肯定和提倡了普遍实行联产承包责任制。它是社会主义生产关系的自我完善和发展，是农村中的第二次革命。目前已充分显示了强大生命力和发展前途，标志着我国农村已经开始走上建设有中国特色的社会主义大道。

三 在新的历史时期中，必须更加重视农业和农民问题

社会主义革命和社会主义建设必须从中国的国情出发。我们党和邓小平同志认为，农民占全国人口的80%，农村总体上的落后，仍然是中国的基本国情之一，这是我们解决新时期农业和农民问题的基本出发点。万万不可有任何丝毫的疏忽。

（1）应该把农业和农民问题放到首位。1986年6月，邓小平同志指出："我们从宏观上管理经济，应该把农业放到一个恰当位置上"。[①]

大家知道，新中国成立以后，我们实现了农业的社会主义改造，在农业发展方面取得了很大成就。但是，由于长期"左"倾错误的影响和工作中的失误，致使我国农村的面貌改变不大，仍然相当落后。农业发展的速度不快，曾一度处于迟滞状态。农民的收入低，生活长期得不到改善，甚至还有一些地区连温饱问题都没有解决。农业的这种落后状况，同社会主义现代化建设形成了尖锐的矛盾。解决这种矛盾，唯有进一步解放农业生产力，

[①] 《邓小平文选》第3卷，人民出版社1993年第1版，第159页。

加快发展农业生产。正如党的十一届四中全会通过的《中共中央关于加快农业发展若干问题的决定》所指出的："摆在我们面前的首要任务，就是要集中精力使目前还很落后的农业尽快得到迅速发展，因为农业是国民经济的基础，农业的高速度发展是保证实现四个现代化的根本条件。"①

邓小平同志反复强调："农业是根本，不要忘掉。"② 第一，农业的发展是整个国民经济发展的基础。国民经济其他部门的发展速度和规模，归根到底都取决于农业劳动生产率的提高幅度和农业的承受能力。农业在任何国家的经济发展中都占有重要地位。在农业人口占多数的发展中国家尤其如此。农业的状况如何，直接影响到一个国家的经济发展。1986年6月，邓小平同志在听取有关经济情况的汇报时指出："当前经济情况总的是不错的。前景如何，会遇到什么障碍？是不是有两三个问题，如果解决得不好，将会影响我们的经济发展。""一是农业，主要是粮食问题。农业上如果有一个曲折，三五年转不过来。"③ 如果农业生产形势不好，出现大量进口粮食的局面，就会影响我们经济发展的速度。同时，随着整个国民经济的发展，对农业产品的需求将不断增长。巩固农业的基础地位具有更加重要的意义。第二，农业发展是社会稳定的重要条件。1982年5月，邓小平同志在总结我国经济建设的历史经验时指出：要"重视发展农业。不管天下发生什么事，只要人民吃饱肚子，一切就好办了。"④如果粮食生产的形势不好，粮价不稳定，整个市场价格就不可能稳定，就有可能造成人心恐慌，影响社会稳定。同时，我国农业

---

① 《三中全会以来重要文献选编》上，人民出版社1982年第1版，第117页。
② 《邓小平文选》第3卷，人民出版社1993年第1版，第23页。
③ 同上书，第159页。
④ 《邓小平文选》第2卷，人民出版社1994年第2版，第406页。

人口占总人口的大多数，如果农业生产形势好，农民和农村稳定了，就稳住了大多数，天下才能太平。正如邓小平同志所说："从中国的实际出发，我们首先要解决农村问题。中国有 80% 的人口住在农村，中国稳定不稳定首先要看这 80% 稳定不稳定。城市搞得再漂亮，没有农村这一稳定的基础是不行的。"① 总之，实现农业的稳定发展，是全国政治、经济和社会稳定的基础，是一项不可忽视的战略性任务，正因为如此，应把发展农业放在经济工作的首要地位。对于农业的发展，要有一个战略考虑，要有一个总的目标。1986 年 6 月，邓小平同志在分析和阐述了这个目标时说："粗略估计一下，到二〇〇〇年，以十二亿人口每人八百斤计算，粮食产量要达到九千六百亿斤。""总的目标始终不要离开本世纪末达到年产九千六百亿斤粮食的盘子。"② 我国到 2000 年要做到粮食基本过关，这是一项重要的战略部署。粮食基本过关不容易，一定要从各方面努力，采取切实可行的措施和手段才能达到这个目标。

（2）关键是调动农民的积极性。马克思主义认为，劳动者在生产力诸因素中是最重要的因素，社会主义事业是人民群众的事业，人民群众的积极性是社会主义事业蓬勃发展的重要源泉。在农业生产中，农民群众的积极性是农业生产力发展的重要源泉。离开了农民群众的积极性和创造性，社会主义农业就不可能得到迅速发展。我们的农业政策和农村经济政策是否是农业生产力发展的需要，就是要看它能否调动农民群众的生产积极性。《中共中央关于加快农业发展若干问题的决定》指出："确定农业政策和农村经济政策的首要出发点，是充分发挥社会主义制度

---

① 《邓小平文选》第 3 卷，人民出版社 1993 年第 1 版，第 65 页。
② 同上书，第 159 页。

的优越性,充分发挥我国 8 亿农民的积极性。"① 邓小平同志也反复强调,要通过调动广大农民的积极性,发展农业生产力。他说:"我们首先在农村实行搞活经济和开放政策,调动了全国百分之八十的人口的积极性。"② 调动农民群众的积极性,这是加快农业发展的关键。如何调动农民群众的积极性,邓小平同志分析后认为,最基本的途径有两条,即尊重农民的自主权和保证农民的经济利益。这是我国农村改革的重要指导思想。首先是要尊重农民的自主权。邓小平同志说:"当前最迫切的是扩大厂矿企业和生产队的自主权,使每一个工厂和生产队能够千方百计地发挥主动创造精神。一个生产队有了经营自主权,一小块地没有种上东西,一小片水面没有利用起来搞养殖业,社员和干部就要睡不着觉,就要开动脑筋想办法。全国几十万个企业,几百万个生产队都开动脑筋,能够增加多少财富啊!"③ 这段话说得多么清楚啊! 让基层单位和农民群众个人有自主权,从而调动他们的积极性,发挥他们的创造性,是发展农业生产的最好办法。后来,我们首先在农村进行的改革正是这样的。1986 年,邓小平同志在总结改革的经验时指出:"这些年来搞改革的一条经验,就是首先调动农民的积极性,把生产经营的自主权力下放给农民。"④ 其次是要保证农民的经济利益。邓小平同志指出:"为国家创造财富多,个人的收入就应该多一些,集体福利就应该搞得好一些。不讲多劳多得,不重视物质利益,对少数先进分子可以,对广大群众不行,一段时间可以,长期不行。革命精神是非常宝贵的,没有革命精神就没有革命行动。但是,革命是在物质利益的

---

① 《三中全会以来重要文献选编》上,人民出版社 1982 年第 1 版,第 183 页。
② 《邓小平文选》第 3 卷,人民出版社 1993 年第 1 版,第 65 页。
③ 《邓小平文选》第 2 卷,人民出版社 1994 年第 2 版,第 146 页。
④ 《邓小平文选》第 3 卷,人民出版社 1993 年第 1 版,第 180 页。

基础上产生的，如果只讲牺牲精神，不讲物质利益，那就是唯心论。"① 在社会主义时期，劳动仍然是谋生的手段，客观上存在着个人利益。只有承认这个基本的事实，重视农民的经济利益，才能激发农民群众的劳动热情。

（3）农业的发展要依靠政策和科学。1982年10月，邓小平同志在同国家计委负责同志谈话时指出："农业的发展一靠政策，二靠科学。"② 这就是说，正确的政策和科学技术是推动我国农业发展的两个轮子。正确的政策可以调动农民群众的劳动积极性。科学技术可以提高农民群众的劳动技能。在新的历史时期，为了加速我国农业的发展，必须依靠政策和科学。党的十一届三中全会以后，党和国家制定了一系列适应农业和农村经济发展的政策措施，从而使农业生产得到了全面恢复和发展。1980年，邓小平同志在分析当时的经济形势时指出："我们在经济方面，这三年，特别是近一年来，成绩是巨大的。……现在全国绝大部分农村面貌一新，农民心情相当舒畅。这不是我们党的政策、国家的政策在发生作用吗？"③ 我国新时期农业的繁荣和发展，充分显示了党和国家的政策的巨大威力。1982年10月，邓小平同志说："科学技术的发展和作用是无穷无尽的。一个种子，一个肥料，还有多种经营，潜力是很大的。种子搞好了，在同等条件下，有显著的增产效果。科学施肥潜力很大。淡水养鱼很有前途，有的省份到处是大小湖泊，经营好淡水渔业，农民很快富裕，还能解决城市供应问题。要搞饲料工业，这也是一个行

---

① 《邓小平文选》第2卷，人民出版社1994年第2版，第146页。
② 《邓小平文选》第3卷，人民出版社1993年第1版，第17页。
③ 《邓小平文选》第2卷，人民出版社1994年第2版，第246页。

业。"① 可见,科学技术在农业生产中的应用范围是十分广泛的,决不仅仅是一个实现农业机械化的问题。目前,我国全面实现农业机械化的条件还不成熟。发展农业科学技术必须放宽视野,拓宽思路,从多方面进行努力。"农业文章很多,我们还没有破题。农业科学家提出了很多好意见。要大力加强农业科学研究和人才培养,切实组织农业科学重点项目的攻关。"② 只有充分发挥科学技术对农业生产发展的巨大推动作用,才能从根本上改变我国农业的落后面貌。

(4) 切实落实党在农村一系列政策。我们党和邓小平同志在党的十一届三中全会以来,非常重视农业、农村工作和农民问题,尤其是改革首先从农村开始,并获得成功,有力促进生产力的发展。农业和农村经济飞跃的发展,为促进改革开放和国民经济建设,促进社会稳定,为改善人民生活作出了重大贡献。充分发挥了基础的作用。但历史经验证明,农业基础作用和工农联盟对政权的巩固,并没有牢牢地在我们各级领导干部的思想中树立起来,特别是农村形势一有好转,往往就容易对农业和农民经济实力作出过高的不切合实际的估计,甚至出现挤农、挖农、坑农、吃农,剥夺农民物质利益的种种现象。目前的突出表现在:转移挪用农业资金、收购粮棉不付款,"打白条"相当普遍;不顾农民的承受能力,盲目上项目、铺摊子、乱集资、乱摊派,加重农民负担;不从实际发展,到处搞开发区,大量圈占农民耕地;不执行农业生产资料最高限价,随意乱涨价,伪劣产品充斥市场;工农产品剪刀差不断在扩大,农民收入呈现下降趋势;一

---

① 邓小平:《建设有中国特色的社会主义》(增订本),人民出版社1987年第1版,第7页。

② 《邓小平文选》第3卷,人民出版社1993年第1版,第23页。

些地方办事不走群众路线，搞形式主义、主观主义、强迫命令，等等。这些问题已经严重损害了农民的利益，挫伤了农民生产积极性，严重影响了干群和党群关系。如不坚决纠正，势必阻碍农业的稳定发展，削弱农业的基础地位。那样，我们抓住机遇，加快发展，促进国民经济又快又好地再上新台阶，就有落空的危险，工农联盟的巩固、实现四个现代化将是一句空话。农业问题不但是一个经济问题，而且也是一个极其重要的政治问题。

第一，认真学习我们党和邓小平同志关于农业问题的重要论述，总结我国农业发展的历史经验，更加牢固确立农业是发展国民经济的基础的指导思想。改革开放以来，小平同志和其他老一辈革命家，根据他们丰富的实践经验，无论观察形势、研究问题，还是制订规划，作出决策，总是首先考虑农业、农村和农民问题，总是把农业、农村和农民问题放在党的工作和国家的发展战略的首位。我们必须认真学习、牢固记取建国以来几次由于农业大起大落而导致国民经济大上大下的教训。越是加快改革开放，越要重视农业、保护农业、加强农业。要真正地而不是表面地、实际地而不是口头地、全心全意地而不是半心半意地加强农业这个基础。农业和农村工作是关系治国兴邦的大问题，农业上不去，整个国民经济就上不去；农村不安定，整个社会就不可能安定；农村经济得不到发展，整个国民经济就不可能快速增长；农业和农村经济上不了新台阶，整个国民经济就不可能上新台阶；而没有9亿农民的小康，就谈不上全国的小康。总之，为了我国经济更快发展，我们宁可暂时少上几个工业项目，也要确保农业发展的需要。

第二，要大力支援农业。农业是国民经济发展的基础。这个道理不仅我们马克思主义者认识到了，一些资产阶级也认识到了。在现代资本主义国家，农业发展也是在资产阶级国家支持保护下发展的，否则，农业不发展，资本主义社会也不会稳定。在社会主义制度下，工人阶级的国家更应该支持、保护农业的发展。这个问题马克思、恩格斯、列宁和毛泽东著作都有较详细论述。我们应该从经济、财政、银行方面，在人力、物力、技术、组织等方面给予种种优先支持，并采取切实措施来保证农业优先更快地发展。

第三，加强农业经济立法，推动农业经济发展。社会主义市场经济是法制经济。没有一套经济立法，单靠人们主观愿望，是很难保证农业经济迅速发展的。对于一些坑农、害农、吃农等违法行为，必须严厉惩治。总之，依靠法律发展农业，保证农民物质利益和民主权力，使农业尽快发展起来。

四 深化农村改革，发展社会主义农村市场经济

农村经济体制改革的根本出发点是发展社会主义的商品经济和市场经济，促进农业现代化，使农村繁荣富裕起来。农村第一步改革，极大地促进了农村社会生产力的发展。粮食已由1978年3000亿公斤左右，连上两个台阶，1995年已达4500多亿公斤以上，人均占有近400公斤，基本上解决了温饱问题，扭转了长期粮食紧缺的被动局面。乡镇企业的发展，总产值由1978年的493亿元猛增到1991年的1.1万亿元，占全国工农业总产值的1/4，占农村社会总产值的60％以上，成为整个国民经济中的一支重要的活跃力量。不仅如此，还要特别看到，通过第一步改革，体制、制度的创新和完善，集中体现在一个有中国特色的社会主义农村新体制的框架正在初步显示出来：农民已成为相对独立的商品生产者和经营者；社会主义的市场经济体制正在逐步建立之中；单一经营和城乡分割的产业结构正转向多部门综合经

营；一个公有制为主导，多种经济成分，多种经营方式并存的经济格局正在逐步形成；宏观经济的调节机制正在逐步建立和完善。当然，这个框架仅仅是粗略的轮廓，还需发展完善的体系。因此，必须按照市场经济的要求，进一步深化农村改革，促进农村商品化和现代化的发展。

（1）完善双层经营，稳定家庭联产承包制。乡、村合作组织实行分散经营和统一经营相结合的双层经营体制，农民是满意的，要进一步稳定和完善，绝不搞"归大堆"，再走回头路。当前，合作组织主要是做好两件工作，一是为农户提供生产服务，二是加强承包合同的管理。

乡、村合作组织主要是围绕公有土地形成的，与专业合作社不同，具有社区性、综合性的特点。由于经济发展程度不同，在乡一级，有些根据政企分开的原则设立了农工商联合社等机构；在村一级，有的单设合作机构，有的则由村民委员会将村合作和村自治结合为一体。不管名称如何，均应承担生产服务职能、管理协调职能和资产积累职能，尤其要积极为家庭经营提供急需的生产服务。有条件的地方，还要组织资源开发，兴办集体企业，以增强为农户服务和发展基础设施的经济实力。

要进一步稳定土地承包关系。只要承包户按合同经营，在规定的承包期内不要变动，合同期满后，农户仍可连续承包。已经形成一定规模，实现了集约经营并切实增产的，可以根据承包者的要求，签订更长期的承包合同。

长期从事别的职业，自己不耕种土地的，除已有规定者外，原则上应把承包土地交回集体，或经集体同意后转包他人。

土地承包合同应规定土地质量等级指标。承包期间整治土地，增加投资，提高了土地生产率的，土地转包时，集体或新承包户应给予相应补偿；弃耕荒芜的，要给予经济处罚，直到收回承包地。要严格执行土地管理法，制止滥占耕地。

土地联产承包责任制，是合作经济内部的责任制形式，发包土地的集体和承包土地的农户都要严格履行合同规定的义务。承包户应按合同规定使用土地，不得私自转为非农用途，并应向集体交纳提留，完成国家农产品定购任务；集体也要按合同规定向农户提供服务。

果园、菜园、林场等，技术性强、商品率高、利益关系复杂，承包要有利于生产的发展，防止只顾眼前利益，搞掠夺性经营；要兼顾集体、承包者和其他社员的经济利益；专业承包的，一般应采取投标的办法，不准个人仗权承包或入"暗股"捞取好处；分户承包的，集体要制定统一的技术管理标准，并以加强服务的办法弥补分散经营的不足，也可以折股到户，办合作果园、合作茶园、合作林场。

乡村集体企业自主权应受到尊重，同级政府不应干涉。实行股份制的企业，应民主推选董事会，经营者对董事会负责。要按照企业的特点完善承包制度，不宜套用农田大包干办法。承包指标除了利润外，还应包括必要的提留以及资产保值、增值等指标。小企业可以租赁或出售给个人经营。有关部门应改进税收制度和缴费制度，鼓励乡镇企业扩大生产能力，提高生产技术。

一些地方出现土地承包合同纠纷要认真解决，不能长期纠缠影响生产。这类矛盾的实质是利益分配问题，处理时一定要慎重，防止简单化。少数确实属于仗权承包、侵犯群众利益的，可以修改或终止合同；属于合同不完备的要加以完善；由于承包条件发生较大变化，致使原承包指标明显不合理的，可以根据群众的要求，经过协商，对合同指标作适当调整或采取其他补救办法。

各地方政府应结合当地的情况，指导合作经济组织试定章程,首先要尽快拟定各种承包管理条例,使合同的签订、签证、兑现、变更、解除等,逐步规范化。

(2) 进一步发展多种形式的农村经济联合。发展多种形式的农村经济联合,也是我国农村改革的一项重要内容。家庭联产承包责任制的建立和发展,使我国农村涌现出前所未有的多种形式、多种层次的经济联合。邓小平同志满腔热情地肯定这个新生事物,他说:"新办法比老办法好。农村搞承包大户我赞成,现在放得还不够。"① 建立多种形式的经济联合,是商品生产和市场经济发展的必然要求,也是改革开放的必然趋势。

随着农村改革的发展,多种经营的开展和联产承包责任制的建立,出现了大批的专业户和重点户,它们是专门从事某项农产品的生产,以户为单位进行生产经营的经济单位。农村承包户相互之间,特别是专业户、重点户之间,为了生产和经营的需要,建立了各种新的经济联合组织。这种新的经济联合,是在自愿互利的基础上,按照经济活动的内在联系,采用经济手段建立起来的。发展多种合作和联合经营,允许资金、技术、劳动力在一定程度上的流动和多种方式的结合,这是发展农村经济的有效措施。中共中央政治局 1982 年 12 月通过的《当前农村经济政策的若干问题》指出:"长期以来,由于'左'倾错误的影响,流行着一些错误观念:一讲合作就只能合并全部生产资料,不允许保留一定范围的家庭经营;一讲合作就只限于按劳分配,不许有股金分红;一讲合作就只限于生产合作,而把产前产后某些环节的合作排斥在外;一讲合作就只限于按地区来组织,搞所有制的逐级过渡,不允许有跨地区的、多层次的联合。这些脱离实际的框

---

① 《邓小平文选》第 3 卷,人民出版社 1993 年第 1 版,第 23 页。

框，现在开始被群众的实践打破了。"① 这段论述既集中地剖析了传统合作经济理论的弊病，也概括地阐述了适合中国国情的农村经济联合的基本特点。农村经济联合的基础是家庭经济。它的形式是多种多样。根据我国农村情况，在不同地区和不同的经济条件下，经济联合的内容和形式可以有所不同，保持各自的特点。"在实行劳动联合的同时，也可以实行资金联合，并可以在不触动单位、个人生产资料所有权的条件下，或者在保留家庭经营方式的条件下联合；在生产合作之外，还可以有供销、贮运、技术服务等环节上的联合；可以按地域联合，也可以跨地域联合"。② 经济联合的多样化，反映了现阶段地区之间和个体之间经济条件的差别，它是不可避免的。要根据经济发展的需要，按照群众的意愿，自然而然地通过多种形式、多种层次的经济联合把众多分散的生产者联结起来，使之成为整个社会主义经济的有机组成部分。

多种形式的农村经济联合，适应了实行家庭联产承包制以后农业生产力进一步发展的要求，它在许多方面显示了联合经营的良好效果。它能够把家庭经营的长处和集体经营的优点结合起来，有利于生产专业化和分工协作的发展。随着市场经济的发展，多种形式的经济联合也将进一步得到发展。

（3）发展社会主义的市场经济。我国的经济体制改革确定什么样的目标模式，这是关系到整个社会主义现代化建设全局的重大问题，也是关系到整个农村经济改革和发展的重大问题。我们党对这个问题的认识，经历了一个逐步深化的过程。经过党的

---

① 《十二大以来重要文献选编》上，人民出版社 1988 年第 1 版，第 257—258 页。

② 同上书，第 258 页。

十二大、十三大，直到党的十四大，才明确提出我国经济体制改革的目标是建立社会主义市场经济体制。从自然经济走向商品经济和市场经济，这是我国经济发展的必然要求，也是我国农村经济改革和发展的基本方向。我国的社会主义农业是在半殖民地半封建基础上，经过土地改革和农业社会主义改造建立起来的。新中国成立以后几十年的社会主义建设，使农业生产的商品化有所发展。但是，历史上长期延续下来的自然经济在我国农村有着深厚的基础，广大农民并没有彻底摆脱自给半自给的经济状态。农业内部分工不发达，农业生产率和农副产品商品率都很低，商品流通渠道少而窄，农村商品经济很不活跃。如果不打破这种局面，必然会越来越严重地阻碍社会主义经济建设的发展。《中共中央关于经济体制改革的决定》指出："商品经济的充分发展，是社会经济发展的不可逾越的阶段，是实现我国经济现代化的必要条件。"[①] 在这种思想认识的指导下，我们党制定和实施了一系列发展农村商品经济的政策和措施，促进了农村经济的繁荣和发展。近几年来，我国农村的商品经济在蓬勃发展，从客观上提出了建立和完善社会主义市场经济体制的要求。众所周知，商品经济就是商品生产和交换的总和，它是不可能离开市场的。哪里有商品生产和交换，哪里就有市场。商品经济的充分发展就是市场经济。市场经济是商品经济发展的高级形态。我们要进一步发展农村商品经济，使农业生产真正面向市场，为城乡市场服务，就必须建立和完善社会主义市场经济体制。因此，邓小平同志1992年年初明确肯定要发展市场经济。他说："计划多点还是市场多一点，不是社会主义与资本主义的本质区别。计划经济不等于社会主义，资本主义也有计划；市场经济不等于资本主义，社

[①] 《十二大以来重要文献选编》中，人民出版社1988年第1版，第568页。

会主义也有市场。计划和市场都是经济手段。"① "社会主义也可以搞市场经济。"② 作出这样的科学论断,是实践发展和认识深化的必然结果。它为我国的整个经济改革指明了正确的方向,也为进一步深化农村经济改革指明了正确的方向。发展社会主义商品经济和市场经济,乃是一项复杂的社会系统工程,需要我们从多方面进行努力。

第一,调整农村产业结构,积极发展多种经营。我国农村大部分地区原有的产业结构比较单一,农村经济基本上就是农业经济,甚至就是粮食经济。为了适应商品经济发展的要求,调整农业产业结构和产品结构,积极发展多种经营,这是我国农村经济改革的重要内容,也是加快农业和农村经济发展的重要措施。只有建立合理的产业结构,搞好多种经营,农副产品的商品率才能大大提高,农村商品经济才能迅速发展。党的十一届三中全会以来,我们党从中国实际出发,探索具有中国特色的农村产业结构,取得了很大的成绩。正如邓小平同志所说:"农业实行多种经营,因地制宜,……不仅粮食大幅度增长,经济作物也大幅度增长。"③ 我们的产业政策,就是在不放松粮食生产的前提下,积极发展多种经营。首先,必须处理好粮食生产和多种经营的关系。这是因为农业是国民经济的基础,也是加快农村经济以至整个国民经济发展的基础。我们要振兴农村经济,就必须把加强农业放在首要的位置。在农业中,粮食又是基础的基础,它既是我国人民最基本的生活资料,又是食品工业、饲料工业等工业部门的重要原料,因此,农业生产要把粮食生产放在第一位。"无粮

---

① 《邓小平文选》第 3 卷,人民出版社 1993 年第 1 版,第 373 页。
② 《邓小平关于建设有中国特色社会主义的论述专题摘编》,中央文献出版社 1992 年 12 月版,第 95 页。
③ 《邓小平文选》第 3 卷,人民出版社 1993 年第 1 版,第 238 页。

则乱"。它始终是关系国计民生、国家安定的大事。从长远来看,随着人口的增长,人民生活的提高,粮食消费将会逐步增加。无论在什么情况下,我们都要警惕和防止放松粮食生产的倾向,始终把粮食生产摆在农业的首位,保持粮食生产的持续稳定增长。其次,调整农村产业结构,必须尊重客观规律和客观实际。一是要尊重生态规律。"农业同林业、牧业、渔业和其他副业,粮食生产同经济作物生产,彼此既有相互制约的一面,又有相互依赖、相互促进的一面。"① 从这个客观规律出发,就必须建立良好的大农业生态体系,从而取得综合发展的效果。二是要尊重我国农业的特点。"我国农业就总体来说有两个基本特点:一个是每人平均耕地较少,但山多,水面、草原大,自然资源丰富;一个是技术装备落后,但劳动力资源丰富。"② 从这个实际出发,就要求我们利用自然资源和劳动力资源丰富的优势,大力发展多种经营。三是要尊重本地区的实际。我国农村非常广阔,各地的情况差别很大。从"正反两方面的实践经验看来,只有因地制宜,才能最合理地利用自然资源,获得最大的经济效益。"③ 各地区应从自己的实际出发,因地制宜,扬长避短,该种粮食的地方就种粮食,该种经济作物的地方就种经济作物,该发展林、牧、渔业的地方就发展林、牧、渔业。最后,调整农村产业结构必须坚持以市场为导向。党的十四大报告提出:要"强化市场在农村经济中的调节作用"。④ 农村产业结构和产品结构调整什么,往哪个方向调整,发展什么新的产业、新的产品,

---

① 《三中全会以来重要文献选编》下,人民出版社1982年第1版,第741页。
② 同上书,第740页。
③ 同上书,第742页。
④ 《中国共产党第十四次全国代表大会文件汇编》,人民出版社1992年第1版,第28页。

要以对市场供需情况的科学分析和预测为依据。以市场为导向，这是调整农村产业结构的一条重要的指导原则。

第二，支持引导乡镇企业，增强农村经济发展后劲。发展农村商品经济，乡镇企业是一支不可忽视的力量。邓小平同志认为，农村改革中有一个"我们完全没有预料到的最大的收获，就是乡镇企业发展起来了，突然冒出搞多种行业，搞商品经济，搞各种小型企业，异军突起。"① 改革开放以来，我国农村乡镇企业迅速发展，成为振兴农村经济的重要力量，在发展农村商品经济中显示出巨大的作用。乡镇企业的发展，是我国农村商品经济发展的必然产物，也是建设有中国特色的社会主义农村的一条新路。首先，发展乡镇企业是增强农村经济实力的重要途径。农业的发展需要大量的资金，它主要还是要依靠农业本身积累。发展乡镇企业，广泛开展农业资源的综合利用，进行农副产品的深加工，可以大大提高农副产品的经济价值，从而增强农村实力，为农业的发展积累资金，增强农村经济发展的后劲。其次，发展乡镇企业是增加农民收入的重要途径。我国农村人口多，人均耕地少，仅仅靠农民的精耕细作，提高土地产出率，是难以大幅度地增加农民收入的。"七五"期间，全国乡镇企业为农民提供收入4470多亿元，农民人均纯收入净增量的40%以上来自乡镇企业。现在，一些乡镇企业发展快的地方，农业收入占农民收入的比重正在逐步下降，收入的增加主要靠乡镇企业。纵观目前我国东西部农村农民收入的差距，在很大程度上是由于乡镇企业发展水平的差距造成的，种植方面单产高低的差别并不大。因而可以说，大力发展乡镇企业，这是农民脱贫奔小康的必由之路。最后，发展乡镇企业是转移农村剩余劳动力的重要途径。邓小平同

---

① 《邓小平文选》第3卷，人民出版社1993年第1版，第238页。

志说:"乡镇企业的发展,主要是工业,还包括其他行业,解决了占农村剩余劳动力50%的人的出路问题。农民不往城市跑,而是建设大批小型新型乡镇。"① 到1991年,全国各地的乡镇企业已经吸收9000多万农村劳力,其中很大一部分已经基本上脱离了农业生产。一些乡镇企业发达的地方,不仅吸收了农村的富余劳动力,而且还吸收了城镇的富余劳动力。实践证明,发展乡镇企业是解决农村剩余劳动力问题的基本方向。

第三,培育农村市场体系,搞活农产品流通。市场是社会主义经济调节的有力手段,通过培育市场体系,发挥市场的引导作用和竞争机制,可以提高资源配置的效率,促进经济的繁荣和发展。近些年来我国经济发展快的地方,都是重视培育市场、搞活流通的。在这些地方,市场一旦建立起来,就会出现"建一片市场,活一片经济,富一片人民"的情况。因此,党的十四大报告提出:要大力发展商品市场,"尽快形成全国统一的开放的市场体系。"② 为了加速农村商品经济和市场经济的发展,搞活农产品流通,必须积极培育农村市场体系。目前,我国农村市场还不够完善,农产品流通的渠道还不够畅通。一些农村市场仍主要是农产品市场,而且覆盖面窄,交易频率低。要引导农民进市场,必须建立完整的市场体系。同时,要注意"加强市场制度和法规建设,坚决打破条条块块的分割、封锁和垄断,促进和保护公平竞争。"③ 只有这样,我国农村的市场经济才能健康发展。

第四,建立农业社会化服务体系,促进农村商品生产发展。《中共中央关于一九八四年农村工作的通知》指出:"必须动员

---

① 《邓小平文选》第3卷,人民出版社1993年第1版,第238页。
② 《中国共产党第十四次全国代表大会文件汇编》,人民出版社1992年第1版,第25页。
③ 同上。

和组织各方面的力量，逐步建立起比较完备的商品生产服务体系，满足农民对技术、资金、供销、储藏、加工、运输和市场信息、经营辅导等方面的要求。这是一项刻不容缓的任务。"[1] 为了促进农村商品生产发展，必须建立和健全农业社会化服务体系，加强社会服务。改革开放以来，农村商品经济发展很快，同时也暴露出一些问题。从生产领域看，农产品已经放开由市场调节。但我国农民长期受自然经济和统购统销制度的影响，商品意识不强，缺乏按市场需求进行生产和竞争的能力，因而生产往往带有很大的盲目性；从流通领域看，生产的盲目性给流通环节和农产品加工企业造成很大被动。在这种情况下，就迫切要求政府各级主管部门转换职能，加强服务，解决农民想办而办不了的事。同时，要提高农业生产率，关键是要在发展农村商品经济的过程中实现专业化，而专业化生产就必然要求社会化服务。改造现有组织机构，因地制宜地建立与市场经济发展相适应的农业社会化服务体系，必将有效地提高农业劳动生产率，加速农业现代化的进程。这些年来农村改革的实践表明，建立健全农业社会化服务体系，首先，要把流通部门改造为农业社会化服务组织，为农业生产提供系列化服务。其次，要把政府经济技术部门改造为农业社会化服务组织，使之成为自主经营、自负盈亏的服务实体。再次，要以集体经济为依托，建立农村社会化服务组织，并逐步过渡到企业经营式的服务实体。最后，要引导农民自办服务组织，发展合作经营型和个体经营型的服务。

第五，大胆鼓励先富，带动共同富裕。我们在经济政策上，"要允许一部分地区、一部分企业．一部分工人农民，由于辛勤努力成绩大而收入先多一些，生活先好起来。一部分人生活先好

---

[1] 《十二大以来重要文献选编》上，人民出版社1988年第1版，第429页。

起来，就必然产生极大的示范力量，影响左邻右舍，带动其他地区，其他单位的人们向他们学习。这样，就会使整个国民经济不断地波浪式地向前发展，使全国各族人民都能比较快地富裕起来。"[①] 这是一个战略性的政策，它符合我国社会主义初级阶段的国情，也符合商品经济发展的客观规律。让部分地区和个人先富起来，说到底是为了最终达到共同富裕。邓小平同志说："我们允许一些地区、一些人先富起来，是为了最终达到共同富裕"[②]。共同富裕是社会主义的一条根本原则，但是，共同富裕不是不允许有差别，也不是平均地提高富裕的程度。实现共同富裕是一个过程，只能让一部分地区和一部分人率先致富，靠他们致富的示范力量，影响左邻右舍，带动其他地区、其他人向他们学习致富。同时，一部分地区、个人先富，就能增强国家、地方、集体的经济实力，增强帮助后进的地区和个人的能力。只有这样，才能使全国各族人民都能较快地富裕起来。

五 在实现社会主义农业现代化的基础上，进一步巩固和发展工农联盟

农民问题是无产阶级革命和社会主义建设中的一个极为重要的问题。在民主革命和社会主义革命时期中，我们需要与农民结成巩固的联盟；在社会主义现代化建设中，仍然必须与农民结成巩固的联盟。离开这一点，革命就要失败，建设就不能成功。不能设想，像我们这样80%人口在农村的国家里，离开人口绝大多数的农民支持、参加，社会主义建设、四个现代化能实现吗？

---

① 《邓小平文选》第2卷，人民出版社1994年第2版，第152页。
② 《邓小平文选》第3卷，人民出版社1993年第1版，第195页。

列宁曾经说过，在社会主义革命中，"最根本最本质的问题就是工人阶级同农民的关系，就是工人阶级同农民的联盟"。① 无产阶级专政的最高原则，就是维持无产阶级与农民的同盟，使无产阶级保持领导作用和国家政权。早在 1945 年，毛泽东同志就曾指出："无产阶级与无产阶级的先锋队共产党，如果同农民关系搞不好，那就会灭亡。"② 1957 年，毛泽东在总结我国政权建设经验时指出："我国有 5 亿多农业人口，农民情况如何，对于我国经济的发展和政权的巩固，关系极大。"③ 列宁和毛泽东的科学论述，对于我国新时期的政权建设和四化建设仍有极大现实指导意义。

我国工农联盟在民主革命时期，它是建立在反帝反封建，土地改革的基础上；在社会主义革命时期，它是建立在农业集体化基础上；在社会主义建设新时期，它是建立在发展生产力，实现社会主义农业现代化的基础上。没有这个基础，工农联盟就很难巩固，更不用说发展。社会主义四个现代化将不可能实现。整个社会主义制度就难巩固，乃至复辟倒退。《中共中央关于加快农业发展若干问题的决定》指出："摆在我们面前的首要任务，就是要集中精力使目前还很落后的农业尽快得到迅速发展，因为农业是国民经济的基础，农业的高速度发展是保证实现四个现代化的根本条件。我们只有加快发展农业生产，逐步实现农业现代化，才能使占我国人口 80% 的农民富裕起来，也才能促进整个国民经济蓬勃发展，加强工农联盟，巩固我国社会主义制度和无产阶级专政。"同时还指出："全面实现农业现代化，彻底改变

---

① 《列宁全集》第 42 卷，人民出版社 1987 年第 2 版，第 333 页。
② 转引自《抗战后期中国共产党政策中的几个理论问题》，《人民日报》1995 年 9 月 13 日第 11 版。
③ 《关于正确处理人民内部矛盾的问题》，1957 年 2 月 27 日。

农村面貌,这是我国历史上一场空前的大革命。"① 实现社会主义农业现代化,是传统农业向现代农业转化的客观要求,也是我国农业发展的根本出路。

(1) 从传统农业向现代农业转变。随着社会的进步和生产力的发展,农业已经历了原始农业、传统农业阶段,目前正在全世界范围内或快或慢地向着现代农业过渡。一些经济发达国家已建成现代农业,许多第三世界国家还处在传统农业阶段,我国农业正在从传统农业向现代农业转变。我们的任务是要加快这种转变,实现农业的社会主义现代化。现代化农业就是要用现代科学技术和设备武装农业,用现代科学管理来经营农业,实现生产技术和管理的科学化,生产工具的机械化、电气化、自动化,生产组织的社会化,从而大大提高农作物的产量。这是农业发展的必然趋势。农业是国民经济的基础,农业现代化也是社会主义现代化的基础。我们要建设社会主义的现代化强国,离不开农业的现代化。实现农业现代化,这是我们的一项极其重要的战略任务。实现社会主义的农业现代化,主要包括以下方面:

第一,把以人力和畜力为动力的生产工具转变为以现代能源为动力的先进生产工具。邓小平同志强调:我国农村要实现"适合当地自然条件和经济情况的、受到人们欢迎的机械化"。②农业生产工具的机械化,就是用先进的农用机械代替人力和畜力工具,从事农业生产中各个主要环节的作业,如耕地、平整土地、播种、施肥、除草、灌溉、收割、烘干、仓储、运输等。这种机械化的农业生产作业,具有效率高、速度快、质量好等特

---

① 《三中全会以来重要文献选编》上,人民出版社1982年第1版,第177、193页。

② 《邓小平文选》第2卷,人民出版社1994年第2版,第315页。

点，可以较大幅度地提高农业劳动生产率。目前，我国农业中仍然普遍使用以人力、畜力为动力的生产工具。使用这种生产工具，不仅劳动强度大，效率低，而且难以运用现代化的农业科学技术，成为发展生产的制约因素。为了实现农业现代化，必须从实际情况出发，引进、制造和推广适合我国特点的先进农业机械，逐渐形成现代化的农机体系。同时，"要加快发展农用化工产品，使我国农业逐步拥有数量充足、质量优良、品种丰富、价廉物美的化学肥料、农药、塑料薄膜和除草剂等产品，以适应农业高速度发展的需要。"[①]

第二，把以直接经验为基础的农业技术转变为以现代科学为基础的农业技术。邓小平同志说："农业现代化不单单是机械化，还包括应用和发展科学技术等。"[②] 农业生产技术的科学化，就是把现代化的先进科学技术广泛地应用于农业生产。现代农业技术以现代自然科学为基础，能够科学地揭示生物及其环境发展变化的规律，从而使我们更加有效地利用、控制和改造自然，发展农业生产。为了实现农业现代化，我们应继承传统农业技术中仍然有价值的部分，在现代科学的基础上进行改造、充实和提高，创造出具有当代世界先进水平的农业新技术。

第三，把自给半自给农业转变为发达的商品化农业。传统农业是与自给自足的自然经济相适应的，它是一种封闭、半封闭式的经济，是社会生产力水平低下的产物。为了实现农业现代化，必须把自给半自给农业转变为发达的商品化农业，不断提高农产品的商品率。邓小平同志说："多种经营发展了，并随之而来成

---

① 《三中全会以来重要文献选编》上，人民出版社1982年第1版，第195—196页。
② 《邓小平文选》第2卷，人民出版社1994年第2版，第28页。

立了各种专业组或专业队,从而使农村的商品经济大大发展起来。"① 建设商品化农业,必须积极调整农村产业结构,大力发展多种经营;逐步实行专业化生产,建立和完善农村社会化服务体系,不断提高农业生产的社会化水平。

实现农业现代化,是我国农村发展的一个宏伟目标。《中共中央关于加快农业发展若干问题的决定》指出:"为了实现这样的目标,必须从我国人口多、耕地少、底子薄、科学文化水平低,但幅员广阔、自然资源比较丰富、有众多的劳动力等特点出发,认真总结我国自己的经验,虚心学习外国的先进经验,尽可能避免技术先进国家曾经出现的弊病,走出一条适合我国情况的农业现代化的道路。"② 这就是说,我们所要建设的现代化农业,应该是有中国特色的社会主义现代化农业。根据我国农村的状况,农业现代化应体现以下特色:首先,要集约地利用土地,增加单位面积产量;其次,要合理地利用资金,努力提高投入产出率;再次,要保护和节约资源,改善生态环境。我国现阶段农村劳动力众多,集体经济力量薄弱,因而农业机械化必须有选择地进行,要优先发展适合家庭联产承包农户的,操作简便的、经济实惠的农业机械。我们要在总结历史经验和分析现实情况的基础上,制定正确的农业发展战略,走出一条具有中国特色的社会主义农业现代化道路。

(2) 全面实施科教兴农的发展战略。邓小平同志认为,我们国家要赶上世界先进水平,实现社会主义现代化,"要从科学和教育着手"。③ 根据邓小平同志的思想,我们党制定了科教兴

---

① 《邓小平文选》第2卷,人民出版社1994年第2版,第315—316页。

② 《三中全会以来重要文献选编》上,人民出版社1982年第1版,第193—194页。

③ 《邓小平文选》第2卷,人民出版社1994年第2版,第48页。

农的发展战略。实施科教兴农的发展战略，这是当代世界农业发展的基本方向。

科学技术是生产力，这是马克思主义历来的观点。1988年，邓小平同志在一次听取汇报时说："马克思讲过科学技术是生产力，这是非常正确的，现在看来这样说可能不够，恐怕是第一生产力。将来农业问题的出路，最终要由生物工程来解决，要靠尖端技术。对科学技术的重要性要充分认识。"[①] 科学技术在社会生产力发展中的地位越来越明显，对于农业发展的推动作用也越来越突出。要实现农业现代化，就要牢固树立科学技术是第一生产力的马克思主义观点，把农业发展转移到依靠科技进步和提高劳动者素质的轨道上来。《中共中央关于加快农业发展若干问题的决定》指出："实现农业现代化，迫切需要用现代科学技术知识来武装我们的农村工作干部和农业技术人员，需要有大批掌握现代农业科学技术的专家，需要有一支庞大的农业科学技术队伍，需要有数量充足、质量合格的农业院校来培养农业科技人才和经营管理人才。同时，要极大地提高广大农民首先是青年农民的科学技术文化水平。"[②]

第一，要努力培养掌握现代科学技术的新型农民。广大农民是农业生产力中的主体因素，只有帮助他们学习现代科学知识，掌握现代科学技术，我们的农业现代化才有希望。没有一大批具有现代科学知识的农民，先进的科学技术就不可能在农业中得到广泛的应用，就不可能转化为现实的生产力。因此，用现代科学知识教育农民，培养社会主义的新型农民，这是一项十分重要而紧迫的任务。我们应该进一步在农村中掀起学科学、用科学的热

---

① 《邓小平文选》第3卷，人民出版社1993年第1版，第275页。
② 《三中全会以来重要文献选编》上，人民出版社1982年第1版，第194页。

潮，在广大农民中普及农业科技知识，帮助他们提高科学技术水平和应用科学技术的能力。

第二，要努力培养高素质的农业科技人才。目前，我国农业科技人员占全国科技人员总数的比例很小，这同一个农业大国地位不相适应，也不利于实现农业现代化。我们应该采取切实有效的措施，造就一支包括农艺师、园艺师、工程师、会计师、经济师在内的科技队伍，为基层技术人员创造良好的工作环境和生活环境，调动他们的积极性，充分发挥他们的作用。广大的农业科技工作者，要振奋精神，为振兴农业多作贡献。要办好各种形式的农业技术服务机构，如建立技术服务公司、生产科技联合体、科技普及协会等，大力推广农业科技成果，为农民提供科技服务。

第三，要努力培养有管理能力的农村干部。邓小平同志认为，发展农业生产的重要条件之一，就是要有"一批具备相当管理能力的干部"。[①] 现代农业发展有着与传统农业发展不同的特点，它要求广大农村干部既要懂得政策，又要善于管理。我国农村干部尤其是基层干部，吃苦耐劳，联系群众，生产经验丰富，但科学文化素质较低，缺乏现代管理知识。这种状况，难以适应农业现代化的需要。我们应该采取多种方式进行培训和指导，逐步改变他们的知识结构，提高他们科学管理农业生产的能力。早在1978年，邓小平同志就指出：为了搞现代化建设，全党必须再重新学习。除了学习马列主义、毛泽东思想，"当前大多数干部还要着重抓紧三个方面的学习：一个是学经济学，一个是学科学技术，一个是学管理。学习好，才可能领导好高速度、

[①] 《邓小平文选》第2卷，人民出版社1994年第2版，第315页。

高水平的社会主义现代化建设。"① 要通过学习,按科学管理农业生产,推动农村经济的发展,加速我国的农业现代化进程。

党的十四大报告明确提出了建立社会主义市场经济体制的目标,这是继商品经济理论之后对社会主义经济理论的又一次重大突破,在我国社会主义现代化建设道路上树立了新的里程碑。我们应该进一步解放思想,转变观念,增强市场意识,积极引导农民走向市场,努力开发高产优质高效农业,不断提高农业的集约经营水平和综合生产能力,推动我国农村的经济发展和全面进步,使我国工农联盟在新的基础上进一步得到加强,社会主义制度更加巩固。

(原载《马克思主义与邓小平社会主义》
一书第 5 章,河南人民出版社 1996 年 6 月出版)

---

① 《邓小平文选》第 2 卷,人民出版社 1994 年第 2 版,第 153 页。

要让农民休养生息

我们党和国家的工作重点，从今年起转移到社会主义现代化建设上来。摆在我们面前的首要任务，就是要集中精力把农业搞上去。为此，就必须让农民休养生息，使占人口百分之八十的广大农民逐渐富裕起来。这是实现四个现代化的根本条件，也是加强工农联盟，巩固社会主义经济制度和无产阶级专政的根本保证。

所谓休养生息，就是在经过长期的社会动乱之后，在生产遭到严重破坏、人民生活困苦的情况下，采取适当的政策，创造安定的局面，减轻人民的负担，扶植生产，使人民的生活有所改善，以刺激生产的恢复和发展。在我国的历史上，每逢新的王朝建立之初，那些卓有远见的封建统治者总是采取休养生息的政策，笼络民心，恢复生产，以巩固自己的统治。我们无产阶级政党根本不同于那些封建统治者，它是无产阶级和劳动人民利益的代表者，它的根本任务是要解放全人类，因此它能够真心实意地关心群众的疾苦。在新中国成立之初，由于国民党的反动统治和长期战争的破坏，经济崩溃，民不聊生，我们立即废除了国民党统治时期的一切苛捐杂税，制止了通货膨胀，镇压了骑在人民头上的恶霸，在农村进行了土地改革，救济贫苦农民，使农民得以休养生息，农业生产迅速得到恢复和发展。1949年全国粮食产量2162亿斤，到1952年即已达到3088亿斤，超过了解放前的最高年产量，为第一个五年计划打下了基础。现在，我们又一次提出休养生息的问题，这是由于我们遭受了"文化大革命"长达十年的浩劫，再加上我们过去工作中的缺点和错误，使农业生产遭到严重破坏。从我国农业现状来看，农村生产力仍然处在主要靠手工操作的落后水平，劳动生产率和商品率很低，发展速度很慢，扩大再生产能力很低，有些地方农业生产长期停滞。农民的家底很薄弱，甚至口粮也很紧。农业这种严重的落后局面，同人民的需要和四个现代化的需要之间存在着极其尖锐的矛盾。这个矛盾不解决，工业和其他建设事业就上不来，实现四个现代化就只能是一句空话，社会主义制度就难以巩固。农业问题的严重性和迫切性就是这样尖锐地摆在我们面前。当前，迫切的问题是要让农民休养生息，使农民的生活有所改善，充分调动农民的生产积极性，才能使农业生产尽快恢复和发展，为逐步实现农业现代化创造良好的条件。我国几亿农村人口的生产积极性都调动起来，就是一支伟大无比的力量。在目前条件下，它能够在很大程度上弥补农业物质技术基础脆弱的缺点，而用较短的时间把农业生产力和劳动生产率提高到较高的水平，把农产品的商品率也提高一步，推动整个国民经济向前发展。

在农民休养生息，尽快地恢复和发展农业生产，必须在经济上充分关心他们的物质利益，在政治上保障他们的民主权利。离开一定的物质利益和政治权利，我国几亿农民的社会主义积极性是不可能会自然产生的。在当前，首先要坚决贯彻执行党的十一届三中全会提出的党的农业政策和农村经济政策，特别是要切实保障人民公社、生产大队和生产队的生产、分配、交换和消费的所有权和自主权,反对一平二调,反对剥夺农民;在国家、集体和个人三者关系上,采取稳定粮食征购指标,缩小工农业产品交换的差价,增加对农业的投资等方法,尽可能地向集体和社员个人少要一点,多给一点,减轻农民的负担,增加集体和农民的收入,使农民能够吃得饱一些,穿得暖一些,过得好一些,使集体和农民能够有积累,以利于恢复生产的积极性。同时,在搞好集体生产的前提下,应该鼓励和支持社员种好自留地、搞好正当的家庭副业,搞好集市贸易,以补充集体经济产品之不足,把农村经济搞得活跃起来,农民生活逐步富裕起来。只有把国家、集体和个人三方面的积极性都调动起来,三者一起上,祖国大地才会处处有生机。

有的人总想从农民身上多拿一些,以为这样能够多积累一些资金,加快工业的发展。在我们这样一个农民占人口大多数的国家里搞社会主义建设,究竟是使农民的生活越来越好,使农民自觉地、热情地参加社会主义建设好呢,还是把农民挖得很苦,让他们勒紧裤带为社会主义做"贡献"好?这是关系到建设速度的快慢和成败的根本问题。在十月革命后的苏联,托洛茨基曾经提出建立"工业专政"的口号,主张用靠剥削农民的办法来发展工业。这样的办法必然会使工农联盟破裂,使苏维埃政权毁灭,因此,遭到苏联共产党第十二次代表大会的拒绝。以后,斯大林在领导苏联建设的过程中,对工农关系处理得也不够好。毛主席说:"苏联的办法把农民挖得很苦。他们采取所谓义务交售制等办法,把农民生产的东西拿走太多,给的代价又极低。他们这样来积累资金,使农民的生产建设性受到极大的损害。"[①] 到斯大林逝世时,苏联的粮食产量还没有超过1913年的水平,农

---

① 《毛泽东选集》第5卷,人民出版社1977年第1版,第274页。

业的落后也影响了工业的发展。毛主席总结了苏联和我国的经验,指出:"我国有五亿多农业人口,农民的情况如何,对于我国经济的发展和政权的巩固,关系极大。"毛主席提出了"必须兼顾国家利益、集体利益和个人利益"的原则,"要尽可能使农民能够在正常年景下,从增加生产中逐步增加个人收入"①。以后,又提出以农业为基础,以工业为主导的方针,和以农、轻、重为序安排国民经济经济。然而,建国30年来,在我国农村,也曾两次刮起"共产风"。一次是1958年,搞"一平二调",混淆革命发展的阶段,否定价值规律和按劳分配,使我国国民经济遭到重大损失。陈伯达、张春桥是这次"共产风"的积极鼓吹者。另一次就是在"文化大革命"中,时间更长,影响更大,危害更深。林彪、"四人帮"全面破坏党在农村的经济政策,把集体所有制说成是"集体的私有制",鼓吹"穷过渡";把按劳分配、商品生产诬蔑为产生资产阶级的经济基础,大搞平均主义、无偿平调;把自留地、家庭副业、集市贸易说成是"资本主义尾巴",要统统割掉。他们宣扬"用无产阶级专政的办法办农业",实际上是把农民作为"全面专政"的对象,使我国的农业遭受了一场空前的大灾难。林彪、"四人帮"在农村推行的这条"左"倾机会主义路线,核心的问题是否认农民是无产阶级的同盟军,而把农民看成是资本主义的势力;否认农民是社会主义建设的主人,而把农民看成是供剥削、压榨的对象。马克思主义认为,无产阶级只能剥夺剥夺者,绝对不能剥夺劳动者。只有剥削阶级才剥夺劳动者。农民是劳动者,他们的财产是自己劳动的成果,无论在民主革命时期,还是在社会主义革命和社会主义建设时期,都不能剥夺农民。我们过去只剥夺了帝国主义、封建

---

① 《毛泽东选集》第5卷,人民出版社1977年第1版,第379、380页。

主义、官僚资本主义的生产资料，对民族资产阶级都没有采取无偿剥夺的办法，而是实行赎买政策。对民族资产阶级尚且如此，难道对我们的同盟军，对劳动人民能采取无偿占有吗？

有人担心，让农民休养生息，农民富裕起来，会产生资本主义。这是一种糊涂思想。首先，必须区别社会主义集体农民与小生产者个体农民的本质区别。小生产者个体农民，生产资料是自己私有，在一定条件下会产生两极分化，产生剥削，会产生资本主义。所以，列宁曾经明确指出："小生产是经常地、每日每时地、自发地和大批地产生着资本主义和资产阶级的。"① 列宁对小生产的这种分析，显然是不适用于社会主义的集体农民。社会主义的集体农民，消灭了生产资料私人占有，变为社会主义公有；变私人劳动为集体的共同劳动，生产目的不只是为自己个人，首先是为社会为集体的共同需要。这种集体农民基本上消灭了产生资本主义的经济基础。第二，使全体社会成员共同富裕起来是无产阶级革命的根本目的。无产阶级搞社会主义革命，就是要消灭私有制，消灭人剥削人、人压迫人，使所有社会成员都能过上幸福美满的共同富裕的生活。列宁就是这样指出："社会主义生产的目的是使全体劳动者过最美好、最幸福的生活。"② 斯大林在批判联共（布）党内一些"左"派糊涂虫时，曾经尖锐地指出："如果我们不是要使我国人民过着美满生活，那就用不着在1917年十月推翻资本主义，在好几年中建设社会主义了。社会主义不是要大家贫困，而是要消灭贫困，为社会全体成员建立富裕的和文明的生活"。③

---

① 《列宁选集》第4卷，人民出版社1972年第2版，第181页。
② 《列宁选集》第3卷，人民出版社1972年第2版，第571页。
③ 《斯大林全集》第13卷，人民出版社1955年第1版，第316页。

实践证明：在无产阶级专政条件下，在集体化大道上，不是富了会产生资本主义，而是穷了会产生资本主义。农民在集体化的道路上越来越富，正是社会主义制度优越性的表现，使农民从实践中体会到，只有跟着共产党坚定地走社会主义道路，才是唯一的光明大道；这也是社会主义经济壮大和巩固的表现，使它有更为雄厚的经济力量和物质力量去战胜资本主义。相反，如果农民在社会主义集体化的道路上越走越穷了，那么，你那个社会主义的优越性在哪里呢？农民为什么还非跟着你走这条道路不可呢？你又有什么力量去和资本主义作斗争呢？在那种情况下，资本主义复辟倒是不可避免的。

历史已经证明，现实将会进一步证明，只要我们认真落实党的农业政策和农村各项经济政策，让农民休养生息，充分调动几亿农民的积极性，让集体经济和社员富裕起来，我国农业才会兴旺发达，党的新时期总任务，社会主义四个现代化一定会早日实现。

（原载《光明日报》1979年3月3日）

必须重视农民的物质利益

保障农民的物质利益是马克思主义的一条重要原则，它关系到无产阶级革命和社会主义建设能否胜利，胜利后能否巩固和发展的一个关键性问题。要恢复和发展农业生产，巩固工农联盟，加速实现农业现代化，必须重视农民的物质利益。

无产阶级及其政党要实现其对农民的领导，必须保障农民的物质利益。毛泽东同志早在民主革命时期就指出：无产阶级及其政党要实现其领导，必要条件之一就是"对被领导者给以物质福利，至少不损害其利益，同时对被领导者给以政治教育"，否则"就不能实现领导"。①

无产阶级领导农民并保证其物质利益，与历史上资产阶级领导农民并保障其物质利益有着本质区别。资产阶级为了有自由劳动者给自己剥削，曾经为农民摆脱封建压迫剥削作过努力。它为了取得政权，为了在推翻封建制度的斗争中取得农民的支持，也曾提出过保障农民一些物质利益，但这种保障农民的物质利益仅仅是为了自己谋取私利的一种手段，一旦大权到手，就把农民一

---

① 《毛泽东选集》第 4 卷，人民出版社 1991 年第 2 版，第 1273 页。

脚踢开，并损害其利益。因此，资产阶级保障农民的物质利益，并和农民结成联盟是暂时的，虚伪的，只有无产阶级保障农民的物质利益并结成联盟，才是真诚的、牢固的。列宁指出："被剥削劳动阶级同资产阶级的'联合'（联盟），由于两者的利益是根本相背的，不可能是'真诚的联合'"，反之，由于"雇佣工人和被剥削劳动农民的利益没有根本相背的地方"，"因此，无产者同被剥削劳动农民之间的'真诚的联合'是可能的，也是必要的。"① 在我国，实现四个现代化包括农业的现代化，就能为工农的"真诚的联合"奠定强大的物质基础。

为了加速农业现代化，我们就要采用各种手段，保障农民的物质利益，同时对农民进行政治教育，这样才能充分发挥广大农民的积极性。农业上去了，整个国民经济就能大发展，四个现代化的速度就能加快。因此，给农民以看得见的物质利益，不仅符合几亿农民的切身利益，而且符合无产阶级和全体人民的根本利益。那种把农民的利益同无产阶级的利益对立起来的看法是完全错误的。列宁曾经说过："谁若不明白这一点，谁若认为把农民提到第一位就等于'放弃'或者类似放弃无产阶级专政，那他简直是不去认真思考问题而陷于空谈。"又说："现在最迫切的就是采取那种能够立刻提高农民经济生产力的办法。只有经过这种办法才能做到既改善工人生活状况，又巩固工农联盟，巩固无产阶级专政。"② 如果我们不重视农民的物质利益，农民就不会有生产的积极性，农业就上不去，工业也上不去，整个国民经济就要停滞，社会主义就建不成，实现四个现代化就成了一句空话。

---

① 《列宁全集》第26卷，人民出版社1959年第1版，第311页。
② 《列宁选集》第4卷，人民出版社1972年第2版，第515、516页。

当前，要保障广大农民的物质利益，给农民谋福利，第一，必须切实保障人民公社、生产大队和生产队的所有权和自主权。我国现阶段以生产队为基础的三级所有制，是适合我国目前农业生产力状况的，任何违反客观规律，凭主观意志强制"过渡"的做法都是错误的，必须坚决制止。人民公社由生产队所有向大队所有过渡的一个决定条件，是大队经济收入占全大队总收入的一半以上，也就是说，在过渡的时候，只能是生产队共大队的产，而不能是大队共生产队的产。如果大队不充分具备强大的经济力量，就不要急于过渡。否则必将产生"一平二调"，损害农民的利益和积极性，破坏农业生产的发展。

要真正承认农民是生产队的主人，就得承认生产队对所属的生产资料、劳动力、资金和产品，有不可侵犯的所有权，他们在生产、交换、分配和消费各方面理所当然地具有自主权。国营企业同集体经济组织在经济上是不同所有者之间的关系，决不可以无偿地调走和占有集体经济组织的生产资料、劳动力和产品。对于集体经济的生产，国家只能通过价格政策、税收政策、信贷政策、奖励政策等各种经济政策，进行调节，通过计划加以指导。否则就会破坏集体所有制，损害农民的物质利益。

为了维护人民公社队为基础的三级所有制，国家、一切企业、机关、部队对社队经济关系，都应按照人民公社六十条中所规定的那样，实行合同制。在合同规定的范围以外的要求，社队和社员都有权加以拒绝，违反合同使社队和社员蒙受损失的，社队和社员有权要求赔偿。对于国家供应的农业生产资料，那些质次价高、货不对路的产品，社队有权拒绝购买。

为了维护、巩固和充实集体所有制，保障它们的自主权，对于各部门各单位从四面八方向生产队"伸手"的"坑农"问题，必须认真清理，坚决退赔，并制定各种措施，防止社队自主权再受侵犯。

只有这样,农民的物质利益才能得到保障,他们才会感到自己是生产队、公社和国家的主人,才会真正积极大胆地发展农业生产,建设社会主义现代化的新农村。

第二,必须坚持等价交换的原则,逐步缩小工农产品价格的剪刀差。所谓工农产品价格的剪刀差,就是工农产品交换没有坚持等价交换的原则。农产品的价格低于其价值和工业品价格高于其价值(或等于其价值)相交换,这种剪刀差实际上是一种变相地剥夺农民。在坚持工农业产品等价交换原则时,还必须坚持马克思关于农产品价格必须由劣等土地产品的价值决定,而不能由中等土地产品的价值决定的原理,否则,工农业产品交换也还是一种不等价交换,变相剥夺农民。

建国以来,旧社会遗留下来的工农业产品的剪刀差曾经有过明显的缩小。但是,近十几年来,由于我们缺乏调查研究,没有按照客观经济规律办事,已经缩小了的剪刀差又扩大了。农产品的收购价格偏低,工业品价格特别是支农产品的价格偏高。出现了许多社队增产不增收,增产反减收的不正常现象,严重地挫伤了农民发展生产的积极性。针对这种情况,要在国家统一计划的指导下,自觉利用价值规律,逐步提高农副产品的价格,在降低工业品成本的基础上,降低工业品的价格,特别是支农产品的价格,把降低成本的好处基本上给农民。最近,党的三中全会已经对此作了明确规定,我们必须坚决执行。

第三,必须全面贯彻按劳分配的社会主义原则,实行多劳多得,分配兑现。这样才能使广大农民的个人利益和集体利益正确地结合起来,才能鼓励劳动者勤奋劳动,积极钻研和掌握科学技术,努力提高自己的劳动技能,为国家和集体创造更多的财富。

第四,认真落实党对农村集市贸易、社员的自留地和家庭副业等经济政策。由于我国农业生产力水平比较低,在我国现阶段的农村仍然保留集市贸易、自留地和家庭副业。它是社会主义经济的必要补充,任何人不得乱加干涉。

总之,保障农民的物质利益是十分重要的。只要我们认真贯彻落实党在农村的各项经济政策,一个社会主义现代化的新农村一定能够尽快地实现。

(原载《北京日报》1979年2月6日)

要充分关心农民的物质利益

坚定地保障农民的物质利益是无产阶级及其政党的一项既定的政策，也是马克思主义的一条重要原则。它关系到无产阶级革命和社会主义建设能否胜利、胜利后能否巩固和发展的一个关键性问题。"文化大革命"时期，否认农民的物质利益，把农民阶级兄弟当作"全面专政"的对象；全面否定我党制定的农村各项经济政策，大肆剥夺农民，不但使农业生产濒于崩溃的边缘，而且严重侵犯了集体经济的所有权和自主权。现在，尽管"四人帮"被粉碎了，但是它的流毒还远未肃清。不少同志至今还心有余悸，不敢提保障农民的物质利益，有的自觉或不自觉地还在做损害农民利益的事。因此，有必要进一步论述马克思主义这一重要原则。它将对恢复农业生产、巩固工农联盟、加速实现农业现代化具有重大现实意义和深远的历史意义。

一

农民的物质利益是社会主义国家、集体和个人三方面的物质利益关系中的一个重要方面。它和无产阶级的物质利益是建立在生产资料两种公有制、根本利益一致基础上的关系。无产阶级及其政党要实现其对农民领导,首先必须关心农民的物质利益。毛泽东同志早在民主革命时期就指出:无产阶级及其政党要实现其领导,必要条件之一就是对被领导者给以物质福利,至少不损害其利益,同时对被领导者给以政治教育,否则就不能实现领导。保障农民的物质利益,为农民谋利益,不仅是无产阶级实现其领导的一个条件,而且也是无产阶级革命的根本目的。无产阶级完全是为着解放人民的,是彻底地为人民的利益工作的。马克思主义一再教导我们:无产阶级不但要解放自己,而且要解放全人类。如果不解放全人类,无产阶级自己就不能彻底地得到解放。

工人阶级和农民阶级都是劳动者阶级,都曾经受压迫剥削,都有反对剥削压迫的要求,彼此有着共同的消灭剥削、消灭私有制、实现共同富裕的远大革命目标。列宁指出:无产阶级推翻资本主义制度,建立社会主义,及至最后消灭一切剥削制度,不仅为了工人阶级的利益,也是为了农民的利益,即为了整个社会发展的利益。"社会主义完全能够满足两者的利益。而且只有社会主义才能满足他们的利益。"[①] 因此,无产阶级和农民阶级的利益不是对立的,而是一致的,是同生共长的。无产阶级是不会损害和剥夺农民利益的。恩格斯早就指出:"当我们掌握了国家权力的时候,我们绝不会用暴力去剥夺小农(不论有无报偿,都是一样),像我们将不得不如此对待大土地占有者那样。"[②] 列宁也说过:"社会主义者就是在完全的社会主义变革时也不想剥

[①] 《列宁全集》第26卷,人民出版社1959年第1版,第311页。
[②] 《马克思恩格斯选集》第4卷,人民出版社1972年第1版,第310页。

夺、不能剥夺并且不会剥夺小农的。"① 小农如此，社会主义集体农民更是如此。这是一个马克思主义的原则：只能剥夺剥削者，不能剥夺劳动者。

在对待农民的问题上，历来存在着无产阶级与资产阶级、马克思主义与修正主义的激烈斗争。马克思主义认为，要坚持社会主义道路，要坚定维护、保障农民的物质利益；修正主义则要损害农民的利益，要剥夺农民。斯大林指出："他们认为可以损害基本农民群众的利益来实行工业化，因而走上资本主义工业化方法的道路，走上把农民当做'殖民地'，当做无产阶级国家的'剥削'对象的道路，而且提出一些只能瓦解工业和农业的结合、损害贫农和中农的经济地位、破坏工业化基础的工业化办法（加紧对农民的捐税压榨，提高工业品的出厂价格等等）。"② 这是剥夺农民、打击自己的同盟军，破坏无产阶级专政的基础，无产阶级及其政党绝"不能走这条荒谬和犯罪的道路，因为这样的道路会断送无产阶级革命胜利的任何可能性，会把农民长久地抛到无产阶级的敌人的阵营里去。"③

保障农民的物质利益，为农民谋利益，这不仅是农民的问题，而且是关系到无产阶级革命胜利和无产阶级专政巩固的大问题，也是关系到四个现代化能否实现的关键问题。毛泽东同志指出："我国有五亿多农业人口，农民的情况如何，对于我国经济的发展和政权的巩固，关系极大。"④ 因此，无产阶级及其政党必须坚定地保障农民的物质利益，全心全意地为农民谋利益。为农民谋利益，首先是领导农民进行社会主义革命，创

---

① 《列宁全集》第25卷，人民出版社1958年第1版，第335页。
② 《斯大林全集》第9卷，人民出版社1954年第1版，第43页。
③ 《斯大林选集》下卷，人民出版社1979年第1版，第547—548页。
④ 《毛泽东选集》第5卷，人民出版社1977年第1版，第379页。

造一种能真正保障和发展自己经济利益的经济制度。这就是引导他们组织起来，走集体化的道路，否则是无法解决的。恩格斯指出："我们要挽救和保全他们的房屋和土地，只有把他们变成合作社的占有和合作社的生产才能做到。"① 列宁也指出："唯有社会主义革命才能够把全体农村贫民从贫困和剥削下真正解放出来。"② 毛泽东同志在我国土改以后及时指出："现在要有新的利益给他们，这就是社会主义。"③ 其次，要尽可能地帮助农民发展生产，加速实现农业机械化和现代化，极大地提高农业劳动生产率，改善和提高农民的生活。"如果我们没有新东西给农民，不能帮助农民提高生产力，增加收入，共同富裕起来，那些穷的农民就不相信我们，他们会觉得跟共产党走没有意思，分了土地还是穷，他们为什么要跟你走呀？"④ 为了加速农业的发展，充分发挥农业这个基础的作用，无产阶级国家必须从人力、物力、财力等各方面，大力支援农业。一些资本主义国家为了使农业早点过关，而采取各种措施，支持和保护农业的发展。资产阶级能做到的，无产阶级也一定能够做到。我们有优越的社会主义制度，有掌握和运用客观经济规律的马克思列宁主义政党的领导，一定能做得更好。列宁指出："任何社会制度，只有在一定阶级的财政支持下才会产生。不待说，'自由'资本主义的诞生曾花了许多万万卢布。目前我们应该特别加以支持的社会制度就是合作制度，这一点我们现在应该认识到并使它实现。"列宁还指出："在经济、财政、银行方面给合作社以种种优先权，我们社会主义国家应该对组织

---

① 《马克思恩格斯选集》第 4 卷，人民出版社 1972 年第 1 版，第 311 页。
② 《列宁全集》第 8 卷，人民出版社 1959 年第 1 版，第 208 页。
③ 《毛泽东选集》第 5 卷，人民出版社 1977 年第 1 版，第 196 页。
④ 同上书，第 196—197 页。

居民的新原则采取这样的支持。"①

二

当前,保障广大农民的物质利益,给农民谋福利,最重要的就是要按照毛主席的一贯教导和我们党历来的政策,真正巩固和维护农民集体所有制,切实保障生产队的自主权。首先必须肯定,我国现阶段以生产队为基础的三级所有,是适合我国目前农业生产力状况的,任何违反客观规律,凭主观意志强制"过渡"的做法都是错误的,必须坚决制止。人民公社由以生产队为基本核算单位向以大队为基本核算单位的过渡的一个重要条件,是大队一级经济收入占全大队总收入的一半以上,也就是说,在过渡的时候,只能是生产队共大队的产,而不能是大队共生产队的产。如果不充分具备大队有强大的经济力量,各生产队的经济发展又大体平衡,群众自愿,领导班子健全有力,就不要急于过渡。否则必将产生"一平二调",损害农民的利益和积极性,破坏农业生产的发展。

要真正承认生产队是所有者,承认农民是生产的主人,就得承认生产队对所属的生产资料、劳动力、资金和产品,有不可侵犯的所有权,他们在生产、交换、分配和消费各方面理所当然的具有自主权。国营企业同集体经济组织在经济关系上,是不同所有者之间的关系,它决不可以无偿地调走和占有集体经济组织的生产资料、劳动力和产品。党的十一届三中全会公报中着重指出:"人民公社、生产大队和生产队的所有权和自主权必须受到国家法律的切实保护;不允许无偿调用和占有生产队的劳力、资

---

① 《列宁选集》第 4 卷,人民出版社 1972 年第 2 版,第 683、684 页。

金、产品和物资"。对于集体经济的生产，国家只能通过价格政策、税收政策、信贷政策、奖励政策等各种经济政策，进行调节，和通过计划加以指导。也就是说，国家对于集体所有制单位的领导和管理，应该采取经济办法，而不能采取经济以外的行政命令的办法，否则就会破坏集体所有制，损害农民的物质利益。

为了维护人民公社生产队为基础的三级所有，国家、一切企业、机关、部队和社队经济关系，都应按照人民公社六十条中所规定的那样，实行合同制。在合同规定的范围以外的要求，社队和社员都有权加以拒绝。违反合同的使社队和社员蒙受损失的，社队和社员有权要求赔偿。对于国家供应的农业生产资料，那些质次价高、货不对路的产品，社队有权拒绝购买。

为了维护、巩固和充实集体所有制，保障它们的自主权，对于各部门各单位从四面八方向生产队"伸手"的"坑农"问题，必须认真清理，坚决退赔，并制定各种措施，不使社队自主权再受侵犯。

总之，只有在这样的基础上，农民的物质利益才能得到保障，他们才会感到自己是自己命运的主人，是集体经济和国家的主人，才会真正积极大胆地发展农业生产，建设社会主义现代化的新农村。这样做决不会削弱而只会加强党和国家对农民的领导，决不会妨碍而只会保证在条件成熟时向高一级所有制过渡。

第二，坚持等价交换的原则，逐步缩小工农产品价格的剪刀差。在社会主义社会中，工业生产和农业生产一般分属社会主义全民所有制和社会主义集体所有制，工农业产品交换必然是商品交换，他们之间必须坚持等价交换的原则。所谓工农产品价格的剪刀差，就是工农产品交换没有坚持等价交换的原则。农产品的价格低于其价值和工业品价格高于其价值（或等于其价值）相交换。这种剪刀差实际上是一种变相地剥夺农民。对待旧社会遗留下来的剪刀差问题，马克思主义者的态度是积极地逐步地缩小以至消灭这种剪刀差，而不允许保持甚至继续扩大这种剪刀差。斯大林曾经批评联共（布）党内有人主张实行损害农民利益的工农产品价格政策时，他说："我们党内有一些人把劳动农民群众看成异类，看成工业的剥削对象，看成我国工业的殖民地之类的东西"，"我们不能同意一些同志的意见，他们时常要求用过多增加税收，提高工业品价格等等办法来加紧压榨农民。我们不能同意他们，因为他们是在不自觉地破坏工人阶级和农民的联盟，动摇无产阶级专政。"① 斯大林这种意见很正确，但苏联并未采取有力措施解决工农业产品价格的剪刀差问题。所以毛泽东同志特地提醒我们："鉴于苏联在这个问题上犯了严重的错误，我们必须更多地注意处理好国家同农民的关系"。"我们对农民的政策不是苏联的那种政策，而是兼顾国家和农民的利益。我们的农业税历来比较轻。工农业品的交换，我们是采取缩小剪刀差，等价交换或者近乎等价交换的政策。"②

我们认为，在坚持工农业产品等价交换原则中，还必须遵循马克思关于农产品价格应由劣等土地产品的价值决定，而不能由中等土地产品的价值决定的理论，否则，工农业产品交换也还是一种不等价交换。

新中国成立二十多年来，旧社会遗留下来的工农业产品的剪刀差是有明显地缩小，但是仍然存在。由于我们缺乏调查研究，没有按照客观经济规律办事，已经缩小了的剪刀差又扩大了。农产品的收购价格偏低，工业品价格特别是支农产品的价格偏高，出现了许多社队增产不增收，增产反减收的不正常现象，严重地

---

① 《斯大林全集》第 8 卷，人民出版社 1954 年第 1 版，第 128—129 页。
② 《毛泽东选集》第 5 卷，人民出版社 1977 年第 1 版，第 274 页。

挫伤了农民发展生产的积极性。针对这种情况,五届人大报告中明确指出:"要在国家统一计划的指导下,自觉利用价值规律。我们要认真研究工农业产品比价,适当提高农产品的收购价格,在降低成本的基础上适当降低工业品特别是支农产品的销售价格,以促进生产的发展。"最近党的十一届三中全会建议国务院作出决定,为了缩小工农业产品交换的差价,粮食统购价格从1979年夏粮上市的时候起提高20%,超购部分在这个基础上再加价50%,其他农副产品收购价格也要分别情况,逐步作相应的提高。农业机械、化肥、农药、农用塑料等农用工业品的出厂价格和销售价格,在降低成本的基础上,在1979年和1980年降低10%—15%,把降低成本的好处基本上给农民。这将对于增加农民的收入,充实社队经济实力,加快农业生产的发展,巩固集体所有制,实现农业现代化产生重大的影响。

第三,全面贯彻按劳分配的社会主义原则,实行多劳多得,分配兑现。按劳分配原则是通过一定的劳动报酬形式实现的。在现阶段人民公社中,劳动报酬的基本形式是工分制。社员的劳动工分既反映了社员对社会主义集体经济作出的贡献,也是社员参加集体生产劳动的实物和现金分配的凭证。所以,采取什么样的评工记分办法,对于正确贯彻执行按劳分配原则关系很大。定额管理,评工记分,是人民公社化以来从实践中总结出来的一种好办法。因此,中央有关领导指出:"所有社队都要认真执行定额管理、评工记分制度"。经验证明,这种办法是行之有效的。它可以避免劳动报酬上的平均主义,有利于调动社员集体生产劳动的积极性。就我国目前农村一般情况来说,它是贯彻按劳分配的一种较好的劳动报酬形式。不少地方的生产队采取了这种办法,工效大为提高,少的提高一倍,多的提高两倍。

在贯彻按劳分配原则中,在粮食分配中,按劳分配部分应予以提高；包工到组，超产奖励的办法都应坚持。同时还应考虑一些新的符合社会主义原则的办法和制度，以利鼓励先进，督促落后，鼓励勤劳，克服懒惰，鼓励学习科学技术，纠正墨守成规，鼓励干社会主义，反对吃社会主义，使按劳分配原则在新的历史条件下更加具体化，为加速农业现代化发挥更大作用。

全面贯彻按劳分配的社会主义原则，还必须坚持分配兑现，逐年增加社员的收入。要做到这一点，必须提高干部管理水平，按照经济规律办事，坚持勤俭办队，努力降低生产费用，减少非生产性开支，实现增产增收。还要正确处理好国家、集体与个人、积累与消费的关系，保证分配兑现和增加社员的收入。毛泽东同志早就旨出："在分配问题上，我们必须兼顾国家利益、集体利益和个人利益。对于国家的税收、合作社的积累、农民的个人收入这三方面的关系，必须处理适当，经常注意调节其中的矛盾。……我们要尽可能使农民能够在正常年景下，从增加生产中逐年增加个人收入。"[①] 又指出："除了遇到特大自然灾害以外，我们必须在增加农业生产的基础上，争取百分之九十的社员每年的收入比前一年有所增加，百分之十的社员的收入能够不增不减。如有减少，也要及早想办法加以解决。"[②]

第四，认真落实党对农村集市贸易、自留地和家庭副业的经济政策。由于我国农业生产力水平比较低，集市贸易、自留地和家庭副业仍是社会主义经济的必要补充部分。它对于促进集体经济的巩固和发展，增加社员的收入有着很大的影响。在五届人大政府报告中明确指出："在保证集体经济占绝对优势的条件下，允许社员经营少数自留地和家庭副业，牧区社员可以有少量自留

[①] 《毛泽东选集》第 5 卷，人民出版社 1977 年第 1 版，第 380 页。
[②] 同上书，第 274 页。

畜的政策，允许有正当的集市贸易的政策等等，是有利于发展农业生产，改善人民生活，巩固和壮大人民公社集体经济的正确政策，受到了广大农民群众的拥护。"如果在条件不具备，人为地用行政命令强行取缔集市贸易、自留地和家庭副业，必然造成社员生活极大不便，也必然损害农民参加集体生产劳动的积极性。实践证明：那样做，不是堵了资本主义，而是损害了社会主义；那样做，社会主义经济被削弱，投机倒把、黑市贸易，损公肥私的资本主义自发势力必然大大地泛滥起来。总之，落实党对农村的集市贸易、自留地和家庭副业的政策，广大农民的正当物质利益得到了维护和实现，他们的社会主义积极性就会得到发扬，有利于集体经济的发展。

*　　　　*　　　　*

保障农民的物质利益是十分重要的，但这还是不够的，必须在保障农民的物质利益的同时，坚定维护农民的政治利益或民主权利。党的十一届三中全会重申："为了调动我国几亿农民的社会主义积极性，必须在经济上充分关心他们的物质利益，在政治上切实保障他们的民主权利。"因此，在保障广大农民经济权利的同时，必须在广大农村中，充分发扬社会主义民主，加强社会主义法制，有效地维护广大农民的经济权力和政治权力，保障农民的人身自由与生命安全，否则，是无法调动八亿农民的生产积极性。实践证明："不实现民主，社会主义就不能实现"。我们必须坚决全面恢复和进一步明确《人民公社工作条例》中关于民主办社的各种规定，对于违反社员利益，侵犯农民人身权利的违法行为，必须坚持制止，知法违法，侵犯人身权利，必须按情节轻重，分别定罪，加以惩处，否则不足以平民愤。社会主义制度的建立给我们开辟了一条到达理想境界的道路，只要我们充分发扬社会主义民主,调动一切积极因素,认真贯彻落实党在农村各项经济政策,一个社会主义现代化的新农村一定会实现,一定能够实现。

(原载《中国经济问题》1979年第1期)

把加强农业放在发展国民经济的首位

中共中央关于制定国民经济和社会发展"九五"计划及2010年远景目标的建议中,为今后15年经济和社会发展确定了九条方针,其中第四条方针就是"把加强农业放在发展国民经济的首位。"指出"农业是国民经济的基础。农业实现现代化,农民生活实现小康进而达到比较富裕,是整个现代化进程中最艰巨的任务。要处理好农业与其他产业的关系,坚定不移地加强农业。……各行各业都要为发展农业做出贡献,全面振兴农村经济。"这一方针如果能够全面贯彻、认真落实,我国的农业现代化将在今后15年内迈前一大步。所以,有了方针以后,重要的是贯彻和落实问题。

农业问题自60年代以来,已经强调30多年了,可至今农业基础薄弱仍是突出问题。为了希望中央的方针能得到很好地贯彻,写点自己的学习体会。

一 要十分重视农业和农民问题

第一,应该把农业和农民问题放到首位。新中国成立以后,我们实现了农业的社会主义改造。在农业发展方面取得了很大成就。但是,由于长期"左"倾错误的影响和工作中的失误,致使我国农村的面貌改变不大,仍然相当落后。农业发展的速度不快,曾一度处于停滞状态。农民的收入低,生活长期得不到改善,甚至还有一些地区连温饱问题都没有解决。农业的这种落后状况,同社会主义现代化建设发生了矛盾。解决这种矛盾,唯有进一步解放农业生产力,加快发展农业生产。正如党的十一届四中全会通过的《中共中央关于加快农业发展若干问题的决定》所指出的:"摆在我们面前的首要任务,就是要集中精力使目前还很落后的农业尽快得到迅速发展。因为农业是国民经济的基础,农业的高速度发展是保证实现四个现代化的根本条件。"[1]

首先,农业的发展是整个国民经济发展的基础,国民经济其他部门的发展速度和规模,归根到底都取决于农业劳动生产率的提高幅度和农业的承受能力。农业的状况如何,直接影响到一个国家的经济发展。1986年6月,邓小平同志在听取有关经济情况的汇报时指出:"当前经济情况总的是不错的。前景如何,究竟会遇到什么问题,有什么障碍?我想会不会有两三个问题将会影响我们的经济发展。""一是农业,主要是粮食问题。农业上如果有一个曲折,三五年转不过来。"[2] 如果农业生产形势不好,出现大量进口粮食的局面,就会影响我们经济发展的速度。同时,随着整个国民经济的发展,对农业产品的需求将不断增长,巩固农业的基础地位具有更加重要的意义。其次,农业发展是社会稳定的重要条件。如果粮食生产的形势不好,粮价不稳定,整个市场价格就不可能稳定,就有可能造成人心恐慌,影响社会稳

---

[1] 《三中全会以来重要文献选编》上,人民出版社1982年第1版,第117页。
[2] 《邓小平文选》第3卷,人民出版社1993年第1版,第159页。

定。同时，我国农业人口占总人口的大多数，如果农业生产形势好，农民和农村稳定了，就稳住了大多数，天下才能太平。正如邓小平同志所说："从中国的实际出发，我们首先要解决农村问题。中国有百分之八十的人口住在农村，中国稳定不稳定首先要看这百分之八十稳定不稳定。城市搞得再漂亮，没有农村这一稳定的基础是不行的。"① 总之，实现农业的稳定发展，是全国政治、经济和社会稳定的基础，是一项不可忽视的战略性任务，正因为如此，应把发展农业放在经济工作的首要地位。对于农业的发展，要有一个战略考虑，要有一个总的目标。1986年6月，邓小平同志在分析和阐述了这个目标时说："粗略估计一下，到二〇〇〇年，以十二亿人口每人八百斤计算，粮食产量要达到九千六百亿斤。"我国到2000年要做到粮食基本过关，这是一项重要的战略部署。粮食基本过关不容易，一定要从各方面努力，采取切实可行的措施和手段才能达到这个目标。

第二，关键是调动农民的积极性。在农业生产中，农民群众的积极性是农业生产力发展的重要源泉。离开了农民群众的积极性和创造性，社会主义农业就不可能得到迅速发展。我们的农业政策和农村经济政策是否适应农业生产力发展的需要，就是要看它能否调动农民群众的生产积极性。《中共中央关于加快农业发展若干问题的决定》指出："确定农业政策和农村经济政策的首要出发点，是充分发挥社会主义制度的优越性，充分发挥我国八亿农民的积极性。"② 如何调动农民群众的积极性，邓小平同志认为：最基本的途径有两条，即尊重农民的自主权和保证农民的经济利益。这是我国农村改革的重要指导思想。首先是要尊重农

---

① 《邓小平文选》第3卷，人民出版社1993年第1版，第65页。
② 《三中全会以来重要文献选编》上，人民出版社1982年第1版，第183页。

的产量，这是农业发展的必然趋势。农业是国民经济的基础，农业现代化也是社会主义现代化的基础。我们要建设社会主义的现代化强国，离不开农业的现代化。实现农业现代化，这是我们的一项极其重要的战略任务。实现社会主义的农业现代化，主要包括以下方面：

第一，把以人力和畜力为动力的生产工具转变为以现代能源为动力的先进生产工具。邓小平同志强调：我国农村要实现"适合当地自然条件和经济情况的、受到人们欢迎的机械化。"① 农业生产工具的机械化，就是用先进的农用机械代替人力和畜力工具，从事农业生产中各个主要环节的作业，如耕地，平整土地、播种、施肥、除草、灌溉、收割、烘干、仓储、运输等。这种机械化的农业生产作业，具有效率高、速度快、质量好等特点，可以较大幅度地提高农业劳动生产率。目前，我国农业中仍然普遍使用以人力、畜力为动力的生产工具。使用这种生产工具，不仅劳动强度大，效率低，而且难以运用现代化的农业科学技术，成为发展生产的制约因素。为了实现农业现代化，必须从实际情况出发，引进、制造和推广适合我国特点的先进农业机械，逐渐形成现代化的农机体系。同时，"要加快发展农用化工产品，使我国农业逐步拥有数量充足、质量优良、品种丰富、价廉物美的化学肥料、农药、塑料薄膜和除草剂等产品，以适应农业高速度发展的需要。"②

第二，把以直接经验为基础的农业技术转变为以现代科学为基础的农业技术。邓小平同志说："农业现代化不单单是机械

---

① 《邓小平文选》第2卷，人民出版社1994年第2版，第315页。
② 《三中全会以来重要文献选编》上，人民出版社1982年第1版，第195—196页。

化，还包括应用和发展科学技术等。"① 农业生产技术的科学化，就是把现代化的先进科学技术广泛地应用于农业生产。现代农业技术以现代自然科学为基础，能够科学地揭示生物及其环境发展变化的规律，从而使我们更加有效地利用、控制和改造自然，发展农业生产。为了实现农业现代化，我们应继承传统农业技术中仍然有价值的部分，在现代科学的基础上进行改造、充实和提高，创造出具有当代世界先进水平的农业新技术。

第三，把自给半自给农业转变为发达的商品化农业。传统农业是与自给自足的自然经济相适应的，它是一种封闭、半封闭式的经济，是社会生产力水平低下的产物。为了实现农业现代化，必须把自给半自给农业转变为发达的商品化农业，不断提高农产品的商品率。邓小平同志说："多种经营发展了，并随之而来成立了各种专业组或专业队，从而使农村的商品经济大大发展起来。"② 建设商品化农业，必须积极调整农村产业结构，大力发展多种经营；逐步实行专业化生产，建立和完善农村社会化服务体系，不断提高农业生产的社会化水平。

实现农业现代化，是我国农村发展的一个宏伟目标。《中共中央关于加快农业发展若干问题的决定》指出："为了实现这样的目标，必须从我国人口多、耕地少、底子薄、科学文化水平低，但幅员广阔、自然资源比较丰富、有众多的劳动力等特点出发，认真总结我国自己的经验，虚心学习外国的先进经验，尽可能避免技术先进国家曾经出现的弊病，走出一条适合我国情况的农业现代化的道路。"③ 这就是说，我们所要建设的现代化农业，

---

① 《邓小平文选》第2卷，人民出版社1994年第2版，第28页。
② 同上书，第315—316页。
③ 《三中全会以来重要文献选编》上，人民出版社1982年第1版，第193—194页。

应该是有中国特色的社会主义现代化农业。根据我国农村的状况，农业现代化应体现以下特色：首先，要集约地利用土地，增加单位面积产量；其次，要合理地利用资金，努力提高投入产出率；再次，要保护和节约资源，改善生态环境。我国现阶段农村劳动力众多，集体经济力量薄弱，因而农业机械化必须有选择地进行，要优先发展适合家庭联产承包农户的、操作简便、经济实惠的农业机械。我们要在总结历史经验和分析现实情况的基础上，制定正确的农业发展战略，走出一条具有中国特色的社会主义农业现代化道路。

三 全面实施科教兴农的发展战略

邓小平同志认为，我们国家要赶上世界先进水平，实现社会主义现代化，"要从科学和教育着手"[①]。根据邓小平同志的思想，我们党制定了科教兴农的发展战略。实施科教兴农的发展战略，这是当代世界农业发展的基本方向。

科学技术是生产力，这是马克思主义历来的观点。1988年，邓小平同志在一次听取汇报时说："马克思讲过科学技术是生产力，这是非常正确的，现在看来这样说可能不够，恐怕是第一生产力。将来农业问题的出路，最终要由生物工程来解决，要靠尖端技术。对科技的重要性要充分认识。"[②] 科学技术在社会生产力发展中的地位越来越明显，对于农业发展的推动作用也愈来愈突出。要实现农业现代化，就要牢固树立科学技术是第一生产力的马克思主义观点，把农业发展转移到依靠科技进步和提高劳动

[①] 《邓小平文选》第2卷，人民出版社1994年第2版，第48页。
[②] 《邓小平文选》第3卷，人民出版社1993年第1版，第275页。

者素质的轨道上来。《中共中央关于加快农业发展若干问题和决定》指出:"实现农业现代化,迫切需要用现代科学技术知识来武装我们的农村工作干部和农业技术人员,需要有大批掌握现代农业科学技术的专家,需要有一支庞大的农业科学技术队伍,需要有数量充足、质量合格的农业院校来培养农业科技人才和经营管理人才。同时,要极大地提高广大农民首先是青年农民的科学技术文化水平。"[①]

第一,要努力培养掌握现代科学技术的新型农民。广大农民是农业生产力中的主体因素,只有帮助他们学习现代科学知识,掌握现代科学技术,我们的农业现代化才有希望。没有一大批具有现代科学知识的农民,先进的科学技术就不可能在农业中得到广泛的应用,就不可能转化为现实的生产力。因此,用现代科学知识教育农民,培养社会主义的新型农民,这是一项十分重要而紧迫的任务。我们应该进一步在农村中掀起学科学、用科学的热潮,在广大农民中普及农业科技知识,帮助他们提高科学技术水平和应用科学技术的能力。

第二,要努力培养高素质的农业科技人才。目前,我国农业科技人员占全国科技人员总数的比例很小,这同一个农业大国地位不相适应,也不利于实现农业现代化。我们应该采取切实有效的措施,造就一支包括农艺师、园艺师、工程师、会计师、经济师在内的农业科技队伍,并为基层技术人员创造良好的工作环境和生活环境,调动他们的积极性,充分发挥他们的作用,广大的农业科技工作者,要振奋精神,为振兴农业多作贡献。要办好各种形式的农业技术服务机构。如建立技术服务公司、生产科技联合体、科技普及协会等,大力推广农业科技成果,为农民提供科

---

① 《三中全会以来重要文献选编》上,人民出版社1982年第1版,第194页。

技服务。

第三，要努力培养有管理能力的农村干部。邓小平同志认为，发展农业生产的重要条件之一，就是要有"一批具备相当管理能力的干部"[1]。现代农业发展有着与传统农业发展不同的特点，它要求广大农村干部既要懂得政策，又要善于管理。我国农村干部尤其是基层干部，吃苦耐劳，联系群众，生产经验丰富，但科学文化素质较低，缺乏现代管理知识。这种状况，难以适应农业现代化的需要。我们应该采取多种方式进行培训和指导，逐步改变他们的知识结构，提高他们科学管理农业生产的能力。早在1978年，邓小平同志就指出：为了搞现代化建设，全党必须再重新学习。除了学习马列主义、毛泽东思想，"当前大多数干部还要着重抓紧三个方面的学习：一个是学习经济学，一个是学科学技术，一个是学管理。学习好，才可能领导好高速度、高水平的社会主义现代化建设。"[2] 要通过学习，按科学管理农业生产，推动农村经济的发展，加速我国的农业现代化进程。

(原载《中国经济问题》1996年第2期)

---

[1] 《邓小平文选》第2卷，人民出版社1994年第2版，第315页。
[2] 同上书，第153页。

长途贩运是投机倒把吗？

长期以来，我们对农村的长途贩运，实行限制和取消的政策。"四清"运动中，特别是"文化大革命"时期，更把小商小贩、农村的长途贩运，叫做"投机倒把"，当做"资本主义"加以批判，严加取缔，堵塞了流通渠道，妨碍了生产发展和人民生活的改善。现在我们要把城乡流通渠道搞活，就要把这个问题搞清楚。

所谓"投机倒把"，"搞资本主义"，就是讲实行剥削。那么，长途贩运是不是搞剥削呢？不能笼统地这样说。一般说来，长途贩运是把自己生产的产品，或者是把当地生产的零星产品收买起来，运到较远的城镇或地方出卖，通过卖价和买价的差额，得到一部分收入。这部分收入，是他们运用自己的工具，通过自己的劳动，把商品从产地运到销售地的结果，是他们劳动的报酬，不能叫做剥削。只有那些违反法律、谋取暴利的行为，才能叫做投机倒把。长途贩运是靠自己的劳动谋取收入的活动，不能说是投机倒把。

允许农村长途贩运，是由我国生产力、生产关系的现状以及农村经济的特点决定的。在现阶段，我国农村的生产力水平很低，商品经济很不发达，交通不便，生产工具、运输工具很落后。由这种生产力水平决定我国现阶段的生产资料所有制，不仅有社会主义的全民所有制、社会主义的劳动群众集体所有制，还有个体劳动者所有制。人民公社社员还经营有少量的自留地、家庭副业，在牧区有少量的自留畜。从农业产品看，除了粮食、棉花等大宗产品外，还有很多农副产品和土特产品。这些产品种类繁多，零星分散，季节性强，供求变化很快。所有这些都要求农村有多种流通渠道，既要有国营商业、供销合作社商业的流通渠道，也要有集体和个体的长途贩运作为必要的补充。

现在农村的商业渠道，除了农民在当地集市贸易互通有无外，只有供销社一家，远远不能适应生产发展和人民生活提高的需要。据浙江省十八个山区县的调查，在一万二千二百四十八个生产大队中，农村商业网点只有六千五百九十七个，有百分之四十六点二的生产大队没有商业网点，百分之三十七的生产大队平均要跑五里山路才能交售农副产品、购买日用必需品。不但商业网点少，而且商业人员也严重不足。山区公社所在地的供销社的棉布百货、副食品等门市部，大多是"一个门市部一个人"，公社以下的代购代销店也多数是"一人一店"。余姚县四明山区华山公社采购店，只有一个收购员，还要管三个毛竹临时收购点，每个点往返都有二十多里山路，收购工作只好处于收收停停的状态。龙泉县住龙供销部只有一个收购员，收购品种八十多种，每年收购金额十万多元。由于供销社商业网点人员不足，许多社会需要的土副产品没有收购上来，许多山货只好烂在山上，发生"产区无人要，销区买不到"的现象。据有关部门估计，单是住龙公社，社员由此而减少的收入达四万多元。这些情况都说明，很有必要疏通和发展城乡之间的流通渠道，在国营商业的领导下，允许人民公社、生产大队和生产队把自己的或收购的农副产品、土特产品运到城镇销售，同时利用我国农村劳动力多的优势，允许一部分多余劳动力游乡串镇，把千千万万种零星分散的农副产品、土特产品收购贩运到城镇销售。

允许长途贩运是完全必要的，当然，要加强市场管理，运用税收、价格等经济手段加以引导，发挥它在流通中应起的作用。

(原载《人民日报》1980年6月20日)

附：《长途贩运是投机倒把吗？》一文发表的前前后后

1978年12月，我们党召开了具有伟大历史意义的十一届三中全会。会议果断地停止了"以阶级斗争为纲"，把党的工作重点转移到社会主义现代化建设上来，为了发展生产力，同时还提出改革开放的方针，实现了伟大的历史性转折，开创了我国社会主义事业发展的新时期。可是，极"左"路线还在束缚着人们的思想和行动。例如，在经济上，否定商品经济，把搞商品经济当作搞资本主义，把小商小贩当作资本主义、把长途贩运当作投机倒把等等加以限制或禁止。当时尽管粉碎"四人帮"已经三四年了，全国经济仍然停滞不前，极"左"的东西仍使人们动则获咎。不清除极"左"思想，不拨乱反正，人们就难以放开手脚地去干社会主义。

1979年10月22日，孙连成同志应人民日报约请，在人民日报内部刊物上发表了《小商小贩不是资本主义》一文，主要从理论、实践和党的政策上阐述这一问题，同时批判了"四人帮"在这一问题上的谬论。文章发表后，《北京日报》、《山西日报》、《经济研究参考资料》等报刊，立即以不同形式转载。后又应人民日报再约，孙连成撰成《长途贩运是投机倒把吗?》一文，发表在 1980 年 6 月 20 日《人民日报》上，该文认为，长途贩运是靠自己劳动谋取收入的活动，不能说是投机倒把。该文一发表，第二天，新华社摘要转发这篇文章，全国大约有 12 家省报同时刊登新华社的该文摘要通稿。中央广播电台也播发了此文。这一下，便激起了轩然大波。正像后来《新一代》杂志所描绘那样：尽管这篇短小的千字文，发表在人民日报第五版并不显著的位置，但出乎意料地引起了强烈的社会震动。次日，新华社就迅速地摘要转发了这篇文章，之后，《河南日报》、《安徽日报》、《甘肃日报》等十二家省报刊登了这则千字文。这篇千字文迅速地传播着，成了人们茶余饭后议论的话题。《人民日报》的《理论宣传动态》第 234 期写道：人民日报发表的《长途贩运是投机倒把吗?》文章，引起了不同的反响。有的赞同；有的基本赞同，认为具体分析不够；有的反对。有的同志不顾文章的内容，甚至说，《人民日报》宣传"长途贩运不是投机倒把"，主张对长途贩运不要管理。据当年编发这篇文章的《人民日报》的一位老编辑回忆，他们曾收到大量来信，其中大部分是"责难之声"。不管"责难"多大，但实践作了很好的回答。

1981 年 1 月 7 日，国务院的文件提出：可以从事人力所及（肩挑、手提、人拉、自行车驮）的允许上市的农副产品的贩运活动，不允许私人购买汽车、拖拉机、机动船等大型运输工具从事贩运。1 月 10 日，国家工商局发出一个通知，里面强调任何地区和部门不得运用行政手段搞地区封锁，从事贩运活动也不要再受路途远近的限制，而且没有再提"人力所及"的字样。经济规律终究是不以人的意志为转移的。不断深入的农村改革极大地唤起农民发展生产的积极性，一些地方相继出现的集约化、专业化生产，为社会提供了日益丰富的商品。谁都想把自己的商品尽可能多、尽可能快地运到最需要的地方去卖个好价钱,"人力"终于再不能承受这一重负,而"主渠道"国营商业的机械化运力到底有限。农民当然不能看着自己辛辛苦苦生产出来的东西烂在地里,霉在库里。于是,汽车、拖拉机、机动船都一起而上了。1982年8月,国家工商局召开一次会议。会议达成一个共识:不能再把私人贩运一律当做投机倒把,不允许动用现代化运输工具不利于商品生产的发展,允许私人动用机动车船贩运某些农副产品看来已势在必行。而后,1983年5月16日,铁道部门对个体贩运农村商品敞开车门。1984年2月25日,国务院宣布:个人贩运不受数量、行政区划和路途远近的限制,可以利用机动车船,城镇商贩也可以下乡采购。

理论和实践问题似乎是都解决了。但由于长期受极"左"路线冰冻,人的思维模式一时很难改变。1983年,《人民日报》受到指责,说该报公开鼓吹长途贩运不是投机倒把,是一种"污染"。《人民日报》1983年1月7日,发表署名文章《再谈长途贩运》进行了答辩。文章据理驳斥,认为"很多农民对这篇文章表示了极大的欢迎。经过两年半的实践检验,证明孙连成同志这篇文章的观点是正确的。"

然而到了1987年,《长途贩运是投机倒把吗?》一文,又被指责为违背了四项基本原则。1988年7月,《新一代》杂志刊文对这种责难提出不同意见。文章指出:当时,粉碎"四人帮"已多年了,但人们早已形成了的固定观念,就像条件反射一样,提起长途贩运和个人经营,便会自然而然地和投机倒把画上等号。由此,《人民日报》这篇短短的千字文,引起了一场大辩论。现实生活的变化比人们预料的来得快得多,猛烈得多。很短的时间内,农民贩运、经商的活动在全国迅猛展开了。1982年,南京市农民贩运的鲜鱼达500多万斤,相当国营商业鲜鱼零售量的130%。武汉市农民贩运供应的牛羊肉就达276万斤，相当国营零售量的98.9%，鸡鸭鹅309万斤，相当国营零售量的187%。到1987年，市场上特别是农副产品贸易中，仅山东省上半年城市集贸市场，鲜蛋销售量相当国营销售量的3倍，蔬菜相当2.8倍，干鲜果1.3倍，猪肉1.1倍，其中个体贩运占了很大比例。市场从来没有像今天这样活跃！

然而，实践的声音，并非任何人都愿意倾听的。《长途贩运是投机倒把吗？》一文，后来又被"点名"：难道"不该对照检查一下吗？"直到今年邓小平同志南方视察谈话的春风渐来，才使蒙在《长途贩运是投机倒把吗？》一文头上的冰霜解冻。1992年5月5日，《经济日报》在头版头条发表记者文章《大路朝天——对长途贩运的一段回顾》。文章说：1980年《人民日报》发表一篇题为《长途贩运是投机倒把吗？》的署名文章，只有一千多字。文章通过对当时我国农村生产力水平的分析，认为允许长途贩运是由我国生产力、生产关系现状及农村经济的特点决定的。文章还举例说明许多社会需要的农副产品收不上来，山货烂在山里，产区无人要，销区买不到的现状。作者由此得出结论："发展城乡间流通渠道，允许长途贩运是必要的。"这些话在今天看来已属老生常谈，但是在当时文章一发表，许多原来只能昼伏夜行的商贩，把这份《人民日报》当作红头文件，贴在扁担上公开上市；但是更多的人表示强烈反对，认为这无异于为搞资本主义剥削的投机倒把分子公开张目。这也并不奇怪。在新中国历史上，长途贩运是投机倒把的同义语。特别是在"以阶级斗争为纲"的年代里，长途贩运被当作"资本主义尾巴"一刀剁去。电影《青松岭》里钱广因为背了几串蘑菇到山外出卖，被当作投机倒把分子而受到"专政"，就是当年的现实写照。这种状况，一直持续到70年代末。《经济日报》这篇文章最后说：

"从此，大路朝天。1991年，占社会零售总额23.4%的价值2622亿元的商品被长途贩运进全国7.4万个集贸市场。而今，活得越来越有滋味的中国人，不论在城在乡，已须臾离不开这些从事长途贩运和摆摊的个体商贩，而把他们当做过街老鼠人人喊打的往事，也就成为历史了。"

我们上述的回顾，目的是为了总结经验，提高认识，更好地前进。我们党的十四次代表大会已经胜利闭幕。大会确立我国建立社会主义市场经济体制，把社会生产，特别是企业推向市场。如果我们思想还不解放，还不换脑筋，还是老抱着"商品经济是资本主义、市场是资本主义"等旧观念，恐怕是难以与社会主义市场经济体制建设合拍的。

《长途贩运是投机倒把吗?》一文所经历的风风雨雨，只是社会生活的细枝末节，但它也证明了邓小平同志关于"要警惕右，但主要是防'左'"的论断，是无比正确的。十四大报告明确指出：改革开放要探索和开辟新的道路，突破束缚生产力发展的体制和观念，阻力主要来自"左"和右的干扰，但主要是"左"。

在改革开放过程中，人们认识有先有后，有快有慢，这是正常的，但不可轻易给人扣什么帽子。我们不应该去指责认识上慢进的人为"保守"，而应采取耐心的态度去帮助，但更不应该对在社会主义改革开放道路先行半步的人去扣上"反对四项基本原则"的帽子。诚如十四大报告指出：对思想认识问题和工作实践中的不同意见以至偏差，要实事求是地具体分析，不要随意说成是政治倾向上的"左"或右。

[原载《学习》（北京）杂志1992年第2期]

要允许农村的长途贩运

农村的长途贩运是我国社会主义统一市场的一个组成部分。在社会主义的统一市场中,国营商业是领导力量,合作社商业是国营商业的有力助手,农村的长途贩运等是国营商业和合作社商业的必要补充。在合作化过程中,我们党和国家十分重视处理好这三者的关系,因而对促进生产和满足市场需要起了很好的作用。1958年,由于"左"的思想影响,几乎把所有的小商小贩都合并到合作社商业中去,绝大部分合作社商业又完全由国家统一领导和管理,阻塞了流通渠道。"文化大革命"期间,更把小商小贩,农村长途贩运,当作"投机倒把"、"发展资本主义"加以批判,并严加取缔。因而对发展生产,满足需要起了极大的破坏作用。现在,我们必须十分重视和发挥农村长途贩运在"四化"建设中的积极作用。

农村的长途贩运是客观存在,是由生产力和生产关系决定的。我国是一个有97000万人口的大国,我们不是在发达的资本主义基础上、而是在半殖民地半封建制度的基础上建设社会主义的。根据生产关系一定要适合生产力性质的要求,我国现阶段的生产资料所有制主要有社会主义全民所有制,社会主义劳动群众的集体所有制,还有从事法律允许范围内的不剥削他人的个体劳动者所有制。人民公社社员还可以经营少量的自留地、家庭副业,在牧区可有少量自留畜。生产决定流通,所有制决定流通。因此,在商品流通渠道上必然存在着国营商业、合作社商业和小商小贩,包括农村的长途贩运等几种形式。三十年来正反两方面经验证明,这三种形式的商品流通渠道都是不可缺少的,缺少了哪一种,都会妨碍生产力的发展,甚至起破坏作用。

农村的长途贩运是社会必要的一种生产性劳动,经营这一活动的是劳动者,而不是剥削者。农村的长途贩运是小商小贩中的一种,他们是靠自己及其家属劳动经营的、不剥削他人的个体劳动者。他们把商品从生产者(主要是农民)手里运到消费者手里,这种劳动是社会所必要的,没有他们的贩运劳动,有一部分产品就无法实现。农村的长途贩运和商业资本家是有本质区别的。1950年政务院通过的《关于划分农村阶级成分的决定》中曾明确规定:"没有或只有少量资本,向商人或小生产者购入商品,向消费者出卖,不雇请工人或店员,自己从事商品流通过程中的劳动,以为生活之全部或主要来源的人称小商。经常流动行走的小商,称为小贩。"至于商业资本家,是指"占有商业资本,雇佣工人或店员,以进行商品流通,取得利润,作为收入全部或主要来源的人。"这些规定说明,小商小贩包括长途贩运,是靠自己的劳动谋生,不剥削他人的劳动,不能说是资本主义。

农村的长途贩运,是社会主义国营商业和合作社商业的必要补充。过去,由于把农村的长途贩运完全取消,农村中许多零星的、品种繁多的农副产品和土特产品的城乡流通渠道就中断了。在我国经济落后,交通很不发达的条件下,尤其是边远地区和山区,国营和合作社商业是解决不了成千上万种农副土特产品的运销问题的。据浙江省山区18个县的调查,在12248个生产大队中，农村商业网点只有 6597 个，平均两个大队才有一个点。在这 18 个县中，有 46.2% 的生产大队没有商业网点，37% 的生产大队平均要跑五华里山路才能交售农副产品、购买日用必需品。不但商业网点少，而且商业人员也严重不足。山区公社所在地的供销社的棉布百货、副食品等门市部，大多是"一个门市部一个人"，公社以下的代购代销店，也多数是"一人一店"。由于供销社商业网点人员不足，许多社会需要的土副产品没有收购上来，许多山货烂在山上，发生"产区无人要，销区买不到"的现象。这些情况说明，必须疏通和发展城乡之间的流通渠道，在国营商业的领导下，允许公社、生产大队和生产队，把自己的或收购的农副产品、土特产品，运到城镇销售，同时，利用我国农村劳动力多的优势，允许一部分多余劳动力游乡串镇，把千千万万种零星分散的农副产品、土特产品，收购贩运到城镇销售，以补充社会主义商业之不足，活跃农村经济，促进生产的发展。

另外，农村的长途贩运的存在有一定的竞争作用，这对国营商业和合作社商业改进经营管理，降低各种费用，也有促进作用。因此，允许和恢复农村的长途贩运在一定范围内的存在，同样是必要的。

可见，允许农村的长途贩运的存在，对于发展工农业生产和扩大社会主义商品流通渠道，对于改善人民的生活，都有好处。当然，允许农村长途贩运的存在，决不意味着鼓励每个农民都去弃农经商，也决不是说什么产品都可以长途贩运，而是在当地政府统一安排和管理下进行的。我国宪法明文规定："国家允许非农业的个体劳动者在城镇或者农村的基层组织统一安排和管理下，从事法律许可范围内的，不剥削他人的个体劳动。"叶剑英同志在国庆三十周年讲话中也指出："目前在有限范围内继续存在的城乡劳动者的个体经济，是社会主义公有制经济的附属和补充。"

允许农村的长途贩运的存在，会不会产生某些消极作用呢？当然会。在社会主义公有制占绝对优势的条件下，国营和合作社商业掌握和占有了关系国计民生的一些主要工业品和农产品，农村长途贩运经营数量少，又限于一些次要的、零星的农副和土特产品，有点副作用也没什么可怕。多年来的经验证明，这些产品品种繁多，零星分散，季节性强，供求变化快，要用一个统一计划来调节，是很难符合客观情况的，也是行不通的；只有运用市场调节，运用价值规律的作用，调节供求，指导生产和消费，补充国家计划的不足。对某些副作用，要权衡利弊得失，不能因噎废食，再去干那种违反客观规律的蠢事了。只要因势利导，教导他们正确处理国家、集体和个人的关系，自觉遵守国家市场管理政策和法令，同时又加强市场管理，运用税收、价格等经济手段加以引导，就能趋利避害，扬长补短，充分发挥他们的优势为四化服务。

（原载《财贸战线》1980 年 7 月 19 日。该报后改为《经济日报》）

作者论著目录

《中国特色的社会主义研究》，浙江人民出版社 1987 年出版，与梁初鸿合著。

《（资本论）研究之研究》，四川人民出版社 1985 年出版，与胡培兆合著。

《中国当代著名经济学家》第一集，四川人民出版社 1985 年出版，与林圃共任主编。

《为巩固和发展人民的胜利而奋斗》，主编，四川人民出版社 1985 年出版。

《中国当代著名经济学家》第二集，四川人民出版社 1987 年出版，与林圃共任主编。

《政治体制改革的基本构想》，光明日报出版社 1988 年出版，与刘河夫共任主编。

《社会主义初级阶段与体制改革》，光明日报出版社 1989 年出版。

《十一届三中全会以来，马克思主义在中国的发展》，人民出版社 1988 年出版。

《邓小平——中国新时期的总设计师》，主编，河南人民出版社 1990 年出版。

《社会主义新论》，四川人民出版社 1911 年出版，与梁初鸿、马国泉合著。

《振兴中国大思路》，主编，改革出版社 1992 年出版。

《科学社会主义》，中国青年出版社 1992 年出版。

《著名经济学家论社会主义市场经济》，黑龙江教育出版社 1992

年出版。

《新阶段·新思考》，主编，中共中央党校出版社 1992 年出版。

《历史的潮流》，中国人民大学出版社 1992 年出版。

《马克思主义百科要览》（上下卷），主编，人民日报出版社 1993 年出版。

《社会主义百科要览》（上中下卷），人民日报出版社 1993 年出版。

《马克思主义在当代中国实践中》，黑龙江教育出版社 1993 年出版。

《马克思主义与邓小平社会主义》，主编，河南人民出版社 1996 年出版。

《香港手册》，河南人民出版社 1997 年出版，与顾龙生合任主编。

编写的资料

1．《马克思主义著作在中国传播》

2．《〈资本论〉与社会主义经济问题》

3．《〈资本论〉与当代资本主义经济问题》

4．《马克思恩格斯论异化》

5．《马克思恩格斯列宁斯大林论精神文明》

6．《马克思恩格斯列宁斯大林论社会主义经济问题》

7．《马克思恩格斯列宁斯大林论知识和知识分子》

以上 7 种资料，皆在《马克思主义研究参考资料》上刊出。

主要论文

（1960—1998 年，140 多篇，150 多万字）

《人民公社是加速我国农业技术改造的最好组织形式》（与林圃等合作），《中国经济问题》1960 年第 1 期。

《从中国资本原始积累的讨论说起》，《学术月刊》1963 年第 11 期。

《略论劳动生产率与商品价值量的关系》，《中国经济问题》1963 年第 11 期。

《攻击社会主义为了复辟资本主义——驳张春桥对社会主义关系的诬蔑》，《光明日报》1977 年 2 月。

《社会主义新型的相互关系不容抹杀》（与胡培兆合作），《中国经济问题》1977 年第 1 期。

《要言必及义，好施大仁

《政——学习〈毛选〉第五卷的一点体会》（与胡培兆合作），《中国经济问题》1977年第2期。

《在坚持无产阶级政治挂帅的前提下生产发展越多越好》，《中国经济问题》1977年第3期。

《充分发挥社会主义商业的桥梁和纽带作用》，《中国经济问题》1978年第3期。

《物质利益是马克思主义的一个重要原则》，《北京日报》1978年10月11日。

《论我国农机械化的几个问题》，《社会科学战线》（吉林）1978年第4期。

《必须重视农民的物质利益》，《北京日报》1979年10月11日。

《要充分地关心农民的物质利益》，《中国经济问题》1979年第1期。

《要让农民休养生息》，《光明日报》1979年3月3日。

《必须保障集体农民的物质利益和民主权利》（与汪海波合作），《学术月刊》1979年第3期。

《论按劳分配中的劳动差别和报酬差别》，《学习与探索》（黑龙江）1979年第1期。

《论社会主义制度下的价格基础》，《复旦学报》1979年第4期。

《经济核算和经济改革》，《北方论丛》（黑龙江）1979年第5期。

《论社会主义全民所有制企业自负盈亏》，《经济研究》（北京）1979年第11期。

《小商小贩不是资本主义》，《人民日报》理论宣传态1979年第126期。

《应当允许小商小贩存在》，《北京日报》1979年12月14日。

《社会主义人口规律和我国人口问题》，《中国经济问题》1980年第1期。

《总结实践经验，探索社会主义经济规律》，评薛暮桥同志的《中国社会主义经济问题研究》（与林圃合作），《红旗》1980年第13期。

《论扩大企业自主权》，《北方论丛》（黑龙江）1980年第5期。

《论我国农业的社会主义道路》，《厦门大学学报》1980年第3期。

《长途贩运是投机倒把吗？》，《人民日报》1980年6月20日。

《要允许农村的长途贩运》，《财贸战线》1980年7月28日。

《这笔帐算得过》,《人民日报》1980年9月25日。

《计划调节和市场调节的几个问题》(与胡培兆合作),《学习与探索》1980年。

《中国社会主义经济理论著作评述》,《中国出版年鉴》1980年版。

《走中国现代化道路》,《读书》1980年11期。

《一本探索我国国民经济调整、改革的新书——薛暮桥同志〈论当前我国经济的若干问题〉一书评介》,《人民日报》1980年11月18日。

《一本受读者欢迎的书》胡培兆的《马克思〈资本论〉》简介,《文汇报》1980年12月2日。

《一本有现实意义的好书》,《文汇报》1981年2月22日。

《按劳分配与劳动力个人所有制问题——马列著作研究》《通信》1981年第2期。

《李大钊周恩来杨音阁对〈资本论〉的理解有传播》(与林圃合作),《浙江学刊》1981年第2期。

《社会主义政治经济学需要这样的探索——读于光远同志的〈政治经济学社会主义部分探索〉》(一)(与胡培兆合作),《经济研究》1981年第7期。

《试论劳动社会化——学习马克思〈资本论〉笔记》,《学习与探索》1981年第4期。

《控制人口增长必须同劳动者个人物质利益相结合》,《中国经济问题》1981年第4期。

《对马克思主义的社会主义的考察》(与林圃合作),《学习与探索》1981年第5期。

《读薛暮桥〈论当前我国经济若干问题〉》,《学习与研究》(北京)1981年第5期。

《马克思列宁主义毛泽东思想是社会主义现代化建设事业胜利的根本保证》,马列著作研究《通信》1981年第10期。

《不能把资本和剩余价值范畴搬到社会主义经济中来》(与胡培兆合作),《教学与研究》1982年第1期。

《生产价格与生产社会化——学习〈资本论〉关于生产价格理论的札记》(与胡培兆合作),《兰州学刊》1982年第1期。

《〈法德农民问题〉是马克思主义的光辉文献》,《贵州社会科学》1982年第2期。

《论〈资本论〉对象》（与胡培兆合作），《经济科学》（北京大学）1982年第2期。

《无产阶级绝对贫困化理论的历史考察》（与胡培兆合作），《中国社会科学》1982年第3期。

《关于马尔萨斯人口论问题》，《学习与探索》1982年第4期。

《马克思列宁主义毛泽东思想与我国四化建设》，《兰州学刊》1982年第3期。

《计划生育是我国一项基本国策》，《福建论坛》1982年第6期。

《坚持独立自主的对外政策》，《贵州社会科学》1982年第2期。

《马克思主义农民问题理论在中国的发展》，《经济日报》1983年3月9日。

《充分认识知识、知识分子的地位和作用——学习〈邓小平文选〉的体会》，《马克思主义通讯》1983年第8期。

《马克思恩格斯关于农民问题理论的形成和发展》，《马克思主义研究》1983年第2期。

《浅谈我国农业的社会主义改造道路》，《经济问题探索》（云南）1984年第1期。

《列宁农业社会主义改造的伟大学说》，《马克思主义通讯》1984年第2期。

《略谈我国社会主义农业发展道路》，《学术月刊》（上海）1984年第7期。

《马克思恩格斯论土地问题》，《江西社会科学》1984年第5期。

《社会主义现代化建设与改善党的领导问题》，《兰州学刊》1984年第5期。

《毛泽东同志对马克思主义农民问题理论的伟大贡献》（与顾龙生合作），《马克思主义研究参考资料》1984年第11期。

《建设社会主义现代化的伟大蓝图——学习〈周恩来选集〉下集》，《马克思主义研究》1984年第3期。

《共同富裕、同步富裕与一部分人先富裕起来》，《学习有探索》1985年第1期。

《略论中国特色的社会主义农业发展道路》，《中国经济问题》1985年第1期。

《科学技术现代化是社会主义现代化的关键》，《广西日报》1985年1月31日。

《无产阶级国际主义的重要原则》，《兰州学刊》1985年第5期。

《计划生育是一项伟大的事业》,《江西社会科学》1985年第2期。

《倡导和坚持和平共处五项原则》,《贵州社会科学》1985年第2期。

《社会主义·商品经济·四化建设》,《马克思主义研究》1985年第2期。

《发达的商品经济是社会主义经济发展不可逾越阶段》,《广西日报》1985年4月4日。

《社会主义阶段的根本任务是发展生产力》,《经济研究参考资料》1985年第130期。

《高度民主是社会主义精神文明在我国政治生活和社会生活的重要体现》,《红旗》1986年第23期。

《走自己的路,建设中国特色的社会主义》,《管理世界》(北京)1986年第5期。

《社会主义的计划与市场》,《经济研究参考资料》1986年第130期。

《自力更生与对外开放》,《兰州学刊》1986年增刊。

《物质文明与精神文明》,《北京日报》1986年7月18日。

《商品经济与经济体制改革》,《中国经济问题》1986年第1期。

《增强企业活力是经济体制改革中心环节》,《经济研究参考资料》1986年第16期。

《精神文明要为发展生产力鸣锣开道》,《广西日报》1986年10月17日。

《改革是建设有中国特色的社会主义必由之路》,《人民日报》1987年4月27日理论版。

《社会主义与对外开放》,《人民日报》1987年5月11日理论版。

《科学的构想,伟大的贡献——学习邓小平"一国两制"的思想》,《江西社会科学》1987年第3期。

《坚持改革、开放,建设有中国特色的社会主义》,《马克思主义研究》1987年第2期。

《坚定不移地实行对外开放,加快社会主义现代化建设——学习邓小平〈建设有中国特色的社会主义〉增订本》,《中国工运学院学报》1987年第1期。

《建设有中国特色的社会主义必须实行改革》,《兰州学刊》1987年第3期。

《社会主义初级阶段的所有制

《社会主义具体制度与改革》，《广西日报》1987年8月13日。

《再论改革是建设有中国特色的社会主义必由之路》，《浙江学刊》1987年第4期。

《政治体制改革是关系到党和国家命运前途的大问题》，《马克思主义研究》1987年第3期。

《论社会生产力》，《兰州学刊》1987年第5期。

《社会主义初级阶段的经济与政治》（与马国泉合作），《马克思主义研究》1987年第4期。

《基本理论研究的新成果》，评介胡培兆《社会主义政治经济学基本理论研究》，《经济日报》1987年9月5日。

《我国政治体制改革指导性文献——学习邓小平〈党和国家领导制度的改革〉》，《经济研究参考资料》1987年第192期。

《社会主义社会的根本任务是发展生产力》，《马克思主义研究》1988年第2期。

《初级阶段理论是社会主义建设理论趋向成熟的标志》，《马克思主义研究》1988年第4期。

《社会主义是有计划的商品经济》，《兰州学刊》1988年第4、5期。

《马、恩是如何看待私有制的》（与林慧勇合作），《光明日报》1988年12月19日。

《我国社会主义建设必须坚持对外开放》，《中国经济问题》1989年第1期。

《坚持党的基本路线，反对资产阶级自由化》，《马克思主义研究》1989年第3期。

《坚持公有制主体地位是一项不可动摇的原则》，《马克思主义研究》1989年第3期。

《自力更生与对外开放》，《马克思主义研究》1989年第4期。

《正确理解和执行党的基本路线》，《兰州学刊》1990年第3期。

《社会主义经济中的计划与市场》，《学术交流》（黑龙江）1990年第3期。

《进一步研究中国特色的社会主义问题》，《理论之声》（兰州）1990年第6期。

《走自己的路，建设有中国特色的社会主义》，《和平与社会主义问题》（布拉格，英俄文版）

1990年第4期。

《关于建设社会主义民主，完善社会主义法制的几点思考》，《学术交流》1991年第3期。

《共产党员必须成为学习、坚持和发展马克思主义的模范》，中央人民广播电台1991年7月1日播出。

《改革开放胆子要大一些》，《党建》1991年出版4—5期合刊。

《中国特色社会主义理论几个新概念》，《党建》1991年第10期。

《邓小平〈中国新时期的总设计师〉一书"重印前言"》，河南人民出版社1991年出版。

《认真学习邓小平建设有中国特色社会主义的理论》，《黑龙江日报》1992年10月29日。

《新党章讲话》一书"序"，海洋出版社1992年出版。

《"左"源初探》，《学习》（人民出版社）1992年第1期。

《〈长途贩运是投机倒把吗？〉一文发表前前后后》，《学习》（人民出版社）1992年第2期。

《论社会主义市场经济》，《新长征》（吉林）1992年第12期。

《邓小平是中国改革开放的总设计师》，《浙江学刊》1992年第4期。

《马克思主义在当代中国实践中的发展》，《学习与探索》1992年第1期。

《改革开放使四项基本原则获得新的时代内容》，《黑龙江日报》1993年3月15日。

《"左"源再探》，《兰州学刊》1993年第3期。

《论先富与后富》，《新长征》1993年第7期。

《改革开放与我国市场经济的兴起》，成都科技大学出版社1993年出版。

《当代中国的马克思主义》，人民出版社1994年4月出版。

《我国社会发展阶段理论研究的新成果》，人民出版社1995年4月出版。

《必须十分重视农业和农民问题》，《新长征》1995年第10期。

《改革开放和现代化建设时代的马克思主义》，《马克思主义研究》1995年第6期。

《深入学习和研究建设有中国特色社会主义理论》，《新长征》1996年第2期。

《把加强农业放在发展国民经

济的首位》,《中国经济问题》1996年第2期。

《再论四项基本原则与改革开放——学习〈邓小平文选〉》,《兰州学刊》1996年第3期。

《"解放思想,实事求是"——彻底唯物论和彻底的辩证法》,《新长征》1996年第8期。

《只有发展马克思主义,才能真正坚持马克思主义》,《新长征》1997年第3期。

《高举邓小平理论旗帜,推进现代化建设事业》,《兰州发展论坛》1997年第1期。

《邓小平理论同马列主义毛泽东思想是一脉相承》,《兰州发展论坛》1997年第2期。

《关于马克思主义几个问题》,《邓小平理论研究》(河北)1997年第2期。

《邓小平理论是当代中国的马克思主义伟大旗帜》,《探索与求是》(河北)1997年第11期。

《积极推进政治体制改革——学习邓小平政治体制改革论述》,《新长征》1998年第4期。

《建设有中国特色社会主义经济思想》,《中国共产党经济思想发展史》,山西经济出版社1998年出版。

作者年表

1936年2月生于江苏省淮阴县一个贫苦农民家庭。

1942年9月—1950年7月在淮阴县周桥小学读小学。

1950年9月—1956年7月在省立淮阴中学读初、高中。

1956年9月—1960年2月于福建厦门大学经济系政治经济学专业学习、毕业。

1960年2月—1960年11月在厦门大学马列教研室任教,同年6月加入中国共产党。

1960年11月—1964年4月于上海复旦大学经济系社会主义经济研究生学习、毕业。

1964年4月—1981年1月在人民出版社编辑部做编辑工作。曾任第四编辑室（1973年起）和经济编辑室（1977年起）副主任。

1981年1月—1996年12月在中国社会科学院马列主义毛泽东思想研究所做研究和编辑工作。曾任《马克思主义研究》杂志社常务副主编、主编（1983—1989年）。《马克思主义研究参考资料》主编（1982—1987年）。中国社会科学院研究员（1988年7月）、马列研究所学术委员、所务委员、马列研究室主任、中国马克思主义研究会常务理事、中国社会科学院研究生院教授、硕士研究生指导教师。

1992年起　享受国务院政府特殊津贴。

1996年12月　退休。

后 记

在市场经济条件下，社会科学特别是理论研究著作的出版，是比较困难的。因为出版它，看的人比较少，图书发行量也少。出版企业经营它不赚钱，甚至亏本。在这种情况下，中国社会科学院领导，站得高，看得远，在有限资金条件下，抽出一部分资金资助部分离退休老专家老学者出版专著或文集，让他们有价值的资料、论著汇集出版，保存下来。社科院领导这一创举，国家、人民及后人是永远不会忘记的。功在当代，利在千秋。我作为退休老知识分子，为我出版这本文集不能不感谢社科院领导和出版社领导、编辑同志的大力支持和辛勤劳动。

这个文集一共收入我1979年至1996年间发表的部分论文25篇。论文所研究的内容是关于坚持和发展马克思主义、改革开放和建设有中国特色的社会主义等问题。这些文章我个人觉得有一定的深度和见解，对当前我国深化改革开放，建设有中国特色的社会主义和研究中国改革开放的历史都有很大的意义。个别文章虽然现在看来一般，但当时对促进思想解放，推动改革开放和经济发展却起了较大的作用，曾引起社会各界和上上下下的广泛关注。

文集中的文章除了个别作了技术改动外，都保留发表时的原样。经典著作的引文，特别是《列宁全集》第二版的出版，本应按新版本修订一下，以便读者查找，但新版本的译文较第一版变动较大，引文的修订将影响正文。所以，也一律不作修订（有的发表时已作更动除外）。

编辑这个集子的过程，实际上也是自己再学习的过程。通过编辑这个集子，自己深感过去对马克思列宁主义、毛泽东思想、邓小平理论，学习得还很不够，理解得还很不深。为了坚持和发展马克思主义，为了推进中国的改革开放和建设有中国特色的社会主义，我将继续努力，贡献出自己的一切。

孙连成
2011 年 10 月